梁恒豪 ◎ 主编

PSYCHOLOGY OF RELIGION · VOL.7

宗教心理学

第七辑

宗教文化出版社

图书在版编目（CIP）数据

宗教心理学 . 第七辑 / 梁恒豪主编 . -- 北京 : 宗教文化出版社 , 2024.12
ISBN 978-7-5188-1572-2

Ⅰ . ①宗… Ⅱ . ①梁… Ⅲ . ①宗教心理学—文集
Ⅳ . ① B920-53

中国国家版本馆 CIP 数据核字 (2024) 第 024335 号

宗教心理学（第七辑）

梁恒豪　主编

出版发行：宗教文化出版社

地　　址：北京市西城区后海北沿 44 号（100009）

电　　话：64095215（发行部）　64095201（编辑部）

责任编辑：张秀秀

版式设计：武俊东

印　　刷：河北信瑞彩印刷有限公司

版权专有　侵权必究

版本记录：787 毫米 ×1092 毫米　16 开　21 印张　450 千字
　　　　　2024 年 12 月第 1 版　2024 年 12 月第 1 次印刷

书　　号：ISBN 978-7-5188-1572-2

定　　价：98.00 元

目　录

历史展望

研究前沿

思想交谈

实证研究

研究述评

历史展望

中国象征的自性原型与上帝显圣者概念：
一个跨文明诠释学研究

艾伦·阿姆鲁拉·海玛特著　周夏颐译 ①

摘要： 本文将回顾卡尔·荣格原型概念，特别是"自性"原型，并用中国文化解释此概念。本文还将探讨此原型与巴哈伊概念上帝显圣者间的关系。本文诠释学进路将包括对象征和隐喻的跨文化诠释，为拥有不同文化象征文明之间提供"视域融合"。那些看似不相容的象征可能是同一潜在原型表现，该观念使我们有可能探索那些通常被认为不相容世界观间的可能联系。本文关注"上帝的显圣者"这一巴哈伊概念与某些中国哲学和宗教概念间的联系。

关键词： 自性原型　上帝显圣者　圣人－王　至人　跨文化诠释

一、导论

人们普遍认为，存在于犹太教、基督教、伊斯兰教以及巴哈伊信仰里的上帝的先知或显圣者的概念对中国传统而言非常陌生，因而与中国悠久的传统和独特的文化是不兼容的。本文展示了巴哈伊的"上帝的显圣者"（madhar-i-iláhí）概念如何也可以在中国经典、语言和文化里的各种象征

---

①　艾伦·阿姆鲁拉·海玛特（Allen Amrollah Hemmat），2012–2017 年受聘北京大学西亚学系《巴哈伊原典文献翻译与研究》项目学术顾问，2018 年至今，受聘北京大学历史学系古代东方文明研究所《东方哲学经典整理与诠释》项目学术顾问。周夏颐，2015–2017 年受聘北京大学西亚学系《巴哈伊原典文献翻译与研究》项目英文翻译，2018 年至今，受聘北京大学历史学系古代东方文明研究所《东方哲学经典整理与诠释》项目英文翻译。

中观察到。方法论上，这就相当于卡尔·荣格的"原型"理论的一个案例研究。

荣格是 20 世纪初期的著名心理学家，也是一位同时致力于生物、心理和精神概念的多面科学家。他的研究范围包括了诸如中国经典、希腊炼金术、天文学以及印度教，这些并非是心理学的主流研究主题。尽管有些人批评荣格背离了理性和分析性的思维，但他强调自己是科学家而非宗教家或神秘主义者。从这个意义上讲，本文在中国文化中探寻上帝的显圣者这个概念也可被看作关于荣格的原型理论的一个科学案例。

作为选择了心理学和精神治疗实践的医生，荣格对他的病人的行为和思想进行了无数的检验，通常他会请他们通过画图来描述他们的梦，以及他们对这些梦的感受。荣格注意到，某些模式和主题会在不同文化、家庭和个人历史的患者们所绘制和表达的内容中重复出现。他用"原型"一词指称这些重复出现的模式或形式。原型例子比如有"英雄"，还有"智慧老人"。此外，令他惊讶的是，他注意到其中有些模式和母题在古代文化或患者不了解的文化中也有发现。荣格遂得出结论，这些模式是在最为远古的时代就存在于他称之为人类"集体潜意识"的精神贮藏库里的。从而他总结说，这个集体潜意识的内容就是原型，也即病人的梦中出现的各种象征。

因此，荣格的集体潜意识是一个具有普遍性和非个人性的精神系统，在所有人那里都一样。它的内容，也即原型，并非是每个个体独自发展出来的，所有人的原型都是来自遗传继承。这些原型能象征性地表现出来。人们可在梦中或其他场景注意到这些象征的出现。此外，原型是可以在个人生活或社会里被实现，并表现出来的潜能，本文将对此进行解释。

在接下来的几页里，笔者将首先讨论要完全理解荣格的原型概念及其背后的推理是如何的困难，或者说实际上不可能。承认这点后，笔者将仔细考虑并反思原型概念。前面讲过，荣格的原型观认为，由于原型是人类集体潜意识的内容，因而并不专属于某一特定文化。荣格展示了在中国和其他文化中，原型是如何在各种象征中被观察到的。笔者将重点放在荣格最重要的原型——自性原型（the archetype of Self）上，荣格在不同的形式中将其识别出来，并进行了解释。笔者将在荣格和他的同事们所提到的例子之外进一步研究自性原型在中国文明里的象征性呈现。

此外，本文还将把在中国的象征和经典中找到的与自性原型相关的概念，与巴哈伊文献中的"上帝的显圣者"这个概念进行比较。这项研究发现了中国古代文化与巴哈伊思想之间的共通之处，并将被作为一个案例研究来证实荣格假设的原型所具有的普遍性和跨文化性的特点。

二、原型

关于荣格的原型理论已经有很多的论述和著述了，但有关原型的详细解释却因为比较充分的原因而未予提供。原型概念笼罩在神秘之中，并无清晰明白的定义。豪尔在《荣格作品集》①的一卷里，为原型找到了三十多个定义。因此，对荣格的原型概念做一个全面彻底的处理，超出了本文的研究范围。

为什么很难通过清晰的定义，或提供简单的例子来解释荣格的原型概念，这是有原因的。根据荣格的概念，原型是潜意识的表现。因此，它们无法通过有意识的意图②或者理性的抽象来理解。荣格术语里的"潜意识"是指那些无法通过认知来理解的东西，它处于认知世界的对面。在这个意义上，荣格的集体潜意识与弗洛伊德的潜意识是不同的。弗洛伊德的潜意识是指那些人们可以理解和知晓的，但在人们思想的深处，以至于人们都没有意识到其存在。它是那些曾经一度被意识到，但后来却被遗忘或抑制了的。③但当它被带进意识，个体就能注意到它。

相反，荣格的"集体潜意识"是无法从认知上理解的东西。那些逻辑和理性的建构与荣格的集体潜意识世界是不符合的。因此，原型作为"集体潜意识"的内容和表现，我们不应期待其可以轻易地被定义和理解。它

---

① Jung C.G. *The Collected Work of C.G. Jung, Vol.9, Part I, Archetypes of Collective Consciousness*, Princeton, NJ: Princeton University Press, US. 1958. Print. p. 11.

② O' Connell, M. R. Airey, *The illustrated Encyclopedia of Signs and Symbols*, Lorenz Books. 2006. Print. P. 51.

③ Jung C.G. *The Collected Work of C.G. Jung, Vol.9, Part I, Archetypes of Collective Consciousness*, Princeton, NJ: Princeton University Press, US. 1958. Print. p. 42.

们只能在个人的意识里以象征性的和改头换面的方式得到显现。[①] 原型通过各种象征性的形式来显现自身，而这些象征性的形式又受制于不同的诠释。象征符号没有固定和明确的含义。因此，就不可能清晰地理解和定义原型。

我们还观察到弗洛伊德的"潜意识"与荣格的"集体潜意识"之间的另一个不同点：弗洛伊德的潜意识的内容主要为情结，而荣格的集体潜意识的内容主要为原型（CW 9/142）。[②] 前者是个人获得的，因而具有个人独特性，而后者的原型是普遍的，由于它们是人类的集体潜意识的内容，因而它们存在于所有文化中，它们存在于所有个体的潜意识中。

无法清晰定义和完全理解原型，并不会使它们失去意义或者不重要。相反，这使得它们更有意义也更为重要。荣格就此有一个有趣的陈述："解释只适用于那些不了解的人，只有我们不了解的东西才有意义。人们在一个他不理解的世界中醒来，这就是他试图解释它的原因。"[③] 在解释原型的尝试中，荣格提供了多种原型定义，有些时候这些定义相互矛盾[④]，至少看上去是。他是在用各种方法来描述和解释那些无法以清晰的方式从认知上理解的东西。

有鉴于此，让我们进一步思考原型是如何工作的以及它们的特征。原型虽然以不同的象征形式表现出来，但它们自身并不是象征符号，尽管它们偶尔被称为象征符号，这是因为象征符号是有助我们了解它们的唯一工具。它们是"深层的倾向或者影响象征符号形成的趋势"[⑤]。有时它们被描述为生活事件，与语言或艺术的象征性符号迥异。荣格写道："原型是

[①] Jung C.G. *The Collected Work of C.G. Jung, Vol.9, Part I, Archetypes of Collective Consciousness*, Princeton, NJ: Princeton University Press, US. 1958. Print. p. 5.

[②] Jung C.G. *The Collected Work of C.G. Jung, Vol.9, Part I, Archetypes of Collective Consciousness*, Princeton, NJ: Princeton University Press, US. 1958. Print. p. 42.

[③] Jung C.G. *The Collected Work of C.G. Jung, Vol.9, Part I, Archetypes of Collective Consciousness*, Princeton, NJ: Princeton University Press, US. 1958. Print. pp. 32–33.

[④] Haule, J. R., *Jung in the 21st Century, Vol.1, Evolution and Archetype*, New York, NY: Routledge, 1984. Print. p. 12.

[⑤] O'Connell, M. R. Airey, *The illustrated Encyclopedia of Signs and Symbols*, Lorenz Books. 2006. Print. P. 52.

像命运那样降临到我们身上的复合体验，在我们内心最深处可以感受到它们的影响。"①因而，尽管原型不能被完全理解，但是通过个人生命里的事件，它们可以被经历和感受到。此类生命中的事件可以通过隐喻、语言或艺术符号来表达。时间的流逝以及衰老是人类共同的经历，我们可以用踏上一条道路来象征这些。该象征表现了一种原型，一种永恒而普遍的生命经验。坠入爱河是另一种原型类的生命经验，在不同的文化里有无数的象征符号来表现它们。

我们也可以说原型是"某些类型的感知和行动的可能性"②。它们是诸如坠入爱河、变老以及临终这些潜在的事件。这类永恒而普遍的潜在一直以来，都将在物质世界中得到激活并实现。在此意义上，有多少典型的事件或情形，就有多少原型。换言之，原型是集体的而非个人的潜意识的内容。③例如，每一次坠入爱河都是独一无二的，但是坠入爱河本身是人类史上一种古老的重复的形式。④原型一直都在显现，而且无处不在。⑤它们是永恒的普遍形式和主题，人们在生活经验里感受到它们，并以象征符号来表现它们。

（一）自性原型

荣格定义了本体上的自性原型，我们可以将其视为他的原型中最重要的一个。自性原型的范围是如此全面，以至于荣格甚至将其与"集体潜意识"本身等同。⑥但他更准确地说，它是集体潜意识的一种特殊内容。他也宣

① Jung C.G. *The Collected Work of C.G. Jung, Vol.9, Part I, Archetypes of Collective Consciousness*, Princeton, NJ: Princeton University Press, US. 1958. Print. p. 62.

② Jung C.G. *The Collected Work of C.G. Jung, Vol.9, Part I, Archetypes of Collective Consciousness*, Princeton, NJ: Princeton University Press, US. 1958. Print. p. 48.

③ Jung C.G. *The Collected Work of C.G. Jung, Vol.9, Part I, Archetypes of Collective Consciousness*, Princeton, NJ: Princeton University Press, US. 1958. Print. p. 4.

④ Haule, J. R., *Jung in the 21st Century, Vol.1, Evolution and Archetype*, New York, NY: Routledge, 1984. Print. p. 12.

⑤ Jung C.G. *The Collected Work of C.G. Jung, Vol.9, Part I, Archetypes of Collective Consciousness*, Princeton, NJ: Princeton University Press, US. 1958. Print. p. 48.

⑥ Jung C.G. *The Collected Work of C.G. Jung, Vol.9, Part II, Aion: Researches into the Phenomenology of the Self*, Princeton, NJ: Princeton University Press, US. 1959. Print. par. 251.

称自性是"几乎所有已知的上帝概念的根源的原型"。[①]

对荣格而言，自性这个术语有着很多层意涵，类似我们在巴哈伊经典中看到的自我（self）（nafs）一词。经书中自我的含义，从以自己为中心的自我或听命于邪恶的灵魂（nafs-i-ammári）[②]，到上帝的自我（nafsu'lláh）[③]，也即在人身庙宇中彰显的神性。荣格的自性在一方面表明了灵性完美的条件以及人类的整体性。这正是神秘主义者以及神秘的炼金术士们以象征性方式来寻求的，即个人的低位自我或私我的蜕变，这将导致个人的神圣本性的显现。荣格的自性原型的另一个重要方面是，代表神性的完美之人在世上的出现，比如佛陀和基督。我们可以称其为神性的完美和遍在的显现的现象。与神性在个体中显现相反，这个自性是指神性通过世界宗教的建立者得到的显现。它们都是指灵性和神性（类似于荣格的集体潜意识的超验领域）在物质和有形（荣格的意识领域）世界的显现，在这个意义上二者是相关的。因此，荣格没有完全区分自性的这两个含义。笔者将首先回顾前者，自性原型的神秘意义，即人类个体的精神转变，荣格称之为"自性化"。

自性，在神秘的意义上，是人类个体与神圣之间的联系。荣格的自性原型包括了私我（ego），但这个私我不是通常意义上的自私（ego）。自性在完全实现的情况下，私我将与神圣之源（divine origin）合一。这是个体的意识与潜意识的合一，也是凡俗方面得到精神转化的条件。由于自性与潜意识领域相关，是无限而超越的，因此不可能完全被知晓或定义。它是一种"神性"（divine nature），不等同于私我。[④] 荣格解释道："作为

① Jung C.G. *The Collected Work of C.G. Jung, Vol.11, Psychology and Religion: West and East.* Princeton, NJ: Princeton University Press, US. 1969. Print. par.757, 402.

② Bahá'u'lláh. *Máidi-yi-Ásmaní Vol. 8,* Tehran: Baha'i National Publishing Trust. 129 B.E. p. 191.

③ Bahá'u'lláh. *The Seven Valleys And the Four Valleys.* Wilmette, IL: Bahá'í Publishing Trust, 1991. Print. p. 50. Bahá'u'lláh. *Máidi-yi-Ásmaní* Vol. 8, Tehran: Baha'i National Publishing Trust. 129 B.E. p191. 参见萨维 338-339 页，自我（self）（nafs）一词在巴哈欧拉《四谷经和七谷经》中的用法汇总。Julio Savi. *Towards The Summit of Reality: An Introduction to the Study of Bahá'u'lláh's Seven Valleys and Four Valleys,* Oxford, UK: George Ronald, 2008. pp. 338-339.

④ Jung C.G. *The Collected Work of C.G. Jung, Vol.11, Psychology and Religion: West and East.* Princeton, NJ: Princeton University Press, US. 1969. Print. par. 154.

意识与潜意识融合的结果，[一个人的]私我进入了'神圣'境界……"①

自性的神秘定义包含了神圣和普遍的层面，将其与前面提到的自性的第二个意义连起来了，即神性在宗教创立者身上的完美和普遍显现。鉴于自性是神圣的、不定的、永恒的、无限的，神秘者个人在有限而短暂的物质世界的出现和生活，仅仅是"其显示的一种模式"②。从这个角度讲自性是神性，即神圣创造者（Creator）的标志。它指的是作为父亲、创造者及原始原则（Primordial principle）的原则，也即荣格描述的初人（Original Man）或者原初之人（Primordial Man）。它使得人类产生："作为逻各斯，它是创生世界的原则。"③ 这个普遍的自性乃是创生之源，它在每个人身上以特定的方式显现。因此，对于人类个体，自性（self）就是反映宏观宇宙的一个微观缩影。

只有当个人的自私本性被彻底的"消除"后，自性才可能在该个体得到完全的彰显。④ 这是一种理想的完美，却不可能达到。个人需要完全牺牲自己的自私欲望和性格，才能反映普遍的自性。荣格解释说，个人如果从自己的私我的主观知识中寻找自性，就如同"小狗追逐自己的尾巴"。在这个意义上，荣格区分了一般人的自我（self）与作为宇宙的内部缩影的自性（荣格在此用大写 Self 标示）。⑤ 在梦中，自性原型可能以"超级之人（supraordinate personality）出现……比如国王、英雄、先知、拯救者等"。

荣格提出的自性概念在其最完美和普遍显现之意义上，与我们所知巴哈欧拉（1817–1892）《笃信经》⑥ 解释的上帝显圣者们合一状态的概念相

---

① Jung C.G. *The Collected Work of C.G. Jung, Vol.11, Psychology and Religion: West and East.* Princeton, NJ: Princeton University Press, US. 1969. Print. par. 233.

② Jung C.G. *The Collected Work of C.G. Jung, Vol.11, Psychology and Religion: West and East.* Princeton, NJ: Princeton University Press, US. 1969. Print. par. 400.

③ Jung C.G. *The Collected Work of C.G. Jung, Vol.11, Psychology and Religion: West and East.* Princeton, NJ: Princeton University Press, US. 1969. Print. par. 400.

④ Jung C.G. *The Collected Work of C.G. Jung, Vol.11, Psychology and Religion: West and East.* Princeton, NJ: Princeton University Press, US. 1969. Print. par. 401.

⑤ Jung C.G. *The Collected Work of C.G. Jung, Vol.9, Part II, Aion: Researches into the Phenomenology of the Self*, Princeton, NJ: Princeton University Press. 1959. Print. par. 251.

⑥ Bahá'u'lláh. *The Book of Certitude*, Wilmette, IL: Bahá'í Publishing Trust, 1989. Print. p. 20.

同。尽管上帝显圣者在不同时代以不同人身出现，但他们确是那同一实在、是受造界与超验上帝之间的一个中介。关于自性原型，荣格断言说："因此，科学使用'自性'术语，既非基督，亦非佛陀，而指这类人物总体对应者。这类人物每个都象征自性。"① 有一系列荣格原型特别符合自性这方面的意思，诸如：如完全之人（Complete Man）、宇宙人（Cosmic Man）、英雄（Hero）双重血统（Dual Descent）的母题。

这些荣格原型，在不同文化里的神话以及宗教中以不同的象征形式出现，与"创生"原型之间也有着概念关联。产生所有造物的原始原则（primordial principle）通常被描绘为一个宇宙人物，有时候是一个男人形象，其不仅是宇宙的缩影，而且是存在界之父。② 在他的自性中，蕴藏着宇宙的一切品质和属性，因此是为"宇宙人"。尽管他有肉身，但他的内在具有神圣属性。他一身兼有物质和神圣属性，因此可被称为有着"双重血统"之人。

此外，这位原初的双重血统之人也是给人类的一个完美典范，规定了人们应当如何生活，也即"完全之人"。在这个意义上，原始原则不仅与创造之初相关联，而且也是创造的目的，是有预期的目的，也是目的论中理想的人类状态。原始原则的另一个方面是其"英雄"属性。其人会成就任何其他人都无法成就的。他不仅是人类应该如何行事的榜样，而且他还具有力量，能够对像他那样的人的创生产生影响力。实际上，宇宙的运行和最终命运取决于原始原则，因为它是推动宇宙走向其终极命运的至为重要且隐而不显的力量。其在世上以不同人物形象接续出现，皆是为了这个目的。

关于作为"宇宙人"的原型类原则，荣格写道：

> 毫无疑问，在很多神话和宗教教义里都出现过宇宙人这类人物。通常他被描述为有帮助性的、积极的。他的出现是亚当（Adam），是波斯的迦约玛特（Gayomart），或者是印度的普鲁沙（Purusha）。这类人物甚至可能被描述为整个世界的基本法则。例如，在古代

---

① Jung C.G. *The Collected Work of C.G. Jung, Vol.12, Psychology and Alchemy*. Princeton, NJ: Princeton University Press, US. 1968. Print. p. 18.

② Jung C.G. *Man and his Symbols*. US: Dell Publishing（Random House, Inc.），1968. Print. p. 211.

中国，人们认为在万物被造生以前，有一个巨大的神人盘古（Pan Gu），是他使得天地成形。①

这个被称为亚当、迦约玛特或者普鲁沙的宇宙人就是创生宇宙的象征人物。这个他所孕育的宇宙在他的自性中作为潜在而存在。

除了宇宙最初的物质创生之外，荣格还论述了精神创生、社会和文化的周期性更新及再生。自性原型，就如我们先前提到的，一方面象征着接续在世间出现的一类实在（reality），为人类树立一个可以效仿的完美的典范，进而创造出一代新人。这象征着在精神创生与人类及其文明的再生之间的周期性进程。我们读到荣格对那些"伟大人物以及宗教创立者"（great personalities and founders of religions）的看法，以及与之相互关联的原型概念，诸如："代表永恒的神与半神"（gods and half gods who personify the aeons），"重要转变"（critical transition），还有"世界的周期"（world periods）。② 荣格原型里的双重血统，即是半神半人者，他们周期性的显现，随之引发历史上的"重要转变"。③ 在巴哈伊术语里"天启周期"（dispensation），就是指与此类神圣人物出现相关的特定"世界周期"。

在巴哈伊圣作中，这些也是"上帝的显圣者"这一概念所拥有的显著特征。这类荣格原型与巴哈伊的"上帝显圣者"概念的各个方面类似。上帝的名与属性在宇宙中有不同程度的反映，但是上帝显圣者拥有上帝的所有属性的完美形式，因而在此意义上是一个"宇宙人"，一个"完全的人"（Complete Man），在巴哈伊文本里有时又称之为"完美之人"（Perfect Man）。④ 他是人类行为的完美典范。他是无私的，并为达到他的崇高目的而牺牲一切。他拥有超凡之力，为达成上帝的意旨他可以无视强大的反对和迫害，与荣格的"英雄"原型相似。尽管是凡人之躯，他却拥有神圣性，

---

① Jung C.G. *Man and his Symbols*. US: Dell Publishing（Random House, Inc.），1968. Print. p. 211.

② Jung C.G. *The Collected Work of C.G. Jung, Vol.9, Part I, Archetypes of Collective Consciousness*, Princeton, NJ: Princeton University Press, US. 1958. Print. pp. 308–310.

③ Jung C.G. *The Collected Work of C.G. Jung, Vol.9, Part I, Archetypes of Collective Consciousness*, Princeton, NJ: Princeton University Press, US. 1958. Print. pp. 308–310.

④ `Abdu'l–Bahá. *Some Answered Questions*. Trans. Wilmette, IL: Bahá'í Publishing Trust, 1999. Print. p. 114.

二者结合一身，遂成凡人和神圣这双重方面，就如同荣格的"双重血统"之人物的例子。这种神圣实在（divine reality）有着周期性的显现，每当社会腐败，需要转变时，他就会出现，发起历史上的"重要转变"，用荣格的术语，就是建立一个新的"世界周期"（world period）。

简言之，在巴哈伊的上帝显圣者概念与自性原型在其宇宙意义上及其关联的诸原型之间，我们观察到本质共性，可以用"完美之人"（Perfect Man）这个概念来总括，也即"完人"①。荣格的这个原型原则可被看作是上帝显圣者概念的一个科学近似。

诸如双重血统、英雄、完人，以及宇宙人这些原型，每一个都在其宇宙意义层面强调了本体原则自性的不同方面，即这类实在（reality）周期性的在世间显现，教化人们，而非在其神秘性的意义上的得到蜕变的个人旅者②。笔者会在本文频繁使用"完美的人"（Perfect Man）这个术语来指代自性原型的宇宙性方面。完美的人（insán-i-kámil）尽管是个神秘性术语，用于指旅者的灵性进步的理想，有时也见于伊斯兰神秘文本以及巴哈伊圣作③，用于指称先知或者上帝的显圣者。同样，"至人"一词也见于中国经典，包括所有这些含义：一位完美的神秘者或圣人的理想典范，其拥有人类不能企及的地位。因此至人可用英文术语"完美的人"来表示，这也是理雅各为至人选择的英译。④根据荣格⑤和井筒俊彦⑥，"完美的人"最准确地对应了中国有关神圣之人的好些概念，如：圣人、神人（shen ren）、真人

---

① 译注："Complete Man"和"Perfect Man"均可翻译为"完人"，在本文，译者根据上下文有时翻译为完人，有时又分别翻译为"完全之人"（Complete Man）和"完美之人"（Perfect Man）。此外，后面文中出现的庄子的概念"至人"，理雅各将其译为"Perfect Man"，作者引用时也用的"Perfect Man"，所以本文译者根据语境，翻译为至人（Perfect Man）。

② 译注：即求道者。

③ 'Abdu'l-Bahá. *Some Answered Questions*. Trans. Wilmette, IL: Bahá'í Publishing Trust, 1999. Print. p. 114.

④ Legge, J.（Trans）. *The Texts of Taoism*, Volume II, New York, NY: Dover, 1962. Print. pp. 12–13.

⑤ Jung C.G. *The Collected Work of C.G. Jung, Vol.9, Part I, Archetypes of Collective Consciousness*, Princeton, NJ: Princeton University Press, US. 1958. Print. p. 293.

⑥ Izutsu, T. *Sufism and Taoism, A Comparative Study of Key Philosophical Concepts*, Los Angeles: University of California Press, 1983. Print. p. 4.

（zhen ren），本文将研究这些中国概念。

需要强调的是，当完美的人这个术语被用于指称上帝的显圣者之地位时，是指一般人（ordinary human beings）不可能企及的地位。阿博都-巴哈（1844-1921）解释说："然而从无始之始，到无终之终，总是有完美的显示者存在着。这里我们所说的'显示者'并不是指每一个人；而是完美的人。"[①] 巴布在他的一个强调性陈述中清楚地表明了这一区别："我就是那产生所有造物的原点……上帝用来造我的并非那用于造生其他所有万物的泥土。他所赋予我的，世间的智者永远也无法领悟，虔信者也无法了解。"[②]

如前所述，荣格认为原型普遍，应该存在于所有文化。因此，完美的人这一概念及其相应的称谓也应该存在于所有文化中。本文要处理的中心问题即是：这些荣格原型以及上帝的显圣者概念可否在中国文化中找到对应的？中国文明与她西边的文明有着很大的不同，人们普遍认为，它没有我们在犹太—基督宗教里看到的拟人化的上帝、先知以及相关概念。当代中国人普遍认为这些概念对他们而言是陌生的。中国近代著名哲学史家冯友兰认为，中国文明与中国之西的宗教文明之间有着根本的不同。中国的哲学家们起到的作用就是西方的文化中先知的作用。他断言说："未来的世界里，人们将用哲学代替宗教，这与中国传统是一致的。"[③]

巴哈伊对这个问题的观点似乎有所不同，因为巴哈伊相信从最开始，所有人都受益于从上帝的显圣者那里发出的指引。在《古兰经》10:47，我们看到"每个民族各有一个使者"[④]。在一封1950年10月4日代守基·阿芬第函中，我们看到对一位信徒所提问题的回复，这应当解答了为什么在巴哈伊圣作中没有提到非闪米特人，或者亚洲的先知：

---

① `Abdu'l-Bahá. *Some Answered Questions*. Trans. Wilmette, IL: Bahá'í Publishing Trust, 1999. Print. p. 196.

② Shoghi Effendi, *The World Order of Bahá'u'lláh*, Wilmette, IL: Bahá'í Publishing Trust, 1991. Print. p. 126.

③ 冯友兰：《中国哲学简史》，天津社会科学院出版社，2008年，第10页。

④ Rodwell, J. M.（Trans.）. *The Koran*, New York, NY: Ballantine Books. 1993. Print. p. 127.

没更多提亚洲先知们的唯一原因是他们的名字似乎消失在远古历史的迷雾里。经书提到佛陀和琐罗亚斯德，二者都是非犹太先知或者非闪米特人先知。我们被教导，上帝一直都有显圣者，但我们没有任何记录。①

尽管这封代守基·阿芬第函中没有提孔子，但阿博都—巴哈在谈到"独立"和"非独立"先知的问题时阐明，"孔子更新了古老的行为操守和道德"，这与"建立了一个新宗教"的佛陀形成对比。② 无论特定圣人在中国历史地位和使命如何，守基·阿芬第认为中国作为一个国家"就其物质、文化以及灵性资源和潜力来说，是万邦中最重要的"。③

我们对该主题的探索表明，按照荣格理论，如果我们确定对象征进行文化翻译是合理的，那么"上帝的显圣者"这个概念在中国并不陌生。在这类文化翻译中，重点在于此象征在该文化中起到的作用，以及它是否与一个或许完全不同的象征在另一个文化中起到的作用相等。象征的不同名字及其独特的文化表现这类差异将不再重要。在不同的文化里，原型有着不同的形式和性质。他们通过各种不同的语言和非语言象征来表达。有着这样的理解，我们就能在中国文化中找到起着完美的人以及相关的荣格原型的作用的象征。通过对这个象征的功能性翻译，我们看到这批原型以独特的中国形式出现。这与荣格的理论是一致的，即同样的原型和母题在所有文化里都以不同的象征形式表现出来。

（二）中国文化里的双重血统原型

在探讨这一概念之前，我们应该指出，作为可被识别为双重血统原型的人物类别与那些通过努力达到相对的精神完美的圣人或高贵人物的类别

---

①   Hornby H. *Light of Guidance: A Baha'i Reference File*. New Delhi: Baha'i Publishing Trust, 1983. Print. pp. 381–382.

②   `Abdu'l-Bahá. *Some Answered Questions. Trans. Wilmette, IL*: Bahá'í Publishing Trust, 1999. Print. p. 188.

③   转引自 Chew, Phyllis Ghim-Lian. *The Chinese Religion and the Bahá'í Faith*. Oxford: George Ronald Publisher, 1993. Print. p. 7。

之间的区别。双重血统指那些天生就拥有神圣元素的人物。他们并不是通过努力或学习来获得其神圣属性的。他们拥有凡人之躯，但他们的本质却表现出完美的神圣属性。

我们在中国的经书里遇到一些术语或称谓，用于指那些灵性的、圣人般的以及道德卓越的人，但这些人不是天生如此，而是通过后天努力达到的。这与神秘旅者努力所求颇为一致，也即前面讲到的自性原型的神秘意义。与之相反，双重血统类别以及相似的原型类称谓指的是宇宙意义上的自性原型，他们并非用于指那些通过学习和努力而企图变得更为优秀或已经达至优秀的普通人。

像孔子这样的伟大教育家就渴望给他们的学生教导道德和伦理属性。"君子"一词在《论语》中出现了107次。[1] 由于这样的人是通过累积努力而获得该地位的，因而从这个角度看就很清楚，普通个体也能成为君子。[2] 与之相反，我们在中国传统中找寻的（相当于）完美的人的这类概念，并非是指那些可以通过学习和努力成为君子的普通人，在巴哈伊看来，是类似于上帝的显圣者那样的人物，是上帝在世间无与伦比的代表，是上帝和其造物之间的中介。

但我们在研究中国文本时发现在中国传统中，"上帝的显圣者"这类概念并不是不存在的。在中国古代文献中，"圣"或者"圣人""圣王"就代表了这类概念。圣是指那些了解"天道"且能将其显示给人类的人。在中国传统中，天是至高无上、无所不能和无所不在的力量的一个象征。[3] 许多世纪以来，术语"天"仅是指上帝而非天空。[4] 在这个意义上，通过圣显示的"天道"体现了上帝的意旨，或者说上帝意欲造物产生的方式。

---

① Chan, W. T.（Trans., Compiled by）, *A Source Book in Chinese Philosophy*, Princeton, NJ: Princeton University Press, 1963. Print. p. 15.

② Chan, W. T.（Trans., Compiled by）, *A Source Book in Chinese Philosophy*, Princeton, NJ: Princeton University Press, 1963. Print. p. 134.

③ Wilhelm H. *Heaven, Earth, and Man in the Book of Changes*, London: University of Washington Press, 1977. Print. p. 35.

④ Chew, Phyllis Ghim-Lian. *The Chinese Religion and the Bahá'í Faith*. Oxford: George Ronald Publisher, 1993. Print. pp. 211-212.

中文汉字"圣"的书面写法也支持这一解读。"圣"字上面由两部分组成，左边为"耳"，右边为"口"，耳代表听和了解"天道"，口代表言说、揭示，或启示。《说文》："圣，通也。从耳，呈声。" 圣是指通晓"天命"之人①，并将其显示，或者揭示给人类。用泰勒的话来说，"如果该字的发音（声）有着重要意义的话，那么这个圣就是指听到了天道，且将其展示或揭示给人类的人"②。因而，如果圣有能力了解上天（上帝）的意旨，并将其天道揭示给人类，这样的人物就是天和人之间的中介，正如巴哈伊信仰中的上帝的显圣者这一概念的情况。

圣在儒家文献里是主要用于指称中国商周及更早期的古代圣王。③ 商朝的统治大约是在公元前 17 至前 11 世纪。周朝是从公元前 11 至元前 3 世纪。商朝统治时期的社会有着浓厚的宗教特征，包括对人格化的神的信仰。④ 在儒家经典里，商周时期的圣王被作为人类操行的典范。⑤ 两位传说中的圣王，尧和舜，大约生活在公元前 3000 年⑥，中国经典里经常提到他们，像尧舜这样的传说中的圣王所被赋予的属性与巴哈伊概念里的上帝的显圣者的属性类似。

三、有关圣王地位的争论

中国古代文献里，圣王们被或隐或显地赋予独特地位。尧及其继任者舜都受到高度尊崇。同样，公元前二千年左右的禹，他曾治水患，将洪水

---

① Taylor, Rodney L. *The Religious Dimensions of Confucianism*, Albany, NY: State University of New York Press, 1990. Print. p. 12.

② Taylor, Rodney L. *The Religious Dimensions of Confucianism*, Albany, NY: State University of New York Press, 1990. Print. pp. 12, 24.

③ Taylor, Rodney L. *The Religious Dimensions of Confucianism*, Albany, NY: State University of New York Press, 1990. Print. p. 23.

④ Chan, W. T.（Trans., Compiled by）, *A Source Book in Chinese Philosophy*, Princeton, NJ: Princeton University Press, 1963. Print. p. 3.

⑤ Taylor, Rodney L. *The Religious Dimensions of Confucianism*, Albany, NY: State University of New York Press, 1990. Print. pp. 23–25.

⑥ Chan, W. T.（Trans., Compiled by）, *A Source Book in Chinese Philosophy*, Princeton, NJ: Princeton University Press, 1963. Print. p. 15.

导向大海，因此拯救了天下的生灵，中国典籍里也将他尊为圣王。① 然而，问题在于普通人能达到那样的地位、成为像尧舜那样的圣王吗？是不是上天有赋予这些人物凡人所不具有的独特而超绝的力量和完美？就像巴哈伊圣作里的上帝的显圣者的情况那样？

从现实来看，在尧舜禹、汤文武周公之后，儒家文献里似乎并没有提到还有哪位君主被认为是圣王，可见圣王的地位并不是容易达到的，圣王成为儒家构想的君主的理想人格。虽然君主被尊称为天子，但只有在保持德行的前提下，他才会拥有独特的地位。② 即使就尧舜而言，尽管孔子也称他们为圣人，但也认为他们并不是完美的："何事于仁！必也圣乎！尧舜其犹病诸！"（《论语·雍也》）在这个意义上，儒家的圣王观里的圣王也并非是天生无误或完美无缺的。总的来说，给圣王们赋予一个独特的神圣地位，一个凡人不可能达到的地位，一直以来是尚未解决的有争议的问题，我们也将在本文探讨。

（一）儒家

在中国古代，特别是周王朝前（公元前 1000 年前），人们认为圣王是受到神明的任命来治理国家，因而是代表上天的意旨（天命）的。这些圣人是唯一可以"直接通晓天道"③ 的人。在《论语》的语境里，圣人与普通人的能力是特别明显的被区分开来，且没有试图建议个人可以达到圣人的状态。④ 因而，在孔子心目中，上古圣人是比常人更高级的存在。他们的地位独特，无论普通人怎样努力和学习也是无法达到的。对孔子而言，

---

① Chan, W. T. （Trans., Compiled by）, *A Source Book in Chinese Philosophy*, Princeton, NJ: Princeton University Press, 1963. Print. p. 76.

② Taylor, Rodney L. *The Religious Dimensions of Confucianism*, Albany, NY: State University of New York Press, 1990. Print. p. 12.

③ Taylor, Rodney L. *The Religious Dimensions of Confucianism*, Albany, NY: State University of New York Press, 1990. Print. p. 41.

④ Taylor, Rodney L. *The Religious Dimensions of Confucianism*, Albany, NY: State University of New York Press, 1990. Print. p. 41.

圣人仅限于尧、舜、禹①，他自己也没有亲眼见到过圣人："圣人，吾不得而见之矣，得见君子者斯可矣。"（《论语·述而》）

孔子曾区别两种类型的"知"：生而知之与学而知之，并认为"生而知之"为上，"学而知之"次之。"生而知之者，上也；学而知之者，次也；困而学之，又其次也；困而不学，民斯为下矣。"（《论语·季氏》）而且承认自己并不是生而知之，而是学而知之："我非生而知之者，好古，敏以求之者也。"（《论语·述而》）伟大如孔子，尚且认为自己的"知"是次一等的，那他提到的"生而知之者"，可否理解为是圣人或圣王的特征？当孔子被学生问是否他就是圣人时，他的态度也是否定的："若圣与仁，则吾岂敢？抑为之不厌，诲人不倦。"（《论语·述而》）

圣人虽然不可见，但是圣人所法之道是可以学的，因此，孔子强调教育的作用，他认为人的天性是相近的，但是通过学习和实践努力后，人们之间就有了很大的差异。"性相近，习相远"② 这个关于人的天性相近的说法，以及教育的可能性，为后世儒家的圣人观的流变打下了基础。

1. 儒家的理想主义流派

与孔子相反，孟子——公元前 4 世纪的儒家思想家，似乎对这件事持不同立场。一方面，他给圣人们划分了一个独特的地位。他认同尧舜之类的圣人是"人类关系的最高标准"③，他们是所有统治者应该效仿的典范："遵先王之法而过者未之有也"（《孟子·离娄上》）④。

孟子把圣人不仅看作是人们的完美典范，而且是唯一的完美典范。他还赋予他们一个独特的地位，他认为只有圣人才能把上天赋予的本性完全发挥出来。"规矩，方圆之至也；圣人，人伦之至也"（《孟子·离娄上》）。此外，孟子认为圣人拥有独特的力量和能力，可以引发他人的转变："大而化之之谓圣，圣而不可知之之谓神。"（《孟子·尽心下》）他提到"在

---

① Taylor, Rodney L. *The Religious Dimensions of Confucianism*, Albany, NY: State University of New York Press, 1990. Print. p. 41.

② Confucius. *The Analects* Hertfordshire, UK: Wadsworth Editions Limited, 1996. Print. p. 227.

③ Chan, W. T.（Trans., Compiled by）, *A Source Book in Chinese Philosophy*, Princeton, NJ: Princeton University Press, 1963. Print. p. 73.

④ Legge, J.（Trans）. *The Works of Mencius*, New York, NY: Dover, 1970. Print. p. 289.

圣人的尊前有着奇妙的感觉"①："观于海者难为水，游于圣人之门者难为言。"（《孟子·尽心上》）此外，他还区别了那些天生的圣人，比如圣王尧和舜，以及那些通过个人修养实践正义人道的王者，如汤武。② "尧舜，性者也；汤武，反之也"（《孟子·尽心下》）。实际上他希望真正意义上的圣人，即像尧舜那样的圣人，能够再次出现。③

然而，另一方面，孟子的意思并不是人们没有能力成为圣人。他相信所有的人都与生俱有成为圣人的潜能。他曾说过这句广为人知的话："人皆可为尧舜。"（《孟子·告子下》）他还说过："圣人与我同类者。"（《孟子·告子上》）总的来说，孟子对人性善的强调，使得他与孔子在圣人的地位的看法上有了区别。孔子把圣人看作完美的、人们无法完全效仿的典范，而孟子基于"何异于人哉？尧舜与我同耳"（《孟子·离娄下》）的认识，对人们的德性潜能更为乐观。

孟子的理想主义为后世致力于完全实现人类潜能的更新儒学奠定了基础。更新儒学下定决心不与圣贤看齐绝不停止学习。④ 因此，孔子对教育的重视延续到孟子的哲学里则有了一种理想主义色彩。我们将进一步探讨，在孟子的影响下，更新的儒家的人本主义对普通人的能力持有相当大的信念，然而尽管在人的能力上大家都有共识，却并不是所有的儒学思想家们对人性都抱以积极的看法，接下来我们将讨论这点。

2. 儒家的现实主义流派

荀子是公元前 3 世纪的一位哲学家，与孟子的理想主义相反，他开启了儒家的现实主义流派。孟子认为所有人刚出生时都是善的，而荀子则认为人性天生就有恶，因此人们需要努力克服低下的本性。有趣的是，孟子从人性善而尧舜与我同类，推导出人皆可为尧舜那样的圣人，荀子则从"人

---

① Taylor, Rodney L. *The Religious Dimensions of Confucianism*, Albany, NY: State University of New York Press, 1990. Print. p. 42.

② Chan, W. T.（Trans., Compiled by），*A Source Book in Chinese Philosophy*, Princeton, NJ: Princeton University Press, 1963. Print. p. 80.

③ Legge, J.（Trans）. *The Works of Mencius*, New York, NY: Dover, 1970. Print. p. 192.

④ Taylor, Rodney L. *The Religious Dimensions of Confucianism*, Albany, NY: State University of New York Press, 1990. Print. p. 44.

性恶，所以需要圣王制定的礼义法度来教化众生，以合于道"，从而推导出需要圣人来帮助人们，且人们可以通过圣王的教化来成为圣人，殊途而同归。[①] 当然，他们都相信人类有完美的可能性，因而可以通过教育和实践来逐渐趋向完美。[②]

荀子强调圣人出现的作用，正是由于人性恶，所以需要圣人帮助。圣人是正义善良的来源，能转化人们。"今人之性恶，必将待圣王之治，礼义之化，然后始出于治，合于善也"（《荀子·性恶》）。"古者圣王以人之性恶，以为偏险而不正，悖乱而不治，是以为之起礼义、制法度，以矫饰人之情性而正之，以扰化人之情性而导之也，始皆出于治，合于道也。"（《荀子·解蔽》）

不过这些关于美德的知识来自圣人，并不是来自人的本性，因此，人们只能够通过古之圣王制定的礼义法度，通过积善而最终有望成为圣人。

> 凡礼义者，是生于圣人之伪，非故生于人之性也。……圣人积思虑、习伪故，以生礼义而起法度，然则礼义法度者，是生于圣人之伪，非故生于人之性也。（《荀子·性恶》）

> 凡性者，天之就也，不可学，不可事。礼义者，圣人之所生也，人之所学而能、所事而成者也。不可学、不可事而在人者，谓之性；可学而能、可事而成之在人者，谓之伪。是性伪之分也。（《荀子·性恶》）

荀子相信每个人都有能力辨别美德，也有能力实践美德。因此，如果人们日日学习和践行、持之以恒地获取美德，最终"他就能如圣人那般智慧，与天、地相配了"（今使涂之人伏术为学，专心一志，思索孰察，加日县久，积善而不息，则通于神明，参于天地矣。《荀子·性恶》）。因此他总结说，如此，圣人就是通过持续不断的努力而达到此地位的常人："故圣人者，人之所积而致矣。"（《荀子·性恶》）

---

① 吴震："中国思想史上的'圣人'概念"，《杭州师范大学学报》（社会科学版）2013年7月，第4期。

② Chan, W. T.（Trans., Compiled by），*A Source Book in Chinese Philosophy*, Princeton, NJ: Princeton University Press, 1963. Print. p. 115.

另一方面，荀子的这个积善而成圣人的哲学立场只是一个理论假设。他以圣王禹为例，指出没有人可以成为像他那样的圣人：大街上的每个人都有可能成为禹，但是这并不意味着大街上的每个人实际上都能够做到。然而，人们实际上不能够做到，并不会损害他能够做到的可能性。有脚的人可以走遍世界，但是目前为止，还没有谁实际上真能够做到："故涂之人可以为禹，则然；涂之人能为禹，则未必然也。虽不能为禹，无害可以为禹。足可以遍行天下，然而未尝有遍行天下者也。……用此观之，然则可以为，未必能也；虽不能，无害可以为。然则能不能之与可不可，其不同远矣，其不可以相为明矣。"（《荀子·性恶》）

因此，尽管荀子认为他的人人皆可成为圣贤的观念纯粹是假说，但是他仍然被认为持有这样的立场：人人都有能力获得圣人所具有的美德的知识，也拥有能力获得美德。[①] 确实，"涂之人可以为禹"，常常被中国的哲学家们所引用。其他儒学思想家——新儒家——也采用了相似的立场。

3. 新儒家

新儒家是儒家的理想主义流派，特别是孟子的神秘主义观念的延续[②]，但其又受到了道家和佛家的影响。在公元第二个千年期间的新儒家基于对人性的思考，提出了人为微观宇宙、了解自己就是了解宇宙的观点。他们基于人与宇宙共有一个道德本性的假设，进而规定了人与宇宙同一的目标。

这些概念与一些神秘的观念很相似，这些观念认为所有的人潜在上是一个微观宇宙，即荣格说的宇宙人。新儒家给人类赋予了一个特殊的地位。周敦颐是公元11世纪的一位思想家，他为新儒家奠定了基础，他认为人所接受五行[③]的程度最高，因此最有才智，人的身体形状展现，其灵性也发展成意识[④]，"唯人也得其秀而最灵。形既生矣，神发知矣"（《太极图

---

① Chan, W. T.（Trans., Compiled by）, *A Source Book in Chinese Philosophy*, Princeton, NJ: Princeton University Press, 1963. Print. p. 133.

② 冯友兰：《中国哲学简史》，天津社会科学院出版社，2008 年，第 440 页。

③ 五行"水，火，木，金，土"，代表存在的基本品质。

④ Chan, W. T.（Trans., Compiled by）, *A Source Book in Chinese Philosophy*, Princeton, NJ: Princeton University Press, 1963. Print. p. 463.

说》）。根据周敦颐，人类因为拥有最完美的自然构成，因而有潜力成为圣贤。在当时的语境里，他提出了一个关于是否可以通过学习和努力来成为圣人的问题"圣可学乎"（《通书·圣学第二十》），并回答说可以做到。他断言，一个去除了欲望，达到清明、澄澈，能与天、地、人相通，公正且无所不包的人，那么就基本上是一个圣人了。[1]"无欲，则静虚动直。静虚则明，明则道；动直则公，公则溥。明通公溥，庶矣乎！"（《通书·圣学第二十》）

但是，那么我们是否可以推断周敦颐并未给圣人赋予一个特殊的地位？他描述了通过圣人发生的转化，这类显著而富含魅力的特征："如天道运行那般，万物都相安和谐。圣王的道德已经在人们中培育，所有人都变了。大化无形，无人知道这是如何发生的：这可谓神奇。因此，万物的基础端赖一人……"[2]"天道行而万物顺，圣德修而万民化。大顺大化，不见其迹、莫知其然之谓神。故天下之众，本在一人。"（《通书·顺化第十一》）然而，无论周敦颐对圣王的神秘的转化力如何重视，他还是与他之后的那些新儒家一样，似乎也认为每个人都有潜力成为圣人。

在程颢和程颐兄弟的著述里，我们也发现他们对前述孟子有关圣王尧和舜的地位的思考。孟子认为这些圣王天生就有关于善的知识，而普通百姓只有通过学习和努力来获取这类知识。程氏兄弟认为尧和舜从出生起就拥有其他人没有的先天知识。同时，他们也认为人们有可能通过学习达到圣贤的地位。然而，这个学习应该是通过探索他们的内在，而不是外在的学习，或者是什么"努力的记忆，巧妙的风格，优雅的辞藻，以使得他们的文字显得精致而美丽"[3]。"不求诸己而求诸外，以博闻强记、巧文丽辞为工，荣华其言，鲜有至于道者。"（《伊川先生文集》卷四）

这种观点在 15–16 世纪，中国明朝的哲学家王阳明（王守仁）那里再

---

[1]　De Bary, William Theodore, and Irene Bloom, eds. *Source of Chinese Tradition*. Vol. 1. 2nd ed. New York: Columbia UP, 1999. Print. p. 678.

[2]　Chan, W. T.（Trans., Compiled by）, *A Source Book in Chinese Philosophy*, Princeton, NJ: Princeton University Press, 1963. Print. p. 470.

[3]　Chan, W. T.（Trans., Compiled by）, *A Source Book in Chinese Philosophy*, Princeton, NJ: Princeton University Press, 1963. Print. p. 550.

次得到了强调。那个时代读书人的主要目的在于通过朝廷的考试以便获任官职，而王阳明对他们碎片式的追求细节的学习方式感到失望[①]："他确定，如果一个人的思想割裂，或专注于外部事物，那他就只会关心碎片化的细节，而失去本质。"因此，一个人应该发展"先天的知识"[②]，也即"致良知"，在王阳明看来，"圣人"既是传统儒家构想的理想人格，更是人心良知的象征[③]，"心之良知之谓圣"（卷六，《书魏师孟卷·乙酉》《答季明德·丙戌》）。由于每个人都具足良知，因此圣人之道就在人心中"始知圣人之道，吾性自足"。每个人心里都有一个真正的孔子，"个个人心有仲尼，自将闻见苦遮迷"（卷二十，《咏良知回首示诸生》）。因此每个人都可以成为圣人，"决然以圣人为人人可到"，如此，王阳明就把外圣转化成了内圣。在这个意义上，每个人都潜在的是一个圣人。不过他也断定这只是潜在可能，只有在现实里做足功夫才有可能全部实现这些潜能，从而成为圣人[④]。这里，我们再次看到一位哲学家，他把对圣人的需要与每个人都有可能成为圣人的理想合并起来了。

很显然，这类并非是对知识的积累，而是从心中生发出来的学习，与巴哈伊神秘性视角里的踏上灵性之旅的旅者的学习类似[⑤]。这种对知识和学习的看法是更新儒学里的神秘性方面。然而，新儒家并没有特别规定神秘性实践的做法或者追求巅峰体验以期达到圣人的地位。同时，就像中国有着神秘性传统的道家那样，新儒家采取的立场也是任何人皆可成为圣人、完美的人。他们还为这个目的规定了教育，这与道家相反，后者强调精神修养、超脱，以及自我净化。

---

① Chan, W. T. (Trans., Compiled by), *A Source Book in Chinese Philosophy*, Princeton, NJ: Princeton University Press, 1963. Print. p. 654.

② Chan, W. T. (Trans., Compiled by), *A Source Book in Chinese Philosophy*, Princeton, NJ: Princeton University Press, 1963. Print. pp. 655–656.

③ 吴震："中国思想史上的'圣人'概念"，《杭州师范大学学报》（社会科学版）2013 年 7 月，第 4 期。

④ 吴震："中国思想史上的'圣人'概念"，《杭州师范大学学报》（社会科学版）2013 年 7 月，第 4 期。

⑤ Bahá' u' lláh. *Áthár-i-Qalam-i-A`lá Vol 3. Tehran*, Iran: Mu' assisi-yi Maṭbú' át-i Amr í , 121 BE. p. 146.

　　总括之，包括了理想主义、现实主义以及新儒家等不同流派的儒家思想，均重视教育。孔子自己就主要是位教育家，尽管有些人认为他是一位圣人。儒家的思想家们十分尊崇圣人，认为他们是历史上的独特而珍贵的人物，拥有高于常人的地位。但是他们也认为，至少在理论上，每个个体都可以通过教育成为圣贤。这种修身成圣的思想，给儒家思想增添了一层神秘色彩。[1] 神秘主义者通常认为通过洁净自我，人们可以达至完美之人的地位，这与我们在道家思想里看到的非常一致。

（二）道家

　　道的字面意思是"路"，对道家而言，道乃是超越性实在，经由其，宇宙得以产生、存在并维持。[2] 因此，物质世界被非物质的、超越性的道赋予生命，并给以维持。然而，物质存在与超越性的道之间的区别并不是确定的。尽管道并不从属于物质领域，它是至高无上的、超自然的，并且是超越理解的。同时，事物的道与事物本身又不是完全分开的。物质领域与精神实在不是隔绝的，神圣与凡俗之间也非距离遥远或完全不同。这就是宇宙万物共享道的自发性（自然）的意义，或者说，道的自发性存在于世界万物之中。[3] 此外，它们各自的自然（性）是由道所赋予的。[4]

　　道家这种关于实在（reality）的观点包含了一个人应该如何生活的含义。尽管道家有这样的观点：人类拥有腐败和低下的本性，需要加以控制和驯服，但道家思想的重点在于人类必须遵循自然之道——自然法则里固有的智慧需要被研究和注意。同样，道家认为个人的直觉比理性或者通过正规教育而获得的知识具有更高的价值或力量。事实上，道家对繁重的思想操练、

---

① Taylor, Rodney L. *The Religious Dimensions of Confucianism*, Albany, NY: State University of New York Press, 1990. Print. p. 45.

② Bowker, J. *The Oxford Dictionary of World Religions*, Oxford: Oxford University Press, 1997. Print. p. 950.

③ Fung, Y.L. *A History of Chinese Philosophy. Vol. 1. The Period of the Philosophers*. Princeton, NJ: Princeton University Press, 1983. Print. pp. 223、334. Fung, Y.L. *A History of Chinese Philosophy. Vol. II. The Period of Classical Learning*. Princeton, NJ: Princeton University Press, 1983. Print. p.208.

④ Fung, Y.L. *A History of Chinese Philosophy. Vol. 1. The Period of the Philosophers*. Princeton, NJ: Princeton University Press, 1983. Print. pp. 224, 374, 384.

精细的计划和复杂的文明策略持怀疑的态度，简单反而更受珍视。

因此，道家更像是一种注重个人精神发展的神秘传统，而儒家则更关注教育、秩序和维护社会习俗与传统。作为对儒家重视教育和通过传统、法律和治理来改造社会的一种回应，道家更为看重个人固有的纯真和自然成长与发展。从一个西方的视角来看，我们可以从这种对立中看到启蒙时代对理性和秩序的重视与浪漫主义对直觉的倚重，还有卢梭哲学里提到的"自然人"的纯洁性。

因此，道家强烈反对人为控制和烦琐的法律法规负担，认为它们没有效果，甚至有时是有害的，只能暂时治愈社会疾病。与之相反的是，道家把个体的精神修养看作是唯一永久且真正有效的补救办法。道家与管理原则和治理律法之间的张力也引起了特别的关注，有时还被非道家的中国思想家尖锐地批评。

关于圣王这个概念，道家作为一种神秘的哲学思想，其对"圣人"的观念颇具好感，但对"王"的观念却非如此，也就不奇怪了。道家珍视精神发展和神秘实践，但是对管理和统治的概念却感到不舒服。正如我们将看到的那样，尽管圣王的观念在道家典籍里出现颇多，某些道家思想家还赞扬过圣王的圣人层面，但是大量典籍却是排斥甚至蔑视这些人物的"王"的方面。

从哲学上看，"圣人"和"王"这两个词代表同一实在（reality）的两个方面。这个概念可以追溯到道本身的概念。井筒俊彦发现："……道家的绝对（Absolute）概念实际上可以说是包含两个不同的方面：形而上的和个人的。"① 在这个意义上，"圣人"指的是道的形而上方面，"王"指的是个人方面。因此，在《道德经》中，"圣人"一词既具有超越性含义，又具有个人含义。从《道德经》第二章的以下段落可以理解这一概念：

> 是以圣人处无为之事，行不言之教，万物作焉而不辞，生而不有，为而不恃，功成而弗居。夫唯弗居，是以不去。

---

① Izutsu, T. *Sufism and Taoism, A Comparative Study of Key Philosophical Concepts*, Los Angeles: University of California Press, 1983. Print. pp. 418–419.

因此井筒俊彦写道："……老子讲'无为'时同时提到了'道'和'圣人'。在这段里，圣人被描绘为与道完全等同，以至于任何对后者适用的也都适用于前者。"① 因此，在"圣人－王"（圣王）这个结合中，"圣人"指的是超验性和精神性的层面，而"王"指的是同一实在的个人层面。井筒俊彦进一步指出："在这方面值得注意的是，道德经中的'圣人'是指一个国家的至高统治者，或者是'王'，这个等式（圣人＝王）好像是常识，理所当然的。"②

圣人王的独特地位在文子③ 的著作里也有阐述，文子据说是老子的学生。④《文子》一书主要是解释老子的思想，但实际上很有可能是他借老子之口写的自己的思想。⑤ 在文中，他宣称在上天和圣王之间有一种直接的关系。天是道的神圣性和超越性实在的象征。其命谕，即天命或天道，是由天之子，即天子，也即圣王来宣扬的："帝王们若是用天道来建设世间，那他们就被称作天子"⑥，"所谓天子者，有天道以立天下也"（《文子·卷八·自然》）。此外，文子还赞美那些圣人统治者，由于他们是通过精神方式来治理国家："只有那些用精神影响力来治理国家的才是不可征服的"⑦，"唯神化者，物莫能胜。"（《文子·卷十·上仁》）

在文子的著作里，我们看到精神实在比物质实在有着优先性。文子对圣王们牺牲自己的物质利益和身体福祉赞美有加："神农形悴，尧瘦癯，

---

① Izutsu, T. *Sufism and Taoism, A Comparative Study of Key Philosophical Concepts*, Los Angeles: University of California Press, 1983. Print. p. 407.

② Izutsu, T. *Sufism and Taoism, A Comparative Study of Key Philosophical Concepts*, Los Angeles: University of California Press, 1983. Print. p. 301.

③ Cleary, T. （Trans.） *Wen-Tzu Understanding the Mysteries, Further Teachings of Lao-Tzu.* Boston: Shambhala Publications, 1992. Print.

④ Bodde D. （Trans.） *A History of Chinese Philosophy, Volume II,* Princeton, NJ: Princeton University Press, 1973. Print. p. 288.

⑤ Cleary, T. （Trans.） *Wen-Tzu Understanding the Mysteries, Further Teachings of Lao-Tzu.* Boston: Shambhala Publications, 1992. Print. p. 7.

⑥ Cleary, T. （Trans.） *Wen-Tzu Understanding the Mysteries, Further Teachings of Lao-Tzu.* Boston: Shambhala Publications, 1992. Print. p. 123.

⑦ Cleary, T. （Trans.） *Wen-Tzu Understanding the Mysteries, Further Teachings of Lao-Tzu.* Boston: Shambhala Publications, 1992. Print. p. 147.

舜黧黑，禹胼胝……"①（《文子·卷八·自然》）这种个人牺牲方面特别值得注意，因为我们发现庄子认为圣王们的这些牺牲性的努力与他的道家哲学是矛盾的，我们将在下面讨论。

庄子有时赞美尧和舜这两位圣王，因为他们与天很自然和谐；他们不关心世俗的利益，却奉行道家的治理方式。②但他在这类判断上并不一致。更为常见的是他对他们的批评，因为他们设计了行政和法律，制定了计划，完成了复杂的任务，惩罚了有罪者，并付出了艰苦的努力，甚至称得上是牺牲。③所有这些至少都象征性地与庄子神秘哲学里的自然无为原则相悖。道家的无为，是指人应该要顺其自然，而不要干涉它。道家认为，与事物的自然发展过程相协调的简单而轻松的做法所产生的结果，要比那些通过复杂设计和治理所进行的无情而坚决的干预措施的效果要更好。

因此，庄子对圣王的矛盾立场或许可以归因于他不同于孔子的独特哲学。④这可以通过比较他与孔子对道的认识来考察。在《论语》里，道是从形而上层面向人间的落实，是人伦之道，与名教、义、孝，以及阶层等级、职务和制度有关。⑤这些人伦之道，也即理，是圣王应该在人类社会贯彻施行的。但是庄子心目中的圣王之道的特点是平静、恬淡，圣王应该无为，与其臣下的积极有为正好相反："上必无为而用天下，下必有为为天下用，此不易之道也。"⑥（《庄子·天道》）在庄子看来，真正的王者应该超脱于存在界，与孕育了这个世界的"无为无形……自本自根，未有天地，自古以存"⑦（《庄子·大宗师》）的道相伴。

---

① Cleary, T.（Trans.）*Wen-Tzu Understanding the Mysteries, Further Teachings of Lao-Tzu*. Boston: Shambhala Publications, 1992. Print. p. 122.

② Legge, J.（Trans）. *The Texts of Taoism, Volume I,* New York, NY: Dover, 1962. Print. pp. 225, 338. Legge, J.（Trans）. *The Texts of Taoism, Volume II,* New York, NY: Dover, 1962. Print. pp. 31, 183.

③ Legge, J.（Trans）. *The Texts of Taoism, Volume I,* New York, NY: Dover, 1962. Print. p. 295. Legge, J. （Trans）. *The Texts of Taoism, Volume II,* New York, NY: Dover, 1962. Print. p. 171.

④ 邓梦军："庄子圣人观研究"，《原道》，2018年，第34辑，第206–217页。

⑤ 邓梦军："庄子圣人观研究"，《原道》，2018年，第34辑，第206–217页。

⑥ 《庄子》，汪榕培、任秀桦（英译），秦旭卿、孙雍长（今译），湖南人民出版社，1997年，第244页。

⑦ 《庄子》，汪榕培、任秀桦（英译），秦旭卿、孙雍长（今译），湖南人民出版社，1997年，第112页。

因而庄子对待圣王们的这种令人困惑的矛盾态度——一方面赞扬他们，另一方面又批评他们——很可能是他有意为之。也就是说，庄子故意夸张，以强调他的思想中的自然主义和孩童般的简单、率性以及无为。在另一处，他甚至借满苟得的口说："尧杀了他的大儿子，舜发配了他的同父异母的兄弟。"① "尧杀长子，舜流母弟"（《庄子·盗跖》），这两桩事情均被认为是夸大的说法，是讹传。②

一般来说，在庄子的著作里，我们会看到一些夸张、寓言、隐喻和富有想象力的叙述，如果按照字面来理解的话，会使我们偏离作者的意图。为了理解他的著作，需要将他的哲学思想纳入语境来考虑；这是因为他处理的是一些神秘性的概念，这些概念本质上不能被客观的或者清晰准确的方式来解释。

但是要明白庄子对圣人的立场，我们就不能局限于他对尧和舜的论述。除了对尧舜偶尔的赞扬、更多的不屑外，庄子还使用不同的术语来指代那些有很高精神本质的人，有时还为他们的地位定义了等级。这些不同的头衔和称号作为一个整体与前面提到的完美的人（Perfect Man， insán-i-kámil）的原理很相似，尤其是这个概念在伊斯兰神秘主义苏菲派所采用的意义上。

例如，庄子给一个他标为"神人"的非凡典范赋予了极富想象力的超自然属性和力量。他的神人是人类的一个理想模范，拥有极高的精神地位。他是如此崇高以至于有能力创造出像尧舜这样的圣王。

著名的苏格兰汉学家理雅各（James Legge）做了一个详细记录，上面是庄子对神人及其神奇能力的极富想象力的阐述："乘天地之正，而御六气之辩，以游无穷者"，"予方将与造物者为人，厌则又乘夫莽眇之鸟，以出六极之外，而游于无何有之乡，以处圹埌之野"。③

《庄子》中，有段描述疯人（隐士）讲神人说话非同寻常。肩吾向连

---

① Legge, J.（Trans）. *The Texts of Taoism, Volume II*, New York, NY: Dover, 1962. Print. p. 178.

② Legge, J.（Trans）. *The Texts of Taoism, Volume II*, New York, NY: Dover, 1962. Print. p. 178.

③ Legge, J.（Trans）. *The Texts of Taoism, Volume I*, New York, NY: Dover, 1962. Print. pp. 127–128. 译者注：此处理雅各的英文翻译可能是意译，因而与庄子原文不是完全对应，本文译者根据大意选用庄子原文。

叔复述接舆的话时说，他听到这种话感到惊异和害怕，因为与现实不符。他表示不相信有这种神人，连叔这样回答：

> 瞎子无法与他共赏文彩美丽，聋子无法和他共赏钟鼓声音……那位神人的德量，将广被万物合为一体。人世间总希望太平盛世，他怎肯劳碌疲惫去管那些俗务杂事！这种人外物伤害不了，滔天洪水也淹不死，即使金石熔化、土山烧焦的大旱，他也不会热。他身上尘垢秕糠就可造就尧舜，他怎么肯纷纷扰扰以俗物当一回事？（瞽者无以与乎文章之观，聋者无以与乎钟鼓之声。岂唯形骸有聋盲哉？夫知亦有之。是其言也，犹时女也。之人也，之德也，将磅礴万物以为一，世蕲乎乱，孰弊弊焉以天下为事！之人也，物莫之伤，大浸稽天而不溺，大旱金石流、土山焦而不热。是其尘垢秕糠，将犹陶铸尧舜者也，孰肯分分然以物为事！）①
> （《庄子·逍遥游》）

正如我们在庄子的这段描写里所见的，神人有着极高的地位，远比上古圣王尧和舜的地位更高。他通过道的不可抗拒的变革力量来矫正世界，这种力量对他来说是自然而然的，并且似乎源于他。

根据庄子，圣人拥有广大的转化力量，但是他们却不自居。他们的转化力量的源头仍然是隐秘的。其结果，人们没有认识到他们与天的独特联系，以及他们无与伦比和崇高的地位。关于明王，庄子是这样写的：

> 明王之治：功盖天下而似不自己，化贷万物而民弗恃，有莫举名，使物自喜；立乎不测，而游于无有者也。（贤明君主治理政事，功德广被天下，却不像出于自己；教化施及万物，而百姓不觉得靠什么；立了功德却没人称说。他使万物各得其所，自己深不可测，遨游于虚无寂静境界！）②（《庄子·应帝王》）

---

① Legge, J.（Trans）. *The Texts of Taoism, Volume I*, New York, NY: Dover, 1962. Print. p. 171.《庄子》，汪榕培、任秀桦（英译），秦旭卿、孙雍长（今译），湖南人民出版社，1997年，第10页。

② Legge, J.（Trans）. *The Texts of Taoism, Volume I*, New York, NY: Dover, 1962. Print. p. 262.《庄子》，汪榕培、任秀桦（英译），秦旭卿、孙雍长（今译），湖南人民出版社，1997年，第138页。

圣人的影响遍及整个宇宙，但是人们却无法说出它的来源——人们无法理解这种能力或力量来自圣人的天性或精神本质。在他的有生之年，可能都不会被大家认出来，并因而尊崇他。尽管他的地位可能不为人所知，他却有着那使他成为"大人"的内在："圣人并包天地，泽及天下，而不知其谁氏。是故生无爵，死无谥，实不聚，名不立，此之谓大人。"（圣人的胸怀包容天地，恩泽遍及天下百姓，天下百姓却不知是谁的赐予。因此在世时没有爵位，死后没有谥号，不聚敛财货，不树立声名，这就叫作伟大之人。）[1]（《庄子·徐无鬼》）

圣人不同于常人；因此，庄子称他们为"畸人"。庄子所写的"完美的人"对他人而言就是一个畸人，因为此人"完全与他人不同，却与天完美一致"。[2]圣人显示天或道。由于他们反映道的属性，而这种状态超越大多数人的理解，因而被误解：老子也说"不笑不足以为道"。[3]

当圣人的转化之力起作用时，一切把社会朝着好的方向改变的努力都会有效，庄子文中有这样的表述："时雨降矣，而犹浸灌，其于泽也，不亦劳乎！（雨水及时降落了，还要去灌溉，对于增加润泽，不是白费劲吗？）[4]（《庄子·逍遥游》）。这是圣王尧说的话，他觉得如果他继续统治下去，就将是"尸之"（空占着位置）。因此，他请求他的老师许由，一位圣人，来接受这个王位。但是这位圣人的回答却是："归休乎君，予无所用天下为"（您这位天子呀，请回去享福吧，我要天下干什么！）[5]（《庄子·逍遥游》）。

这位圣人对帝王的位置一点都不感兴趣，他视自己的作用与管理国家不同。庄子在这里将圣王尧与一位"圣人"做了一个对比。与圣王选择通

[1] Legge, J. (Trans). *The Texts of Taoism, Volume II*, New York, NY: Dover, 1962. Print. p. 105.《庄子》，汪榕培、任秀桦（英译），秦旭卿、孙雍长（今译），湖南人民出版社，1997年，第138页。

[2] Izutsu, T. *Sufism and Taoism, A Comparative Study of Key Philosophical Concepts*, Los Angeles: University of California Press, 1983. Print. p. 431.

[3] Izutsu, T. *Sufism and Taoism, A Comparative Study of Key Philosophical Concepts*, Los Angeles: University of California Press, 1983. Print. p. 432.

[4] Legge, J. (Trans). *The Texts of Taoism, Volume I*, New York, NY: Dover, 1962. Print. p. 169.《庄子》，汪榕培、任秀桦（英译），秦旭卿、孙雍长（今译），湖南人民出版社，1997年，第8页。

[5] Legge, J. (Trans). *The Texts of Taoism, Volume I*, New York, NY: Dover, 1962. Print. p. 170.《庄子》，汪榕培、任秀桦（英译），秦旭卿、孙雍长（今译），湖南人民出版社，1997年，第8页。

过统治来转变社会相反，圣人对统治没有兴趣。通过这个虚构的对话，庄子强调了道家无为的教义，相较于人们对物质环境的治理，他更倾向于人们的灵性转化。

庄子文中提到一个人，他外表是人，但在自己身上体现了天的本性。他温柔而耐心地根据人们的能力来教导他们，促使他们转变："其为人也真，人貌而天虚，缘而葆真，清而容物。物无道，则正容以悟之，使人之意也消。"①（《庄子·田子方》）

正如我们看到的，无论庄子用如何高度象征性的诗意的语言来描述某特定圣王，如尧和舜，但在他的文中并不缺少圣人的原型原理。他所采用的不同的称号和术语——明王、至人（Perfect man）、神人（spirit-like man）、圣人（sagely man）②，以及他在不同时期定义的等级，使得至人原型原理在他的文中非常凸显。

尽管庄子在圣人和统治者（君主）之间做了一个区分，但是在道家思想里，"神圣者的"观念，或者睿智自身，并未与统治者分割开。这点在前面引用过的老子和文子的段落里尤为明显。因此可以说，庄子，或者整体而言道家，是将圣王原理向天靠拢，强调圣人统治者（圣君）的超验和神性的方面。

庄子的道家思想规定了一条通往超越性实在的神秘之路。庄子明里暗里指出，踏上这条神秘之路的旅者可以直接通达超越性实在，这一概念可能被解释为否认圣王的地位。然而，假设庄子，或道家思想家们普遍否认圣王的重要性，并抹消他们作为天和人之间的中介的独特作用，这又将是过于简单化了。

然而，尽管在上面引用的《庄子》引文中，我们发现了与上帝显圣者概念的本质相似之处，我们也不能忽略这样一个事实，即庄子提供了一种神秘性的思想，语焉模糊而又令人困惑。他为神秘的旅者指定了一个完美的精神典范，一个旅者应该努力达到的理想地位。另一方面，他的理想的

---

① Legge, J.（Trans）. *The Texts of Taoism, Volume II*, New York, NY: Dover, 1962. Print. pp. 42–43.《庄子》，汪榕培、任秀桦（英译），秦旭卿、孙雍长（今译），湖南人民出版社，1997年，第402页。

② Legge, J.（Trans）. *The Texts of Taoism, Volume I*, New York, NY: Dover, 1962. Print. p. 169.

完美典范拥有人类无法企及的非凡品质。庄子描绘的圣人展现的完美和属性，常人甚至不能完全理解，或者仿效。

这也是在其他神秘主义流派，诸如苏菲派中观察到的困惑类型。有些苏菲相信他们可以达到完人（Perfect Man）的地位，尽管他们也认为穆罕默德才是完人这一事实。

总的来说，道家并没有回答普通人是否可以通过实践而达到圣王的地位这个问题。从儒、道两家思想形成伊始，经由很多个世纪，他们也没对这个问题给出一个明确的答案。但随着中国进入现代性，知识启蒙和理性主义的时代，这个问题并没有失去其重要性或消失。

（三）理性主义哲学

随着我们离古代越远，现代性的时代越近，中国哲学中的理性主义倾向也越来越强。我们遇到了前面提到过的 20 世纪的哲学家冯友兰，他宣称的目标是"延续中国哲学史里的唯物主义思想，即为人民服务，科学和渐进的思想类型"[1]。冯的意图是既维护中国传统哲学思想，但又有一个符合唯物主义哲学的新的重点及诠释。这个方法有可能影响到他对圣人地位的立场。

11 世纪的哲学家邵雍曾经说过："圣也者，人之至也者"，冯友兰解释说"人之至的意思是至人，即可以将人的本性完全发挥出来且将人的理性考察到极致的人"。这样的至人能实现他的普遍性职责，"与万物一体"并服侍上天。[2]冯认为每个人都能成为这样的圣人，这是人类的普遍理想。为了支持他的这个立场，他还引用了过去的一些思想家的格言"满街都是圣人"以及"众生平等"。[3]值得注意的是，尽管冯宣告了唯物主义的取向，但在圣人的独特地位上，他似乎并未明显偏离传统的观点和争论。

---

[1]　Chan, W. T.（Trans., Compiled by）, *A Source Book in Chinese Philosophy*, Princeton, NJ: Princeton University Press, 1963. Print. p. 779.

[2]　Chan, W. T.（Trans., Compiled by）, *A Source Book in Chinese Philosophy*, Princeton, NJ: Princeton University Press, 1963. Print. pp. 761–762.

[3]　Chan, W. T.（Trans., Compiled by）, *A Source Book in Chinese Philosophy*, Princeton, NJ: Princeton University Press, 1963. Print. pp. 778–779.

但是，毫无疑问，古代中国的精神信仰与当代的唯物主义、理性主义以及科学客观主义之间也不是很容易调和的。因此，现代思想家康有为（1858–1927）质疑圣王尧和舜的历史真实性。康认为孔子把自己的改良理想托名于远古的圣王只是为了让这一理想能得到优先重视。对康而言，孔子"甚至是想象出了历史性存疑的圣王尧和舜的伟大功绩"。①

总的来说，康有为的哲学立场被视为"一个旋风，一个强大的火山喷发，和一场巨大的地震"。② 就像 Chan 说的"对古老的儒家偶像'圣王尧舜'的大胆否定，实际上等于一场革命"。③正如我们所看到的，即使到了 20 世纪，断然否定传说中的圣王的历史性也不是一件小事。

四、超越历史

荣格的原型既有历史性又有非历史性的特点。作为集体潜意识的内容，它们是超越时间和空间以及任何历史关联的。它们是永恒而普遍的模式和形式。另一方面，原型在意识世界的显现有着历史性特征，它们在特定时间和特定场所出现。因此，自性原型也有着历史性和非历史性的方面。中国古代的圣王构成了这个原型的历史性显现。但是圣王所具有的普遍品质和特征就是自性原型的非历史性的方面，也即完人（Perfect Man）之理。

本研究在中国探寻荣格原型和上帝显圣者概念的范例时，对历史性并不太关注。我们在中国的远古文明中寻找的不是特定圣王，而是圣人之理。我们找到了大量证据，说明中国存在荣格的自性原型，完人之理，也即位于超验实在和凡人之间的中介人物，而且，他也是人类完美的典范。

自性以人身在历史上的不同时间出现。荣格提到的自性原型的一个特点就是周期性显现，这导致了社会的主要转型。接下来我们探讨中国文化

---

① Chan, W. T.（Trans., Compiled by）, *A Source Book in Chinese Philosophy*, Princeton, NJ: Princeton University Press, 1963. Print. p. 724.

② Chan, W. T.（Trans., Compiled by）, *A Source Book in Chinese Philosophy*, Princeton, NJ: Princeton University Press, 1963. Print. p. 724.

③ Chan, W. T.（Trans., Compiled by）, *A Source Book in Chinese Philosophy*, Princeton, NJ: Princeton University Press, 1963. Print. p. 724.

中自性原型的这一特点，圣人以特定历史个体周期性出现的现象，以及圣人共有的普遍性和品质。这个过程也是巴哈伊信仰称作"渐进式启示"原则的基础。超越性的神圣的真理在特定的时间和特定的文明中，根据人们的能力，用与之相应的程度和方式来逐渐揭示自己。在这个意义上，上帝的显圣者们归根结底是同一个实在，尽管他们出现在不同的时间，每一位都有着不同的个性，且相继带来更先进的社会教义，但他们揭示的精神教义的核心从未变过，只是更为广泛的解释。

在《笃信经》（ *The Book of Certitude* ）中，巴哈欧拉这样阐述了上帝的显圣者们的一体性或同一性之地位 ①。尽管他们规定了与他们出现的那个时代的需要相宜的不同的律法和规则，但上帝的显圣者们宣说的是同一个永恒真理，同样神圣的精神原则。在另一个场合，巴哈欧拉宣告说："此乃上帝不变的信仰，过去如此，未来亦然。" ②

因此，上帝的显圣者出现的现象同时也是一个历史性的和非历史性的过程。这些个体揭示了同一个超越性实在并追求同样的精神目的。他们继续先前的事业并逐步推动人类的发展，但是他们每一个都在这个不断演进的过程中发挥着特定的作用，而这是与他们出现的时代相宜的。也正是在这个意义上，巴哈欧拉将他们的个体性和他们各自特别的使命描述为他们的"相异的身份"的部分：

> 其二是相异的身份，它属于受造界及其局限。就此而言，诸位显圣者各有其独特的个性、明确规定的使命、预先注定的天启及特别指定的局限。他们每位均以一个不同的名号昭闻，以一个特别的属性彰显，均履行一项明确的使命，承担一份特殊的天启。③

因此，接下来我们将探讨上帝的显圣者的双重身份方面，以及在中国文化中隐约看到的自性原型、至人的非历史性的（ahistorical）永恒实在的

---

① Bahá'u'lláh. *The Book of Certitude*, Wilmette, IL: Bahá'í Publishing Trust, 1989. Print. p. 21.

② Bahá'u'lláh. *The Kitáb-i-Aqdas*. Haifa Israel: Bahá'í World Centre, 1992. Print. p. 85. 巴哈欧拉：《亚格达斯经》，新纪元国际出版社，2017 年，第 3 页。

③ Bahá'u'lláh. *The Book of Certitude*, Wilmette, IL: Bahá'í Publishing Trust, 1989. Print. p. 176. 巴哈欧拉：《笃信经》，新纪元国际出版社，2011 年，第 87 页。

相异身份（作为特定历史个体）周期性出现的现象。

（一）本质统一的身份

在中国经典里我们遇到一些文本，涉及自性的时间和历史性显现（也即圣王们）的潜在统一性。完人或者至人（Perfect Man）的永恒品质在不同的历史时期以不同的圣人出现。这些圣人全都彰显超验的道，并根据道来转化社会。他们教导的都是永恒的道，但是具体方式却是与他们出现的时代相宜的："故圣人法与时变……"①（《文子·卷第十一·上义》）

文子解释说每个时代的法令和规则都是为了达成天道，这一超越时空之目的的工具，圣人所根据的是道，就好比钟磬，只有一个音调，永远也改不了，而循道做事，就好像琴瑟一样，一曲终了就必得调整它们的韵调。因此，法令制度礼乐等，都是治理国家的方法，而非根本原则："圣人所由曰道，犹金石也，一调不可更。事，犹琴瑟也，曲终改调。故法制礼乐者，治之具也，非所以为治也。"②（《文子·卷第十一·上义》）道是最高秩序，赋予法律以目的和意义。因此，文子指出，尽管每个时代的法令不尽相同，但它们之间是协调的，它们均与超越时空的超验性道相符合。因此，圣人们尽管创造了各自时代所需的特定律法制度，但他们之间也是和谐一致的，因为他们教导的是同一个道的不同方面。

圣人的第二个相似处是他们都是通过精神方式来转化人们。因此他们成功地直抵人心。他们改变社会的方式主要是精神性质的，因此也更为有效。他们是同一个超验性的道德的表征，采用同样的精神方式来转化，因而彼此间只能是和谐的："夫禀道与物通者，无以相非，故三皇五帝法籍殊方，其得民心一也。"③（那些禀道而与万物相通的人，不会相互否定的，这

---

① Cleary, T. （Trans.） *Wen-Tzu Understanding the Mysteries, Further Teachings of Lao-Tzu*. Boston: Shambhala Publications, 1992. Print. p. 159.

② Cleary, T. （Trans.） *Wen-Tzu Understanding the Mysteries, Further Teachings of Lao-Tzu*. Boston: Shambhala Publications, 1992. Print. p. 160.

③ Cleary, T. （Trans.） *Wen-Tzu Understanding the Mysteries, Further Teachings of Lao-Tzu*. Boston: Shambhala Publications, 1992. Print. p. 111.

也是为什么远古圣王们制定的法令虽然量度有异，但在赢得人心上却浑然如一。）① （《文子·卷第八·自然》）

文子还解释了为什么古代圣王们的法令各不相同。他看到随着时间的推移，新事物的出现，改变就是必要的："变生于时"。② （《文子·卷第一·道原》）对上古圣王中的三皇五帝，他这样写道："五帝异道而德覆天下，三王殊事而名后世，因时而变者也。"（《文子·卷第十二·上礼》）

文子对圣王制定的法令为何有变做了很深入的思考，他解释说："故先王之制，不宜即废之，末世之事，善即著之。"③ （《文子·卷第十二·上礼》）圣人根据他们所处时代之需来施行教化："圣人者，应时权变……世异则事变……论世立法……"④ （《文子·卷第五·道德》）

由于圣人依据时代的需要来更新和修正过去的指引方法，文子认为，人们不应该依恋执着于特定的行为方式和传统，或者"常行"，这也是为什么说"道可道，非常道；名可名，非常名"⑤："老子曰：夫事生者，应变而动，变生于时，知时者无常之行。故道可道，非常道；名可名，非常名。"⑥ （《文子·卷第一·道原》）在这个意义上，他提醒人们不要轻率或盲目地遵循过去的传统。

当文子强调法令和实践有改变的需要时，他听起来或许像一个审慎的政策制定者："夫权不可为之势，而不循道理之数，虽神圣人不能以成功。"⑦ （《文子·卷第八·自然》）但对文子而言，圣人根据特定时代的需求来

---

① 王利器撰：《文子疏义》，中华书局，2012 年，第 346 页。

② Cleary, T.（Trans.）*Wen-Tzu Understanding the Mysteries, Further Teachings of Lao-Tzu*. Boston: Shambhala Publications, 1992. Print. p. 8.

③ Cleary, T.（Trans.）*Wen-Tzu Understanding the Mysteries, Further Teachings of Lao-Tzu*. Boston: Shambhala Publications, 1992. Print. p. 175.

④ Cleary, T.（Trans.）*Wen-Tzu Understanding the Mysteries, Further Teachings of Lao-Tzu*. Boston: Shambhala Publications, 1992. Print. p. 71.

⑤ Cleary, T.（Trans.）*Wen-Tzu Understanding the Mysteries, Further Teachings of Lao-Tzu*. Boston: Shambhala Publications, 1992. Print. p. 8.

⑥ 王利器撰：《文子疏义》，中华书局，2012 年，第 25 页。

⑦ Cleary, T.（Trans.）*Wen-Tzu Understanding the Mysteries, Further Teachings of Lao-Tzu*. Boston: Shambhala Publications, 1992. Print. p. 121.

调整法令，并不是基于才智或经验，如同那些学者或者政策制定者，而是从他们所体（imbued）的永恒不变的实在中发出的："故圣人体道反至，不化以待化，动而无为。"① (《文子·卷第五·道德》)

与此同时，在圣人制定的法令和指导方法里还有逻辑、理性等元素，他们的指导有着深不可测的灵性基础。他们的指导乃是永恒不变之道的彰显，是那不可被普通人所理解的超验性实在："圣人法之可观也，其所以作法不可原也，其言可听也，其所以言不可形也。"② (《文子·卷第五·道德》) 在另一处他这样说："天道…常与人化，智不能得。"③ (《文子·卷第八·自然》)

文子解释圣人出现的必要性。他认为人们与生俱有"天理"（celestial design）或"天之性"（celestial nature）。人们所自然禀赋的天理是与道的永恒的天性相一致的④ (《文子·卷第一·道原》)。然而，如果没有圣人的帮助，人类自然禀赋的良善是无法实现的："人之性有仁义之资，其非圣人为之法度，不可使向方。"⑤ (《文子·卷第八·自然》)

同理，文子认为，当人们内在的天理受到外在的世俗知识的影响，人类境遇的好恶就会将其取而代之。⑥ 圣人的干预对于改善情形就十分必要："夫道德者，匡邪以为正，振乱以为治，化淫败以为朴，淳德复生，天下安宁，要在一人。人主者，民之师也。"⑦ (《文子·卷第五·道德》)

---

① Cleary, T.（Trans.）*Wen-Tzu Understanding the Mysteries, Further Teachings of Lao-Tzu*. Boston: Shambhala Publications, 1992. Print. pp. 76–77.

② Cleary, T.（Trans.）*Wen-Tzu Understanding the Mysteries, Further Teachings of Lao-Tzu*. Boston: Shambhala Publications, 1992. Print. p. 72.

③ Cleary, T.（Trans.）*Wen-Tzu Understanding the Mysteries, Further Teachings of Lao-Tzu*. Boston: Shambhala Publications, 1992. Print. p. 120.

④ Cleary, T.（Trans.）*Wen-Tzu Understanding the Mysteries, Further Teachings of Lao-Tzu*. Boston: Shambhala Publications, 1992. Print. pp. 9–10.

⑤ Cleary, T.（Trans.）*Wen-Tzu Understanding the Mysteries, Further Teachings of Lao-Tzu*. Boston: Shambhala Publications, 1992. Print. p. 116.

⑥ Cleary, T.（Trans.）*Wen-Tzu Understanding the Mysteries, Further Teachings of Lao-Tzu*. Boston: Shambhala Publications, 1992. Print. p. 9.

⑦ Cleary, T.（Trans.）*Wen-Tzu Understanding the Mysteries, Further Teachings of Lao-Tzu*. Boston: Shambhala Publications, 1992. Print. p. 77.

因此，人类总是需要圣人。每当社会衰退时，圣人就会出现以解救这种情况。这一观察清晰无误地将我们引向圣人周期性干预人类历史的观念。

（二）圣人的周期性出现

周期性变化的观念是中国文化和哲学里的一个重要原则，对历史的周期性诠释是中国一贯的观念。[1]《文子》书中清楚地表明，社会的周期性衰落使得圣人的出现和干预成为必然。文子注意到，当社会将丧失其基本生命力时，就会有诸如负能量的产生，领导无知，大道被忽视，美德消亡这样的现象："（世之）将丧性命，犹阴气之所起也，主暗昧不明，道废而不行，德灭而不扬。"[2]（《文子·卷第十二·上礼》）当这样的情形发生时，就是圣人干预并推进社会之时："天地之道，极则反……故圣人治弊而改制。"[3]（《文子·卷第十二·上礼》）

孟子也表达过圣人的周期性干预这个观念。孟子认为每五百年就会有圣王出现。[4]（《孟子·卷四·公孙丑下》）儒家教义里关于圣王周期性出现的，除了孟子有明确的表示外，在董仲舒那里也有一些暗示。[5]

中国文献里除圣王周期性出现外，还有历史大周期这类概念。这个观念与巴哈伊教义里的普世性周期（Universal Cycles）概念很相似。具体而言，它与巴哈伊圣作中有关亚当周期的讨论对应。根据巴哈伊的文献，亚当周期是从先知亚当的出现开始的，亚当不仅是被描绘为第一个人，并且也是来自上帝的，作为启动人类历史的新周期的一个主要的先知。亚当周期起于亚当，终于先知穆罕默德，因而穆罕默德是该周期的最后一位先知。在

[1] Chan, W. T.（Trans., Compiled by）, *A Source Book in Chinese Philosophy*, Princeton, NJ: Princeton University Press, 1963. Print. p. 245.

[2] Cleary, T.（Trans.）*Wen-Tzu Understanding the Mysteries, Further Teachings of Lao-Tzu*. Boston: Shambhala Publications, 1992. Print. p. 182.

[3] Cleary, T.（Trans.）*Wen-Tzu Understanding the Mysteries, Further Teachings of Lao-Tzu*. Boston: Shambhala Publications, 1992. Print. p. 177.

[4] Chan, W. T.（Trans., Compiled by）, *A Source Book in Chinese Philosophy*, Princeton, NJ: Princeton University Press, 1963. Print. p. 245.《孟子》，万丽华、蓝旭（译注），中华书局，2006年，第96—97页。

[5] Chan, W. T.（Trans., Compiled by）, *A Source Book in Chinese Philosophy*, Princeton, NJ: Princeton University Press, 1963. Print. p. 289.

该周期，出现了很多位先知。亚当周期是历史上的大周期，包含了一系列小周期，每一个小周期都有一位上帝的显圣者出现来推动精神复兴，这些显圣者诸如亚伯拉罕、摩西和耶稣。因而，根据巴哈伊经典，创造或者时间的开始并不意味着物质创造，而是精神的复兴，它在历史上开启了一个新的、较大的周期，也即亚当周期，我们在中国经典里也同样发现了大历史周期的概念。

前面提及中国思想家邵雍也曾定义过历史周期，该周期始于圣王伏羲。远古时，伏羲开启了大历史周期，直到公元前3世纪止，圣王尧即为该周期的顶峰。

法始乎伏羲，成于尧，革于三王，极于五伯，绝于秦，万世治乱之迹无以逃此矣。①（《皇极经世书·卷八·观物外篇衍义》）

五、非文本象征中的圣王

目前，基于中国的文本，主要是经典文献，本文已经考察了在中国的象征里与荣格的双重血统、自性以及其他类似的原型，还有巴哈伊信仰里的上帝的显圣者的相关的概念。这些原型在中文文本中以这些术语出现：神人、至人、圣王、真人及圣人。这些术语是完人概念的语言隐喻和象征，尽管对犹太—基督、伊斯兰和巴哈伊经典而言这些术语颇为陌生，但它们传达的是完人的原型类概念。

如前所述，根据荣格，原型在不同文化里以不同的象征形式显现它们自身，有时这些不同的显现甚至不相容。他认为无论它们看起来多么的不相容，都是原型的象征，是从人类的集体潜意识中衍出的普遍形式。换言之，一个象征的特定文化性显现不应掩盖其可能的原型功能，或遮蔽其蕴含的普遍性意义。

在本节，我们将回顾中国古代文化里独特的非文本象征，以发现是否有可能进一步洞察中国的至人（Perfect Man）以及亚伯拉罕体系的先知概

---

① Chan, W. T.（Trans., Compiled by）, *A Source Book in Chinese Philosophy*, Princeton, NJ: Princeton University Press, 1963. Print. p. 491.

念之间的相似性，尽管有可能更难把握这类象征与非中国的宗教性象征之间的潜在关系。这些挑选出来的非文本象征代表了我们前面考察过的中国文本里的原型类概念，以便我们探究这些相同的潜在的概念是怎样出现在完全不同的象征类型里的，尤其是把象征与它们在文化性语境里所起的作用，而非它们的不同表现方式，关联起来研究时。

（一）汉字的象征性

汉字书写系统已经有 6000 多年历史，很可能是世界上沿用至今的最古老的系统。

汉字"王"（King）特别适合我们的探讨。许慎的《说文解字》是这样解释"王"的："天下所归往也……古之造文者，三画而连其中谓之王。[1]三者，天、地、人也，而参通之者王也。孔子曰：一贯三为王。"[2] 同样，根据中文资料，理雅各指出：连接三个领域的垂直线是"权力或能力的最高可能的概念"的象征。[3]

有趣的是——或许并非巧合——汉字王及其象征性意义与巴哈伊信仰里的"至大之名"（ism-i-aʾzam）的象征非常相似。至大之名也被称作"戒面石象征符号"，是巴哈伊信仰的创教先知之子阿博都—巴哈用书法体设计的，如下所示：

从上面往下，三条横线分别代表上帝的世界（创造主）、启示的世界（上帝显圣者）以及人类世界（受造物）；竖线是中间那条横线的重复，它连接这三条横线，代表上帝显圣者或完人（Perfect Man）[4]的地位（身份），

---

① 吴其昌认为金文的"王"字像没有手柄的、朝下放置的斧头形状，象征权利。《说文》卷一，第 38 页。

② 《说文解字·（一）》，汤可敬译注，中华书局，2020 年，第 37 页。

③ Legge, J. （Trans）. *The Works of Mencius*, New York, NY: Dover, 1970. Print. p. 196.

④ `Abduʾl-Bahá. *Some Answered Questions. Trans. Wilmette, IL*: Baháʾí Publishing Trust, 1999. Print. p. 114.

是连接上帝的世界和受造物的世界之间的中介。

另一种对竖线的诠释是，它代表来自上帝的圣灵，以显圣者的形式在受造物的世界出现，他通过他的宣说以及他作为完人的典范，将上帝那不可知晓、无从察觉的本质属性转译成人类的表达，在波斯语里面，这三条看似横线两端上扬的图像中的每一条都是由两个字母组成的，两端向上扬的部分为一个字母"h"或ﻪ，中间的横线为字母"b"或者ﺐ，分别代表先知创教者巴哈欧拉（Bahá'u'lláh）和巴布（the Báb）（门），这个时代的两位显圣者（双圣），同样，书法作品两边的星星（五角星）也代表巴布和巴哈欧拉。

同样，汉字王所代表的圣王也是天地之间的中介。在中国文化里，天代表神圣界域，地代表受造物的界域，《易经》中即有此解释。

（二）《易经》的完人象征

《易经》被称为群经之首,或许是对中国思想从古到今影响最大的经典。好些道家和儒家的观念都可以在《易经》中找到根源。

组成易卦的有两个象征：阴爻和阳爻，阴爻是一条中间断开的横线"– –"，阳爻是一条横线"—"。卦画即是由阴爻和阳爻的不同组合而成。最初伏羲创作的是由三条爻的不同组合构成的八个三爻卦（Trigrams），后来他将每两个三爻卦上下重叠为一组，构成了六十四组六爻卦（Hexagrams），每个六爻卦都有卦名，并附有简要的文字解释这些爻的特定组合的含义，称作卦辞，或象辞，以及每条爻在这个组合中的意义，称作爻辞。这些构成了《易经》本文的内容，称作经，后来，古代各个时代所撰写的层层评论和阐释构成了对《易经》本文的解释，被集结一起附在《易经》的后面，称作易传。易的本经部分的内容，人们普遍认为是伏羲创作了卦画，周文王推演作出卦辞，然后周公作爻辞，也有学者认为伏羲只作了三爻卦，周文王推演出了六爻卦，并作卦辞；易传部分的内容，大多数被认为是孔子所写，尽管这种说法也招致一些学者的反对。因此，自周朝增加了简短的解释性文本（卦辞和爻辞）以来，《易经》现在的形式实际上并不是严格意义上的非文本，而是包括了解释这些原始非文本卦象的文字文本。在这个意义上，该书是一个"由两个不同但相关的子符号系统构成的符号系统。六十四卦本身形成了一个纯粹是符号的符号系统；而它们的卦辞和爻辞，以及易传里的文本形成了一个次级的由语言符号构成的符号系统"①。

《易经》里的线条和图形所具有的高度象征性本质，其本经和易传部分所具有的神秘和诗意特征使得本书的内容可以进行很多层次的诠释。作为解释变化和变革的资源，可以发展出不同的诠释，但所有诠释都与书中的卦爻相关。这部经书可被视为用于应对一系列与变革和转化有关的情境，涉及个人、家庭、社会和全球局势，还包括自然界的变化，比如季节变化。《易经》广阔可变的适用性使得它经久不衰，成为很多人的智慧指引之源，而这一结果是通过几何图形的一般性质以及文本里高度寓意的语言及诠释而得以实现的。

具体而言，该书所具有的开放性，使其拥有很多可能的诠释，因而适合用于占卜。例如，中国古代有些帝王在决定是否进行战争前需要郑重的查阅该书，并根据该书似乎表明的最有利的行动方案发出指令。因而，人们对待这本书的态度是很严肃的，许多中国人都知道该书，且仍把该书作为指导的重要来源。

然而，也正是因为这一经久不衰的重要性，该书被谴责为迷信和过时的内容，并被认为是阻碍进步和现代化的倒退思想。尽管如此，还是有很多人认为这本书是古代智慧的源头，蕴含深刻的哲学和社会教导，因而他们仍然在研究和思考书中的层层诠释。总的来说，笔者可以看到这本书一直是敬畏和惊奇的来源，以至于今天，人们听到的对该书的最常见的评论之一就是，要理解这本书，如果不是不可能的话，也是极其的困难。

出于探讨的目的，我们来研究一下书中的一些与我们的主题相关的诠释，以进一步追溯古代中国的完人思想。同样，让我们来考察一下"大人"（the great man）或者"君子"（the superior man）的意谓，不是在人们通

---

① Ming Dong Gu. *"Elucidation of Images in the Book of Changes: Ancient Insights into Modern Language Philosophy and Hermeneutics"* in Journal of Chinese Philosophy 31:4（December 2004）469-488. Hoboken, NJ: Wil, p. 472.

常理解的意义上——即那些圣洁的人，通过自我修养达到很高的道德或精神境界的人，而是去考察诸如圣人（sage）或完人概念。这类人是天生崇高，并不是通过研究和向他人学习而获得彻悟的人。需要说明的是，这些研究主要是基于英文译本展开的，尽管我们将要考察的翻译是由那些卓有建树的学者们精心斟酌敲定的，应该颇为可靠，但是，这些诠释是否成立，尚待更多检验。

（三）《易经》的象征

《易经》里所有的象征性图像的安排皆是由阴爻和阳爻来构成的。阴爻（－－）传统上代表的变量为主题相近的属性，诸如黑暗、土地、休息、柔软、接受以及女性。而阳爻（—）通常代表的是光亮、力量、天、运动，以及那些传统上被视为"男性"的品质。

六条爻的组合，就构成了卦象，卦象可由一种爻（阴爻或阳爻）或两种爻（阴爻和阳爻）构成，比如：☰ 或者 ☷ ；当然，有各种不同组合的可能性。实际上，不同的组合方式可达 64 种之多，因此也就构成了易经里的六十四卦（参见附录 A）。

每一卦都有一个名字，象征一种情形，通常是与个人或社会有关。比如"蒙"（Youthful）、"家人"（the Clan）、"谦"（Modesty）。六十四卦里最为重要的或许是乾卦和坤卦，易传里的文言即是专门阐释这两卦的重要性和意义的。坤卦（the Receptive）由六条阴爻组成：☷，而乾卦（the Creative）由六条阳爻组成：☰。

所有的卦，无论其阴爻、阳爻怎么组合，都代表着天、地、人这三大基本原则。

卦中每两条爻就代表天、地、人中的一个界域。如果我们把人看作是达到最高灵性境界的人，也即完人，那么按巴哈伊的概念，卦的结构就代表了三界：上帝（创造界）、上帝的显圣者（启示界）以及受造物（受造界），正好与前面我们介绍过的巴哈伊的戒面石象征相似。

易经中的第一卦，乾卦（由六条阳爻构成），不过这种三界结构是六十四卦的每一卦都具备的。

当我们把易经里的天、地、人三界结构与巴哈伊的至大圣名象征进行比较时，还有一点特别重要的我们需要知道。如果中国象征里的地、天被看作是阴、阳，二者同为理（Principles），且互补，二者共同参与了创造，那么《易经》和至大圣名各自的象征就会有一个关键的区别。

那就是，在巴哈伊的本体论模型里，上帝和受造物并不互补，或者参与合作性创造行动；上帝监察受造物，且完全独立于其造物。或换句话说，造物需要上帝，反之却不是。

然而，《易经》里与巴哈伊观点有关的还有，天与地的层级不一样，前者尊于后者。虽然在中国古代的原始宗教信仰中，还有崇拜地母神的概念，并且在商代时期，地有时被认为比天更重要。[①] 尽管有这些例外，在中国本土信仰里，天还是至高的上帝，位于神明系统里的最高位，且神通广大："天是宇宙中最高的拟人力量，指引着灵性世界的运作。"[②]

考虑到这点，似乎我们有充分的理由认识到巴哈伊象征至大之名中的三界（上帝的创造界、上帝显圣者的启示界、受造界），与《易经》里卦象的一般性结构之间的对比联系。

1. 乾卦

我们看到易卦所具有的一般性结构，是如何可以代表起到天地之间中介作用的完人这个概念的。现在我们来研究"乾"卦，就我们当前的探讨来看它的象征意义。

乾卦的六条阳爻象征龙的活动的不同阶段或方面。在中国文化里，龙有着与西方文化传统截然不同的象征意义："龙是伴随着电闪雷鸣或雷雨出现的，象征力量、动态和激发力。在冬天，这种能量会蛰伏到地下；在初夏，它又开始活跃起来，像雷电一样出现在天空；结果，地面上的创造力就又开始萌动了。"[③] 关于龙在乾卦里的象征意义，我们读到如下句子：

---

①   Wilhelm, H. and R. Wilhelm, *Understanding the I Ching, The Wilhelm Lectures on the Book of Changes*, Princeton, NJ: Princeton University Press, 1995. Print. p. 37.

②   Yang C. K. *Religion in Chinese Society*, Taipei: SMC Publishing Inc. 1994. Print. p. 23.

③   Wilhelm, R. and, Baynes Cary F. *The I Ching or Book of Changes*, third edition, Princeton NJ: Princeton University Press, 1987. Print. p. 7.

周公把龙作为"君子"，特别是"大人"的象征，其展现天的美德和属性特点。龙的归宿是在水里，但它可以在陆地上自由活动，也可以在高空飞翔。它自古以来就是中国人在最高程度上的尊贵、智慧、统权和圣明的象征，所有这些的结合也构成了"大人"。①

基于这个解释，我们完全有理由认为龙是在原型原则层面的完人，或者巴哈伊信仰中描述的上帝显圣者的有效象征。《易经》中对乾卦各爻的解释也支持这一类比。

乾卦的每条爻都象征龙及其活动的特定状况。每条爻从下到上逐一都有对应的爻辞和解说，每条爻都有序号，最底下的是第一条，最上面的是第六条。

正如我们见到的，《易经》里解释说，当从第一爻（初九）循序往上走、直到顶上的第六爻（上九），龙的状况和活动就相应发生变化。在初九时原来处于潜藏状态的龙，逐渐飞向天空显现自身。在第五爻（九五）时它的显示达到了最大化；在第六爻（上九）时，它开始准备再次隐藏，就像初九的情况那样。初九表示冬季，是休息，停止活动的时期，随后是另一个季节循环，龙又逐渐上升。这种从初九持续上升到上九然后又返回初九的过程可以被称作一个循环，或者周期性变化。

当这个概念被运用于历史周期时，就与这一巴哈伊概念有着惊人的相似性，即随着上帝的显圣者们周期性的相继到来，灵性能量也随之周期性地被释放到世界上来。同样相似的是上帝的显圣者不在的时期，也即该卦

---

① Legge, J.（Trans）. *The I Ching, The Book of Changes*, Second Edition, New York, NY: Dover Publications, Inc., 1963. Print. p. 59.

中的潜龙阶段。在巴哈伊教义里，每个天启周期，都有一个衰退或黑暗的阶段（经文中用夜晚来象征）。当新先知所释放的能量不再适合为变化后的社会状况提供指引，这既是因为发展和变革不可避免且有益，也是因为，且更为重要的是，追随者们在一段时间后会忽视先知的教导和精神，而此时宗教就会被那些寻求控制宗教的人所歪曲，或者被他们操纵成为获取世俗权力的工具。套用《易经》里的中国象征性语言来说，每一个实现与启蒙的时期之后都必然且自然地跟随着一段缺席的时期，也即"潜龙"状态。

我们还可以给上帝显圣者与乾卦做另一个类比。乾卦每一爻的象征意义的解说，在某些方面类似于上帝显圣者给世人逐渐揭示他的身份和目的。乾卦最底下的爻可被理解为象征着上帝显圣者的神圣身份，被他出现时所具的凡人身躯所隐藏或遮蔽的时期。在这个开始阶段，上帝显圣者的灵性身份对人们来说是未知的；由于他尚未揭示自己的使命，他在人们中间显得就是一个普通人。接着看乾卦的上面部分，完人的神圣性方面逐渐去掉遮蔽，得以显示。到了第五爻（九五）时，显圣者的天启、使命和身份得到全面揭示和释放。

前面讲过，《易经》里的段落所具有的神秘性和象征性，使它有很大的开放性，可以进行很多层级的解释，特别是与个人和社会生活相关的方面。因而该书的风格和内容很明显适用于占卜。然而，就本文的研究目的而言，那些适宜于占卜的目的，或者为了求问如何应对个人生活中的挑战或两难处境的象征和段落，我们选择忽略掉它们，尽管该书问世的主要目的原本在此。

有鉴于此，笔者从书上挑选出以下段落，它们是对由下到上的六条卦爻的逐一诠释，也可被视为是对完人的逐步显现或启示及活动阶段的暗示。

第一爻（初九，最下面那条）象征潜龙。"创造力此时尚潜在地下……这象征着一位大人，他尚未被认出。"①（爻辞：潜龙，勿用。象传：潜龙勿用，阳在下也）我们还读到关于此爻的评议："夫

① Wilhelm, R. and, Baynes Cary F. *The I Ching or Book of Changes*, third edition, Princeton NJ: Princeton University Press, 1987. Print. p. 7.

子说，这象征了具有龙的品德一样的人，他隐藏自己的光亮，避免与世界妥协，不为自己争取名声，也不为从世俗生活中隐退而遗憾，不介意没有人追寻自己……坚如磐石，没有任何方式能将他连根拔起。这样的人或许该被称为潜龙！"①（龙，德而隐者也。不易乎世，不成乎名，遁世无闷，不见是而无闷……确乎其不可拔，潜龙也。）

第二爻（九二）这样写："此时赋予光明力量的效果开始显现……这意味着大人开始在他选定行动领域出现……这种人注定会获得巨大影响，并使世界井然有序。"②（爻辞：见龙在田，利见大人；象传：见龙在田，德施普也。）第三爻（九三）这样写："大人有了施展影响力的空间。他的名声开始传播。群众涌向他。"③（爻辞：君子终日乾乾，夕惕若，厉，无咎。象传：终日乾乾，反复道也。）第四爻（九四）："到达过渡的位置了。"现在大人可以选择，是作为"圣人"隐居，还是"飞上高天，在世界上发挥更大的作用"。④（爻辞：或跃在渊，无咎。象传：或跃在渊，进无咎也。）

在易经里，第五爻通常代表某一活动的顶峰。在乾卦里，它代表龙的完全显现。第五爻（九五）的爻辞是这样解说的："飞龙在天，利见大人。"⑤文言里对它的解释是："圣人作而万物睹。"⑥其他解释还有"这段预示

---

① Blofeld, J. I Ching, *The Book of Changes,* New York: E.P. Dutton & Co., 1968. Print. p. 86.

② Wilhelm, R. and, Baynes Cary F. *The I Ching or Book of Changes*, third edition, Princeton NJ: Princeton University Press, 1987. Print. p. 8.

③ Wilhelm, R. and, Baynes Cary F. *The I Ching or Book of Changes*, third edition, Princeton NJ: Princeton University Press, 1987. Print. p. 8.

④ Wilhelm, R. and, Baynes Cary F. *The I Ching or Book of Changes*, third edition, Princeton NJ: Princeton University Press, 1987. Print. p. 9.

⑤ Wilhelm, R. and, Baynes Cary F. *The I Ching or Book of Changes*, third edition, Princeton NJ: Princeton University Press, 1987. Print. p. 9.

⑥ Blofeld, J. I *Ching, The Book of Changes*, New York: E.P. Dutton & Co., 1968. Print. p. 88.

着一个真正伟大的存在（being）的出现"①。以及"于是君子于困惑中建造秩序"②。象传的解说是"飞龙在天，大人造也"。卫礼贤指出，这里的汉字"造"（creates）并不是指普通的创造活动，而是指神圣的创造活动，而此处展开神圣创造活动的大人就是作为上帝的代表出现的。③

第六爻（上九）通常代表情形的反转，回到第一爻的状况。龙逐渐出现的过程结束了，又到了需要潜藏自己的时候了。对此爻的解读有："执政的圣人（The rulling-sage）已经遍历了展示他的属性的所有阶段；现在是他休息的时候了。"④在此时，"乾的刚强之性与坤的柔和之性统一起来"。⑤（爻辞：亢龙有悔。象传：亢龙有悔，盈不可久也。）

另外有意思的是六十四卦中的第二卦坤卦，代表大地的被动接受性。龙退回到第一爻后意味着："被动接受性（坤）与主动创造性（乾）之间相互补充而非对抗。"⑥在这个阶段，无论是属于地的还是属于天的，物质的还是精神的，都不是对立的；存在界与神圣意志是一致的。这表明是实现的阶段，龙出现的目的实现了，或者，用另一个类比，显圣者出现的目的实现了。

正如我们看到的，上述对乾卦的解释包括了对圣人活动的逐渐显现和渐进性的暗示。在巴哈伊圣作中，关于上帝显圣者的出现以及活动也有同样的概念。根据巴哈伊的观点，作为对人类的怜悯之举，上帝显圣者逐渐显现并分阶段地揭示他们地身份和新的律法及条例。巴哈欧拉解释说：

---

① Wilhelm, R. and, Baynes Cary F. *The I Ching or Book of Changes*, third edition, Princeton NJ: Princeton University Press, 1987. Print. p. 89.

② Wilhelm H. Heaven, *Earth, and Man in the Book of Changes*, London: University of Washington Press, 1977. Print. p. 51.

③ Wilhelm H. Heaven, *Earth, and Man in the Book of Changes*, London: University of Washington Press, 1977. Print. p. 51.

④ Legge, J.（Trans）. *The I Ching, The Book of Changes*, Second Edition, New York, NY: Dover Publications, Inc., 1963. Print. p. 59.

⑤ Wilhelm, R. and, Baynes Cary F. *The I Ching or Book of Changes*, third edition, Princeton NJ: Princeton University Press, 1987. Print. p. 10.

⑥ Wilhelm, R. and, Baynes Cary F. *The I Ching or Book of Changes*, third edition, Princeton NJ: Princeton University Press, 1987. Print. p. 10.

你们需明了，在每一个启示期，上苍都直接依照人类的灵性能力，惠赐人类启示的光辉。就以太阳来说吧，当它在地平线上初升起时，其光线显得多么微弱；当他逐渐升高至天顶时，才渐渐地增加他的光辉和热力，让万物有足够的时间来适应光度的增强。当它下山时，其光和热稳定地逐渐减退。倘若它突然间完全显现它内在的能量，无疑会对万物造成伤害……同样，倘若真理之阳在显现的初期，突然完全显示全能者的圣意所赐赋的全部潜能，人类理解力的土地必将憔悴，乃至耗尽，因为人类的心将受不了它的启示的强度，也无能力反射他的光辉。人们将因震慑惊惶而灭亡。①

巴哈伊信仰历史上也可以找到上帝显圣者逐渐揭示其身份、使命以及目的的例子。就巴布和巴哈伊周期而言，这样的渐进启示过程更加清晰，因为这些天启周期的神圣文本均得以妥善保留，这一进程的时间顺序可被准确验证。巴布就是通过他的著作逐渐使他的身份在公众面前明确，尽管几乎没有人能从他的早期著作中明白他的完全的身份。他的很多追随者在初期只是把他当作通向什叶派的隐遁的第十二位伊玛目的一道门。但是逐渐地，他使自己作为一位独立的上帝显圣者的身份清晰地被所有人认识到。

同样，巴哈欧拉最初也是被很多人理解为是巴布的追随者，以及巴比信仰的杰出尊贵的老师。稍后，有一段时间他在库尔德斯坦山区被其他神秘主义流派认为是一位神秘的圣人。然后他的启示过程隐秘地从德黑兰一座叫作西亚查勒（黑坑）的监狱里开始，接下来在1963年，他将被从巴格达流放前，他在里兹万花园给接近他面前的人揭示了自己独特的身份。最后在亚德里安堡（今天的埃迪尔内），他给那个时代的国王和统治者们发去他的书简，用这样的方式对巴比信徒和世界公开宣告自己身份和教义。

正如我们看到的，巴哈伊至大圣名的象征表现出了实在的三个层面这一概念，在中国的《易经》里，也能找到相同的概念。此外，巴哈伊信仰

---

① Bahá'u'lláh. *Gleanings from the Writing of Bahá'u'lláh*. Wilmette, IL: Bahá'í Publishing Trust, 1976. Print. pp. 87–88. 巴哈欧拉：《巴哈欧拉圣典选集》，朱代强、孙善玲译，马拉西亚巴哈伊出版社，2009年，第38节。

里上帝的显圣者周期性显现这一概念，与《易经》里的象征，龙（大人）的周期性显现也很一致。同样，"上帝显圣者们逐渐披露他们的身份"这个巴哈伊概念也与乾卦的某些解释很契合。

六、总结

我们在本文回顾了荣格的"原型"概念，以及与之相关的概念：人类的"集体潜意识"。作为一个心理学家，荣格研究他的病人做过的梦以及绘画，并由此得出结论：有特定的母题存在，他将其称为原型。原型即是所有人共有的心理和体验，无论他们具体背景如何。他也在古代文化的神话里找到了这些母题。于是，他称这些普遍而永恒的模式为人类的集体潜意识的内容。作为潜意识内容的原型是不能通过认知来理解或用明确的术语来描述的。只有象征才能触及他们，而象征又为不同的诠释打开了空间。它们在不同的文化中有着不同的符号和语言表现形式，有时看似不相容。

荣格最重要的原型是"自性原型"，与其相关的原型还有"双重血统""完全之人"（Complete Man），我们可以笼统地称作"完人"（Perfect Man）之理（完人原则）。荣格采用了完人这个术语。这个术语在巴哈伊经典里是指代上帝的显圣者。我们在中国经典里也发现了这个术语。荣格的自性原型在某一层面代表宗教的创立者，不是具体哪位创立者诸如佛陀或耶稣，而是他们共享的实在（reality）。这个概念与巴哈欧拉在《笃信经》中阐明的概念共鸣，即上帝的显示者们的身份是合一的。尽管他们在不同的历史和文化中出现，但由于他们显现的是同一个神圣实在，宣告的是同一真理，因此这些人物其实是同为一人。此外，自性周期性地在宗教创立者这样的人物身上出现，其内含特征还包括发起导致历史重要转变的世界周期。所有这些，让这个原型与巴哈伊经典里的上帝显圣者概念非常相似。

本研究旨在证明荣格的自性原型可以在独特的中国文化的象征里找到。这符合荣格关于原型是普遍概念的观点。也契合巴哈伊的这个观点：上帝的显圣者们激发了所有主要文明的发展。本文还证明了荣格为自性原型定义的不同的品质和特点，也是巴哈伊经典归于上帝的显圣者们的品质和特点。例如，他们的周期性出现，他们兼有神性和人性的双重身份，以及他们导致新文明和新历史周期出现的独特的转化力，而且这些也都可以在中国经典中找到。

术语"圣人"和"圣王"在中国古代文本里可被视为完人之理的象征性代表，我们在主要的中国哲学思想流派里对圣王概念及其变化的考察似乎支持这一结论。总的来说，纵观历史，我们可以看到中国古代超自然和宗教性的圣王形象，再到对这个术语的政治评价，以及对该概念的理性和世俗化的诠释。但是，历经这些转变，圣人以及圣王并没有在中国思想家的心中截然失去他们的独特地位。

当然，正如我们注意到的，关于人们是否可以通过努力成为圣王（sage-kings），在中国哲学里面的回答是有些含糊不清的。人本立场坚信每个人的潜能，这将意味着所有人都有潜能成为圣人。此外，为了达到圣人的地位，精神修炼的神秘目标在中国文化里也清晰地呈现出来。与此同时，这些观点通常也与圣人与普通人之间的本质和本体论差异的宗教观点共存。我们在《易经》的卦形结构所象征的天、人、地三原理的概念里注意到了这个暗示圣人与普通人之间的本质和本体论差异的观念，也在汉字"王"及其相关的三个层级的实在（reality）的概念里，以及巴哈伊的戒面石象征符号里看到了这个观念。

此外，我们还展示了圣王之理可以怎样在中国古代文本及象征里找到。我们在某些中国文本以及《易经》乾卦的解释里发现了圣人或完人周期性出现的概念，以及每当完人出现时，他的真正实在会逐渐显现的概念。

由此我们可以下结论：荣格的自性原型、双重血统原型、大人（Great Man）等类似的表达，以及与它们相当的巴哈伊概念：作为在上帝和其受造物之间的中介的"上帝的显圣者"，也存在于中国古老的历史文化里，我们可以在语言和象征图形里观察到它们。这个结论削弱了另一种观点，即先知作为神和人之间的中介的概念只存在于近东和西方，因而这个概念对中国乃至整个远东都是陌生的。

弗洛伊德与威廉·詹姆斯心理宗教观对勘

季岐卫 ①

摘要：弗洛伊德与詹姆斯因相似宗教家庭和心理学背景，都展开了宗教心理学研究，并共同地从进化论、宗教制度、潜意识等视角解析宗教现象。弗洛伊德视宗教为人类童年期强迫性神经症，宗教观念乃是一些幻觉；詹姆斯则以实用主义方式肯定宗教信仰的现实价值。两者虽在心理宗教观上分道扬镳，但根本意义上仍指向人类生存境地的终极关怀。

关键词：弗洛伊德 詹姆斯 宗教 进化论 潜意识

引言

弗洛伊德（Sigmund Freud）与威廉·詹姆斯（William James）这两位伟大的心理学家在人生中并无太多交集。不管怎样，詹姆斯是最早将弗洛伊德的精神分析介绍到美国心理学界的人之一。在 1894 年的《心理学评论》中，詹姆斯最早关注到布洛伊尔（Josef Breuer）与弗洛伊德的工作，除此之外，斯坦利·霍尔（Granville Stanley Hall）在 1909 年克拉克大学建校二十周年校庆活动中邀请弗洛伊德到校进行精神分析的讲座时，詹姆斯也应邀参加，两人才因而有了伟大的世纪相逢。然而，因詹姆斯 1910 年的溘然离世，使得此次相逢也成为两人仅有的一次。在弗洛伊德的自传中，他颇怀敬畏之情地回忆和詹姆斯在讲座后的那次散步："那天我们走着走着，他突然停了下来，把手中的包递给我，要我继续往前走，他说等正要发作的心绞痛过去以后，他会马上赶上来。一年后他便因这种病而与世长辞；我经常希

---

① 季岐卫，哲学博士，湖州学院马克思主义学院副教授。

望在死神到来的时候自己能像他那样无所畏惧。"①对詹姆斯而言，内心则充满了矛盾，一方面，詹姆斯对弗洛伊德的性欲论、梦论充满了怀疑和感觉到被冒犯，因为詹姆斯所热衷支持的美国本土化的宗教心理疗法——医心疗法（mind-cure therapy）被弗洛伊德理解为是"危险的"和如此的"非科学"。詹姆斯在给弗卢努瓦（Théodore Flournoy）的信中说道："但是，我承认，他给我的个人印象是一个被固执观念所困扰的人。就我自身而言，我对他的梦论是不以为意的，尤其'象征化'是最为危险的方法。"②另一方面，在否定弗洛伊德的同时，也肯定了弗洛伊德的贡献。詹姆斯给玛丽·卡尔金斯（Mary Calkins）的信中写道："我强烈地怀疑弗洛伊德的梦论，它正在成为一个规律性的幻觉。但是我希望他和他的弟子们将会推向它的极限，正如它毋庸置疑地包含着某些事实，并将会增加我们对'机能'心理学的理解，它是真正的心理学。"③以弗洛伊德与詹姆斯世纪相逢的思想碰撞作为类比，虽两者有着相似的家庭宗教信仰和受教育背景，然而在心理宗教观上却呈现出大异其趣的思想内涵。

一、进化论之于宗教的不同解释向度

弗洛伊德与詹姆斯的家庭生活背景都有着浓厚的宗教氛围。弗洛伊德的妻子玛莎（Martha Bernays）的祖父是犹太教的宗教领袖，弗洛伊德的父亲雅各布·弗洛伊德（Jakob Freud）是犹太教改革派的一员，他勤勉地阅读《塔木德》和《摩西五经》，并用以教育幼年期的弗洛伊德，弗洛伊德其中一位老师塞缪尔·哈默斯拉格（Samuel Hammerschlag）精通于犹太宗教，后成为弗洛伊德的长期良师益友。令人奇怪的是，虽然弗洛伊德的家庭有着强烈的犹太教传统，但是其家庭似乎忽视多数的犹太教节日，甚至转而过复活节和圣诞节。弗洛伊德的家庭甚至雇佣一名虔诚天主教徒作保

---

① 西格蒙德·弗洛伊德：《弗洛伊德自传》，顾闻译，上海人民出版社，1987年，第73页。

② Barzun, *J.A Stroll with William James*. Chicago and London: The University of Chicago Press, 1983, p.232.

③ Perry,R.B. *The Thought and Character of William James*. Nashville and London: Vanderbilt University Press, 1996,p.199.

姆蕾西·维特克（Resi Wittek）。弗洛伊德非常喜欢他的保姆，且保姆在其幼年的时候，经常带他去教堂作礼拜，并告诉他有关天堂和地狱的知识。遗憾的是，他的保姆因一次偷窃行为而被解雇。按照恩斯特·琼斯（Ernest Jones）的理解，此事似乎成为以后弗洛伊德反对基督教信仰的导火索。[1]

对詹姆斯而言，受美国世俗化宗教的时代背景及其父亲亨利·詹姆斯（Henry James Sr.）所信仰的斯韦登伯格主义（Swedenborgianism）影响至深，而斯韦登伯格主义的思想内核则要求个人信仰完全是私人的，即从人们的内心经验世界进行体验真正的上帝。当然，这并不意味着詹姆斯完全接受其父的信仰，而是其宗教思想无论继承或抵制都离不开家庭环境的内在影响。

尽管弗洛伊德与詹姆斯都有着形态各异的家庭宗教背景，然而，两者都自觉地选择接受了与宗教存在强烈冲突的进化论思想。早在中学时代，弗洛伊德便对当时风靡于世界的达尔文生物进化论学说产生浓厚兴趣，并且，在维也纳医学院的医学和生物学研究，使他更为着迷于生物进化论，并使进化论成为弗洛伊德精神分析的指导思想之一，在《图腾与禁忌》一书中，深深印刻着进化论的痕迹。在阐释原始人的乱伦禁忌时，弗洛伊德采用了达尔文的观点："这一尝试的基础是达尔文对原始人的社会状态所做的假设，达尔文根据高级类人猿的习性推断，人类原初也是生活在相对较小的群体或部落之中。其中，年龄最大，体魄最强健的雄性猿猴出于嫉妒心理而阻止了群落中的性乱交。"[2] 此中，根据达尔文的观点，原始人的生活实际上折射着高级类人猿的，在较小的群体或部落中，是由强有力的父亲所统治着，妻妾成群，子女众多。并且，为了巩固父亲的地位，他会驱逐其他的成年男性离开部落找寻伴侣，年轻的女性则只能选择他。在此基础上，弗洛伊德进一步重构他的宗教理论，他认为，原始部落的首领的地位并不是牢不可破，总有一天，儿子们会杀害自己的父亲并分食他，父亲既是自己的敌人，同时也是自己认同的充满力量的理想人物，通过分食来象征性地获取父亲的力量。但是，不管怎样，儿子们总会因自己的所

---

[1] Palmer, M. *Freud and Jung on Religion*.London and New York: Routledge, 1997,p.5.

[2] 弗洛伊德：《弗洛伊德文集》（第五卷），车文博主编，长春出版社，1998年，第118页。

作所为而感到罪疚，且无法独立地取代父亲的地位，为了移去原初杀死父亲的动机，图腾动物则作为了父亲的替代物，周期性的图腾餐的庆典活动，无非是原罪的严肃的悼念，对父亲的谋杀的忏悔。

由于美国作为一个移民国家，文明的现代人需要在一片未开垦的处女地上持有着筚路蓝缕的气魄来适应未知的世界，而当达尔文生物进化论所包含的物竞天择、优胜劣汰的思想与美国人民的精神气质有着天然的契合性，于是，一旦传播开来便很快被他们所接受。詹姆斯在中学时代便深受进化论思想影响，然而，正如琳达·西蒙（Linda Simon）所言："詹姆斯就是一个矛盾的统一体，他转变在两个不同的世界中——其一，统一和一元的，继承于他的父亲；另一个，多元和变化的，是达尔文所设想的：他所想要的是两者中更好的。"[1] 然而，詹姆斯所持有的这两种世界观必然会造成物理世界与上帝之间的对立，也必然会导致信仰上的危机，尤其是对于从年幼期就体弱多病的詹姆斯而言，他长期忍受着抑郁症等身心疾病的折磨。詹姆斯在《宗教经验之种种》所描述的一个罹患抑郁症的法国精神病院患者的信件内容，正是他当时内心在绝望与死亡心境中挣扎的真实写照。而事实上，这正是詹姆斯所遭受的信仰危机，"悲观主义在本质上是一种宗教病。这是你们最有可能的一种形式，它无非提出一种宗教要求，但却得不到任何的正常宗教的回应"[2]。在当时的 19 世纪，由于进化论和物理学的发展，人们已经无法毫无保留地去崇拜上帝，詹姆斯也深受科学唯物主义影响，然而，科学唯物主义却无法根治其宗教病，对詹姆斯而言，自然科学也无法否定宗教信仰，且在整个宇宙中，自然科学也显示出其局限。"不！我们的科学只是未知沧海中的点滴。无论其他事物是否确定无疑，但是这个世界的我们的现有自然知识是被一个某些剩余性质尚未被我们所积极把握的更大的世界所包裹，这一点至少是确定的。"[3] 而一个人的宗教信仰在本质上则是他对某个看不见的秩序的存在的信仰。

---

[1] Simon,L. *Genuine Reality: A Life of William James*.New York: Harcourt Brace& Company, 1998，p.16.

[2] James,W. *William James: Writings 1878-1899*. New York: Literary Classics of the United States, Inc., 1992,p.486.

[3] James,W. *William James: Writings 1878-1899*. New York: Literary Classics of the United States, Inc., 1992,p.496.

于是，我们看到，尽管弗洛伊德和詹姆斯都分别接受了进化论，然而用进化论解释宗教时则走向了异路歧途，弗洛伊德使用进化论试图摧毁宗教信仰的根基，而詹姆斯则站在实用主义的立场上，进一步模糊了进化论与宗教的界限，"但是，'进化论'积攒其势头达一个世纪之久，在过去的二十五年里迅速地风行于欧美，我们看到了一种新的自然宗教的领地，它已经在我们这一代的大部分人的思想中完全地取代了基督教"①。并援引西里（J.R.Seeley）教授的话认为："任何习惯的和有规律的崇拜，都值得称得上是一种宗教。"②

但是，必须认识到，弗洛伊德用达尔文生物进化的观点解释宗教现象的方式是值得质疑的，而这种一以贯之的思维逻辑则直接来源于达尔文的《人类的由来》，在其中，达尔文论证的逻辑前提和信念是人类心灵的进化符合有机体的进化，而非将其作为逻辑论证的结果，并认为："如果一切生物之中只有人才备有任何心理能力，或者，如果人的心理能力在性质上完全和低等动物不一样的话，我们将永远不能理解，或无法说服自己，我们的这些高度的能力是逐步逐步发展出来的"③，最终认为人类与动物的心理在性质上没有根本的区别。弗洛伊德把达尔文的心理进化符合有机体进化观点毫无批判地加以吸收，并"顺理成章"地用以阐析俄狄浦斯情结之于宗教的基础性作用。然而，正如卡西尔（Enst Cassirer）所言："进化论已经打破了有机体生命不同类型间的武断界限。没有分离的种；只有一个持续和不间断的生命之流。但是我们能把同样的原则应用到人类生活和人类文化上吗？文化世界也像有机体世界那样是由偶然变化所构成的吗？——它不拥有一个明确和不可否认的目的论结构吗？"④很显然，弗洛伊德这种对经验证据的武断假定是卡西尔所极力反对的，它所构成的

---

① James,W. *The Varieties of Religious Experience: A Study in Human Nature.* London and New York: Taylor& Francis Group, 2002,p.76.

② James,W. *The Varieties of Religious Experience: A Study in Human Nature.* London and New York: Taylor& Francis Group, 2002,p.64.

③ 达尔文：《人类的由来》（上册），潘光旦、胡寿文译，商务印书馆，1997年，第98页。

④ Cassirer,E.*An Essay on Man: An Introduction to a Philosophy of Human Culture.* New Haven: Yale University Press, 1944,p38.

只不过是一种事先设计好模式并将经验事实填充进去的普罗克拉斯蒂铁床（Procrustean bed）。对卡西尔而言，人与动物相比，不仅生活在共同的物理世界中，同时还生活在一个更广泛和全新维度的实在中——符号世界。

二、对宗教制度的心理学诠释

宗教活动总是通过一定的宗教仪式来实现的，一般而言，若是没有宗教仪式的外在实现形式，人的内在宗教意识就无法得以表现。麦克伦南（John Ferguson McLennan）认为图腾制度不仅是种宗教，同时也是许多宗教体系的信仰和仪轨的起源；弗雷泽（James George Frazer）在《图腾制度》中认为图腾制度既是宗教体系，又是社会体系；涂尔干（Emile Durkheim）把宗教现象分为两个独立的范畴，即信仰和仪式。涂尔干非常重视宗教仪式的作用，甚至认为宗教仪式可完全独立于神的观念或精神存在的观念，并将宗教定义为："宗教是神话、教义、仪式和仪典所组成的或多或少有些复杂的体系。"[1] 弗洛伊德则把图腾制度看成是所有宗教、文化、道德和社会组织的起源。

在弗洛伊德的《图腾与禁忌》一书中，弗洛伊德认为图腾动物只不过是被杀害的父亲的替代物，而在动物先被宰杀而后又被哀悼的图腾餐的节日场合，则隐喻着儿子们对弑父行为的刻骨铭心的犯罪行为的重复和纪念。乱伦行为的禁忌则是因为虽然儿子们推翻了父亲的统治，但是在面对自己部落的女性问题上，彼此之间又是竞争对手，他们每个人都像父亲那样，意欲占据所有女性，然而却没有一个人能够真正像父亲那样拥有绝对压倒性的优势以替代父亲的角色，儿子们若要和平共处，只有制定乱伦行为的禁忌，或者实行族外通婚制度，同时为了保障彼此间的生命而制定社会性杀兄禁忌，以努力排除自己重蹈父亲命运的可能性。通过对原始人的图腾与禁忌的仪式的心理学分析，弗洛伊德将此解释模型进一步延伸到犹太教与基督教信仰中。在弗洛伊德看来，摩西十诫中的"不可杀人"戒律正是源于氏族成员的禁忌，上帝此时也只不过是一位被拔高了的父亲。按照弗

---

[1]　爱弥儿·涂尔干：《宗教生活的基本形式》，渠东、汲喆译，商务印书馆，2015年，第44页。

洛伊德的理解，对基督教影响甚巨的密特拉教（Mithraism）的密特拉神宰杀神圣公牛的塑像正是象征了儿子独自献祭父亲，从而使自己的兄弟摆脱同谋的罪行，于是，这一行为便被耶稣所采用，通过自我牺牲以救赎众生。至此，将图腾制度与宗教教义所有解释线索串联起来，就可以看出弗洛伊德试图通过类比推理的方式揭示宗教仪式的深层心理根源——俄狄浦斯情结，年幼儿童与父亲争夺母爱时对父亲的敌意，以及面对具有压倒性优势的父亲而只能通过心理认同，通过模仿父亲的言行以获得对母亲的替代性满足。图腾与乱伦禁忌分别象征着父亲和娶母为妻，而犹太教的割礼无非象征着儿童面对父亲时的阉割焦虑。最终，在弗洛伊德严格的心理决定论思想的驱使下，他坚持认为："宗教、道德、社会和艺术的起源都汇集在俄狄浦斯情结之中。这与俄狄浦斯情结（目前就我们所知）构成了一切神经症的核心这一精神分析研究结论，完全一致。"①

《宗教经验之种种》中，詹姆斯率先提出"个人宗教"的概念："在开始时，我们受到一个重大的分界的冲击，把宗教领域划分开来。在宗教的一面是制度宗教，另一面是个人宗教……在某种意义上，个人宗教至少证明了它要比神学或教会制度更为根本。"②事实上，詹姆斯非常清楚地认识到提出个人宗教很有可能面临尖锐的质疑，毕竟就组织结构完全的由思想、感情、秩序制度所构成的教会系统而言，个人宗教仅占据很少的一部分，并且很容易被人误解为个人的良心或道德。尽管这样，詹姆斯仍特点鲜明地表达了自己的立场，个人宗教与制度宗教体现出鲜明的层次性，个人宗教是原生的，而制度宗教是次生的。宗教制度只不过是一种外在、有形的形式而已，能够被人所清楚明白地把握，个人宗教则是真正地体现宗教信仰，它是个人内心中对神圣的不懈追求。然而，当人们认识一种宗教、判断是否成为一种宗教时，往往更主要地依据其外在表现形式。但是，事实上，即使是最为基本的皈依、祈祷、献祭等外在表现形式都具有着其内在的心理基础。例如，詹姆斯给皈依的定义是："皈依、获新生、蒙恩典、

---

① 弗洛伊德：《弗洛伊德文集》（第五卷），车文博主编，长春出版社，1998年，第146–147页。

② James,W. *The Varieties of Religious Experience: A Study in Human Nature*. London and New York: Taylor& Francis Group, 2002,pp.28–29.

体验宗教、得安心立命，这如此之多的短语表达了一种过程，逐渐或突然地，迄今一直分裂的，并意识到卑劣和不幸的自我，因其对宗教实在有一个更为牢固的把握，转变为统一、自觉的超越和快乐。至少就一般而言，这是皈依的意义，不管是否我们相信存在一个直接的神迹才带来这种精神上的变化。"① 在其中，詹姆斯拒斥了宗教皈依的外在形式，如基督教的洗礼、佛教的受戒和剃度，詹姆斯意义上的皈依指的是对某个神圣对象的信仰的心灵体验，并强调达到皈依时的整个心理过程的由分裂到统一的强烈内心冲突和斗争的转变。更进一步地，詹姆斯高度评价了祈祷之于宗教的意义，祈祷乃是宗教的神魂和精髓，"一切种类的在内心里与神圣力量的感通或亲近"②。若是在祈祷过程中缺乏个人灵魂的激励，缺乏自身与神秘权力接触关系，则这种祈祷很难被称为一种宗教；反之，在广泛的意义上，如果存在因祈祷导致的灵魂激荡，即使没有形式、没有教义，也可以称之为一种活的宗教。

可以看出，弗洛伊德与詹姆斯在对宗教制度的理解上，存在着一定的共识，两者都持有着相对消极的态度。詹姆斯强调个人宗教的重要性，而放弃讨论宗教制度。宗教来自个人内心的真诚体验，不是舍本逐末地追求虚妄的外在形式。对某一宗教而言，若是缺乏个人对神圣权力的内在体验，哪怕拥有最为完善的宗教制度，也只能是一种僵死的、毫无生气的，甚至不能称之为真正的宗教。詹姆斯对宗教制度的漠视并不意味着其对宗教本身的抵制，反而是在最广泛的积极意义上来理解宗教，实际上是扩大了宗教理解的范畴，即便如同"神圣"的概念，也是在广义的角度加以理解，即将"神圣"扩展到"如神"（godlike），"如神"并非具体的神，爱默生（Ralph Waldo Emerson）超验主义中的作为抽象理念的上帝，他不是具体的神灵，不具备超人的人格，甚至可理解为对抽象定律的膜拜，但其间仍有神圣的品质，其间的个人感动实则和基督教徒的内心体验并无本质上的区别，因

---

① James,W. *The Varieties of Religious Experience: A Study in Human Nature*. London and New York: Taylor& Francis Group, 2002,p.150.

② James,W. *The Varieties of Religious Experience: A Study in Human Nature*. London and New York: Taylor& Francis Group, 2002,p.358.

此也可视为一种宗教。詹姆斯如此地强调个人宗教，实际上是对牛顿力学、对传统神学世界观而产生的自然神论的回应，在这种理性的宗教中，上帝创世后便退居一隅，不再干预俗世，休谟（David Hume）虽已将理性宗教批判得体无完肤，但仅仅是破而不立，詹姆斯则依据其实用主义原则从宗教情感出发来维护宗教之于个人的意义，从而挽救宗教的衰颓。

相对于詹姆斯对宗教制度的漠视，弗洛伊德比詹姆斯走得更为激进，科学还原论作为其信仰的中心，无论面对多么巨大的挑战，宗教最终将被理性所击败。宗教信仰声称："有一个乐善好施的上帝在注视着我们每个人的行动，他只是看似严厉，但却不会使我们遭受痛苦，成为过分强大而冷酷无情的自然力量的玩物"[1]，甚至死亡也不是意味着返回无生命的状态，而是开启一种全新的存在方式，脱离身体的不朽灵魂，与上帝同在。上帝与人的关系及其教诲，而这些在弗洛伊德看来只不过是一种尝试重新找到儿童与父亲之间的亲密性与强烈性，而宗教的教义更是无法通过科学的证明而能够得到的逻辑结论，"他们留给我们的证据是写在书上的，而这些书本身就带有令人不值得信任的标记。书里矛盾百出，充斥着胡编乱造，弄虚作假，他们所提到的那些实际证据，就连他们自己也无法证实"[2]。因此，宗教观念仅仅是源于人类的幻觉，是人类最为古老和迫切的愿望的满足，宗教是人类普遍的强迫性神经症，产生于俄狄浦斯情结，是未成熟的表现，当人类进入到成年期，就必须抛弃宗教，应由理性和科学来引导人们的生活。可以看到，弗洛伊德的宗教观点沿袭了施特劳斯（David Friedrich Strauss）的《耶稣传》、费尔巴哈（Ludwig Andreas Feuerbach）的《基督教的本质》中的思路，甚至也类似于马克思那样把宗教视为具有安慰作用的麻醉剂。宗教的慰藉作用对弗洛伊德来说是给人类的幼稚病所灌输的甜蜜的毒药，人不可能永远是孩子，而应依靠科学使人进入到自足的成熟期，很显然，这种观点对詹姆斯的实用主义而言，两者是不敢苟同的。

---

① 弗洛伊德：《弗洛伊德文集》（第五卷），车文博主编，长春出版社，1998年，第170页。

② 弗洛伊德：《弗洛伊德文集》（第五卷），车文博主编，长春出版社，1998年，第178页。

三、无意识作为解释宗教的中介项

无意识观念作为一种思想，最早可追溯到普洛丁（Plotinus）那里，施韦泽（Hans Rudolph Schwyzer）在《普洛丁的意识与潜意识》一文中称其为无意识的发现者。[①] 逍遥学派的阿弗罗狄西亚的亚历山大（Alexander of Aphrodisias）、忒弥修斯（Themistius）、阿尔法拉比（Abu Nasr Alfarabi）等人有关感觉、想象、能动理智的哲学讨论也为现代哲学的无意识思想的发展做了必要的准备前提，经过了漫长的思想孕育，到了德国古典哲学阶段，无意识观念几乎成为哲学界的一种思想共识。莱布尼茨（G. W. Leibniz）在描述最低级的单子仅存在几乎无意识、无知觉、处于昏睡和模糊状态的"微觉"时预示了无意识的概念；康德（Immanuel Kant）用"模糊观念"表述无意识，并认为模糊观念占据了人类一半的精神世界；黑格尔（Georg Wilhelm Friedrich Hegel）在《精神哲学》中肯定了意识中没有观念的世界的"无意识精神"的存在；以至于叔本华（Arthur Schopenhauer）、尼采（Friedrich Wilhelm Nietzsche）的唯意志论、费希纳（Gustav Theodor Fechner）关于无意识的"冰山"隐喻，然而，值得注意的是以往的研究者更多的是在描述意义上使用无意识概念，而赫尔巴特（Johann Friedrich Herbart）的"意识阈"真正肇始了无意识理论，然而，真正将无意识理论的系统阐述和现实应用推进到前所未有的高度的确得归功于弗洛伊德，弗洛伊德除了将无意识理论应用于临床治疗，同时也应用于他的宗教分析上。

弗洛伊德从精神分析学的视角以潜意识理论作为中介项分析了塔布（taboo）禁忌与强迫性神经症在外部表现形式上的相似性，认为神经症患者的强迫性禁忌与塔布间的最明显、突出的相同点是两者皆缺乏动机、起源不明；由内在的需要所维持；禁忌容易出现移情或移置（displacement）；责令人们做出仪式性动作。如在作为强迫性神经症和塔布中的主要禁忌的触摸禁忌中，两者共性的欲望是触摸欲望，但这种本能性的欲望却被强大

---

① Hendrix, J.S. Unconscious Thought in Philosophy and Psychoanalysis. New York: Palgrave Macmillan, 2015, p.29.

的外在禁忌所阻止，然而，禁忌是无法消除本能性的欲望的，作为一种妥协的方式，只有将这种本能性的欲望压抑到潜意识中，并且当禁忌停止的时候，本能性的欲望又会强行回到意识并诉诸行动中。在此基础上，弗洛伊德进一步假设塔布与强迫性禁忌存在相通的性质，虽然在每一个具体的细节中两者不能完全吻合，但是弗洛伊德坚持认为塔布禁忌的真实原因必定是潜意识的，"塔布的基础是一种受禁忌的行动，做出这一行动的强烈倾向存在于潜意识中"[1]。在论述俄狄浦斯情结的矛盾情感时，弗洛伊德讨论了情感的代际相传的连续性问题，认为人类的集体意识存在着继承性，更进一步地说，那些被压抑的本能性的潜意识冲动也随之被继承下来。在《摩西与一神教》中，弗洛伊德用"古代遗产"设想包含着潜意识的先辈们的经验的记忆痕迹的存在，并认为这种设想能够填平个体心理学与群体心理学、人类与动物之间的鸿沟，动物能够保有它们祖先所经验的东西的记忆，在人类身上的古代遗产与动物的本能是一致的。

詹姆斯有关于潜意识思考的直接来源并不是弗洛伊德而是迈尔斯（F.W.H.Myers），在研究自动书写时，他肯定了迈尔斯提出的自动作用论（automatism），认为可以通过暗示来改变或消除病人的潜意识记忆，使病人得以治愈，这是自动作用的过程。同时，迈尔斯所持有的"阈下人格的意识可环拥阈上自我的思想、行为的知识"[2]的观点被詹姆斯进一步引入了宗教和形而上学的思考当中，"我觉得我们无法避免做出如下结论：在宗教中，我们存在一个人性部分通常与一个跨边缘或阈下的区域紧密联系"[3]。詹姆斯因担心迈尔斯"阈下"意识的灵学研究背景而遭受质疑，于是将明显的意识称为 A 区，而属于心灵较大部分阈下自我部分称为 B 区，在 B 区潜藏着直觉、幻想、神秘经验的宗教等非理性的内容，两者之间通过一层薄薄的"帷幔"间隔着，诸如皈依、祈祷等神圣的内容实则是由原来处于意识的边缘部分通过自动作用上升到意识野之中，而成为意识的一

---

[1]　弗洛伊德：《弗洛伊德文集》（第五卷），车文博主编，长春出版社，1998 年，第 33 页。

[2]　Kelly E. F. et al., *Irreducible Mind*. Lanham: Rowman& Littlefield Publishers, Inc., 2010, p.316.

[3]　James,W. *The Varieties of Religious Experience: A Study in Human Nature*. London and New York: Taylor& Francis Group, 2002, p.373.

部分，有意识的自我与一个更广大的潜意识的精神环境相连续，而科学理性主义者是进入不了这种环境的。通过这种描述，詹姆斯为宗教预留了其合理的地盘，有意识的自我与一个更为广大的阈下自我相连，宗教的神圣性存在于人的潜意识当中。

同样的潜意识，在彼此作为中介项阐析宗教时，却走上了截然不同的道路。弗洛伊德用类比推理的方式试图论证个人心理成长和庞大的社会群体宗教信仰的一致性。一个神经症患者从幼年期所经历的早期创伤、自我防御、压抑、潜伏、恢复等人格发展的历程与犹太教、基督教的历史发展高度地契合着，以此说明宗教乃是一种普遍性的神经症，且将宗教视为科学的敌人，科学将与其做长期的斗争。然而，其论证方式却招致了较多的怀疑，包尔丹认为其存在明显的循环论证，因为弗洛伊德一开始就假定宗教行为是不正常的行为，这种行为并非出于理性的动机，而是潜意识中的非理性的动机，并试图进行证明。[1] 并且，弗洛伊德所用"古代遗产"说明集体潜意识的集体记忆生理地为后代所继承的特征，实际上乃是拉马克进化论中的获得性遗传的特征，于是我们便看到弗洛伊德利用其所笃信的科学进行的宗教解释，居然存在两种互为矛盾、截然不同的进化论解释模式。甚至，从总体上而言，弗洛伊德关于宗教的心理学阐析，只是局限在对于犹太教、基督教的说明，很难推及其他非一神教宗教形式。这就造成不仅宗教信仰者极力反对，同时也遭受许多宗教史学家、人类学家、社会学家等的反对，如夏普（Eric J. Sharpe）对《摩西与一神教》中的"摩西作为一个埃及人"的观点是，"这种扭曲了的理论纯粹是胡说八道，根本不值得予以认真考虑"[2]。詹姆斯尝试对宗教信仰的合理性提供关于潜意识作用机制的科学论证，同时又以实用主义的方式斡旋作为"科学"的潜意识与宗教之间的关系，"但是，如果你作为正统的基督徒发问作为一名心理学家的我，是否将一个现象指向潜意识的自我而没有排除上帝的完全的直接参与的这种观念，我必须坦白地说，作为一名心理学家，我觉得完全

---

① 包尔丹：《宗教的七种理论》，陶飞亚译，上海古籍出版社，2005 年，第 95 页。

② 埃里克·J.夏普著：《比较宗教学史》，吕大吉、何光沪、徐大建译，上海人民出版社，1988 年，第 263 页。

无须如此"①。在此基础上，詹姆斯认为我们有意识的世界只不过是好多意识世界中的其中之一，在其他世界也必然存在对于我们生活有着积极意义的经验，虽然与我们的世界分隔，但却可以通过更高级的力量渗透进来，并坚信一种"零碎的"超自然主义（"piecemeal" supernaturalism），允许存在神迹和天命的指引，将理想世界与现实世界混合在一起，并插入理想宗教的影响力量，让其因果性地决定着真实世界的细节。

四、结论

弗洛伊德公然宣称自己是个无神论者，然而并不抵制犹太人身份，在犹太教传统要求中严格家庭价值、坚守道德标准和关心社会公正。因此，理解弗洛伊德的心理宗教观，并不是全部从他的"反宗教"入手，更多应从他对人类的深刻关怀入手。弗洛伊德致力于发掘宗教信仰的潜意识根源的阴暗本性，表达了他对人性的悲观态度，但正是这种悲观态度给予我们以希望，让人类直面自身的缺憾，以便置于理性控制之下。正如卡普兰所言："对宗教哲学而言，弗洛伊德的遗产可论辩地看成是一种救世、救赎或解放，它们从误读、错误和羁绊中吸取教训，而非否认它们。"② 詹姆斯认为，神学观念若是能够证明自身对人们的具体生活存在某种意义，那么在此种意义上便是真的，如果绝对、上帝观念能够给人带来"道德上的休假日"，可以消除恐惧、减少自身有限的责任，那便不能否认它的真实性。事实上，詹姆斯眼中的上帝此时已并非人格化的上帝，也只不过是纯粹经验之流中的一种目的性结构，上帝只是意味着一种功能而并非实体，它作为我们人生希望和生活寄托的可能方向而流淌着、徜徉着，虽然并不能保证每个人都得以救赎，但至少为人们指向有意义和善良的生活之路。

虽然弗洛伊德与詹姆斯以共同的解释范式理解宗教，但却走向了不同的解释向度，弗洛伊德视宗教信仰为心理上的神经症，宗教与科学之间存

---

① James,W. *The Varieties of Religious Experience: A Study in Human Nature*. London and New York: Taylor& Francis Group, 2002,p.190.

② Kaplan, G.et al., *Disciplining Freud on Religion: Perspectives from the Humanities and Social Sciences*.Lanham:Lexington Books,2010,p.169.

在天然的敌对关系；詹姆斯重视宗教信仰中个人宗教经验的重要性，并拒斥传统的理性宗教，提倡一种实用主义的宗教观。然而，在彻底的意义上，两者又走向共同的旨归。

《长青哲学》爱观分析

乌 媛①

摘要：《长青哲学》一书汇集了阿尔道斯·赫胥黎关于人类持久追寻终极意义（或神圣存在）的综合性思考。本文以《长青哲学》的"爱"为入手点，以赫胥黎的"爱"观为主线，在此基础上探究出长青哲学视角下的自我与神圣关系的定位，以及个体如何通过爱之途径实现超越性目的。在赫胥黎构建的长青哲学体系中，爱被本体化和绝对化，同时被极度抽象化和意象化。后来的超个人学派②部分地吸纳了赫胥黎长青哲学以爱为中心的观点，同时也做了更加生活化和世俗化的延伸和阐释。

关键词：长青哲学 超个人学派 爱

阿尔道斯·赫胥黎（Aldous Huxley,1894–1963）是英国著名的作家和学者，一生创作颇丰。尽管赫胥黎以其文学作品闻名于世，但他一直对超越性主题有自己独特的思考，晚年甚至对神秘主义产生了极大的兴趣。跳出文学的光环，他对现实世界的超越性和精神性阐释，同样具有重要的价值，值得我们关注和探讨。《长青哲学》这一部著作，正是赫胥黎关于人类持久追寻终极意义（或神圣存在）这一普遍现象进行的综合性思考。他肯定

---

① 乌媛，哲学博士，宜春学院宗教文化研究中心讲师。本文系江西省社会科学"十三五"规划项目"推进我省宗教参与养老服务创新发展研究"（18ZK07）阶段性成果。

② "超个人"在荣格和马斯洛等心理学家的理论中经常出现，马斯洛在人本主义心理学基础上创立了超个人心理学，关注人的超越性需求及超越性自我实现。20世纪60年代之后，"超个人"运动扩散到不同学科、国家和文化当中，其专门研究领域的人员甚至被称或自称为"超个人学派"。本文根据研究内容，主要使用"超个人学派"的说法。

人类对于超越性追寻的持久性和普遍性，并试图从世界各种宗教或精神传统中寻找"最大公因子"，来论证和表述长青哲学。

长青哲学（Perennial Philosophy）是发端于文艺复兴传统，并在 20 世纪初兴起的一个学派。哲学意在探索人和世界的普遍性原理，并试图概括出普遍规律，长青哲学则可以被理解为对于"神圣"这一终极对象普遍性原理的探知。从其思维起源来看，长青哲学的发端甚至可以追溯到古希腊哲学。长青哲学试图从人类智慧传承中寻找并总结出一种永恒的真理，这种真理普遍存在于各种文化、宗教及灵性传统中。从概念上来看，"长青"意味着人类真正智慧的原始性和永恒性，甚至认为"人类一直都拥有普遍而永恒的真理，而且永远会如此"[1]；"哲学"则更加侧重于表达深植于人类发展历程中的智慧本性，以及对于这种普遍性、多元性、形而上的真理的"提纯"。长青哲学主要关注的是万物、生命与心灵的大千世界背后那个神圣的实在，可以说是"人类跨文化宗教哲学的智慧总集"[2]。

"长青"一词包含有久远、持续、普遍的意涵，它所凝聚着的至高普遍要素，存在于世界所有的宗教及神秘流派中。人们对于大千世界存在的"意义极"的追寻久远而普遍，但对于是否存在共同或相似的核心灵性经验的看法却并不统一。本书虽冠以哲学之名，赫胥黎却承认其中并没有职业哲学家的东西，因为要理解长青哲学所追寻的神圣或实在本性，职业哲学家和文人并非必要条件，而很多被称为"圣人""先知""贤哲""觉者"的诸多（神圣）亲身体证者则更能表述长青哲学。赫胥黎对长青哲学的相关论述，得到了很多人的支持，但也有反对意见。如有观点认为长青哲学本身并不成立，因为文化之间是有差异的[3]，寻求一种普遍性的"神圣原理"并不可行。赫胥黎一方面引用了世界上各种宗教的或非宗教的圣贤著述来支持他的理论，并试图呈现出人类精神性的"最大公因子"；同时，赫胥黎也从不同的学科角度进行统一性的追寻。正如赫胥黎所说："形而上学，

---

① ［荷］乌特·哈内赫拉夫：《西方神秘学指津》，张卜天译，商务印书馆，2018 年，第 64 页。

② ［美］罗杰·沃什、法兰西斯·方恩主编：《超越自我之道》，胡因梦、易之新译，中华联合工商出版社，2013 年，第 27 页。

③ Axel Randrup: The Perennial philosophy, *International Journal of Transpersonal Studies*, Volume22, Issue 1,2003.

认识到万物、生命与心灵的大千世界背后有一种神圣实在；心理学，在灵魂中发现了某种类似于甚至等同于神圣实在的东西；伦理学，认为人的最终目的在于认识万物内在而超越的本源。"①

尽管赫胥黎并不是超个人心理学的倡导者或代表人物，但他的思想对后来的超个人学派产生了重要影响。20世纪60年代以来，对个体自我及其超越性本质的强调成为人们精神追求的一种趋势，以"灵性"为核心词的宗教及修行团体成为一种潮流，它们跟随着"新时代"的旗帜，影响到社会科学和日常生活的各个方面。追寻"神圣"的主要阵地从制度性宗教转向日常生活领域，个体成为追寻神圣的主导者，"自我"具有界定神圣的能力，并成为与神联结的绝对途径。也正是在这个时候，马斯洛及其倡导的超个人心理学开始发展起来，并逐渐成为心理学的"第四种势力"。超个人学派伴随着以主体"自我"为主导的精神超越性追求发展起来，"它不仅关注个人及其潜能的充分实现，而且更加关注超越个人的经验和精神生活，即将个人的生命与外部的世界和意义联系起来的精神领域（郭永玉）"②。长青哲学的诸多论述为超个人学派对于自我、超越等概念的理解，提供了重要的理论资源。"自我""内在""神圣""追寻"等词语，既是长青哲学的基本概念，也成为超个人学派描述现代世界精神发展的代表性概念。《长青哲学》成书于1945年，在20世纪60年代西方世界出现大规模以"自我""灵性"为旗帜的精神性运动之前，赫胥黎已经对这些"热点"问题进行了相对详细的论述。

在以"个体""自我"等为主导的神圣追寻大潮中，对"爱"的界定和论述始终占有重要一席。"爱"一直以来就是宗教的核心内容，更是宗教哲学、宗教伦理学、宗教心理学等宗教学分支学科的重要研究主题。"爱"在每个宗教中的涵义有所差别，但又趋于共同的价值极。长青哲学是对神圣之久远而持续性的探知，爱这个主题，在长青哲学中被赋予了多重意义，有着非常重要的地位。在赫胥黎的长青哲学中，爱在自我与神圣之间充当着多重角色，发挥着不同的作用，并在超个人学派及现代灵性所提倡的"身-

---

① [英]阿尔道斯·赫胥黎：《长青哲学》，王子宁、张卜天译，商务印书馆，2018年，第1页。
② 郭本禹主编：《当代心理学的新进展》，山东教育出版社，2003年，第127页。

心—灵"整体性世界观广泛流行开来之前，担当起"关系—整体"模型的建构性角色。本文以《长青哲学》的"爱"为入手点，以赫胥黎的"爱"观为主线，在此基础上探究出长青哲学视角下的自我与神圣之关系的定位，以及个体如何通过爱之途径实现超越性的目的。

一、《长青哲学》中爱的定位

（一）爱是神圣本原

在《长青哲学》的体系中，所有论述都是围绕超越性的灵性本原展开的。这个本原性的存在被称为神圣实在，或是终极存在，有时也被称为神或神圣。在长青哲学体系中，神是一种怎样的存在？长青哲学本身即是一种宗教和神秘主义哲学体系的构建尝试，作为其本体论中心的"神"便首要地具有一种神秘的特质。这种特质体现在它不可言说，不可描述，它是超越性的、全然不同的、内在固有的，它位于灵魂的最深和最核心处，它内在于你却又布满世界，它是"我"又是"你"。这种神圣本原是一种灵性的"绝对者"，不可思议，不可名状，但可能被体验和领会。

在其构架的本体论体系当中，神是既超越又内在的。爱在这个本体论体系中，也可化身为本原性存在，因为"神就是爱"①。作为本原的爱，是最高形式的爱，它决然不同于世俗之爱，更非一种情感，而是极度抽象的超越性存在，如何理解神就要如何理解爱。在这个层次上，世俗之爱绝对不能与之相提并论，世俗之爱是情感性的，包含有欲望。圣爱是无私的、纯洁的和谦卑的，这也是神圣本原的特征，凡俗之爱则是通往圣爱的障碍。在这一层面，长青哲学对此做了绝对性区分。其次，圣爱作为本体，又具有衍生与引导的力量。圣爱具有统合自身要素趋于统一、引导自我走上正途的力量，"爱是心灵的动力，它让心脱离尘世，上达于天（大格里高利）"②。爱是至高者，是道德的根源和实质，同时又是至高者的一种能力，或是一种衍生。爱有时像是神圣的化身，它化归到万物，引导追寻者走向神圣，

---

① 原文：没有爱心的，就不认识神，因为神就是爱。——《约翰一书》4:8
② [英]阿尔道斯·赫胥黎：《长青哲学》，王子宁、张卜天译，商务出版社，2018年，第105页。

促成人之各种特质趋于完满，它促成并铺就一条通往内在而超越的神圣之路。这是爱的自我成就过程，它推动人们去爱神，实质上是把自我推向内在制高点，实现与神合一的终极目的。通过圣爱的无私性、纯粹性和谦卑性，它把自我推向最高形式的爱——直觉的灵性之爱，最终达到自身的复归。

《长青哲学》中的爱，被赋予了多重身份。从本体论角度来审视爱，爱在某种程度上与神圣等同起来，因而也具有了神圣的神秘特质。它与神圣合一的特质，使得"引导—追寻—复归"神圣之路背后的本原主体变得有可依循之路径，而非仅靠不可言喻的神圣去"想象"。

（二）爱是认识方式

爱是一种认识方式，是认识神圣、体悟神圣、通达神圣的一种路径，最终目标是通过认识与神合一。若要通过爱来认识神，它必须首先要足够无私和强烈。这种强烈而真诚的意愿通过爱而认识的起点，因为"我们只能爱我们所知的，永远无法彻知我们所不爱的"。在这里，赫胥黎再一次划分出神圣之爱与世俗之爱的界限。相对于圣爱之纯洁和纯粹，凡俗之爱有太多的问题，它包含着欲望、傲慢、沉迷、虚荣、执拗等各种人性的弱点，这种有限性会对自己和身外的万物、生命、心灵和精神产生片面扭曲的认识，而非真正的认识。爱本身被看作是完美无缺的，但凡俗之爱的有限性无法承担起认识工具的作用，因此必须从起点处就有清晰的认知：我们要选择来作为认识神圣的方式，必须是圣爱。

其次通过爱来认识神圣必须以直觉的方式，而非情感，亦非思想。认识神的终极目的是与神合一，若想达到这个目的，首先就是要清空意志中所有的东西，其中就包括诸多情感性因素，意志所能感知到的所有快乐和喜悦等情感都不是爱，它们无法成为认识神的途径，甚至会成为障碍。因为，"如果意志可以通过某种方式领会神并与神合一，那么它绝不可能经由任何欲望能力，而只能经由爱来实现（圣十字约翰）"①。唯有净化和清除一切满足感、快乐和欲望之后，自我才能有完全的空间让爱神的纯粹情感所占据，而这个填满的过程必须由直接的、纯粹的灵性直觉（或觉知）

---

① ［英］阿尔道斯·赫胥黎：《长青哲学》，王子宁、张卜天译，商务出版社，2018 年，第 113 页。

去完成。

（三）爱是合一认识

爱是一种认识方式，却又不仅限于此，如果爱足够无私和强烈，认识就变成了合一认识，也就是爱与知识的统一，还可以说与神合一。长青哲学认为爱知（love-know）神要比（通过阅读神学著作）没有爱地仅仅了解神要好。由此可见，在追求神圣的过程中，爱是前提，知是过程，爱知是终极目的。帕斯卡说："我们崇拜真理；真理离开了爱就不是神"[①]，没有爱的认识是虚妄的，更是无法通达真理而认识神圣的。经由爱可以认识神，而由思想却不能。因此，爱是认识的起点。要想认识神，先要清楚自己爱了多少，是否无私、纯洁和谦卑。

"知"是认识神的过程。在不同的宗教中，认知神各有其路径：默观、祈祷、灵修、苦行等，但它们都可以被统合进"爱"之中。这个知的过程，"直觉"依然是关键词，唯有靠直觉才是真正的认知过程。因此，对于靠经验和推理建立起来的神学体系，赫胥黎持一种批判态度。首先，依靠经验并不能真正把握终极实在，其建立起来的神学如同靠裸眼观察而建立起来的天文学。其次，经验神学家所观察的对象包含部分"未得新生者"的经验，而这些人并没有在满足灵性认知的必要条件的道路上走多远。在这种基础上建立起来的经验神学自然是缺乏说服力的。"关于神圣实在，无论对大千世界中未得新生的普遍经验所隐约瞥见的迹象线索做多少理论研究，也不如一个处于爱和谦卑状态下的超然物外的心灵所直接领会的多。"[②]

认知神的目的是要与神合一，这个过程要携爱同行，最终达到爱知神。托马斯·阿奎那说："在这世上，爱神比认识神更好，而认识低等事物比爱他们更好。"对于神，包含有爱的爱知神要比没有爱地仅仅了解神要好；而对于其他，则最好是抽象的客观认识辅以真正无私的爱知，拥有审美上的愉悦或爱，或者两者兼具的品质。由爱到知，进而到爱知，这个与神趋近的过程，是决然要摒弃以自我为中心的执着和贪恋，这种爱知是糟糕的，

---

① [英]阿尔道斯·赫胥黎：《长青哲学》，王子宁、张卜天译，商务出版社，2018年，第108页。
② [英]阿尔道斯·赫胥黎：《长青哲学》，王子宁、张卜天译，商务出版社，2018年，第6页。

是达到与神合一的阻碍。唯有带着最纯洁、最谦卑之爱，经由爱知的过程，才能达到与神合一。与神合一的状态，自我会真正把握到神圣，到达神圣本原，到达爱，认识到真正的内在，从而做到与神合一。在认知神的过程中，爱是起点，爱是认知的动力，爱作为本体又是被认知的对象。正如前面所说的，这个是"知"的过程就是一个周而复始、往复循环的无限圆。

二、《长青哲学》中爱的主要特征

《长青哲学》中对爱的探讨，是神圣层面的爱，它是抽象的、无形的、圣洁的、难以言说的。赫胥黎所界定的爱，是建立在世俗之爱和神圣之爱的区分之上的。世俗之爱带有目的性、功利性，是一种低层次的爱。赫胥黎认为爱——"love"一词承担起太多的内容，它几乎代表了一切，无论是"爱邻如己"，或是感官之爱。词汇上的含糊导致了思想上的混乱，而这种混乱便服务于那些"未得新生的分裂者"，他们名义上侍奉神、爱神，实则有着明确的功利性。如信奉财神、战神或生殖神。对于世俗之爱，赫胥黎更强调的是认知，而非爱。因为"如果认识它们，我们就能把它们提升到我们的智识水平，如果爱它们，我们则会俯下身对它们毕恭毕敬，就像守财奴对他的金子（托马斯·阿奎那）"①。

赫胥黎选择了用"charity"（圣爱）来表达神圣之爱，他在论述长青哲学的爱的内容时，选择的也是"charity"。这种圣爱与较低层次的爱是不同的，它代表着真正之爱的本性。这种圣爱的主要特征有三个：

（一）爱是无私的

这种无私性首要体现在它是不图回报的，这种不图"回报"是双向性的，即神对万物之爱是无私的，神爱万物并不要求回报；人爱神也是无私的，而非通过爱而祈求回报。不追求个人的利益和所得，也就无惧损失和惩罚。"我爱，因为我爱；我爱，为了我能爱（圣伯尔纳）。"②从对象上来说，

---

① ［英］阿尔道斯·赫胥黎：《长青哲学》，王子宁、张卜天译，商务出版社，2018年，第107页。
② ［英］阿尔道斯·赫胥黎：《长青哲学》，王子宁、张卜天译，商务出版社，2018年，第109页。

爱是针对神本身，也是自身，而非某种结果。这种爱不寻求自身之外的任何原因的结果，是完全纯粹的。从更极端点说，纯粹的爱甚至可以被看成是神本身。由于神无处不在，因此对神之爱又必然具有普遍性。这种普遍性成为一种联通的路径，经由这种无私之普遍性的爱，万物得以与神相对相连。

（二）爱是宁静的

如何理解"宁静"？赫胥黎如此描述："宁静之所在，既无希求亦无嫌恶，只想在一切存在层面完全合于神圣的道或逻各斯，清楚地意识到人人本具的神圣真如。"①

首先，相对于爱之无私性的"无欲无求"，爱之宁静性更强调"无嫌恶"。爱的宁静性体现在它超越了世俗之爱，它不是一种情感，而是一种直觉。对神真正之爱既非热烈之情感，也非温柔之相依，而是超越了情感，建立在理性和虔诚基础之上。真正之爱或最高形式的爱，是一种直接的灵性直觉。若想获得真正的爱，就必须超脱情感层面的甜蜜和欢愉，不渴求结果，抛弃喜怒，放弃世间或灵性上的一切满足感，以最本真的灵性直觉与神合一。

其次，爱的最终目的或最终形式是爱—知（love-knowledge），爱之宁静性是保证实现这一目的并保持这种状态的条件。对神之爱是一种意愿，但这只是初级形式，爱的最终目的是要通过"知"而做到"爱—知"，即纯粹的灵性觉知和其对象本质的合一。然而在人与至高对象——"爱—知"合一的过程中，必然不会一帆风顺，而情感（或可感）之爱便是通往合一过程中的最终障碍。为了克服这种障碍，爱的宁静性特征便要发挥其应有作用，那便是为人提供一种状态——"和平"，因为，"只有安住于超越一切理解的神的和平中，我们才能居于对神的知和爱中"②。有罪的人永远在运动，朝圣之人时动时静，唯有神才寂然不动。这种"动"是一种人心之摇摆，情绪之反复，更是无知。此种情况下，爱等同于"和平"，它既是目的，又是条件；它既是神圣，又是途径。而要达到超越一切理解的

---

① [英]阿尔道斯·赫胥黎：《长青哲学》，王子宁、张卜天译，商务出版社，2018年，第120页。

② [英]阿尔道斯·赫胥黎：《长青哲学》，王子宁、张卜天译，商务出版社，2018年，第115页。

和平，也离不开世俗之和平——国家之间与国家内部的和平、个体之间与个体灵魂内部的和平。借由爱之宁静性，爱的层次提升到"爱—知"阶段，实现了"从一进入一且与一等同"的目的。

（三）爱是谦卑的

谦卑作为圣爱之特性，被赋予了极为重要的地位。谦卑是最高形式的爱的必要条件，只有做到谦卑，才能达到圣爱。那么，如何做到谦卑？

首先是谦卑之意愿，也是一种平等心。谦卑之意愿是爱的起点，这种意愿体现在"一无所求，一无所拒"——意愿自身之内的和平与谦卑，意愿对同胞的忍耐和友善，意愿对神无私的爱。正如赫胥黎所说："谦卑之所在，既无挑剔，亦无自我颂扬或贬抑他人以突出自我，他人被认为有同样的弱点和缺点，但同样有能力在对神的合一认识中加以超越。"[1] 在追求神圣之路中，唯有谦卑如尘，意识到自己的弱点，宽容和怜悯他人的弱点和不足，平等看待自我与他人，产生平等谦卑之意愿，才有了真正的爱之起点。

其次是无我，即彻底地自我归零。在长青哲学中，"自我"是与世俗之爱联系在一起的。尽管有宗教认为对神圣人性的"凡俗之爱"是通往对神的"灵性之爱"的必不可少的导引和不可或缺的推进，但赫胥黎始终对凡俗之爱持贬斥态度，他认为个人情感之爱"质上低劣，量上不足"，由此所导致的错误行为和存在会严重影响到灵性之爱。凡俗之爱（可感之爱）会强化自我，而自我恰恰是通往与神圣合一的最终障碍，"自我越多，神越少；自我越少，神越多"。由此，真正的谦卑还要做到"无我"，把自我从我中去除，摒除自我定位，摒除自我欲望，摒除自我的一切，全身心地爱神，因为只有失去以自我为中心的生命，"消泯分离的、个体化意志的生命"[2]，我们的灵性部分才能与神圣本原合而为一。谦卑在彻底的自我归零中达到圆满，从而抵达最高形式的爱。

---

① ［英］阿尔道斯·赫胥黎：《长青哲学》，王子宁、张卜天译，商务出版社，2018年，第120页。
② ［英］阿尔道斯·赫胥黎：《长青哲学》，王子宁、张卜天译，商务出版社，2018年，第293页。

三、《长青哲学》的爱观反思

　　爱在《长青哲学》的体系中，似乎是无所不包，无所不是，无所不能。爱被本体化和绝对化。在长青哲学中，爱成为一种本体论层面的存在。它本身就是神圣，与神圣合一。纯粹之爱就是神。正是这种"元"的性质，爱被赋予了强势的"绝对性"。在赫胥黎所构建的体系中，时常出现诸如"为何应当如此？我们并不知道，这只是我们不得不接受的事实之一，无论我们是否喜欢，无论它们看上去是多么不合情理和难以置信""爱本身万无一失，绝没有错，一切错误都在于对爱的期求""这种完美就是爱本身""（合一认识）具有了万无一失的品质"等论断。从这些论断中，足以感受到赫胥黎理解的爱所具有的权威性和绝对性。爱被抽象化和神秘化。赫胥黎所构建的长青哲学体系中，爱作为本体又被极度抽象化和意象化。这种爱超越了情感，始于一种直觉。不要去想神是什么，更不要把神偶像化，那只能是通往神圣的障碍。神是超越而又内在的，是极度抽象的，它无处不在，却只在灵魂和最核心处呈现给你。抽象化的爱也因此更具神秘特质，若问爱是什么？在赫胥黎这里，爱如同万物的神圣本源，是一种灵性的"绝对者"，不可思议，不可名状，只可能被直接体验和直觉。

　　超个人学派的发展吸收了长青哲学的部分思路。超个人学派的学者将长青哲学的要旨概括为四个方面：其一，物质和个体意识的现象世界，是"神圣领域"的表现形式，所有部分的实相都存在其内，离此将一无所存。其二，人类能够通过直觉直接领悟神圣，这种直接的认识可以使知者与所知的对象结合在一起。其三，人拥有双重性质——现象的"自我"和永恒的真我，后者是内在的人，是灵魂中神性的闪现。其四，人在世上的唯一目标：使自己认同永恒的真我，从而与神圣领域的知识合二为一。① 超个人学派一方面延续了长青哲学的部分思路，另一方面也不断加进新的内容。

　　超个人学派认同"爱"的地位和作用，受到人文主义思潮的影响，爱

---

　　① ［美］罗杰·沃什、法兰西斯·方恩主编：《超越自我之道》，胡因梦、易之新译，中华联合工商出版社，2013年，第261页。

的目的性、世俗性和关系性等成为新的特点。与赫胥黎极度排斥世俗之爱的态度相比，后来的长青哲学追随者对世俗之爱的态度有所改变。爱依然有神圣与世俗之分，但非截然二分，二者中间开始建立起一种友好之关联。诸如情侣之爱等世俗之爱，可以被放置在更大的世界图景当中，经由一种关系性的道路，超越小爱而到达大爱。如约翰·威尔伍德（John Welwood）倡导培养有意识的爱，以激发出更大的觉察，以及关系两端生命之间的发展。以两性之间的爱恋关系为例，从更高层次来看，这种爱正是一种联结，经由有意识地培养，原始的欲望之爱，就会发展成更深刻、更微细的亲密形式，发生在心灵的层次。爱就是神圣的道路，铺就我们丰富和深化自身之路。经由这条路，爱会延伸到让两个相爱的人超越自己，并逐渐与整体生命有更大的联接。"爱的更高境界及最极致的表现，就是在整个世界散播"①，爱只有在这种形式下，才能发展成"真正的光与力量（德日进）"，进而扩散到与地球的联结、与宇宙的联结、与至高神圣的联结。

如果说超个人学派对长青哲学神圣之爱与世俗之爱的截然二分进行了一定的缓冲，一定程度上认同世俗之爱的作用，那么现代精神性（spirituality）的一些追随者则做得更为彻底，他们更加肯定世俗之爱是通往神圣、认识真理之有效路径。在传统制度性宗教向个人精神性信仰发展的转变背景下，大卫·艾尔金斯（David N.Elkins）提出了在传统宗教之外构建个人精神生活的多种路径。"精神性是滋养一个人灵魂、发展其精神生活的过程和结果……精神性是所有滋养自己的灵魂、发展自身的精神生活的人们都可以接近的，无论他们是在传统宗教的围墙之内还是之外"②。艾尔金斯认为现代精神性在肯定神圣维度的基础上，同样也非常重视世俗生活的意义和目的。精神性被看作是一种人间现象，真正的精神性以人性为基础，它并不是高高在上强加于人或从虚无中产生的。艾尔金斯肯定了爱的人间维度，因此，情爱、性和肉欲都可以是通往神圣之境的有效途径。与赫胥黎对世

---

① [美]罗杰·沃什、法兰西斯·方恩主编：《超越自我之道》，胡因梦、易之新译，中华联合工商出版社，2013年，第294页。

② [美]大卫·艾尔金斯：《超越宗教——在传统宗教之外构建个人精神生活》，顾肃等译，上海人民出版社，2007年，第23页。

俗之快乐体验的排斥极为不同,感官之爱作为通往神圣的路径被加以肯定,甚至精神性本身也被看成是"世俗快乐生活的自然而然的果实"①。

如同诸多长青哲学的倡导者一样,赫胥黎始终也在世界各宗教和文化传统中寻求共同的、核心的且可抽象升华为"最大公因子"的智慧和真理。"爱"这种存在,无疑是最为直接的进路。在赫胥黎构建的长青哲学体系中,爱具有本体论、方法论和认识论的意蕴和内涵。这种爱,极度抽象,颇具神秘特质,一方面近在咫尺,内在于人自身,另一方面又遥不可及,让人难以把握。这种爱,是神圣之爱,是大爱,它远远高于世俗之爱。因此,对人之爱、社会之爱并不在其范围内,内在之爱才是被关注对象。对于社会问题,"在长青哲学的倡导者看来,进步必然与否、真实与否并不重要。对他们而言,重要的是个体的人获得对神圣本原的合一认识。关于社会环境,他们感兴趣的不是它进步与否(无论这些字眼可能意味着什么),而是它在多大程度上帮助或阻碍了个体走向人的最终目的"②。

从这点来看,赫胥黎眼中的"爱"似乎失去了它的普遍性意义,成了"无根之爱",爱之意愿完全脱离了世界实存的各种宗教或某些神秘流派的基本教义,因为大多数的文化和宗教都倡导除了爱神圣之外,还要爱人、爱社会、爱世界、爱宇宙。赫胥黎始终尝试从超越性的维度、从爱的角度来探讨万物背后最真实的神圣。从后来的长青哲学追随者来看,神圣之爱与人、社会、自然和宇宙都存有一种亲密的联系,或者说,自我通过与他人、社会、自然和宇宙之间的整体性关系而通达神圣。这种意义上的爱,在理论上为爱提供了行走途径和落脚点;从实践上为人的自然属性、社会属性和神圣属性提供了理论支撑。爱源于自我而走向外在,又通过关系而复归自身。这种意义上的爱,似乎比赫胥黎所说的爱,更宽阔了许多。

长青哲学对于人类智慧和宗教理解的追寻趋于内在和抽象,因而不可避免地走向神秘化。西方神秘学领域的知名学者乌特·哈内赫拉夫(Wouter

---

① [美]大卫·艾尔金斯:《超越宗教——在传统宗教之外构建个人精神生活》,顾肃等译,上海人民出版社,2007年,第167页。

② [英]阿尔道斯·赫胥黎:《长青哲学》,王子宁、张卜天译,商务出版社,2018年,第104页。

J. Hanegraaff）将长青哲学归为西方神秘学庞大体系中重要的一个部分。[①]
根据长青哲学的一般理解，不可言说的神秘主义才是宗教的真正核心。对
于神圣"神秘且不可言说"的特性，《长青哲学》的爱观将其体现得淋漓
尽致。在面对人类社会发展过程所面对的各种问题时，赫胥黎提倡采取传
播和普遍长青哲学、肯定神秘主义者的维系性力量等方式来应对。实际上，
这种方式终归是过于有限也过于理想化。相对于早期长青哲学的超然物外，
后来的长青哲学追随者对于现实社会问题所采取的态度更为入世与积极。
不管是爱的关系性建构，还是肯定世俗之爱的重要意义，都是一种将爱放
置于更广阔的背景中，进而与人、社会、自然和宇宙之间建立良好关系的
有效尝试。不得不说，跟随世界的变化而调整精神性之取向，促使人之爱
走出局限，促使自我走出局限，也许正是人类社会精神之所以"长青"的
根本原因之一。

---

① ［荷］乌特·哈内赫拉夫：《西方神秘学指津》，张卜天译，商务印书馆，2018 年。

研究前沿

基于精神分析理论的摩西形象分析

——从《摩西与一神教》谈起

李亚珂 ①

摘要： 人们普遍认为摩西是犹太人，也是犹太教创始人，但弗洛伊德《摩西与一神教》提出了不同观点。他运用精神分析理论——俄狄浦斯情节、创伤性神经症及人格结构理论，并结合史料分析探究摩西的世俗身份和宗教身份。经史料分析和理论探索，弗洛伊德认为摩西应是埃及人，且犹太教并非他创立，而源于埃及阿顿教；但从民族特色和民族性格层面来说，摩西仍不失为犹太民族缔造者。

关键词： 摩西 《摩西与一神教》 弗洛伊德 精神分析理论

在犹太民族的历史上，犹太人普遍认为摩西是犹太民族的祖先和犹太教的创始人，自然也是地道的犹太人。精神分析学派的创始人西格蒙德·弗洛伊德在《摩西与一神教》中将精神分析理论应用于摩西身份的分析中，创新而大胆地提出了关于摩西形象的新认识、新思考。

一、从犹太人到埃及人

（一）词源学角度看来：摩西究竟是希伯来词汇还是埃及词汇

在犹太教的经典《旧约》中，摩西是一个犹太人，自小被父母抛弃，

---

① 李亚珂，中国人民大学哲学院宗教学专业博士研究生。

在河水中漂流的时候被埃及公主所救，收为养子。《出埃及记》中解释摩西名字的由来时称：孩子渐长，妇人把他带到法老的女儿那里，就做了她的儿子。她给孩子起名叫摩西，意思说，因我把他从水里拉出来。①虽然《出埃及记》中解释了摩西名字的由来和含义，可弗洛伊德认为这种解释十分勉强，摩西在希伯来语中写作 Mosheh。《出埃及记》中关于这个词语的解释来自于民间词源学，与希伯来语的主动形式并不一致，且其意思为"打捞东西的男人"②；再者说，一个埃及公主似乎更可能为自己的养子取本族的名字而非彼时在埃及地位低下的犹太民族的名字。

如果将摩西一词置于埃及词汇中来看，摩西写作 Moses，意思是孩子，这也是其他一些名字，如"Amen-mose"（阿蒙摩西，意指阿蒙之子）或"Path-mose"（普塔摩西，意指普塔之子）等诸如此类名字的缩略形式。③如此看来，摩西这个词更可能是一个埃及词语，但问题并非就此顺利解决，即便摩西的名字是个埃及名字，那他就一定是埃及人吗？多数情况下答案是肯定的——一个有着埃及姓名的人一般来说应当是个埃及人，但不能忘记摩西被收养的事实，若摩西本就是个犹太人，而埃及公主捡到被遗弃的摩西后为他取了个埃及名字，这一解释从逻辑上来说也是成立的。

（二）摩西的传说：英雄传说范式的颠覆

弗洛伊德在《摩西与一神教》中也意识到仅凭词源学和逻辑推理来断定摩西是个埃及人这一结论是无法成立的，因此他也未止步于此。正当弗洛伊德力图在"摩西，一个埃及人"的命题论证中更进一步时，奥托·兰克的书籍《英雄诞生的神话》引起了他的注意。奥托·兰克认为虽然各个民族的神话在地域、文化上迥异不同，但在某些方面表现出惊人的相似性，比如一般来说，英雄人物出身于贵族之家，但因种种原因被遗弃，辗转由贫民家庭收养，长大后又回归贵族家庭，俄狄浦斯、珀尔修斯和赫拉克勒斯等英雄人物的事迹都属于这种情况。

---

① 《旧约·出埃及记》第 2 章第 10 节。
② 西格蒙德·弗洛伊德：《摩西与一神教》，张敦福译，北京：北京大学出版社，2015 年，第 3 页。
③ 西格蒙德·弗洛伊德：《摩西与一神教》，张敦福译，北京：北京大学出版社，2015 年，第 3-4 页。

弗洛伊德将精神分析应用于兰克的英雄神话理论。对于多数神话故事中的英雄来说，其一般有两个家庭，一是贵族式的原生家庭，二是平民式的抚育家庭，而这两种家庭形式其实是英雄个人对于其父母尤其是父亲[①]情感关系的映射。被遗弃在水中意味着出生[②]，贵族式的原生家庭意味着英雄人物婴幼儿时期对父亲的崇拜敬仰，而平民式的抚育家庭象征着成长以后的英雄人物力图打破父亲目前的权威，建立自我王国，从这种角度来说，所谓英雄，就是有勇气反抗他的父亲并最终取胜的人。[③] 从这种英雄神话故事的范式来看，关于摩西的神话内容应该是其出生于贵族之家，而被平民式的甚至低贱的家庭抚养成人，但《旧约》中关于摩西身世的记载却截然相反，弗洛伊德由此认为关于摩西出生的传说事迹已经失去了最初的样子，或者说有人对摩西的生平进行了篡改，如果篡改者是埃及人，那么他们极力修改关于摩西家庭的传说不仅无所裨益，反而使埃及历史上失去了摩西这样的英雄人物，但如果是犹太人对摩西的传说进行修饰，那么一切就顺理成章了：如果摩西不是出生在皇室贵族之家，传说就不会把他塑造成英雄；如果把他处理成犹太人的子孙，又无法提高他的社会地位[④]，出于这两种目的，摩西的形象变成了由埃及公主抚育长大的犹太人英雄。

（三）以教义和历史角度观之，犹太教与埃及宗教的关系

除了从摩西的名字、有关摩西的传说考究摩西是否是埃及人，弗洛伊德还将犹太教教义与埃及宗教教义进行了对比分析，以探究摩西的国籍身份。两千多年前的埃及多神教盛行，每个部落都有自己供奉的神明，而犹太教是特色鲜明的一神宗教，只信仰唯一的、不能拟人化的神，可以说，在最根本的宗教理论基础上，埃及宗教与犹太教不仅没有任何继承发展的倾向，反而呈现出截然相反的特色。但是割礼——这个盛行在埃及宗教中的宗教仪式何以继续留存在犹太教中？如《圣经》所言，埃及的多神宗教

[①] 绝大多数英雄人物是男性，在弗洛伊德精神分析理论中，同性间更容易争夺权威地位，即父亲是儿子极力打破的权威，而母亲是女儿力图打破的权威。

[②] 水象征着羊水，而小孩子所在的盆子或箱子象征着子宫。

[③] 西格蒙德·弗洛伊德：《摩西与一神教》，张敦福译，北京：北京大学出版社，2015年，第11页。

[④] 西格蒙德·弗洛伊德：《摩西与一神教》，张敦福译，北京：北京大学出版社，2015年，第15页。

给早期以色列民族带来了压迫和痛苦，那么出埃及后的犹太人为何会保留这种易引起对往日艰辛回忆的仪式呢？

弗洛伊德通过对埃及宗教史的详细了解，认为犹太教仍是来自于埃及宗教——不同于盛行于埃及的多神宗教，而是昙花一现的阿顿教。埃及第十八王朝的阿蒙诺菲斯① 在位期间推行一种与多神宗教传统截然相反的一神教即阿顿教。从教义方面对比阿顿教与犹太教，它们都是严格的一神教，只信仰唯一的至上神，两者都未提及死后或来世生活；在名称称呼上，埃及的阿顿（或阿图姆）这个名字听起来与希伯来语的阿东耐（Adonai, 意思是君主）这个词以及叙利亚神阿东尼斯（Adonis）的名字相类似②。如此说来，犹太教来源于一种埃及宗教，且割礼习俗的继承也就有了恰如其分的理由。

二、从创始者到牺牲者

人的身份是在社会关系中确定的，这也就说明人在不同的社会关系中有着不同的身份标签。在国家身份上，弗洛伊德认为摩西是个埃及人；在宗教身份层面，弗洛伊德又用"俄狄浦斯情节和创伤性神经症"理论探究摩西的犹太教创始人身份。

（一）俄狄浦斯情节与摩西之死

俄狄浦斯情节是弗洛伊德精神分析学说的一个基础理论，一方面指家庭中男孩对母亲的依恋，另一方面指男孩对父亲的憎恶③，它来源于希腊神话中俄狄浦斯无意中弑父娶母的悲剧传说。俄狄浦斯情结在一定程度上也是弗洛伊德阐释宗教起源的心理学理论基础。在《图腾与禁忌》中，弗洛伊德在达尔文进化论的基础上提出了宗教起源于原始时期儿子对父亲的谋杀的观点。在原始时代，有一位有着至高权威的父亲，他拥有众多妻子和儿子，可是这些儿子长大后为了享有权力、获得财物与性权利，合谋杀

---

① 阿蒙诺菲斯皈依阿顿教后改名为埃克赫那顿，意为神是满意的。

② 西格蒙德·弗洛伊德：《摩西与一神教》，张敦福译，北京：北京大学出版社，2015年，第38–39页。

③ 女孩的恋父情结被称为伊赖克特情节。

害了共同的父亲。可是，俄狄浦斯情节与摩西之死有什么关系呢？退一步来说，《圣经》中并无摩西死亡的记录，摩西之死又该从何谈起？

关于摩西死亡的新发现得益于塞林对《何西阿书》的深入研究。塞林在《何西阿书》（公元前8世纪上半叶）里发现了一些难以质疑的线索，其中，有这样一个传说，描述了他们的宗教创立者摩西在他的倔强固执的人民的一次反叛中遭受了厄运，他所创立的宗教同时也被抛弃掉。① 若在塞林新发现的基础上进一步分析，跟随者摩西的犹太人民为何会反叛他呢？答案可能是经济特权、宗教地位或者其他缘由，但弗洛伊德认为从心理学上来说，正是人们对原始之父犯下的罪行循着历史的记忆，使得犹太人要在摩西身上重现此事，这种现象被称为"'行动表现'代替记忆"，经常发生于神经症患者的精神分析治疗过程中。

（二）创伤性神经症与怀念摩西

创伤性神经症是一种精神疾病，其历程大致是"早期创伤—防御作用—潜伏期—神经症发作—被压抑事物的回归"②。举例来说，男孩在幼年期会有一段性全盛时期，在这个时期他可能对自身的生殖器表现出莫名的兴趣，父母尤其是父亲的呵斥与教育会对其形成创伤，心灵的防御系统暂时弥合了创伤及所带来的痛苦；随即男孩的性冲突进入潜伏期，在此期间，他没有表现出对性的特别兴趣，仿佛之前的性迷恋只是一场空虚缥缈的梦境；但之后的生活中，男孩可能在遭遇一些事情后突发与性有关的神经症，比如往常迷恋性生活的男孩变得性无能，而造成性无能的记忆可追溯至幼年期的性冲动；为了治疗这种神经症，就需要唤起童年的性冲动和因此遭受创伤的记忆，创伤性神经症也就来到了最后一阶段：被压抑事物的回归。

在弗洛伊德的视野下，俄狄浦斯情节为摩西之死提供了心理学上的理论基础，但问题在于反叛者杀死摩西后为何仍然继承了摩西所缔造的宗教，并推崇摩西为本民族的祖先和宗教的创始人？将这一问题置于创伤性神经症的理论框架中推想可知，出埃及后，犹太人民或许由于摩西的行为、言

---

① 西格蒙德·弗洛伊德：《摩西与一神教》，张敦福译，北京：北京大学出版社，2015年，第58页。
② 西格蒙德·弗洛伊德：《摩西与一神教》，张敦福译，北京：北京大学出版社，2015年，第155页。

语等缘由杀害了他们曾经的领导者，"杀害摩西"这一行为给犹太人民带来了心灵创伤；但由于心理的防御功能，罪行之后相当长的一段时期内人们相安无事，这一段和谐的罪感隐匿期也被称为潜伏期；但潜伏期过后的犹太人们内心升腾起杀害摩西的愧疚和对摩西及其言行的深刻怀念，摩西及其倡导的阿顿教在犹太民族中复兴了，这也就是被压抑事物的回归，也许正在此时，摩西跟随者的后代与他们目前所居住地的原住民在卡代什发生了一次部落联合。在这次部落联合中，摩西的信徒们强烈要求保有摩西的伟大人物形象和事迹，而抹去了杀害摩西的事实，而原住民则迫切希望部落联合之后所信仰的神为伟大的火山神耶和华，在两种截然不同但又有着共同利益的目的面前，以耶和华为唯一神、以摩西为犹太教创始者的新宗教诞生了。

此外，创伤性神经症理论不仅可以阐释为何摩西死后反而被人尊崇，也可以视为基督教原罪理论的注解。基督教教义认为每个人生来有罪，此罪称为原罪，而上帝之子耶稣自愿为祭，代世人赎罪。但从逻辑层面来看，上帝纯洁无罪的儿子怎么能为罪行累累的世人赎罪呢？若用创伤性神经症理论进行诠释，原罪正是远古时代儿子弑父的罪行，所以其后代们一出生就背负着罪恶感，这种罪感经过一段时期的潜伏，外显为对原始之父视若神明的崇拜，此种意义上，耶稣献祭才具有了赎罪意义——耶稣作为儿子向被弑的父亲请罪。

（三）原始罪感何以传承：古代遗产中的记忆痕迹

虽然弗洛伊德用俄狄浦斯情结、创伤性神经症理论并结合史料力图以缜密的逻辑分析摩西的宗教身份，但仍存在一个至关重要的问题：即便弗洛伊德言之有理，但弑父的儿子、杀害摩西的早期犹太人民早已湮没在历史的烟尘中，对于远古时代儿子们的后裔来说，这种弑父的愧疚与罪感如何能一代代留存于记忆中？对于早期犹太人的后裔来说，他们面临的也是与前者相同的问题——这种惭愧与悔恨不是语言，也非文字，那么它将以何种方式留存于后代的心里？

在《图腾与禁忌》中，弗洛伊德尚未正面回答这个问题，他只反问道：若弑父产生的心理状态因不同世代间的传递而中断，那么社会心理学的研究将不具有意义，因为不同时代群体的社会心理将被割裂，社会心理学的研究也就无以为继。直到《摩西与一神教》中，弗洛伊德才对心理状态的传承进行了详细阐述。他提出一种主张：人类的古代遗产不只包括秉性，而且还包括主题——即前辈们经验的记忆痕迹①，且这种记忆痕迹在代际间的传承不依靠直接的交往，也不依靠后天的教育，但并非所有的记忆痕迹都可以进入古代遗产的范畴，只有极其重要或重复次数足够频繁或二者兼而有之的情况下，相应的记忆痕迹才会进入古代遗产，弑父的罪感就以这样的方式在代际间传承，而摩西之死不过是原始时代弑父悲剧的重演。

三、摩西与犹太民族

（一）犹太民族

世界范围内的众多民族中，犹太人可以说是一个神奇的民族——民族命运极为波折坎坷，却始终坚定着本民族是"上帝选民"的信念。自犹太民族形成以来，除所罗门时期，其余时期犹太人一直颠沛流离，始终未能建立起本民族的国家，二战时期德国推行种族主义，大批犹太人死去或流亡于世界各国。战争后的犹太民族们在《旧约》中的"应许之地"建立了以色列。或许可以说，从犹太民族的发展历史来看，这个贵为"上帝选民"的民族似乎一直未能得到上帝的关怀照顾。既然如此，犹太民族为何还一如既往，甚至愈加虔诚地信仰上帝呢？

除了对上帝的虔信，犹太民族还具有另外两种较为鲜明的特质：民族自信与长于经商。即便犹太民族自形成以来，频繁受挫，但他们始终坚信本民族身为上帝选民的身份，民族遭受的苦难非但没有令他们怀疑自己选民身份，反而在一次次磨难中坚定了对上帝的信仰及本民族的选民身份，弗洛伊德认为尽管摩西不见得是个犹太人，也牺牲在了跟随者的反叛中，但摩西仍是缔造犹太民族的英雄人物，犹太民族的民族性格、民族特点都是摩西所给予他们的。

---

① 西格蒙德·弗洛伊德:《摩西与一神教》，张敦福译，北京：北京大学出版社，2015年，第192页。

（二）摩西给犹太民族带来了什么

1.一神教和理智的进步。

如果要谈论"摩西给犹太民族带来了什么"这一命题，犹太教应是首当其冲的答案之一。在多神宗教盛行的古埃及，摩西宣称只有一神教才是人们应该信奉的宗教，而犹太民族正是这唯一的至上神所选中的特殊民族，这一上帝选民的说法极大地增强了犹太人的民族自信，但仅拥有成为选民的承诺还不足以使千年间流离失所的犹太人矢志不渝地信仰着上帝，所以，选民承诺的背后必然还有着一些缘由支撑着犹太人们度过黑暗的历史岁月。

或许摩西关于上帝更为崇高的观念和禁止偶像崇拜带来的理智进步是这些极为重要的缘由之二。一方面，摩西宗教所宣称的上帝是唯一的、至高无上的，这就使得身为上帝信徒和选民的犹太民族既拥有着特种选民的荣耀，又分享着信仰上帝的自信，且上帝越崇高伟大，这种自信感也就越强烈；另一方面，在摩西禁止偶像崇拜的训诫下，犹太人的感性能力让位于理性能力，所有这些理智性进步的后果是增强了个体的自信心，使他感到自豪——这样一来，他便感到比那些沉迷在感官性之中的其他人优越①。

2.克制自我，获得超我的爱。

或许有人会提出疑问：为何理智的进步会带来自信心的增强？弗洛伊德认为精神分析说中的人格结构理论可以解释这个问题。人格结构理论认为人的心理结构可分为三层：潜意识的本我、意识的自我及遵守道德原则的超我。简单来说，本我遵守快乐原则，被压抑的一切欲望都居于其中；与本我截然相反的是超我，超我是道德化、完美化的自我；而自我更像本我与超我两者间的协调者，它遵守现实原则，一方面要满足部分本我的需要，另一方面又要符合超我的道德规范。

犹太人的历史中，随着民族苦难的增加，遵守现实原则的自我或许怀疑过自身对上帝的信仰及上帝选民的许诺，但对上帝的爱已内化为他们心

---

① 西格蒙德·弗洛伊德：《摩西与一神教》，张敦福译，北京：北京大学出版社，2015年，第220页。

灵中的超我，他们以克制自我的怀疑倾向为代价换取超我的上帝之爱。在上帝之爱与自我的博弈中，犹太人以能够克制自我而获得上帝之爱又一次增强了民族自信与对上帝的虔诚信仰。

四、结语

在弗洛伊德精神分析理论的阐释下，摩西的形象发生了显著变化，身为以色列民族祖先、犹太教创始人的摩西成为了一个埃及贵族、一个渴望在外族中发展本族宗教转瞬即逝的牺牲者，但毋庸置疑的是摩西创造了犹太民族，赋予了犹太人独特的民族性格和民族特点。值得注意的是，弗洛伊德的推论与对比也并非完美无缺，一方面来看，弗洛伊德的部分推论并不十分可靠，如借鉴达尔文的进化论而认为人类生活在一个以父亲为主导的家庭中从而产生了宗教，这说明宗教产生的时期不早于父系社会出现的时间，但关于宗教产生于何时学术界仍存在着争议；另一方面看来，弗洛伊德在《摩西与一神教》中选取的部分资料有削足适履之嫌，无论是历史材料还是民族志材料都有"削足适履"的缺陷，削民族志和历史材料之足，以适精神分析式宗教理论之履。①

虽然弗洛伊德的部分资料选取与推论存在着不足，但不能否认《摩西与一神教》以摩西为切入点，创新性地运用了在心理学视域下探究宗教现象与宗教行为的新视角。或许可以说，弗洛伊德的《摩西与一神教》一书最令人受益的也许并非是其最终结论，而是它敢于开拓、力图创新的特征，犹如夜落暮沉时的启明星，也许并没那么明亮，但照亮了一方未知的天空。

---

① 申路玉："精神分析理论与视野下的犹太人及其信仰——读《摩西与一神教》"，《山西青年》，2016年第1期，第3页。

宗教心理学作为一种结构现象学

——中国民俗信仰文化相象意识结构的精神分析

吴　雁①

摘要：中国民俗信仰文化从实相实体、制相实体，以及对于实相和制相实体进行调整和控制的治相（象）等相象结构出发，自发扩展了相象结构作为语言对意识的能指功能，充分利用"共实"性原理，较完善解决了结构与现象间本能和先天存在的矛盾，从而建构了一个较完整表现相象实体结构的意识衍化体系②。

在这种结构意识的实现过程中重建了自我、自体化、自性化概念，个体无意识生成、集体潜意识层级、共实性、主客体关系及转化、结构作为语言等理论，勾勒出结构现象演变的心理全景，从而论证了宗教心理学作为结构现象学的认知。后者不但直指核心地使人们重新思考意识主题，且它显现的相象意识结构还可以为现在和未来人工智能（AI）认知科学提供一种可能的新范式。

关键词：自体自我　自性化　相象意识结构　结构现象学　认知科学

由于人们的感知觉对象与其主体本身在"情境"中的共处，使意识（大脑）有所反馈，从而知觉到"存在"——至少是以"具身"结构形式的存在——首先需要在人们大脑（意识）中以形成像（符合某种"情境"的像，也即"象"）

---

①　吴雁，上海师范大学哲学系副教授。

②　此部分论述因为必然涉及具体的中国民俗信仰文化实践活动，相对比较敏感，所以在文中略过，具体可参看笔者原著书稿。故此文中多着墨于论证部分，还请读者见谅。

的实相实体性地存在着，然后人们终于意识到存在于自身面前的最常见和最广泛的那些事物——它们其实是一种"结构"，是实体实相的结构，或是象征着实相实体的结构，它们是一种相象结构，即以实相或实相象征而现象地存在着的结构——说到现象地，是因为作为有相的实体结构，它们必须首先是能被意识感知觉到其存在的现象①。

一、相象意识结构

无论形式如何多样，名目如何繁多，根据信仰文化实践的几种类型，可以将其信仰文化心理目标的实现方式通过：1）实相实体结构；2）制相实体结构：包括象相结构；其他制相结构；复合性造相结构，以及其他不是很明确可以归类，较具复合性特点的治相形式来达成。并且最关键的是，作为信仰文化的实践，这个过程中是意识变化或者说形式转换最多的环节，所以语言在此过程中充分发挥了其作为结构的表现性的一面，即具有交流性，也是不同意识和无意识产生的起因和动力。更可能的是，这个时候的相象结构也作为文化的语言结构，它的能指所表达的是所指可以具有任意性。

所谓实相，与象相不同，如果后者只是实相的象形结构的话，而前者则是实体化的相，实体化的结构，或说规定性。实相的好处就是，在结构的被同一过程中，无须再造其共实的象征，而是可以直接被同一，或是自体化。但二者的共同之处是，都需要作为实相的实体结构和规定性被使用。如果说象相是万相纷纭，那么实相亦是如此，当然从理论上来说，也许实相确实没有象相更多，毕竟能够实体化的结构是比较高级的结构。在民俗信仰文化的信念中，认为没有一定的精神力量，实体化也是不容易的。也即，象容易被造出，但是象成为实相（以实体为介质）则涉及能指的意指是不是所指的问题。毕竟如果所指为其一，能指则为其多，而意指则为待定。并且最关键的是，意象也许瞬息万变，而实体化的相却可见的有生、衰和亡的过程，它是更稳定和具体的结构，是无处不流变的意识过程中最具意

---

① 即如前所述表现为"情境"（共实）的现象。

义的事物。

最常见的实相是物的实相，其中最具意义的则是人的实相，而对于成为结构的前提来说，中国的信仰文化笃信"其大无外，其小无内"；"一花一世界，一叶一如来"，从微观诸宏，只要是实相，无不可作为这个世界的能指结构，更遑论作为人的结构与体相。所以，中国民俗信仰文化对于看相的研究是一种很重要的部分，其主要成分应归属于"玄术"里的"山医命卜相"的"相"类。但看实相的意义与用象相的意义是有所不同的。如果后者是可以作为象征结构来施行某些特别的意识变化，前者则更多的是昭示迹象，从而观且释者通过观其相而察其像——把握被观者的意识状态，继而对症下药——改变和调整病理意识结构以趋吉避凶——使结构正常化：排除不利与有害的自体化，增强和接纳有益的自体化程度及自体对象。

而这里所讲的"制相"作为一种对于实相实体的再造，事实上是一种人化的过程，当然，上文所述的实相实体作为意识结构也是经历了人化的意指过程。但同样的，这只是一种将意识与无意识变得内容更为丰富，或者说更加杂多的过程，对于相象结构作为意识结构本身的意识倾向性并没有什么改变，不同的就是附加了语言，即人化的意指而已。这并不从哲学形而上学的意义上影响意识的根本发展，而唯一能改变意识发展轨迹的只有作为意识结构的规定性，当然也包括语言成为象相实体结构的本身，这个时候它才能对于意识发生作用。

制相有两种，一是可以制造出与自然生成的实相实体相象的实相实体，二是制造出不那么相象的实相实体，但因为是制造，所以可第二次通过语言的再构而给予其规定性。

综上所述，无论是否是象相（形），或者是实相，其与意识产生联系的原因都在于其相结构。但除了实相集合的再造/制相以及象相的制相，还有很多方式可以直接建立意识结构。

实相实体和制相实体都是为了意识服务而有意和无意地起作用的，而当其成为意识的影响因素和意识本身（结构）之后，如何更好地发挥这种作用，却还需要一些具体的方式。即如何治相？因为实体结构作为可以固化意识现象的规定性，它基本上有两层意义：1）实体结构可以作为规定性本身规定并结构化那些与其结构"共实"的意识现象。2）实体结构作为其本体意识自身的规定性需要被解构，或者说需要被自身主体或其他主体自体化，才能进入自身意识的发展过程。所以对于实体结构来说，针对1）的情况，需要解决如何以实相"治象"（对于"共实"的意识现象的作用）的问题；而针对于2）的情况，需要解决如何解构实相以"治相"（实相意识结构的解构）的问题。事实上，如前的实相与制相及其实相治相（象），无不是为了最终实相的各种意识解构而服务。

由此，将可以开始一段精神分析之旅：关于结构现象的精神分析，且是由相象结构开始的精神分析。因为民俗信仰文化所涉及的意识现象及活动之内容包罗万象，极富研究性，其中尤以中国民俗信仰文化为最，其瀚如烟海的研究资料是本土化学术研究的首选。从其文化中涉及的相象意识结构出发开始结构现象的研究，缘由其信仰意识经历了主体的"自我"建构到规定性结构的解构——从自体化到自性化，意识和无意识的产生，进而集体潜意识状态的达成，自性化的表现与新结构的产生等环节的精神分析。这种结构现象的精神分析揭示了无意识，甚至是意识本身在意识结构现象演化中的位置，从而是对于目前精神领域最广泛研究的和有争议的所谓无意识决定论的不同认知。

二、相象意识结构的精神分析

中国已然有民俗信仰的复合文化，涉及道、儒、佛、巫道及诸子百家和各类民俗的内容，这些在事实上具有本土化思维的心理共性，也决定了此种文化心理在形式上必须是多样的，才能综合性地满足多种文化特点。虽然文化形式纷繁多样，但无非都是作为各种意识结构而成为个体自体化的对象。由于自体化的对象不同、程度不同，决定了最终自性化的可能性不同。① 可以说，各种自体化的实践无非是为了最终实现自性化，而在自性化之前，所有的自体化都在为它的成功作尝试，或者从信仰心理来看，不能自性化的自体化都是对于本体的伤害，因为会使其损耗。这是典型的信仰文化心理及其心理目标。然而对于人类群体社会中的普通社会心理来

---

① 具体理论与分析可参看《宗教心理学》（第六辑）——吴雁："自体自性化的终极潜意识"。

说，这样的目标对于一些人来说很有可能并不是生存所必需的，毕竟生存需求具有层次性和阶段性。从这个意义来说，自体化更利于社会生活，而自性化是为信仰文化的目的服务的。

（一）信仰文化实践中的现象

由于相象结构是最常见、最广泛的意识发生、变化和发展的规定性前提，所以其对于主体的可能性规定使得无论是意识和无意识的产生，还是自体化或是自性化的变易，都成为了一种自然而然的现象。各种各样的或自然生成的，或人为制相的相象结构，以实体性的势无可挡的、固化的和稳定的姿态使得动态的、时隐时现的集体潜意识状态归化为具有一定之规的结构现象。

当然相象结构不是简单地只是实体结构，它更多的是以实相实体形式表达的对于意识的规定性。诚然，在哲学界有很多人支持"人是一种机器"的观点的，认为正因为人是机器，人们才可能达到如此高的智能，掌握如许精妙的技术。事实上，从对于相象意识结构的思考和分析得到的结论，也不得不对这样的说法持某种程度上的赞同。不过，虽然承认人的确是某种程度上的非常精妙的机器，但也不得不承认这种"机器"在某种程度上非常的粗糙。说它精妙是因为它的结构精妙、功能精良，使人能尽其生物可能地成为一种"独立"的意识的主体，实现许多甚至匪夷所思的精神目标。而说它粗糙是因为它是如此地依赖结构，没有结构，它只能是一种粗糙的现象，因为没有人可能在没有结构的情况下将其"清晰"地表达，甚至描画。它就是这样一种矛盾却又有机地将最理性的、最具规定性的、最稳定的与最感性的、最不具规定性的与最不稳定地结合起来的存在，没有这种结合，也就没有其所由产生的原由。事实上，如上对于中国民俗信仰文化的心理分析，就已经展现了这个通过人的意识发展表现出来的很重要的元素：结构，表现为相象结构的结构。在相象结构与意识的关系中、在此关系的实践研究和分析中，无不显示着这种关系构成的结构现象系统。

事实上，哲学界对于现象的研究由来已久，但在胡塞尔之前只是更多地将其视为本质的表象。而在其之后，一谈到现象和现象学，更多人习惯

性地 ① 就只想到了胡塞尔所代表的著名的现象学哲学及其流派的理论，但其对于现象的固有界定以及遵循的研究路线，某种程度上成为了一种对于哲学现象学相关研究可能性的伤害——因其哲学最广为人知的就是它摆明了对于"心理主义"的排拒，当然这个是胡塞尔为了逻辑研究的科学性而做出的一种行为，但他在自己的现象定义与现象学研究中也或多或少地受到了这种胡塞尔式的反对心理主义的思想的影响，所以整体上影响了对于现象和现象学研究的思想路线。

　　不过在这里要表明，首先，胡塞尔所认为的对于"心理主义"的批判其实也是不彻底的，所以他的思想还是具有不同程度的"心理主义"特点，这里要从他不彻底的地方开始进行进一步地分析和探索，以建立不同的现象和现象学研究。其次，心理哲学的研究和逻辑学研究有很大不同，心理哲学是必然要以心理研究对象为基础的，当然更多的是对建立在此基础上的心理原则的研究，这当然不是心理主义，但还是需先澄清的。而且，对如果科学的研究（这样的原则也并非不适合更多的学科规范），也许也会被认为是一种心理主义亦未可知。但是无论如何，研究心理哲学，特别是涉及心理现象的心理哲学研究不可能避开其研究对象，所以人们谈论现象学的时候不应该变得小心翼翼，因为从根源上来讲，这类谨小慎微都是不必要的。为了更好地研究社会科学和心理哲学，不使人误会其在行所谓心理主义之实（而且何所谓心理主义，也须有一个恰当的看法），所以在探讨这个主题之先，应该要将什么是心理主义与什么是反心理主义明辨

---

① 这里的"习惯性地"之意，并非确定在判定意识的状态。而此"习惯性地"事实上是一种被决定——被既有的规定性规定，何谓"既有的规定性"？何种规定性具有此等无须意识的思考就可达成此种的"象"／"现象"？就是这里将要详细阐述的"结构"——一种呈现为现实化具象实体的"结构"，种种中国民间信仰文化的实践活动已经表明的具有巨大精神力量的存在。严格地说，这种"意识之下"并不是不属于意识范畴，而只是在那一刻未在"注意"中，所以不是个体无意识，也不是集体潜意识。它是受到如上所述"结构"作用规定的，已经自体化后的"自我"意识——凡被自体化认定为"自我"的意识，并不需要必须再次意识，而会在"结构"的架构中自然显现，所以可能会被现象学主义者认为是"先天地"，但是这个"先天地"并不纯粹，所以可见胡塞尔是所谓的"现象"及其"明见性"的极可商榷之处。不过好在他已经先行将所谓的"心理主义"彻底摒弃了，所在目前无论是否真正的、在他的意义上的心理主义，或是此种心理主义是否具有其合理性，或是疑似此种心理主义的都没有勇气轻举妄动了，这其实也是一种规定性的"结构"所致——是时候好好肃清一下"心理主义"的问题了。——本文作者

一二。以避开学术陷阱，从而能专注于学术行路。

1. 现象学和拉康的正误

胡塞尔在《逻辑研究》《现象学的方法》等著作中都谈到了"心理主义"，其主要目的是为了逻辑研究的"科学性"铺陈道路，但这也或多或少地涉及了其对于现象和现象学研究的思想原则。

中外哲学界很多人对于胡塞尔的"心理主义"的批判进行了分析，特别是中国有很多哲学家认为他的这一批判是不彻底的。如：江怡的《胡塞尔是如何反对心理主义的？》、汪希的《胡塞尔对心理主义的批判》等。而西方哲学界则认为比起胡塞尔，对于心理主义批判的更彻底的是弗雷格，而胡塞尔的思想还是具有不同程度的"心理主义"的特点。严格说起来就是，从既有的心理哲学对于现象的研究结果来看，胡塞尔对于现象的定义以及现象学的研究从前提上就犯了他所谓的"心理主义"的错误。在胡塞尔看来，现象是"某一类确定的对象原本地显现给我，并且只能显现给我；我似乎不能越过这些多样性去观察事物。对象的种类与被给予的方式之间的相符性是一个规律，它可以预先被表述为所有经验的绝对普遍性，也就是'先天的'。在加入的被给予方式中自身显现过程中的对象便是'现象'，探讨这些现象的科学便叫作现象学"[1]。在他看来，哲学是需要透过这个"自我"的"先天的"所结构过的"现象"去了解其本质的，而这种"现象"确是可以作为科学的研究对象。其实这种说法并非胡塞尔的发明，费希特就曾指出，"当自我真正地、实际地在那里时，自我必须如何表现其自身？对这个问题的答复是：有一个自我的现象学说……你表现为这样，那么你就是这样；你没有表现为那样，那么你事实上就不是那样"[2]。然而，这种论调里显然存在着这么几个问题：1）"我"是谁？这个"自我"是什么样的"自我"？这个问题还未解决。作为"我"的现象学哲学明显不能越过这个其作为科学的前提（如果按照胡塞尔科学研究的初衷）。2）对象的多样性并不能说明什么问题——在1）还没有解决的基础上，如果还说某种"先天的"规定性决定了对象多样性的必然，那么是不是可以理解为这

---

① 胡塞尔：《现象学的方法》，倪梁康译，上海译文出版社，2005年，导言页。
② 黑格尔：《精神现象学》，贺麟等译，商务印书馆，1981年，第9页。

是又一种心理主义？而且的确由"先天的"所决定吗？这个决定是否成立？逻辑论证是否缺乏？所以并不能表明什么。还是被决定？在后者这个过程中，对多样性的思考根本是无关紧要的。3）由本体所限定的"先天的"或是由自体化的"自我"所限定的"先天的"——从胡塞尔这里看不出这二者的区别，当然他这么定义或许就是为了模糊这个差别，如果非要问区别，胡塞尔的理论又会认为这是一种"心理主义"，但是心理哲学必须要问——这是规定性所规定呈现的"现象"被作为胡塞尔的现象学所研究的对象，但如果现象本身就如它像这样已经呈现的，又为什么可以作为现象学科学研究的对象呢？单从这里并未看出它的出身是充分的和科学的。或者说，它是否表明了其自身适合作为科学的研究对象？4）所谓"科学"的意义是什么？这是否背离了胡塞尔的初衷？

以上这种种无非表明一点：研究"现象"和"自我"的关系才的确是第一重要的事情。或者说，先搞清楚什么是"现象"才是首要的，不是简单粗暴地定义"现象"（那才是真的是更容易的事情），而是了解"现象"的来源、动因、发展、消失、改变、转化……而不是固化既有的"现象"观念，让"现象"在隔绝和不流动中成为僵化的研究对象，这才是所谓科学的意义。因为明知有"先天的"存在，那么在未知这种所谓"先天的"是不是普遍性的或是非普遍性的，那么跳过"先天的"，直接进入到"现象"的研究对象，是否更科学更合理？当然这是胡塞尔所说的"现象学方法"，认为这样一来，对于"哲学能断言的只应当是在本原地给予的直观基础上对它来说可能的那些东西，不比这更多，也不比这更少。因此明见性成为哲学认识的样板，但这是因为哲学认识本身服从于'任何体验都必须依据原本性'这一规律。在这个意义上，世界在被给予方式中的显现是建立在明见性上的……人们形式上便可以说：现象学作为方法是一种获得关于明见性的明见性之尝试"①。

如果"现象学方法"仅仅如此，那么是否可以质疑其合理性和科学性？比起使用所谓的"现象学方法"来说，更应该首先探讨的是现象学方法的意义。因为若要使用如此"明见性"的现象学方法，难道不应该首先"明

---

① 参看胡塞尔：《现象学的方法》，倪梁康译，上海译文出版社，2005 年，导言页。

见性"地考察其现象的原因吗？事实上，胡塞尔提出了"先天的"这个概念，以证实其对于"明见性"的已达。但殊不知，"先天的"本身就是极富哲学概括性的概念。单从中国道教哲学来看，"先天的"就至少具有四种不同意义：太无、混沌、太易、太极。如果从本体论哲学来讲，"先天的"更是不只一层含义。而且从结构主义及以后的哲学史来看，就是一个"先天的"这样的概念才是最不容易把握的，因为比较起是一个心理学概念来说，"先天的"更是一个哲学的概念。所以，在胡塞尔所谓的"明见性"之前，他怎么就能已经"明见性"地直观到这些"先天的"规定性的"现象"了呢？能达到"先天的"也是需要极其经过一番努力的。因为在一般意义上的，所谓"明见性"的东西并不是"明见性"的。而在哲学意义上，"明见性"更是难以论证清楚的。所以从这点上来说，胡塞尔可以是布伦塔诺的极其糟糕的学生，因为，"我"到底是谁？……这其实从宗教理论中才能找到更好地回答此问的答案，或者说，胡塞尔所谓的"我"的那个"自我"是只能作为规定性的自我，但这里又和他自身相矛盾了：这样的自我，可以只作为"意识"（精神现象）出现吗？这是不是又一种心理主义呢？所以除此以外，对于胡塞尔我们不满意的还有重要一点：如果他要将客观世界"搁置"，那么是否其前提是已经确立了所谓"客观世界"与意识的绝对分离性，否则何谈搁置？——不然即便使用多少括号也不能掩饰其不合理性。

不过当谈到"自我"，规定性的自我，是否只是作为"意识（精神现象）的"出现的这个问题，拉康倒是可以有不同的答案。如果根据拉康的"镜像"理论，人的"自我"的概念是来自于对镜像的认同①，也即，外在的"镜像"是人们建立一种无限近似于主体本身的意象的组成部分。在拉康的理论中，

---

① "为此，我们只需将镜子阶段理解成分析所给予以完全意义的那种认同过程即可，也就是说主体在认定一个影像之后自身所起的变化。理论中使用的一个古老术语'意象'足以提示到他注定要受到这种阶段效果的天性……将镜中影像归属于己，这在我们看来是在一种典型的情境中表现了象征性模式。在这个模式中，'我'突进成一种首要的形式。以后，在与他人的认同过程的辩证关系中，'我'才客观化；以后，语言才给'我'重建起在普遍性中的主体功能……重要的是这个形式将自我的动因于社会规定之前就置在一条虚构的途径上，而这条途径再也不会为单个的个人而退缩，或者至多是渐近而不能达到结合到主体的形成中，而不管在解决'我'和其现实的不和谐时的辩证合题的成功程度如何……这是因为主体……是在一种外在性中获得的。"——拉康：《拉康选集》，褚孝泉译，上海三联书店，2001年，第89-91页。

对于这种"自我"的看法是它并不能离开外在性的帮助，也即，没有外在性的东西，就不可能有这种"自我"存在，当然他这个理论，更多的强调了"镜像"作为"像"本身的影响和元素功能，还是割裂了"像"与"像"的成因的联系，即"像"与"像"所反映的那个"相"（实体）的联系。当然好的一点是，对于胡塞尔的割裂可以是一种弥补——毕竟这种胡塞尔意义上的"先天的"也就和这里拉康的这个"理想我"近似，但后者却没有生硬地将"理想我"孤立和隔绝成一个静止和非辩证的形而上学的"现象我"。当然，对于拉康的疏漏之处，这里与下文将是要弥补的，因为辩证才是动因。

总之，类似胡塞尔的现象哲学前提的存在都还是个问题，更不用说结论了。不过，拉康的理论虽然在某种意义上看到了现象学对于现象的这个束缚，但是其本身在理论上也不彻底，表现为：其一，关于镜像的说法，在第一章有涉及，如果说最早的像组成来自于镜中的"自像"，还不如说它来自"他像"更合理。这里不再赘述。其二，对于外在性，拉康还没有勇气涉及"结构"，事实上，在人们的理解中，结构这种事物与现象根本是完全不同，甚至相对立的。在深入讨论这个问题之前，需要先对结构与现象可能性的矛盾以及联系作一个探讨。下文中会涉及。其三，由于拉康对于宗教文化的较少涉及，在这里对于主客体化、自性化、自性化和自体化的动力因都未曾深入阐述，包括无意识及原因等，这都是其理论中的缺憾，也是需要补足的。其四，与他人和社会的互动毋庸置疑是重要的，但这只是现象，这种现象最终表现的其实是此种互动的作用——作为众多的社会概念式结构被自体化的"自我"所认同。须知，当其开始被结构（对现象而言）时就已经开始了被认同，而这个过程中就很难受到"与他人的认同过程的辩证关系（拉康）"影响了，而不是拉康认为的在这个辩证过程中"我"才客观化的——恰恰相反的是辩证会影响这一客观化进程。或者其实并不能用客观化这一概念来表达，而应该是主−客体化，也就是本文所言的自体化来表达。这个过程是直觉式的，是排斥辩证和任何思维的。而这之后就似拉康所言的，"语言才给'我'重建起在普遍性中的主体功能"①。但是这里说到的语言也并不应是拉康意义上的一般语言，而是一

---

① 拉康：《拉康选集》，褚孝泉译，上海三联书店，2001 年，第 90 页。

种作为结构这种现象的表征，它可以是言语、文字、图画等任何具有实体的东西，因其是一种表征，是具有意义的可互换性才被称为语言的，所以它不是常识意义上的语言（言语）。而且，与拉康观点不同的是，这种自体化的"自我"从此之后具有了某种"外在性"形式，它"将自我的动因于社会规定之前就置在一条虚构的途径上"①。这个说法是没错的。但是说到"这条途径再也不会为单个的个人而退缩，或者至多是渐近而不能达到结合到主体的形成中，而不管在解决'我'和其现实的不和谐时的辩证合题的成功程度如何……这是因为主体……是在一种外在性中获得的"②。这里，先不论所谓的"辩证合题"就如上已经论述过的是否还存在着，单只说到"不能达到结合到主体的形成中……这是因为主体……是在一种外在性中获得的"，这就是一种主观臆断——主体不单单只是在一种外在性中获得，它更要在一种内在性中成为本体。在这个意义上，不得不说拉康和胡塞尔犯了一个完全相反的错误。拉康这一语就否定了胡塞尔所谓凭其直观就认定的真理——胡塞尔的"明见性"之"我"。在拉康这里，这种"明见性"显而易见并没有存在的可能性，因为他确信，"这条途径再也不会为单个的个人而退缩，或者至多是渐近而不能达到结合到主体的形成中"，究其原因，只是因为"主体……是在一种外在性中获得的"。但是拉康忘了，这种在外在性中获得的主体是有本体的，这个本体就是他所谓的"镜像"表达的本体——不是"镜像"本身，而是"镜像"的载体，或是呈现的现象——但最后倒是他自己把此事遗忘了。他们二人都遗忘了，但他们也都走到了一个极端：胡塞尔固守"明见性"，其实他的现象学研究至此几乎就不具有意义了——由"明见性"直达"明见性"，还需要现象和现象学什么事吗？而拉康则固守其"外在性"，既然是"外在性"，那么这种"外在性"引发的主体显然并不是"明见性"（借用胡塞尔概念）的主体，它也不过是一种现象，而这种现象仍然有其所由生发的原因，那就是本体（结构性的现象，如上所述）。所以说二者各执一端，都是不甚合理的。

既然我们在这里找到了要找的且可以从其开始阐述的"自我"的出发

---

① 拉康：《拉康选集》，褚孝泉译，上海三联书店，2001年，第91页。
② 拉康：《拉康选集》，褚孝泉译，上海三联书店，2001年，第89—91页。

点，那么就可以谈谈相关的"象"了。事实上，开篇以来所谈论的"象"，其所表现为"现象"的概念是和"相"概念表现为实存相对立的名词——"象"是相对于具有现实的形和相而存在的象。这里说到的现实和象都是现象，这种现实的形和相及其被表达的象就是在这里所表达的那种现象。这是一种既不是胡塞尔所谓的"明见性"自我，也不是拉康的"外在性"自我意识中的现实和象，而是处于二者之间的一种意识现象——这种意识状态是意识的常态，也是意识现象的常态。事实上，传递并表达这个现象依赖于（阅读者）主体自我的自体化认同，而这些具有现实的形和相的存在，在如前所述中一直被命之为"结构"。包罗万象的民俗信仰，多种多样的实践理论，其中所表达的文化现象耐人寻味，就似一张巨大的构造之网，将形形色色、千姿百态的现象规整、匹配或是叠加，看上去本应该是一团乱象的存在，却也是有理有情，象中有理，理中有象，理象相生，生生不息。而此外的，都是能视却不见的。在视界里的长久存在的象，都是合情合理，意义深远的。而那些不合理的、与情理有碍的象，即便是短暂地存在过，也终究会被这么巨大而强大的构造要么改造、要么排除。现象，归根结底在这个主题下也就只是以象（实相也以具象表达自身）的形态存在过的或者是存在着的精神现象。

　　毫无疑问，这样的"象"是一种最可以被合情合理地称之为"现象"的存在。它有一个最明显的特点，即并非是视觉可见的，反而是表达为人们的精神现象的。但显然地，胡塞尔之前的哲学中所说的"现象"并不仅仅于此。在布伦塔诺的哲学中，这种表达为人们精神现象的事物只是一种"意向性"，但只是用这种"意向性"概念来表达那样的"现象"还是不完整的，因为后者是被设立为与"结构"概念相对应的概念。相比于"结构"作为现实化存在的性质，"现象"作为意向性所不同于"结构"的还有三种主要情况：1）只是没有实体化的结构。2）是实体"结构"的现象存在。3）意象性的象（意欲，但未成象，更未实体化之结构）。可见，单单只是一个"意向性"的表达过于简单粗暴：首先，意向性的深浅层级未表达出来。其次，抹杀了意识本身的重要性。最后，模糊了"结构"与"现象"本可能具有的重要联系（这也是这里要重点讨论的问题）——即使有心理主义的嫌疑也必须顶风而上。因为如果心理哲学，（或者更进一步说）如果形而上学还要顾忌是否是心理主义，这其实是很可笑的一件事情，这就正如说自然科学必需要包括心理主义一样可笑，然而量子物理的事实似乎证明了后者也未必可笑，所以这竟被置于逻辑学范畴的考量了。此处无须赘言。

事实上，对"现象"的哲学定义比如上所述的还要莫测得多。对于"现象"，由于此前哲学家们所作的种种陈述，使其在某种程度上变成了更加模糊和难以界定的，所以若有探求必要先做界定。若只是从字相（象）来分析，所谓"现象"，以"象"为主，即往往可以表示为"象（实相的具象在意识中的反映）"，也可以是"意象（想象的相）"。出现在意识世界里的这二者有一个共同的特点，即它们未必是清晰的和一目了然的，这是意象的一个共性；当然更可以表现实象（相）——它其实也是出现在意识世界的，但却是实相（象）。如何理解？如果说到实就意味着非意识化，则是一个经验性的错误。事实上所谓的现实都必须先是一种意识现象，即是人的感知觉综合作用的意识现象，它不但是呈现为精神的象的，还不同于前二者，人们可以同时运用视、听、触等感知觉方式意识到它的"实"存，这个"实"极为微妙，但其实就是明确的、清晰的"象"，能感知察觉到的"象"，但人们只是名之为"相"（中文习惯）。如上三种都是现象的呈现。而第三种比较特殊，它因为是明晰的、明确的，所以是具有固化性的、稳定性的和结构性的现象——它就是相象结构。

故而所谓"现象"，必然是可以以"象"这种方式表现其自身的存在。虽然这种象可以是现实化存在的相（象）以及其象表现，也可以是具有现实化可能性的象，更可以是无法现实化的象，但都有可能出现在人类的精神世界里，甚至可以心灵的"眼睛"看到它，似乎它具有被视觉的功能。但事实上，只是因为它们的被感知——与"自我"相关的存在所相关的一切，可以显示自身为其自身的表征……当然不排除完全的感知——感官功能的完全感知，从而感知到的实象（相），也即相象结构。

2. 中国哲学的现象学启发

在哲学史上，黑格尔首先对精神作为意识现象的这个问题进行了辩证化研究，其实也可视为文化心理哲学的研究，并且还写作了《精神现象学》和事实上属于直觉现象学的《小逻辑》等著作，这些都成为文化心理研究的先行。而精神的辩证法用在心理哲学研究中也是不一而足：如前所述的拉康用其建立的"外在性"的自我——这可以说是有劳无功。

如果说康德认为"现象学的主要任务是划分感性与理性的界限,规定感性原则的有效性和限度,是从不可知论出发,是要限制经验知识的范围,把它限制在现象界,不许它过问本质或物自体"①。那么他其实才真正是现象学的心理主义路线,并且也表现了康德本质上的二元论主义——对世界的二分性二元主义。他并且排除了直觉,摒弃了胡塞尔出发点的前提。而黑格尔是不同的,他的精神现象学"是从现象与本质的统一性出发,目的在于通过现象认识本质,最后达到绝对知识"②。他的不同在于:看上去他与康德的原则完全不同,他未将现象与本质从一开始就绝对分离,认为其二者具有"统一性",然后从其统一性出发通过现象认识本质,但这其实暗含着黑格尔认为现象和本质是不同的这样一种思想,还属思想上的二分。这样一来似乎能得到某种关于"本质"的"绝对知识",但其实这就与其"现象"似乎全然无关了。不过黑格尔曾说到,意识"将要达到一个地点……在这地点上,现象即是本质"③。这其实是一个最一般性的对于思维特点的概括,并不是对于现象作为存在的现象学研究。或者说,这种概括的适用范围极广,可以广泛地应用于社会科学各个领域,所以它并不是单纯地对于现象学研究的规定性描述,更多的是对意识研究的描述。当然这也是黑格尔的意识研究,但他将它限定在了精神现象这个范畴。对于此范畴,其实费希特的说法更契合宗教文化心理的研究及研究结果,他说,"真正的自我必须是一个客观化的、表现在定在中的概念,像圣经所说的,道变成肉身……揭示出真我下降到形体世界的现象的完备形象,亦即提示真我的完备的现象学说"④。费希特认为作为"结构"——"肉身"的定在才能决定自我成为自我,而此"肉身"须由"道"成,不然不足以表达"真正的自我",也不足以"揭示出真我下降到形体世界的现象的完备形象,亦即提示真我的完备的现象学说"。可见,既然已为"肉身",它便是一

---

① 黑格尔:《精神现象学》,贺麟等译,商务印书馆,1981年,第8页。

② 同上。

③ 同上,第66页。

④ 转引自黑格尔:《精神现象学》,贺麟等译,商务印书馆,1981年,第9页(《费希特选集》,莱比锡,1912年;哲学丛书本;第6卷第35页)。

种"完备形象"的象征，还是由于揭示出"真我的完备的现象学说"的关键，因为它作为"肉身"的形象具有最具体的规定性，且是一种神圣的规定性，因为其为"道"所成，这在理论上基本具有这里已经讨论过的"自性化"的特点：自体化的自我（现象的我）与本体自我的同一——成为了"真我"的同时也表达了"肉身"的具象。这个说法可以是结构现象学的第一个概括的同时也是最外围的简说，但对于结构（"肉身"所表达的规定性建构）与现象的现象学衍化系统，这么简单的谈论是无法更具有其说服力和"完备性"的。

事实上，中国民俗信仰文化的心理哲学与中国传统哲学的联系是息息相关的，对前者意识和结构哲学的理解不能离开后者的文化系统。说到"肉身"——实体（体相，体像）或"定在"的问题，显然人们最纠结的在于其与现象该如何才能联系起来。因为毕竟在经验性思维中，精神与物质、现象与结构怎么也不能属于同一类范畴。如果说体相作为实体本身就代表着一种规定性的话，首先人们应如何认识它是作为具有规定性的现象本身的？即如何使它以一种概念化的方式进入人们的思维？这是人们首先要处理的问题。最直接和最有效的方法就是"名"之——以名配之，以明确，以确定。在老子《道德经》第一章："……无名，天地之始。有名，万物之母……"① 第二十一章："孔德之容，唯道是从。道之为物，唯恍唯惚。惚兮恍兮，其中有象；恍兮惚兮，其中有物。窈兮冥兮，其中有精。其精甚真，其中有信。自古及今，其名不去，以阅众甫。吾何以知众甫之状哉，以此。"② 总体来说，认为有了对万物命名以确定其规定性（结构）的现象，才有了对于万物不同的认识。最初生发万物的关穴（"孔德"—"玄而又玄，众妙之门"）是服从"道"的规律的。其如何从道而生万物呢？却是乾坤（阴阳相玄——玄通"旋"）先在意识的（似有若无的）状态出现似"象"，在"象"的持续变化中阴、阳分离各归其位，出现"物"，而阴极返阳，阳极返阴，则出现了阴中阳和阳中阴，且达到了平衡状态，此时即出现了"精"。而"精"是物之"精"——"其精甚真，其中有信"——这个"精"看上去是如此

---

① （清）黄元吉：《道德经注释》，中华书局，2012年。
② 同上。

的真切,那里有非常稳定的存在("有信")。而这个稳定性的存在就是"定在",即实相,有"精"之物的具象。至此,"象"由"象"具结为实相的物(有"精"之物)。对于具有实相的物,人们很自然要先正名,有名才能将万物分别。而名作为意识的"象"("意象"或"心象")则成为了和结构有直接联系,或者成为了象征着结构的"意象"和"心象"。

如上所述,似乎从"象"到"有信"的实体和实相就是一个很简单的变化,但其实不然。在这个过程中,除了个别特例或特别的瞬间,一些主体会突然直觉式地(顿忘自体规定性,甚至本体规定性,类似胡塞尔所谓"先天的"状态)与其本体同一,从而把握到那个最初的"有信"存在。这是一个逆推的过程,而且只能是逆推。毕竟在"象"的阶段和其之前,没有任何具有结构"规定性"的现象存在着,或者即便存在着也没有对于其存在的认同——主客体作用。那是一个在先的逻辑过程。除了这种特例——毕竟主体(自体化的主体)的规定性并不存在什么很多的共性,当然本体(实相本体的自性本体)更当别论。也就是说,这种特例之外的情况可以借用中国儒家哲学的"格物"① 这个词来表达比较更能说明。

中国哲学讲的"格物"相当流行,朱熹、二程、陆九渊、王阳明等哲学家都深入探讨过。"格"的范围之广,就如同王阳明"心外无理"与"心外无物"所表达的:首先,"心"是唯一的规定性,而"心"是"心性",心之理也即性之理。那么这个"性"就值得深思了,就如同我们深思"自我",这个性理是哪个"自我"的性理? 让我们暂且"搁置"。其次,"心"的规定性外并没有什么其他实存。意为被"自我"认同或者说自体化的物(实相及其规定性决定的内容)才是意识世界里的存在。而此结构以外的,事实上已被排除到我们定义的个体潜意识和集体潜意识范畴里了。这基本上是个现象学的趋势,但于结构现象学来说却还不足够。

另外,其所谓的"格"也很微妙,有"止至善""明明德""惟精惟一""去人欲,存天理"等不同行微取义。"格"对于人们表述自体化的方式提供了一些可以借鉴的选择:"止至善"以一种压倒性的弃绝规定性

---

① "……欲正其心者,先诚其意;欲诚其意者,先致其知;致知在格物。物格而后知至,知至而后意诚,意诚而后心正……"——《大学·中庸》,中华书局,2007年,第4页。

而取得自体化的完整；而"明明德"则以否定的否定达到解构的再结构，试图达成自性化；"惟精惟一"更是将"注意"①发挥到了极致。而当"注意"达到一种强度之时，意识会自然而然地游走于主体与客观之间，或者说那个时候会出现无分别（无）意识状态，从而实现意识的较高境界；"去人欲，存天理"就比较稍微轻的着力：它只强调了对于自性化的前一阶段，但跳过了过程，然后就直接达到了自性化阶段。但其实，更重要的是"去人欲"之后，"存天理"之前的阶段，这二者并非确然存在着因果关系，因为所谓的"天理"是包含在"人"——本体"自我"（所谓的"先天的"）的规定性里，如果确然去除了"人欲"，则"天理"必然不存于本体意识之中，这个问题就已经在根源上不存在了。

总之，对于"格物"的解释繁多，"格物"的效果和目的也不一而足，但很多并不足以说明真正的现象结构缔结的原理与过程。但却足以显现出"格物"乃是一种以具体的方法对于物象的认识，而在认识物象的同时，也可以使心性得到提高；而随着心性的提高，对于物象的认识就越彻底和深入。如此一来，真正的"格物"而达到"致知"时，也是心性对于物象实相的把握（即对于物象所表达的概念的彻底把握）之时，也对于一种决定概念的规则的彻底把握。换句话说，由物象所表达的概念开始认识事物，最终掌握了物象实相所代表的结构；与此同时，由于心境明澈、洞明，此时的心与实相是一体的。所谓，"致知在格物。物格而后知至，知至而后意诚，意诚而后心正"②。此时，既是达到物格，也实现了至知，并且至知意味着具有"全""一"特点的完善。这也是宗教文化中所谓的心性的最高境界和结构现象学的"自性化"阶段。

事实上，心与实相的一体（即其同一状态）意味深长：1）心与实相所表达的（物）存在没有差别。这和经验与常识都是不同的。而且如果心物合一，那么至少一些信仰文化中所讲的实践活动就不存在不可能性了，这是不符合常识的，因而是很难被人们所接受的，倒是其在哲学和心理学上更具有意义。2）既然心与实相为一体，则"名"作为"意象"和"心象"（即作

---

① 主要于中国民俗信仰文化实践活动部分着墨"注意"等概念，此处简略谈及。——作者
② 《大学·中庸》，中华书局，2007年，第4页。

为结构——结构本身即是实相），表现于人就是人身的体像，表现于物则为物的实相的象（即其象征），则其象与实相的关系也可以表现为很多种，故而命名就很重要了。一说到名的问题，免不了想起思想史上的"名实之争"。但从心理哲学的角度来讲，既然名为心对于物象的呈现，就好像所有的现象的出现一样，那么名最重于表达的应是"心"所呈现的状态。换言之，"心"的"心性"对于其以"名"的形式呈现的表达是被"心性"这种规定性所规定的，至于"心性"是一个什么样的状态取决于"格物"的状态，但肯定不只存在着"先天性"的这一个可能性。

而且，倒也不是完全如儒家哲学对名的看法："名不正则言不顺"（《论语·子路》）——对此，胡适在其《中国哲学史大纲》中对孔子运用"正名""正辞"以正名字、定名分、寓褒贬方法进行了详细评判，但这里只有第一种方法对于此处的现象学研究具有实际意义。事实上在现象学中，此句可以解释为：名不正则语言表达起来不会很到位的意思。换言之即为名不正则对其规定性的表达就会出现比较大的偏差。因为人的意识的特点就是"顾名思义"——看到（主要是"注意"到）一个结构（如：实相、象相），就会自然而然地被其相应的规定性"感应"（作用于感知觉……），从而在意识中出现一系列的意象及意象集体（情境），所以命名在这个意义上比较重要，而名也应象而生。但是说到哲学上的"名""实"之争，就不应当是这里关注的要点。因为现象学所谓的"名"，是"名"副其"实"的"名"，讨论的是那个"名"与"实"已经约定俗成的作为一体的"名"，特别是象形的"名"（因为不同实相需要标记，以示区分，所以只是一个约定俗成，但成为文化和习惯之后，它们便浑然为一体了。而且最早的名是象形的名，这是最无可置疑和适当的名—象征了），所以"名""实"之争更多的是其他两种意义上的名，并不属于此现象学要讨论的范畴。而现象学表现在其实践文化中有一个最基本的原则：名尽可能符实。什么意思？名最好显示是为实相的像，如果不像，也可以是象。也就是最好能先做到形似，不能形似就要争取神似，但事实上后者更比前者难以达到。并且对于意识来说，最切实有效的名象其实就是像相的名象，像相的名象对于了解个人无意识和集体潜意识更为有效。不过，"心性"对于"名"作为象的形成的规定作用是决定性的，但这种关系（被决定为是何种状态）

对于结构和现象的整体发展来说并不是非常重要。因为对于意识来说，名象作为"象"，也和所有的"象"一样，如果它是实相化的，比如以文字的形式写出，或以声音的形式读出，或是以任何一种人类感官所能感知到的由其实相形式表现出来的实相，那么在对于其"注意"的同时，此名所意谓的结构便被意识自体化了，同样地也产生与结构规定性相同的意识和被其所排斥的无意识。至于所谓的"名实"关系如何，一致或是不一致也是在这个过程中被解决掉的——解构。所以事实上，真正的"名实之争"在这里是不存在的，只存在着绝对的名及其所象征的实相结构。

（二）相象结构和结构主义

相象结构，既是实相的结构，也是象相的结构。前者更多地以其实体本身的构相显现，如：人体等，而后者更多地以其作为某种实体的象征实相出现，比如：名字。这样的结构概念几乎囊括了所有感官世界中的具有物象的物实体。单从其现象看上去是与结构主义对于结构的定义具有差异性的，但事实上相象结构恰恰是意识文化的物象与实相（心与物）的结构关系最好的表达，这是可以"结构"形上概念所表达的最深刻意义上的结构主义。

1.结构主义传统

结构主义是西方哲学史一个流派，影响深远。由它开始，出现了后结构主义和解构主义哲学思潮，对于人类文化社会生活具有重要作用，但其实结构主义是个较笼统的概念。

结构主义发端于认知心理视角的语言重构，所以语言及语言学研究在其理论的演变中扮演了重要角色。据人们已经知道的，在结构现象的过程中，除了认知事物，对于客体结构的同一过程（自体化）、概念和其现象命名时需要通过语言（以名象）来起作用，前者是对于语言的名象所象征的结构的认识、理解和达到，后者是以语言对于概念及其现象意义的把握与结论。还有一种情况是在精神训练过程中，以信仰文化的实践活动中对于实相的相象进行再造，即在"象相"的过程中也更多地涉及语言（语言式的形式）的作用。那么可见，语言在结构现象系统中同样具有非终结性的作用——

过程中的作用。

在这个方面，瑞士语言学家和哲学家索绪尔最先通过对语言的重新定义与建构将语言与言语的概念分离，提出了语言的符号作用——语言作为能指，可以是具体的所指。所以理论上来说所指可以拥有不同的能指，但实际上语言表达为言语的能指是受一种隐含的规定性所限制的（这种隐含的规定性是由前所述的"心性"作为主体的规定性所决定的），这是语言学也是哲学和心理哲学上重要的理论，从这里也可以更加理解名作为象与物实相的关系亦是如此。而且从这个意义上来讲，语言可以是符号系统的整体，而所谓的符号系统只是"象"的符号系统，即这里讲的象相结构（不同于相象—实相结构，而是对于实相的模仿，可以是实相的象征）。

不过在巴尔特看来，符号学"由于其普遍性（因为它将是一切记号系统的科学），符号学将不可能被教授，除非这些符号学系统是从经验上构成的……符号学知识实际上只可能是对语言学知识的一种模仿"[1]。在他看来语言本身并不是真正的符号，只有在现象和现象结构的形成过程中，语言才成为具有符号含义的事物，这时的语言是所有符号形式中最丰富和全面的（丰富和全面是指其对于人的感知觉的作用程度）。不过可以理解的是，很明显巴尔特对于语言的理解和我们的理解是有差异的，他的语言其实还是囿于文字的范畴，他其实也并未理解索绪尔对于语言的改造。不过他对于文字和言语方面的意指、能指、所指的界定倒是的确具有意义。他未讳言自己的二分法思维——虽然他的某些二分未必见得得体，如：将语言和言语构成所谓的二分，这从语言和言语的含义本身来看是不合理的（——但是当然在我们这个主题中即便二分法最后也不得不合体），但还是可以看看他的思路，因为他谈论的领域并不会影响我们的结论。他认为，记号由一个能指和一个所指组成。能指是表达，所指是内容。"功能记号或许具有一种人类学的意义，因为它是这样一种统一体，在其中技术与意指性的关系结合在一起了。"[2] "所指不是'一桩事物'，而是该'事物'

---

① 巴尔特：《符号学原理》，李幼蒸译，三联书店出版，1988年，第115页。

② 巴尔特：《符号学原理》，李幼蒸译，三联书店出版，1988年，第136页。

的心理表象。"① 能指是多样的，所以也是这个意义上的任意的，而所指是在意指的某方面稳定的"象"，而意指性也决定了所指与能指组合的多样性——之所以是多样性，一方面因为能指的多重选择性，另一方面是因为意指所决定的能指和所指的结合总是不尽如人愿的那样全面和完善（总有这样那样的不足）——所以我们可以得到这样的结论：语言是重要的，它的重要性在于其符号性，但语言也是不重要的，如果不作为符号，特别是不作为约定俗成的符号时。简单地说，其作用取决于其为象或为相的不同。所以对于语言学过度的解说其实也并不必要（这里要强调一点，前面所谈到的"名"是语言作为符号的一种直接表现，而语言是更广义的符号系统，所以这里对于"名"不再单独赘述）。

从上所述，究其实质是认为意指是更具有决定性的东西，也可以说是结构的内核，它不是由能指和所指的组合而决定的，或者说能指和所指的组合也可以构成意指，但当意指出现了，它便决定了其他。所以我们既可以看到一般性的任意的符号，也可以看到约定俗成的固写符号。它也即列维·斯特劳斯所说的，语言记号可以是先验任意性，也可以是后验非任意性的原因，而不仅是因为在人的心理中习惯化和自然化了，这些并不是起决定性的东西。

明白了语言与结构的关系和其该有的位置，在结构的研究方面，就应该对结构现象学本身——相象结构的结构主义进行更多的思考。事实上，就之前所言，考察语言带来的一个最大的好处就是发现了意指的功用。而意指的语言化就如我们已经考究过的，无非是为了表意的需要，即意指需要结构化自身才可能成为被了解的形式。而结构也不是目的，它只是意指的一个现实化全方位的规定机制。对其现象的考察也不能了解其实质，而仍然要通过其规定的各种现象实现，所以结构从来也不是一个窗口，结构只能是规定性，既规定了结构内的现象，同时也规定了对其现象的认识，而没有此结构，也就没有了认识的前提和机制。

语言和语言化其实在意指层面也具有了更广大的意义：成为符号和成

---

① 巴尔特：《符号学原理》，李幼蒸译，三联书店出版，1988年，第136页。

为表达的语言，即成为了属于可以传达信息及交流的方式的总称，而不是由言语、文字等能指直接表达的语言。事实上，这样的语言也可以称为广泛意义上的现象，只不过不是简单的一般现象，而是传达着意指的现象。

2. 相象结构作为语言的结构主义

综上所述，如果语言的含义如此宽泛，现象表达也比比皆是，那么实相所表达的相象结构也是一种语言的方式，且不止于此。由于在结构主义看来，结构应当更多的是一种关系，对其研究还应当是一种关系的研究。那么结构，特别是相象结构，就目前来看，与其说它是关系的，不如说它表达的是"在关系中"的。这也是相象结构与所说的结构主义传统不同的地方。

为什么这么说呢？首先，象与实相，或者说心与物表现为一种"在关系中"，因为在此关系中，实相才成为了可能性的现实化，成为了对之前可能性的稳定的规定性，这样最终达成并保持了此可能性的现实化。这也意味着正因其成为（现实化的）可视的了，所以其规定性所由呈现的结构从而能较容易引起"注意"。除此，结构也因为其实相，使人们从而可能更注意到的是相，当然它反映在精神中就成为了"象"。也即，在此过程中，本来是规定性的，因为呈现为相结构而成为规定，同时也障碍了其规定，不过因其可视反而容易引起"象"——意象的产生。所以从而主体由"注意"开始，与可视化的相象结构相认同，通过"格物"（的过程），最终达到对其意指的最完整的认识。这是相象结构所代表的"在关系中"——即主体对相象在自身（实相）的规定性认同中再次达到相结构，从而真正认识了相与象的关系。这样一种"在关系中"结构是信仰文化心理哲学的结构，这里姑且称其为"结构现象学"。至此，甚至可以这样说，所谓的结构现象学也不过就是一种以实相的规定性为结构的意识对于其他实相规定性的现象学认识，而它最终发现，实相是完成了的意指，而意指的任意性决定的多样性决定了实相（结构）的多样性，但这些终将在自体化的过程中达到与本体实相规定性的同一。这是将相象结构视为语言形式的结构主义的含义之一。

其次，在人们存在的"现实世界"，事实上只有人化的现实，特别是在文明发达的现代。而所谓的人化通过人类的文字、言语等语言最基础的方式将实相实体变为了语言结构的多种能指。这是人类巨大的创造：不但拓展了其意识的表现空间，更展现了人类对于意识本身规律性的掌握。当然也有一体两面的不利之处，那就是随着意识活动空间和活动方式的多变，人们的意识越来越被自身创造的意识结构所吸引，因而注意、意识越来越分散导致意识主体的结构越来越虚弱，规定性也不能维持，很多心理和器质性病变产生。同时，意识的注意会更多地产生个体无意识，从而导致意识自身的分裂越来越大，也从另一个方面解构了人们自身。

综上所述，作为语言结构的相象意识结构是一种不同于以往的结构，它是一种全新的以结构本身及其表现为同一性而表达的结构，这种结构向来是不为人们所注意的，因为人们将其称之为实体。然而自从它的实相作为规定性的结构和作为语言结构的能指进入人们的意识中并成为"象"——即意象、意识现象（意象的情境变化）之后，这种全新的结构就开始了其发展、变化和重生的旅程。相象意识结构作为结构现象，它表达的是人们精神和心理领域中全新的结构主义。

（三）现象与结构在认知领域的可能性矛盾

事实上，相象结构表达的是一个看上去似乎矛盾的关系。相结构本身是以相表达为规定性的结构，是人的感知觉方式能感知的实相结构，而其表达规定性的相却又的确是在意识中以"现象"的形式完成了其意指，表现的是能指的所指。相象结构的认知过程就是现象与结构的同一过程。而这样的结论也意味着在认知领域引起的可能性矛盾。

1. 常识的矛盾

在常识的世界中，对于可见的和不可见的事物，人们会习惯性地将其不同地看待，也会觉得这就是两类不同的事物。对于可见的，人们会去观察、研究，然后或接受或破坏或无视；而不可见的，或者说不是视觉器官可察的"现象"，人们或相信——除了相信那些他们认为的确是反映了实相的"现象"表现外，有时候对于单纯只出现在意识中的"现象"，人们也会以为是他们的视觉器官即眼睛所看到的，但这是错觉，这种错觉还很不少——或排斥或无视。但是真正将二者视为一类事物，并以相同的标准去判断和对待它们的情况就很少了。究其原因，在常识的世界里，感官的感知更能影响人们的判断力，而感官中以眼睛所见最为有说服力，诸如所谓"眼见为实"，认为看到就是明证，看到的是什么就是什么。对人们来说，明明看到的是完全不同的事物，怎么可能以同等的态度去看待它们？如果非要这样想这样做的话，在常识世界中，这就是非正常化了。

哲学家也同样会犯这样的错误，最典型的就是前面提到的胡塞尔。他认为的"现象"须是在意识中的，这一点并没有什么，但是他认为的这种"现象"不能是其他的，只应该是理性视界之中的，也即，应该是大脑中的意识对于"现象"的实相的显现，这也是胡塞尔所说的明见到的"现象"本身。但这里就存在这样的问题：1）理性是什么？理性是不是具有主体性的？人类"先天的"理性何以呈现？2）"现象"的本质是什么？如果只可在人类的理性之光下显现其本质，那么，"现象"与实相结构有什么不同？3）"现象"出现的前提何以可能？——这些问题如果不能解决，那也意味着一些人类可能出现的共同性的常识问题，在哲学家这里无非只是以哲学的形式表达出来了而已。

2. 哲学的矛盾

再就是相象结构表达的关系，在哲学上也存在着矛盾：对于实相的实体，在哲学界称为"物质"的，而对于实相在意识中的反映"现象"，哲学上一般称为"精神"的，显然对于这一种哲学思维来说，精神的和物质的矛盾也是本体论意义上存在着的。虽然实相作为相，具有规定性，可以是一种规定性的结构，但其具有此具象实相的本体却是"物质"性的实存，所以，如果说这种实体之所以呈现这样的实相是因为它是某类"现象"对于自身的可能性的现实化，那么这个表述听上去虽然是合理的，但是却有未解决的问题：（1）"现象"将自身可能性现实化的前提何以存在？（2）这种转化意味着什么？对这个问题的回答预示着这种哲学在某种程度上的崩溃。这是在哲学领域的可能性矛盾。

当然，如上是比较重大的表现于哲学领域内的可能性矛盾，除此以外，还有结构主义对于现象、结构的看法。在其看来，现象还是现象，但它无疑是一种有结构的现象，而这种结构却是显现出的现象之间的关系，这都没什么问题，但是结构主义如同其他的哲学一样，总还是要把现象与其本质区别对待的，从而这就出现了一个问题：如何认识现象？如何从现象认识结构？如果二者确然是毫无联系的，也就不可能有这样的认知关系。对此类疑问，之前的结构主义是从整体性和宏观性来解决的，并同时讲求"共时"，以作为现象关系的重要连接，但的确忽视了作为"共时"本质的"共实"性，从而不能进入现象与结构之间真正的关系之途。而这恰是这里作为结构现象的相象结构的意识哲学将要克服的问题。

3. 心理的矛盾

还有就是反映在心理领域的矛盾。严格地说，所谓的具有实体的实相之所以被人所感知，还是首先在人的意识里，只不过这样既能感知觉到，又同时能在意识中成为相"现象"的对象和只是以意识中的"现象"而存在着的存在毕竟还有不同。其不同就在于以相"现象"的形态出现的意识看上去更加"物质"化，而以意识"现象"存在于意识中的"现象"更加"精神"化。所以也正因如此，很多心理学家，甚至现在一些现代主义的哲学家也主张从"自我"的规定性出发去研究这些意识之"现象"。这样一来，这类的研究更加心理化，很容易就又被冠以"心理主义"的教条，这也是可能出现的矛盾。

另外，对于心理内容、方式和心理研究来讲，理性只不过是人类认知方式中的一种，而事实上是，在除了心理领域的其他各界，特别是社会科学界，人们已经唯理性的太多、太久了，甚至在心理学界，一度也被一种纯粹理性的思维所把持，而心灵、与心灵相关的研究，并非如此单一和苍白。所以，一旦人们将"现象"与其"结构"分裂和分割开来研究，从某种意义上已经不是真正的"现象"与"结构"了。人们可以追问："现象"是谁的"现象"，"结构"是谁的"结构"？唯有将二者放在一个意域来看，它们才能同时存在，事实上它们也是一体两面的关系。但对于一般心理，特别是理性心理主义来说，这是很难被接受的研究方法。

所以，割裂的事物只剩下了横截面，从这个面看上去只有"共时性"关系存在，甚至在"结构主义"哲学家们看来都只看到了这一点，似乎"结构"只是作为这么一种情况的连接，似乎认为这就是事实的真相，是事物的整体了。然而，如果不这么割裂，而是从实相和实体的全部一起来看，就不仅是这一横向的"共时"及其隐约的真相，而是同时具有的"共实"——"结构"与"现象"原本就有的"共实性"。唯有如此，现象才能表现为现象，而结构才能表现为结构，如若不然，哪里有什么"现象"和"结构"的存在？

事实上，所谓的对于概念的二分只发端于人们开始研究和认知一个具体对象之时：彼时人们开始将其分门别类，从而自然而然地先将其以这样的方式一分为二（很类似"一生二，二生三"的过程，意识结构的发展轨迹并没有什么不同）。这确然是一种意识结构发展的自然心理，但是人们在此前并未注意到，或是人们习惯性地注意着这个心理阶段，不知不觉地过于专注且在此阶段停留得过久，并且在这个环节发展出更多的意识，同时伴随着更多的无意识的产生。

总而言之，精神与物质也是人类概念二分法的一个重要代表。一直以来，虽然它在某些方面可以明晰规则，利于人们的社会生活，但另一方面，正是由于这样的明晰和规定性，反而使得其成为了更深层次研究世界的障碍。这样一种结构已经不足以规范和同一多样繁复的意识现象，作为结构的规定性其越来越多地影响到现代至后现代人类的思考和生活，这种障碍最明显地表现在人们的病理心理症状中。

（四）"共实"对可能性矛盾的消解

由于中国民俗信仰文化对于相象结构的重视，以及其结构现象理论可能引起的三个方面的思想矛盾，人们不得不还是主要从信仰文化的角度去思考和解决这个问题。事实上，这样矛盾的消解对于人们的心理和社会生活大有好处：人们可以更多地弥合二分的思维，更多地以中道和更平静的态度去反映现实，从而达到精神的提升及心理的平衡。这个矛盾的消解需依赖于"共实"。

1. "共实"

"共实"作为消解现象与结构所表达的精神与物质的概念二分所导致的思想和心理矛盾的重要思路，它其实是很早之前已经给出了答案[1]。"共实"是在"共时"概念的研究过程中呈现出来的——集体潜意识出现的时候，也往往就是人们在展现出他们巨大潜能的时候，这时的人们通常会突破意

---

[1]　可参看本文作者宗教心理学会议相关论文。

识的常规范畴，表现出不寻常的力量或是制造出不同寻常的事件来。这些情况的出现对于在人们常识中的、哲学概念中的和心理中的一些矛盾情况都能很好地解释，这是事实作为答案的解释。

所以，对于往往看上去是某种情况的"共时"性发生，但其实更是"共实"性的呈现。对于"共实"有多种解释：1）共同的实相结构决定了心意的集中和单一，从而心物合一，出现集体潜意识的情况。2）共同的意指涉及的意识中的"现象"在瞬间被单一的注意所凝聚，显现为巨大的实相——表现为实体的实相（实相单元），也可能表现为实相情境的实相（实相集合）。这两种情况在民俗信仰文化实践理论中都具有其发生的可能性。

"共实"概念其实也是"格物"的精华所在。之前讲到的"格物"，特别是儒家代表性学者的"格物"以世俗经验主义方法论的居多，然而民俗信仰文化中的真正的"格物"却是需要与实体的实相或者是实体的象相应和的，简单地说，需要和某种结构的规定性完全契和，从而达到心物合一，真正地达到"格物"。所以其"物"只是结构的规定性以实相的表达，而所谓的"格"意为认知、了解和把握与"物"一致的精神境界，即意识层级，从而达到与某种结构的同一 —— 只有与其"共实"了，才是与其结构同一了。所以，"共实"可以是结构的全面的和整体的意指满足，这是理论上的"共实"。但实际上，这样状态的真正的"共实"还是不容易达到的，因为其对于意指的要求高度提升了难度，这也是集体潜意识状态极少出现的原因之一。"共实"既然是指对全面意指的满足，那么与其同一的程度则取决于依赖于情境的心理状态，最关键的是，在制造"共实"的过程中也产生了意识和无意识——在"共实"未达到之先，总是有意识和无意识的分立，除非意识和无意识处于未分离的某个状态，"共实"才能真正实现。

严格说起来，依照不同分类标准，"共实"可以被分为很多不同的种类：

其一，按意识的对象来划分，"共实"可分为主客"共实"和主体"共实"。主客"共实"是最常见的"共实"现象。简单地说，主客"共实"是指拥有实相实体结构的主体与其客体的完全同一，即主体在认知其客体结构时，主体的意识和无意识产生了"共实"，表现为意识和无意识的同步，或者是意识与无意识的未分离状态。因为这种意识的高级状态只是发生在主体的认知过程中，所以相对来说较易出现。由于此认知过程存在着一个主体和一个客体的主被动关系，相对来说较易掌控，所以这也是人类意识很多的调整方法都在这一层面和意义上进行的原因。而且如果根据相象结构意识转化的原理，还可以设计和创造出各种针对不同主、客体的具个性化的"共实"方案来，当然这些方案中最具信仰文化代表性的是其文化实践中的方法，如民间道教文化中的画符箓、布风水阵等。但在具体运用的时候，人们会根据原理可以自行增减和创新，甚至将其转化为信仰文化特点较不明显的通俗的"共实"方法，而这样的方法基于相象意识结构的原理可以运用在社会生活各种方面，特别是在推进人们对于事物认知的深度和广度方面能发挥重要作用，甚至可以更好地拓展出人们的潜在能力来。还有一种是主体"共实"，这种"共实"又分两种情况：1）主体内"共实"。自身的自体化"自我"与本体"自我"规定性的同一，即自性化，从而达到的终极意识与无意识的合一。这是以自身为认知客体的结构内部意识调整，在大的"共实"环节相对来说较易达到。这是一般正统信仰文化中所提倡的意识修炼达到的人的心理环节的最高阶段。2）主体间的"共实"，这是最困难最不易达到的一种"共实"。比起第一种大的"共实"，在第二种情况中，不仅有一个主体，而是至少有两个，在"共实"的过程中，任何一个主体都可能成为客体，当然最好的情况就是合二为一，但这其实并不容易，最后如果可以达成，那么就是信仰文化的实践结果。对于这种概念的心理学解释来说，就是其中一个主体被另一个规定性更加严密和精细的主体强行同化吸取，客观上被转变为认知客体，或使其起到类似的作用。此二者的实相实体规定性一般会有较高的同步性，更利于主动性一方规定性的全面覆盖。根据此种信仰文化的理论，其后个体的实相实体将会慢慢产生微妙变化，从而更加近似占据了其实体身体的意识的规定性结构，也即其实相实体。同样地，也有可能其中一个意识主体主动放弃了主体的控制性，从而以弱化自身意识，降低自身实体规定性的方式接纳了具另外主体结构的意识。当然如果在实相的实体规定性之间不具较大同步性同样也不能达到这一目的。这一种情况的主体间一般是互相具有良好关系的，一旦意识目标达成，或是此客体实体的身体力量不再（具有时间性限制），则此主体意识消散而重新回到原来的主体状态。

其二，按照意识本身的发展阶段来区分，可以有几种不同层次的"共实"：1）与不同"自我"意识的"共实"。这是人们获得自身存在感的重要环节，根据这里所阐述的不同于拉康的"他像原则"，人们最早是根据对象他人的实相实体建构自体化"自我"意识的，即与他体实相规定性不同程度的同一，其后在此基础上，不断认知"自我"的知识概念，调整和改变自体化"自我"，逐渐达到与主体规定性意识的"自我"同一。"自我"自始至终都是一种基础意识，只是名之所限，并非真正的主体"自性"，但却是可以主动性认知的主体。此过程中无论认知还是同一，都离不开"共实"的方法和实质。2）与知识对象的"共实"。这个环节表现出来的现象即是认知的过程，在此过程中的"共实"，目的都是为了认识、理解和应用，当然也是自体化。虽然它是"共实"活动中最常见和最易理解的一种，但却是人们意识各种升华过程中最不可缺少的一个环节——毕竟不是每一个人都如信仰文化所述的能成为终极的高级意识的信徒并去追求这种（类宗教）信仰，所在更多的人需要这样的"共实"和以此"共实"为中心的生活。3）与"自性"的"共实"。这是最完美和理想化的状态，也是最不容易实现的意识状态，当然也是信仰文化所追求的最高级意识形态，同时也是人类意识可能达到的较高形态。这个时候的"共实"是最全面和最丰富的"共实"，同时也是最单薄和最抽象的"共实"，因为在这个时候，意识包括所有，也不包括所有，意识既是存在的，又是不存在的，是一种表现为超越性的绝对"共实"。

其三，按照意识范围的不同，可分为：1）局部性的小结构或单一结构"共实"。一般来讲，局部结构和单一结构的"共实"相对较易达成，因为其对于规定性的设置比较容易满足，需要的意识结构感受性不算高。但同样的，如此感受性的意识只能感受和认知相应状态的意识结构，所以基本上不能对意识的变化发生很大的作用，而且这种作用也只可能是一点一滴式的潜移默化而发生。2）整体性的大结构或复合结构"共实"。事实上，"共实"是结构规定性的同一，所以从整体结构上"共实"和对于复合性结构的"共实"必然需要更加高明的结构，因为其规定性不但能统合具有多样性的整体的、复合性的本身，更可以统合其整体多样性和复合的综合性情景，而且其后的"共实"会使意识从根本上得到提升。故而这种程度的"共实"往往表现为较令人惊异且不同寻常的现象。

　　其四，按照不同意识的类型来区分"共实"，又可分为：1）与意识的"共实"。这是通常人们认为最"正常"的"共实"过程，因为在这个过程中，人们是以普通心理学中已经阐述过的、自然的和本能的认知机制来认识事物，彼时过程看上去是认识的过程，其实最后达到的效果是一种显性意识与显性意识的"共实"。当然在此"共实"过程中不可避免地会有个体无意识的产生，因为个体无意识是和新的个体意识的产生而共生的。只要是意识间发生的"共实"，必然产生个体无意识，因为意识运用的前提已经是意识本身的分离状态，且对于人的理性认知方式运用得更为广泛。所以，显性意识的"共实"达成的越多，其个体的无意识部分也越庞杂，从而一般来说，理性越强的人，其意志一旦崩溃，那种自我毁灭的力量也越大。就如在催眠活动中，有一些平时看上去很理性、意志很强、很难被催眠的人，一旦被突破意识防线，却是比一般人更易进入极深层次的无意识状态，有一些甚至可以接触到集体潜意识，甚至其边缘。事实上，理性带来的不完全是提升，更多的时候可以是全面的崩溃。这不是否定理性，而是应该提倡理性与非理性意识的平衡，只有平衡与和谐的意识状态，才可以维持意识的正常发展和改变。2）与个体无意识的"共实"。这一种"共实"可能是比较具有一点神秘感的"共实"，因为个体无意识是人们视不可见的，且也不能通过意识的方法感知觉到的，所以与个体无意识的"共实"，应是如何？又能如何？人们并不能确切地知道，所以会感觉神秘。但是人们既然已经了解了何为"共实"，何种方式可能发生"共实"，当然人们就可以从此出发，找出此"共实"发生和存在着的迹象和作用——往往通过其实际产生的作用就可以知道它的实存和实现。① 在这个过程中最重要的首先是了解什么是个体无意识及其发生时的情况。简单地说，只要是不再有意识地注意范畴内的事物，都可以在某一段时间内成为个体无意识，即在那个时段处于意识阈限以下，从而使得无意识发生与其自身规定性的同

---

　　① 有一个心理学小故事：在一个影院中，一般看电影的人都爆满，这天同样如此，大家热热闹闹地看着电影，但并没有人留意，就在放映电影的大屏幕上沿，慢慢地划过一行极小的字，不注意根本看不清楚"本院的爆米花和啤酒……"。就这么一行字不断地从上沿滚动而过。这么不引人注目的事情发生着，当然也很难有人注意到它，但却就有人不断地从座位上起来走出去，买回来一瓶瓶啤酒和一捧捧爆米花。事后，电影院相关人士做了统计，这一场电影中间爆米花和啤酒的销售量远胜于以往。

一，将其自身纳入到某种结构中（假定这种结构在那一时刻是在意识的注意之外，但并不是没有条件出现在意识圈限之中的）。当然结构一般根据所要解决的意识问题来判断时只能给出一个结构的框架，彼时反映出几个定位原则：A.需要解决的意识问题是什么？找到结构可以存在的范围。B.尽可能在与显性意识完全对立且倒映的角度去寻找①（如太极图阴阳两极的视角）。所以，在条件 A 和 B 的重合之处，是无意识结构最易出现的可能显现规定性的区域，这是大的范围确定，当更进一步精确其规定性细节的时候，还会要满足 C.同时要参看显性意识的意识集中点在哪里，在什么内容，那是个什么规定性，什么结构……诸如此类，然后就可以最终清晰化了。如上页注释①中的心理事件，彼时的显性意识最关注的是大屏幕电影内容，但显然不能让作用于无意识的结构目标影响到意识的聚焦，所以以上用极小字体的滚动字来打广告。还有就是第四个原则，D.供无意识目标"共实"的结构要极简、直观和形象。总之，因为个体无意识的不可见性，增加了此操作的难度，但其结构本身却是最具直白性的。3）与集体潜意识的"共实"。这一类"共实"，从理论上来说最简单，但在实际操作中却需要具备一些特殊的契机才能达成。而通过常规的方法，或者说任由人的意识分离，从而以社会认知的普通心理方式达到这一意识境界可能性不大——因为从意识相象结构的分析中得到的结论是：意识越是分离为显性的意识和个体无意识，则越是不可能达成集体潜意识状态——而社会生活与普通心理的认知方式则恰恰是这样一种分离的认知方式。所以此类"共实"在信仰文化和宗教实践中最常被探讨和追求，人们期待以信仰的和超自然的（或者说是人们直觉经验到的一些方式）去改变意识，而不是被深蕴其中的社会世俗生活之惯性所驱使。因此，在其信仰文化中，是需要运用特定的意识训练方式来锤炼实体及其意识才可能达到最终的"共实"。这也是意识在信仰文化和实践理论及活动中自始至终都在努力达到的精神目标。

　　总体来说，由于"共实"的意识实际上是意识与无意识的无分别状态，所以根据其状态产生的不同原因以及"共实"类型不同的区分，"共实"

---

　　①　此处可参看弗洛伊德关于无意识的"冰山理论"图，也可参看作者的宗教心理学系列论文所谈个体无意识时依据的"太极图"所示。

对于意识的影响也有很多不同的种类和程度，不仅仅是对于集体潜意识的达成。如此所述，"共实"并不神秘，反而在知识层面的"共实"还是极其常见的，只是平时人们不会以这样的视角去观察它们。

2."共实"与意识的结构

了解"共实"和运用"共实"可以解决意识范畴的绝大多数问题。

其一，可以规范意识，提升思维和洞察力。对于生活中的人们，日常生活需要的思维，最重要的都是处于和必须处于意识状态中的，究其显性的意识本身的产生，本来已经是意识的退化状态，所以更需要它对自身不断地锤炼，否则很难很好地保持着一个相对于个体无意识的有利地位。意识与意识的"共实"可以使其规定性更加丰富，更加具有整体观，有可能无意中调衡了与无意识之间的不平衡状态，从而改变和升华了意识，增加了意识的深度和广度——至少是非常有利于人们世俗的社会生活和学习的。

其二，可以探测和引导无意识。这不但可能达成集体潜意识状态，还可以解决人们的心理和意识病症，也可能产生创造性思维。从集体潜意识状态达成的理论原则出发而言，个体无意识"共实"是极具重要性的，因其"共实"不但能很好解决人们的心理病症，更重要的是可以这种较不易觉察的方式提升意识境界，从而达到集体潜意识状态。信仰文化中的实践方法是最为人知且影响较大的，但实际操作起来，一些具体的方法如果纯粹依靠个体本身还是有一定难度的，更何况每个个体的规定性差异巨大。所以事实上，如果以外力介入的方式改变人们的无意识，达成集体潜意识，倒是更有可能。如前所述，如何以一种具体的方式来达到个体无意识"共实"也是有迹可寻的，所以通过达成具有主体性的个体无意识"共实"是一个途径。除此以外，还可以有其他的路径，即可以用个体无意识直接去探察认知对象，从而避免意识结构的规定性限制，而达到更深入的"共实"，彼时个体无意识会直接达到集体潜意识的状态，也即无意识自身在此过程中也否定了其作为个体的规定性，得到了解脱。当然，这样的实践方法需有专业人士的配合，比如说催眠医师等。

其三，由于集体潜意识具有不同的层级①，所以其研究还可能对于相关学科的发展产生有益的思想影响。事实上，在不同的信仰文化中——单是在中国民俗信仰文化理论中就存在着数十种以上的对于人类终极意识的不同解释和描述，特别是佛教和道教典籍中对于意识的描述就有达到此类高度的意识状态，且是不同等级和作用的。通过对于相象结构的意识研究，可以发现集体潜意识至少可以有两类：对结构本身规定性认知的集体潜意识和对主体规定性认知的集体潜意识。前一类集体潜意识基本上属于最明确和相对较易产生的状态，其主体与认知客体的同一，会显示出后者最完美和最理想的规定性表达，是某种程度上"自性化"的认知，也即属于集体潜意识认知。但如前所述，这种"共实"只是单独结构的"共实"，这种集体潜意识还是较低层级的集体潜意识。如同太极图②所示的小"圆"作为小世界中的集体潜意识——小世界中的"一"的规定性表达。而更高层级的是对于主体规定性认知的集体潜意识，即是完全"自性化"时的意识状态，如太极图中大"圆"作为"一"的规定性。在此不再赘述。

其四，可以通过影响意识改变实体自身的规定性，达至量到质的转化。同样由于对意识的改造心理，人们可以用主体间"共实"的方式改造自身的实体规定性。比如说，向日常生活中的某位杰出人物学习之类，这是有益的改造。当然如果操作不当，在社会生活中就可能出现多重人格，所以"学习"对象的选择就很重要。应以积极、正面、阳光为主，因为意识本身的特点即是如此，一旦意识转化为不适宜于意识存在的结构，那么意识想要良好的持续和发展，或者说保持原初的存在就不是很有可能了。后者并不是一种通过主体意识的本体提升达成的效果，而是通过模拟他人的结构规定性本身达成对于所谓"随心所欲"意识结构的改变。一方面，从相象原理的角度来说，人的意识非常敏感和脆弱，一旦有不利的改变，就会是永久性的伤害。另一方面，同样是从相象原理角度来说，人的意识又最坚固和持久，因为解构一个实相实体始终是一件相当不容易的事情，除了

---

① 此处可看弗洛伊德关于无意识的"冰山理论"图，也可参看作者的宗教心理学系列论文所谈个体无意识时依据的"太极图"所示。

② 图略。

人们本身，还就是要依赖所谓的"天命"（或说先天遗传性的结构）。当然，如同这里所言的，人们本身为解构这个实体的结构，都已经是相当不易了，这是浩大丰富的关于相象意识结构实践的信仰文化类资料已经明确表达的事实。

其实，对于意识来说，其形成原因最根本的就是对于结构的认知。最初是对于与自身有关的，特别是形成"自我"概念有关的结构认同，之后是有关于精神建构的认识和知识的结构认同。事实上，实体具有实相对于最初的意识构成来说是个巨大的考验，因为这个事实会时不时地影响到个体主体认知，而认知自身的实相实体是一个艰巨的任务。已经存在于实相实体之中的事实，决定了个体的既有结构所决定的规定性，在其认知自身的一开始，就需要同时发生的主—客化，也即这里所说的自体化。具体个体的具体实相决定着其个性化特征（当然其个性只是表现为方法和内容的不同），同时个体经历的大的环节和发展方向却又是有共性的，但无论过程如何，意识会习惯性地认同。然而由于自身规定性的限制，有些认同还是会成为结构之外的东西，这个时候留下的是意识，而被排除出意识结构之外的就是所谓的无意识——这里只能用无意识这个名词，事实上，所有被结构所排除的"现象"是不可能再被意识状态下的认知方式所意识到的，而那种不能被意识的状态和无意识在结构之外的状态只能被称为个体无意识——是只限于对此个体规定性意识而言的无意识，也即个体无意识，而对于其他个体来说，它并不成立。这个时候用潜意识是不妥当的，因为不是潜在的，而是在具体的时间内的确不会被意识到的，当然在最初未有意地去意识之时当然是不能被意识到的，或者当有意被唤起无意识时也可以有此类"现象"的迹象，但这时不称其为意识，而是唤作"催眠状态"或是"无意识状态"，所以这里使用的是无意识这个特定的词汇。但是当然，被某个个体结构所排除的"现象"却有可能是其他个体结构可接纳的"现象"，所以有更多的"现象"在这个意义上可以被称为"潜意识"，而且只能是"集体潜意识"。只有极少数人会有一开始，或是在意识对于结构认同的过程中"顿悟"———瞬间与自体化的结构同一（"共实"/心意相通），从而洞彻了其物象实相的实体，与此同时且达到了对于自身本体的自性化，升华了精神，完成了终极化的意识认同。所以，"格物"只是方法和过程，而真正需要达成的是意识的自性。

总之，自体化可以是自性化的过程，一切的过程和目标都是为了达到最高的意识状态，那个具有所有的规定性，然而并不作用于客体的主体，即那个主—客体，自性化的本体自身，它是无分别的意识和其结构（本体的"自性"结构），直至实体实相的消解。

3."共实"及反向"共实"对于无意识的意义

了解了"共实"之与意识结构的作用，也就明白了意识和无意识之所由产生。从这点上来说，对于无意识研究的作用更大，因为此前对于无意识的产生有很多的理论和说法。但是相象结构对于无意识的决定性作用，如果深入掌握，则不只是有助于对无意识的研究，更是对于意识的主导性以及精神生活的改善具有良好的作用。事实上，如果能更好地解决精神与心理的问题，最重要的并不在于对无意识的掌握和引导，而是把握意识和无意识之间关系的联结，更好地运用结构来改变人们的生活，而不是让生活和人们的心理主导变成了无意识。所以"共实"在某种程度上是更根本性的东西，它可以调整意识与无意识的构成，掌握了"共实"可以更好地运用无意识。如果说无意识对精神世界起决定作用，倒不如说"共实"与否对于精神世界的影响更大。当然，由于有了"共实"，无意识在某种程度上具有可改变性，因为从无意识的成因来看，它并不是一成不变的，也不是静止和僵化的，而是随时有可能成为意识的。其中的关键不外乎结构的有无。

从对民俗信仰实践文化的描述开始，就有一个事实展示着造相、拟相的无处不在。为什么如此？因为它的存在已经表现了结构（相象结构）在精神中无处不在的作用。现在更加明白的事实是：结构的出现可以同时产生意识和无意识，或是二者的高级阶段，其合二为一的意识状态。制相、拟相等都是以相结构的现象来引起主体的注意，从而达到与其（作为有意识）规定性的结构认同，通过后者实现人们的精神目标。如果说这是为了建构无意识，也未尝不可，但需要强调的是，在这样的过程中，无意识却不是最关键的因素，反而意识的无分离状态（意识和无意识的合而为一的无分别状态）却是信仰文化实践中最想达成的状态，因为这样的时刻会产生巨大的潜能——那种无分别状态是集体潜意识最容易呈现自身的状态。

当然，因为无意识的无规定性存在的前提，给予了信仰文化实践者一个契机，一个运用结构和规整无意识的契机（在丰富的民间文化资料中，类似民俗活动不胜枚举）。须明白的是：这里将这些方法之所以都归类为作用于无意识的方法，只是因为其实体实相表达着不同的结构。如果是有缺漏的结构，那么其完善的结构所规定的"现象"必然进入不到这个相象结构之中，故而是对于无意识的操作方式。这是具有理论指南作用的：因为结构意识的出现，也有了非结构无意识，然而非结构无意识受到了"非结构的结构"——因对结构作为规定性的否定而事实上产生的"非此规定性的结构"——的规定。这时候所缺失的结构部分，在"非结构的结构"中它显现为唯一实在的部分，所以这个制相、拟相就完全再现了它作为"现象"的实体实相，达到了精神的充实，无意识存在的问题则圆满解决。

三、结语：作为结构现象的宗教心理学

总体来说，如果相象结构只是规定性与现象的一种关系体现，那么对于此种结构现象的精神分析则处处表达着其结构现象学的系统理论。

结构作为一种可视化的实相现象，它表达的是一种对于其所意指现象的某种规定性，是现象意蕴的可能性的"现实化"（可感知化），是一种更稳定和持久的象（以实相所表达的象）。更重要的是，这样的一种规定性，不是从理论上和行为上就能打破的规定性，更是需要从心理意象上去解构的，结构也意味着解构的产生。对于可视化的实相结构，它们一般可以三种形式实存着：

1. 人体的体像实相与其他的自然实体实相。不过同样是"先天地"存在的实体实相之间却仍具有不同的层次区别。

2. 象相结构的实相。象相是特定结构的象征实体表达的相，因为更多的是人为——"后天的"造相和拟相，所以其对于人的心性意象的承载力度更大。

不过无论1还是2显然还都是单元结构，其重要的作用是组成新的实体实相群（组），即：3. 构相。构相作为相的集合（群、组），往往既有可能完全是"先天的"实体实相集合，也有可能是"后天的"象相实相集合，

更有可能是 1 和 2 都有的实相集合.

　　事实上，作为 1 或 2 本身也并不是内容单纯和唯一的，只是其形式（结构）的表现是统一和具有中心的，也即丰富的内容、完善了统一的主题。不过，无论是 1、2 或 3 类中的哪一类实相结构，它们最具共性的不是意识或无意识的内容，而且其意识在不断地发展变化中变得愈加繁复和间接，并不具更高的自性化价值，所以如果非要寻找基本的所谓结构的"先天的"意向倾向性所规定的意识内容共性，还不如更重视其结构本身的共性——都是对于意识的倾向性的规定，无论意识的对象、意识的内容，实相结构都会起到要么是选择和分类的作用，并同时产生新的意识和无意识；要么是意气相投，一拍即合的心相合一。当然后者虽然在信仰文化中是常态，在日常生活中却不多见。

　　如此看来，意识和无意识的产生是同步的，因为它们的伴生性。也由于此伴生状况，且是意识现象的显隐二重性，所以通过对实相所结构的意识了解，也基本上可以确定无意识的情况，虽然其并不显现出可见的、明显的特征。如前所述，无意识和意识的结构规定性正好相反，它与意识结构是一种倒映的关系和隐显表达，如太极图的阴阳鱼的两极并极点——谈到这一点，事实上无意识也是有结构的，只是这样的结构并不是显现的，因为它一概表现为"象"集，看上去是阴影的集合（如弗洛伊德理论的无意识"梦"境中的表现，或是荣格联想意识中的"意象"在意识中的表达），有时候也有色彩，然而如果能将其"显现"——实相化，这个阴影也会是具象的，也即是有特定规定性的相象结构。所以对于这个"隐身人（意识）"来说，如果能勾勒出其象相结构来，就能呼唤其"现身"了。这也是在精神分析和催眠活动中非常重要的方法。在普通心理学中也许现在这个方法掌握得并不是很好，但是在信仰文化的实践中（可视为信仰文化的心理学实践），早已经有许许多多的办法可以使人们更好地掌控无意识了，只是人们从中更多直觉到了意识结构的有效性。所以至少在中国民俗信仰文化中没有特别异常地关注无意识现象，因为这种民俗信仰文化也经常运用阴阳的哲学来解释事物，中医理论中也很常见。这种文化认为对于人身这个实相结构来说，显性的意识代表的阳气需要和代表阴气的无意识相平衡，人才能保持健康和正常思维水平，一旦阴气居于掌控地位，或者说阴阳气的平衡被打破了，人就会出现种种异常，意识功能就会受损，甚至产生性命之忧。事实上，这种阴阳平衡的哲学理论也是相象结构中的一种。所以如果有可能，人们一般是不会特意将一些阴性的东西引发出来，也即对于无意识的有意地运用只在处理病症和修复（人体机体）结构时才会使用，当然这一原理适用于无意识治疗。因而一直以来民俗信仰文化理论都是大刀阔斧地从整体和心象，甚至从制相的角度，即从根本上改造着现象，改造着意识的表达，以及改变和提升着自身的意识。这也是中国民俗信仰文化的精华所在。

这样看来，以前所谓的无意识其实是一种误解，那种被误认为是个体无意识的东西，其实是集体潜意识，这是完全不同的意识。在结构现象的过程中，个体无意识与集体潜意识的根本不同在于：个体无意识是随着意识的产生而产生的，严格地说，它也是属于（个人）意识层面的状态；而集体潜意识是随着意识的弱化而出现的，或者说随着意识不再分离为显意识和无意识时的状态是这里称之为的集体潜意识状态，所以集体潜意识不可以归属为（个人）意识领域。如果说无意识在这个过程中起到决定性作用，理论上是说不通的。或者可以说，无意识理应游离于意识研究领域之内。

在之前精神分析学派的临床研究中，心理学家们面对的更多是有严重心理疾病的病人，其无意识状态本来就是不同于常人的常态的，据前文所述，无意识本身就是认识不良的一种副作用表现，所以以临床精神病症者的无意识状态来定位无意识的一般作用，其实已经不具有客观性了，从其出发的无意识压倒一切的意识作用更是不值得更多的注意。基于结构现象的原理，无意识结构与意识结构都离不开"自我"这个概念，而且作为个体实体本体的相结构与"自我"的概念，与意识与个体无意识的产生及特点、与主客体关系及无分别意识的达成都有着至关重要的联系，可以说这些问题都是以相象结构为中心而相联结的。如果说，列维·斯特劳斯使得"揭露结构成为对文化的一种精神分析"[1]，现在可以说：揭露结构是成为了解意识与无意识产生，继而发现集体潜意识的关键原因，即成为了开展精

---

[1] 库兹维尔：《结构主义时代：从莱维·斯特劳斯到福柯》，尹大贻译，上海译文出版社，1980，第9页。

神分析的基础。

可见，揭示是什么样的具体结构是重要的，这是根本的问题，除此还要看人类文化能赋予它的解释和意义，找到结构是如何作用于人，从而形成人们的意识，而无意识无疑只是附加的结果。从这一点上来说，只是关注无意识已经是解决问题的方向性的错误了。而且最关键的是，这里不可避免地涉及一个极其重大的问题的答案：无意识到底是什么？是否无意识决定了一切？——这个问题也是精神分析学派曾经被质疑的问题。因为自那以后，无意识理论已经席卷了绝大多数的学科领域。

在得出结论之前，有必要对个体无意识的产生和集体潜意识的出现作一个较精细的总结：对于个体（无）意识决定性的因素最重要的是结构，它包括实体实相的"先天的"结构和象相实相的"后天的"结构，所以它至少是由双重规定性决定的，但在意识的世界里，并没有很单纯的事情，所以事实上（无）意识往往是多重结构的复合作用。这些多重作用包括：

1）决定意识的实体实相结构具有的规定性。它包括"先天的"相象结构显示的质的规定性。在信仰文化中认为以人为代表的"先天的"具有更高意识层次的动物，其质的规定性是一种意识的倾向性，因为它们的质就表现在其意识层次上，这种质决定了它们是"有生命的"。还认为这一类结构对意识的规定性是固有的，除非意识对其本身的消解，不然这种规定性很难去除。当然在佛教理论看来，有一个终极方法：涅槃——能从根本上将结构消解掉，也就不存在实相的规定性了。还有就是不那么彻底地对待这种规定性的方法：就像最前面所述的《心经》[①]中的方法，以解构的结构去认知意识，最终让意识消解在对自身规定性的无意识中，这样可以达到对规定性的暂时消解。但却不是一劳永逸的，因为从自然和天性上来讲，这样的意识的经验状态不是常态，在信仰文化中属于"神秘的"宗教体验，它可以出现，但是往往只能是暂时的。在一些有过"神秘的"宗教体验的人士看来，这样的状态至多持续数分钟至数小时[②]，且一旦有微妙的变动，无论内部或外部的，意识会马上复归于自然状态，即复归如影随形的结构

---

① 参看笔者论文《自体自性化的终极潜意识》。

② 可参看威廉·詹姆斯《宗教经验之种种》第16章和第17章相关部分。

意识与（无）意识的状态。在这样的过程中，前述的相象显示的质的规定性对于意识是同时综合作用的，或者说其对意识的质的规定性是以其相的规定性来表达。而除此以外的、"无生命的"迹象的自然实体实相的质的规定性则不会表现为意向倾向性，而是其作为实体的质本身的规定性。2）人类各种文化赋予结构的规定性。这亦是被赋予相象结构的质的规定性。对于相象结构而言，它们是被赋予的，这意味着其相/象具有一定的任意性，也即能指的任意性表达。虽然是实体化的，但可以是类似自然实体的各种实体化，也可以是以文字、言语（口语和各种声音），甚至是相片、画、机器或是符合程序结构的机器人等各种人类表意形式的能指。

可以说，这是一个人化的实体世界，它所具有地所有相（象）都只是可以表达为所指的一种能指，而不能将意指的所有最全面地表达出来，所以人们有时候就在意识的推动下构相，有时候则在因为无意识的暗动而制（造）相。最多的、可见和不可见的世界就是在这个原因和层面被建造出来，所以在这个世界中，最主要的作用就是制造出意识和无意识来。相象承载和表达着各式各样的规定性，而人们生活中最经常的活动就是与之接触并交流，发生利于或是不利于人们生活和生存的作用。与此同时，意识提升或是衰退——这是最实质性的改变，因为它意味着人的生活状况和是否愉悦的程度，在伦理学中称为"幸福"。当然对于追求更高层次意识的人来说，是不适合更多地纠缠在这个层次的——无论对于自然科学家或是社会科学研究者来说都是如此。因为有意无意地不断地对于各种不同规定性的认识，至少是需要花费精力和时间的，而且这种认知（包括认知结果和认识过程）也未必能使其达到身心的康健和意识的圆融，更有可能的是被其结构所淹没：无法加强肉身实体（实体实相）的就是被其（认知）对象结构的规定性改造得远离本身（认知主体）的意识倾向性的，从而引发意识的解离和混乱。

不同的主体一般都存在着不同的意识状态，即本身的自性化程度有不同。所以，可能产生的意识状态也有几种情况：

A.自性化程度比较低：这类人会很容易被混乱的外部因素所干扰，特别是对于一些很容易捕捉到的结构和规定性。因此表现为意志不坚定，容易动摇，而且见识浅薄，行为易从众，缺少一定之规。而且对于"自我"

的看法容易出现两极分化：要么非常自负，要么非常自卑，二者都是因为对于"自我"结构的关注认同更多聚集在较浅层的和浮于表面的认知上。

B. 自性化程度更高一些的，但也只是中下层次的，可以划分为一类。这种情况的主体较第一类的认知更有深度，但依然是个体无意识领域积累问题较多的一类。究其主因也是复合的，但主要是本体的结构规定性造成的，其对于对象结构的自体化只能达到一定程度，所以产生个体无意识也是必然的。不同于第一类的是，这一类对于不同结构的注意度并不高，或者说结构规定性决定了没那么敏感，相比第一类，精神崩溃的可能性较小，但意识的自性化可能性也不高。

C. 自性化程度属于中度层级的。这类的实相实体，对于对象结构的认知一般来说是比较稳定的，而且固执、不易激惹，心理相对平衡，但是意识水平并不高，这类人相对比较实际，对于信仰、宗教等一些意识形态相关的事物并没有特别的兴趣。纵然偶有出现，也是因为前者对于生活具有实际价值，但从内心深处并不会真正接受，更多的是随大流。

D. 自性化程度属中上层级的。这种人比较第三类相对较少，但比起一、二类的总数来说，还算是稍多的。对于这类实相实体，遇到客体结构时其选择性更高，也即对一般不太符合其结构规定性的对象，他们很容易通过结构特征就加以辨别，而不会不自主地被动的自体化，从而成为某种结构规定性的受伤害者。正因如此，他们对对象结构的认知更加敏锐和深刻，自体化程度相对较高，同时也因为这样，对象结构的规定性和自身实体规定性在事实上降低了其对主体的束缚，从而对于认知更加具有本体的个性化倾向，且其意识表达较具理性和同理心。

E. 自性化较完善的实相实体。这就是意识的高级状态了，但是很少见，不是没有，而是出现了，就隐居避世了。因为过于神奇，对于其在"正常"社会的生存来说，过于不易。

综上所述，"正常"的意识领域一般应该有个体意识（显意识）、个体无意识（和前者同时产生）与集体潜意识（自性化的意识）这些意识层级。对于个体意识，讨论最多最好的是应用心理学学科。

可见，中国民俗信仰文化作为中国宗教心理学研究的典型文化，它表达了此种文化意识形成、发展和变化的系统结构，这种结构方式对意识与无意识来源的相象结构——实体实相结构以及实相表现在意识中的意象结构——进行加强和消解来实现文化和社会心理功能的系统，是对于长期以来广泛接受的精神分析所重视的实际上是次生性无意识决定论的一种否定，这种否定带给人们的是对于意识问题直指核心的重新思考。这种思考不但可以使人们主动培养健康心态，为建构和谐社会做出积极的努力，而且可以站在一个新的、更本土化的理论层面去思考和解决问题，甚至这种表达为相象意识的结构还可以为现在和未来人工智能的认知（神经）科学研究提供一种可能性的新范式。

意义心理学困境的唯识学解析

——以符号及其意义为中心

张　静①

摘要： 意义心理学带来变革性的同时呈现三种困境。在满足理论对话前提之际，运用唯识学心识分析方法及五法、三自性与二谛的中道理论观，作为观察此问题的新视角。在肯定符号及其意义作为现象而存在的同时，唯识学指出两者实质上均无绝对实在性，即"无实自体性"。以此解析意义心理学困局的关键在于自宥对现象或法相的认识而缺乏对于实质或法性层面认识，认执符号及其意义现象为"实有自体性"，加之秉持意义内容的绝对特殊性，依次造成内部分歧、"虚无主义"困境及"自身合法性悖论"三重困境，系列解析启发了困局的一一化解。

关键词： 唯识学　名　符号　意义　心理文化自觉

文化自觉指对本土文化的充分认识和自信，及对外来文化理性审视和借鉴。近百年来西方心理学的引进取得了积极成果，本土心理文化自觉随即萌芽。当代，我国优秀传统心理资源的价值正日渐受到重视，如车文博倡导基于中国心理文化构建大心理学观，"不仅可以验证和修证西方心理学理论，找出人类心理学的共同基石"，还可以"补充与完善世界心理学理论体系"②。这一倡导对于中国心理学参与中西心理学的平等对话和协同发展，蕴含积极的方法论价值和前瞻性意义，尽管这种"以中释西"的

---

①　张静，江苏尼众佛学院教工，东南大学中国哲学博士。
②　车文博：《透视西方心理学》，北京：北京师范大学出版社，2007年，第107页。

学术实践目前相对鲜见，却是中国心理学融入中西心理学科整体的有效途径之一，本文即是响应这种倡导的一次实践，运用汉传唯识学相应原理来观察解析具体心理学问题。

一、意义心理学之三重困境及唯识学视角的观察价值

近代以来，称为"意义心理学"的理论大致有两种，其一是由德国心理学家维克多·弗兰克尔（Viktor Frankl）创立的探讨生命意义的具有心理治疗意蕴的意义心理学。本文所讨论者，是以符号尤其是语言符号及其意义为中心的西方心理学流派，该学说侧重于研究两者与人的心理、行为之关系，肇始于 20 世纪初的符号学，兴于 20 世纪末。意义心理学核心观点归纳于其二：第一，意义是人对符号接受、理解和表达过程中的心理建构，带有基于个体的主观特殊性；第二，人生活在意义世界，人的行为不是由客观刺激或环境所决定，而是人所制造的意义所决定。

其以注重符号意义的个体主观性而带来心理学的变革，同时自身局限①制约着理论发展，归结有三：一是内部建构主义与文化取向心理学派，在意义能否为多人所共享，即意义是否具有相对确定性或相对共通性上存在分歧。二是因秉持符号意义的绝对特殊性推论出"生活世界"的相对性与不确定，带来虚无主义风险。三是与此类似，进一步推致"不存在普遍真理"的结论，自置本身乃至心理学科的存在于尴尬境地。这种观念，也正是所谓消解一切价值的"解构性建构主义"的依据所在，上述理论困境悬而未决，需用更为精微的视角诊脉内因，而传统唯识学具此潜力。

大乘佛教融入中国传统文化，其中唯识学通过阐明心识运作而旨在转识成智。自近代以来，汉传唯识学（文中简称唯识学）以其系统的心识理论以及精微的法相分析法，被誉为超越宗教的理性学说，称为东方心理学、认识论。

而使唯识学与心理学的对话成为可能，还在于其与现代心理学存在部

---

① 李炳全："文化心理学的元理论突破及其局限性"，《心理学探新》2005 年第 3 期。孟维杰："当代心理学文化转向方法论问题"，《心理科学》2009 年第 2 期。

分相似之议题，如其"五法"理论涉及现代心理学中符号及其意义问题，适合以此为理论对话基点，而精细的法相分析方法和"二谛"的复合理论观，具备一定的理论审视能力。这是由于，佛教唯识学所解释的心，"包含了宇宙结构论、认识论、本体论等意义"，区别于当今西方人文心理学以现象学为语境的"侧重认识论角度界定的'现象'"①，并且这种本体论基础上的心识分析方法，蕴含着观察和解释一些心理学认识现象的方法。国内已有运用唯识学研究符号及其意义的研究，但并未由此关注到意义心理学的具体问题。本文以理论对话的视角，借鉴唯识学相关原理，重新观察意义心理学中困局的深层原因，为其化解自身困境提供新的视角。

二、唯识学"五法"与"心识"理论对意义心理学
"内部分歧"困境的分析与化解

唯识学"五法"理论，以相、名、分别、正智、如如五个概念为中心，阐述人以"名"进行思维的基本过程。其中"名"与"分别"与心理学之符号及其意义相近，两组概念可作为对话联结点。

（一）心理学中的符号及其意义

意义心理学之"符号"指构成文化的符号系统，尤指语言符号，符号意义的研究经历多个阶段。早期符号学家皮尔斯认为符号是"确立另一事物（它的解释者）去特指一个他所指的对象（它的对象）的任何事物"②。从对象、解释者、解释项三者关系来看待符号及其意义，对符号在指代之外的"解释"作用已有所发现，师承皮尔斯的实用主义哲学家莫里斯进一步重视"解释"的主观性，提出相互关联的三个分支：研究符号与符号之间关系的"语形学"或"句法学"、研究符号与其所指对象之间关系的"语

---

① 张海滨："胡塞尔现象学心理学与佛教心学的比较"，《社会科学研究》2011年第3期。

② 特伦斯·霍克斯著：《结构主义和符号学》，瞿铁鹏译，刘峰校，上海：上海译文出版社，1987年，第130页。

义学"、研究符号与其使用者（解释者）之间关系的"语用学"①，通过语用学进一步关注到了符号运用过程中，所产生的主观解释即人对符号意义的具体赋予。

意义心理学基于"语用学"原理，考察人在心理活动、语言行为中使用符号和意义的过程，认为符号意义在互动中产生，"赋予事物以意义的，是人与其目标、信念之间的互动作用，而不是现实自发产生的"②。

（二）唯识学"五法"视角中的符号及其意义

《楞伽经》等唯识学经典阐述的"五法"思想，蕴含与心理学之语言符号及其意义相类之概念。五法之译名在《楞伽经》三个译本中略有差异，本文采用元魏译本与唐译本所使用的名、相、分别、正智、如如的"五法"译名。经文述及：

> "五法者，所谓相、名、分别、如如、正智。此中相者，谓所见色等形状各别，是名为相。依彼诸相立瓶等名，此如是、此不异，是名为名。施设众名显示诸相心心所法，是名分别。彼名彼相毕竟无有，但是妄心辗转分别，如是观察乃至觉灭，是名如如"，而"正智者，谓观名相互为其客，识心不起不断不常"。③

——释之，"相"泛指感知到的光色等各种相状，"名"为感知种种相而为之立名专指，"分别"不仅指取相和立名的过程，还包括赋"名"以"义"并进一步思维等心理活动。

以"五法"之前三法观察符号及其意义，"名"为指代、描述各种具体和抽象事物的"名言"，相当于包括语言符号在内的各种标示符号；而"相"类似于现代的概念"表象"，泛指心中所现的关于内外环境的各种心相，甚至包括"现代所说的语言文字、逻辑学的概念、判断等"④，可以看出，

① 陈修斋："莫里斯的'指号学'评介"，见《现代外国哲学论文集》，北京：商务印书馆,1982年，第319-321页。

② Nigel Mackay, Psychotherapy and the Idea of Meaning.*Theory&Psychology*，No.3,2003,pp.359-382.

③ （唐）实叉难陀译：《大乘入楞伽经》（卷五），《大正藏》第16册，第620页。

④ 杨维中："名言及其意义的生成与消解"，《江苏行政学院学报》2017年第3期。

心理学所说的"语言符号"属于五法之"名"，而对符号赋予意义的过程，属于五法中的"分别"。前文所引用的符号意义理论，无论是皮尔斯关于意义的"指代性"或"解释性"，还是莫里斯进一步将符号意义从"语义"扩展到"语用"，都在这个"分别"的范围内。

就意义产生过程的主观性而言，相较于当时将人心类同于动物或机器的机械认识论，这一认识体现出对"人心"这一主因的尊重，发现了超越以往的无限的主观差异可能性，一定程度上弥补了实验心理学的缺陷，其变革性作用深刻影响了文化心理学、建构主义心理学等发展。

（三）唯识学"心识"运作过程对"内部分歧"困境的分析

意义心理学内部的建构派与文化取向学派，在语言符号的意义是否具有相对确定性或共享性上互相分歧，前者唯主符号意义的特殊性，后者主张特殊性与普遍性共存，两者并未达成明确的共识。支持后者的研究，有以通用的"语义意义"和个体使用之"语用意义"来区分意义的普遍性或共通性，与特殊性或差异性，并主张二者调和[5]；类似亦有用语言性意义和经验性意义[6]分别表示二者的观点，两组概念含义相似，都认可两种类型的意义并存于一个语言符号，但这些研究偏重一种现象的描述，缺乏进一步的认识原理解释，其调和作用是极其有限的。

这一问题的根节在于，意义产生过程的个体化、主观性是否必然导致其绝对的、普遍性的特殊性？实际上一系列困境在此问题上一脉相连。若从符号意义产生的心识运作过程加以细微分析，能够深度了解特殊性与共享性之关系。意义产生过程固然是个体化的、主观性的，但并不等同于意义内容的绝对特殊性或绝对差异性。就认识现象而言，唯识学提出"谓以彼意识，思惟诸相义"[7]，意识与来自内外环境的信息素材共同作用而产生了认识的现象，那么这个过程是否具有主观特殊性？通过心识运作过程

---

[5]　Shweder R A.Cultural Psychology : Who needs it? *Annual Review of Psychology*，Vol.44,1993，pp.497–522.

[6]　Nigel Mackay.Psychotherapy and the Idea of Meaning[J].*Theory&Psychology*，No.3,2003,pp.359–382.

[7]　（刘宋）求那跋陀罗译：《楞伽阿跋多罗宝经》（卷一），《大正藏》第8册，第484页。

才能具体而微地看。

"心识"指心之结构与功能、体性的整体，尽管汉传佛教史上在唯识古、今学之间，对是否以"真心"作为心识结构之本体的表述存在一定差异，而多位古德依据经典，以融合诸宗的角度阐论以真心为心识之"本体"，以诸识为"用"的整体心识结构。如陈朝慧思说"真心是体，本识是相，六七等识是用"①，"真心"指真如自性，"本识"即第八阿赖耶识，心智或心识是以真心为本体，以八识为功用的体用结构。第八阿赖耶识也称为"本识""藏识"，储存个体一切的业识，包括诸如心理及言行等一切作为、经历；前七识包括眼、耳、鼻、舌、身的前五识，以及第六意识、第七末那识。唐朝宗密指出真心与阿赖耶识的关系，"依性起相盖有因由。会相归性非无所以"②。真心为"本"即本体，阿赖耶识属于"末"即"用"的层次，两者是依体起用、用归其体的关系。宋代延寿述道，"真如是体，生灭是用。然诸识不出体、用二心……识性是体，识相是用，体、用互成，皆归宗镜"③。

以此心识结构来分析语言符号的意义产生过程，相当于对"名"或语言符号进行理解、思维、表达之过程。此中，第六意识被称为思维、判别的中心，但其据以思考的素材不仅有前五识所摄取而进入心识的信息，还包括第七末那识取自第八阿赖耶识的信息，所以在意识过程中调动了种种的个人观念、感受、思维方式等，所以意义的产生过程是带着主观性的，但这不代表符号意义之内容具有绝对的特殊性。符号及其意义在心识运作中产生，思维加工的材料既含有高度个体性的因素，唯识学称为"别业"知见，也含有个体心识中储存的为社会文化中所共享的共同因素，称为"同分"知见，所以个体的解读、表达包含了相对特殊性或共享性的可能性，认识结果体现出个体性的或共性均有可能，即端视个体如何拣择内容、如何思维而言，所以意义产生过程的主观性可能导致内容的特殊性，也可能带来共通性。

---

① （陈）慧思：《大乘止观法门》（卷三），《大正藏》第46册，第653页。

② （唐）宗密：《禅源诸诠集都序》（卷一），《大正藏》第48册，第401页。

③ （宋）延寿：《宗镜录》（卷五十七），《大正藏》第48册，第743页。

现代认识发生论提出，潜意识中的"认识图式"或者"内生的结构"^①参与了新的认识、行为的过程，实际上这种图式或结构可能来自于第六意识的部分记忆，或第七意识所提取自阿赖耶识的内容，实际上这种图式仅属于阿赖耶识广博的储藏内容之一类。

这一层次是心理学所讨论的范围，属于唯识学描述现象"世谛"范围内，而后两法，"正智"及"如如"则属于"胜义谛"的范围，注重现象背后的深层实质，在后文论及正智及如如的层次，将进一步说明符号及其意义在现象或法相层面不存在绝对实在性，因而不存在绝对特殊性。所以关于符号意义的同异之争，仅属于现象或法相之比较，不具有实质或法性意义，或者说不具备真实、遍在的绝对性基础。因此第一重局限性即关于符号意义同异性的冲突，直接原因是社会建构论等学派，将符号意义产生过程的主观性等同于内容的绝对特殊性，认执意义特殊性为绝对的唯一真实，因而排斥相对确定性或共通性、共享性所造成。这种分歧源于对现象层面或世谛认知的局囿，其后续困境与此一脉相连。

（四）对"内部分歧"困境之化解

现象本身"无实自体性"，即现象差别没有绝对性意义，但并不否认现象的差别即相对特殊性的存在。简言之，唯识学指出符号之意义在现象或法相层面中的相对特殊性与共通性的并存，相对认可文化心理学派的调和观点，并从心识过程予以解释。此外，后文论及的三自性、二谛等原理指出，超越符号意义的相对特殊性与共享性背后，其"法性"指向一种平等的圆成实性。

三、唯识学"三自性"对意义心理学"虚无主义"
困境之分析与化解

以上从"五法"理论的前三法观察符号及其意义，分析其内部分歧之困境，皆属现象层面或法相层面的分析，分析第二重困境则涉及对于符号

---

① 皮亚杰：《人文科学认识论》，郑文彬译，北京：中央编译出版社，1999年，第115页。

意义的实质或法性层面认识。

（一）"三自性"视角下符号及其意义的实质或"法性"分析

以"三自性"原理看待符号及其意义，在现象或法相基础上，进一步认识到其现象本身"实自体性"即"绝对实在性"之消解，同时兼以其"法性"层面一同重新审视"虚无主义"。

"三自性"指一个认识现象的三种属性。其中"依他起性"指一切现象依托种种因缘而现起，"遍计所执性"指认执此无自体性的缘起现象为实有，即执有"实自体性"，并据此加以"分别"，即联想、思维等；"圆成实性"指超越现象本身的平等不变的真如法性。五法与三自性对应相关，其中"名、相分别，二自性相；正智、真如，是圆成性"①，即前三法的相、名、分别，或者说心理学中的符号及其意义，对应于三自性中的遍计所执、依他起自性，而"正智"意为能够了解上述相与名二者"互为其客"，即均"无实自体性"，为暂时指代而非绝对实有，没有绝对独立的实在性。即是说，既能够充分认识到取"相"、立"名"以及"分别"的心理现象之存在，同时认识到这种"分别"的现象并无实自体性。以正智观察认识过程，能达"如如"不变的"离言法性"，唯识学称为转识成智。所以正智、如如对应于三自性的"圆成实性"，具体来说，"诸缘法和合，分别于名相，此等皆不生，是则圆成实"②，同样地，"诸法和合因缘生，法中无自性"③，这一"实自体性"在现代哲学表达为"绝对实在性"④。

综言之，符号及其意义分属于五法之"名"与"分别"，在法相或现象层面而言，两者皆为缘起和合而现起的、无有自体性的认识现象，并具有在一定条件下存在和运用的价值；从法性或实质层面而言，这种现象本身没有"实自体性"，即没有绝对实在性，而超越现象本身唯显圆成实性或称平等的真如法性；这是兼以现象或实质，或兼以法相与法性来看待语

---

① （唐）实叉难陀译：《大乘入楞伽经》（卷五），《大正藏》第16册，第698页。

② （唐）实叉难陀译：《大乘入楞伽经》（卷五），《大正藏》第16册，第672页。

③ （后秦）鸠摩罗什译：《摩诃般若波罗蜜经》（卷二十二），《大正藏》第8册，第387页。

④ 林国良："大乘三宗四派自性观述评"，见《觉群学术论文集》（第三辑），北京：宗教文化出版社，2004年，第461页。

言符号及其意义的中道观。

（二）"虚无主义"困境分析

意义心理学流派中，社会建构论及以之为核心理论的解构性建构主义、后现代心理学因秉持意义的绝对特殊性，而走向了相对主义。按其逻辑进路，人生活在绝对个体化的、特殊的，因而是彼此相对的意义世界，又兼人的心理言行被差异性的意义所决定，所以每个人生活在不确定的意义世界中，不但自身不确定，相互之间亦如孤岛。葛根（Gergen）[①]等甚至以此推论出几近虚无的人性观，宣称"对一个人所观察到的任何东西的理解和解释，主要由语言的先在结构所决定"，因此自我机能也是"公共建构的副产品"，虚无主义的世界观、人性观，极易导致精神空虚，或成为自我中心及享乐主义的理由，这对于个体乃至社会都是极其危险的，作为一门服务于人的学科，不能不理性审视这一弊端。

然而这是如何产生的？同于前论，其直接原因是认执语言符号意义主观特殊性为绝对，排斥相对确定性即意义的共通性以及相对普遍规律的存在，进而从相对主义走向虚无主义。进一步讲，这一认识的实质仍旧在于局限于意义产生现象层面的认识，具体以"三自性"观察，这种相对主义存在三个深层原因。首先，单一夸大对于社会文化因素的"依他起性"。意义的产生的确存在参照社会文化因素的过程，属于一种"依他起"的过程，但不能因此说完全由此决定，因为还涉及个体的理解、思考、组织与表达，其中涉及个人情感、观念、思维方式及其当下具体性的处境需求等因素的参与共同形成，所以这一部分并非完全依赖于"公共建构"，因此仅看到其对于社会文化因素的"依他起性"而忽视个体能动性是片面的。其次，如前论及，将个体在符号意义建构中所使用到的来自个体储备和社会文化中符号意义的相对共享性排斥在外，只认一种绝对差异性。最后，缺乏对于现象背后的平等的圆成实性或法性的认识。因只看到现象的差异，即偏重和夸大社会话语结构对心理建构的影响，反而遗失了心理认识的强大能

---

① Gergen K.J.*Psychological Science in a Postmodern Context*[J].American psychologist,2001（10）,pp.803–813.

动性和相对共享性，使得生活世界跳转在千差万别的特殊性之间，找不到一丝共识，而宣称人人皆"孤岛"；进而将部分的建构功能、外在表现等同于人性本身，从片面强调社会建构走向另一个极端，即人性解构的虚无主义。

（三）化解"虚无主义"困境

藉此"三自性"观之生活世界，并非如"解构性"建构主义标榜的尽是特殊性与不确定，而是相对特殊性与相对共同性、共识的并存，因而相对的普遍价值具有其合法性，生活世界并非人均隔离、参差不可通约的孤岛；且超越现象差异的圆成实性，对应着人的认识功能的真心本体，意味着人性绝非空中楼阁一样虚无缥缈。

四、唯识学"二谛"观对意义心理学"自身合法性悖论"的分析与化解

（一）唯识学"二谛"视角中的意义心理学理论归属

"二谛"分为世俗谛与胜义谛两个内在统一、各有侧重的层次。世俗谛重在现象或法相分析，"诸法和合因缘生，法中无自性"，认为一切法为因缘和合而所现之相之存在，但现象本身不具有真实的"实自体性"，唯具"圆成实性"。如前分析，意义心理学主张的符号及其意义产生的主观性过程，符合"意法为缘，生于意识"的道理，即属于世俗谛；按《瑜伽师地论》对世俗谛的分类，具体属于描述认识形成现象的"道理世俗"[①]。也就是说，描述现象界的因缘和合之理，例如，描述意义产生主观性的意义心理学，当然有其作为"世谛"存在的价值。

（二）对意义心理学"自身合法性悖论"之困境分析

对"相对主义"意义世界的秉持，极端的建构论者进一步推论出了价值观的相对性与不确定，即"不存在普遍规律"，由于两个重要原因，这

---

① （唐）玄奘译：《瑜伽师地论》（卷六十四），《大正藏》第30册，第653页。

一点被学科内外视作理论困局及自身悖论。第一，此举不仅带来虚无主义的风险，"相对主义如果走向极端是有害的，它会导致对真理、确定性和普遍性的消解，从而走向认知虚无主义"①；第二，此论更昭示一个悖论式困境：这个结论本身是否具有普遍性？比如意义心理学本身，是否具有发现普遍规律的存在价值？如此上述认知虚无主义观点成立，那么它直接推翻了自身结论；如不成立，则直接否定了自身价值，故这一观点与其自身"合法性"扞格不入，令学科本身陷入两难境地。这一困境始终乏力化解，其原因与前两重困境同源。

从世谛或现象界层面观其逻辑进路，其首先将意义过程的个体性、主观性等同于内容的绝对特殊性；然而在千差万别的意义跳转之中，似乎无法寻迹任何的普遍规律，由此对于内容特殊性的绝对认执反推出对真理、普遍性的解构。所以，此种悖论的实质即将此一世谛或现象界的相对规律，"遍计执"地推极为绝对、普遍存在之理，因而得出"不存在普遍真理"的结论。也就是说，根源在于局囿于现象界或法相层面的认识，不能认识其无自体性及法性的"平等一如"性，即坚执现象的特殊性为绝对特殊性并极端推论所致。

（三）对意义心理学"自身合法性悖论"之化解

从二谛结合视角审视意义心理学自身悖论，为其化解理论合法性之困境带来启示，关键在于"即现象而论世谛"，即不妨在彼言彼：现象界或世谛层面上，符号意义的特殊性和相对普遍性即相对共识兼存，因此凡是研究此类相对规律的心理学以及其他学科，在现象的层面上进行研究并得出相对规律是没有问题的，具有世谛层面的价值和现实意义——如此便维护了学科自身的合法性；然而不能以此来断言否认绝对普遍性规律的存在，因为在超越现象界的背后的胜义谛来看，一切法具有的普遍的、平等的圆成实性或法性。简言之，二谛视角下，"即现象而论世谛"地厘清自身理论层次，有助于使理论本身的存在与其研究结论保持呼应，方不至于推翻自身"合法性"。

---

① 孟维杰："当代心理学文化转向方法论问题"，《心理科学》2009 年第 2 期。

当然，这是即此困境而言，长远来看，学科往往在自我质疑中突破，未来不乏接通"二谛"的两种理论层次的可能性，这是另一个话题。

结语

对于意义心理学理论困境，需要从新的角度究其根源，在满足理论对话前提之际，以唯识学五法理论为中心，结合三自性、二谛原理，对意义心理学的基本概念、观点进行观察，分析深因并探讨化解之道。

大乘唯识学从"真心为体、八识为用"的心识运作中看待符号及其意义，以"五法"理论分析其性质在于两方面：符号及其意义作为人的认识现象，其过程具有个体主观性，意义的过程和内容具有现象或"法相"层面的存在，但现象本身并"无自体性"；在超越现象的法性层面，唯具平等圆成实性，形成一种中道的视角。

对意义心理学的三重困境，即意义特殊性与共享性的内部分歧、相对主义与虚无主义的危机、消解普遍规律的自我质疑式悖论，分别从心识过程、三自性、二谛原理观察发现，其共同原因在于局囿于对符号及其意义在现象界或世谛层面的认识，将意义产生过程的主观性等同于意义内容的绝对特殊性，并进行绝对化推论所致。三重困境一脉相连：由于认执符号意义的绝对特殊性为准绳，排斥相对确定性，如此形成连环套锁，形成自身内部分歧之外更走向相对主义、虚无主义，更兼对于意义的极端解构而陷入自疑合法性之悖论。

这一解析蕴含着化解困境的途径。第一，在现象界或世谛层面，意义的特殊性与相对确定性并存不悖，秉持意义的绝对特殊论与共享论者存在和解的依据。第二，意义的相对确定性尚存，乃至现象差异的背后自有平等的圆成实性，所以生活世界并非完全不确定和相互孤立，人际之间并非唯有差异的、参差不可通约的孤岛，而是共识与个性并存；人性并非虚无空乏，而是本真原具。第三，意义的相对普遍性或共享性意味着现象界的共识，或者相对规律都有存在的意义，研究相对普遍规律的心理学等学科的合法性，由此得到现象界或世谛层面的维护与安置；同时不可据此否决普遍规律之存在，唯识学认为超越符号及其意义的现象本身，唯显法法皆同的圆成实性或法性。

这一对话为审视和化解意义心理学的困境提供新的启发，充分显示唯识学以其系统的心识理论和法相分析方法，具有一定的对心理现象与理论分析能力，以此为例证明了成长中的本土心理学展现出深厚潜力。中西心理学各有所长，唯其对话合作能够积极推动学科整体发展，我们有理由相信对传统心性哲学的挖掘能够促进中西心理哲学与心理学的发展，裨益大众福祉。

宗教信仰取向与健康的关系 ①

——基于海外相关宗教信仰模型测验的研究综述

赵国军　李春雨　安佩佩 ②

摘要：Allport 的宗教信仰取向模型对于宗教信仰与健康关系的实证研究影响深远，该模型基于动机理论将宗教信仰分为内在信仰取向和外在信仰取向。本文在宗教心理学量化模式框架下，回顾了国外有关基于两种宗教信仰取向得分划分的四种宗教信仰类型与身体健康和心理健康的关系。虽然该主题尚存在争议，但大部分研究结果显示内在宗教和亲宗教信仰类型在健康领域具有更积极的效应。但是该模型在测验效度和文化取向方面尚有争议，未来研究需要进一步完善。

关键词：宗教信仰取向　内在取向　外在取向　生理健康　心理健康

在现代社会世俗化发展的过程中，宗教信仰的世俗化效应也得到了更多的关注。其中在宗教心理学领域内，宗教信仰与健康的关系是一个传统的研究主题。在早期的研究中，无论是宗教信仰还是健康状况，其评估指标都非常单一，通常仅用某一方面的问题比较不同宗教派别的信仰者在健康状况上的差异，得出简单化的概括性结论。20 世纪 60 年代衡量宗教行为的一些指标(如参加宗教活动或仪式的频次等)被用来探讨与健康的关系。之后，以自我报告的形式评估宗教虔诚程度的测评方式也成为了健康研究

①　本文系国家社科基金西部项目"自我调节在宗教信仰与生活适应关系中的调节效应"（13XZJ016）的阶段性成果。

②　赵国军，西北师范大学心理学院副教授；李春雨、安佩佩西北师范大学心理学院硕士研究生。

的关注点。自此宗教信仰的测验形式呈现出多样化的发展趋势，但是这一领域积累的成果尚未达到预想的高度。研究者曾对 1837–1984 年的近 250 项探讨宗教和健康关系的研究进行了回顾，发现在绝大多数研究中，二者的关系仅局限于比较不同宗教派别人群在发病率和死亡率方面的差异 [1]。在 2001 年，Harold 及其同事所查阅到的以量化的方式检验宗教和健康关系的研究有近 1200 项之多，在之后的 10 年又有近 2000 项量化研究发表 [2]。这些数据一方面说明了这一领域引发了越来越多的研究者的关注，形成了一个研究热点，另一方面也暴露出一定的问题。虽然研究的数量在增长，但设计严谨、理论坚实的研究依然相对稀少。Hall 等回顾这些用于研究健康问题的宗教测量指标时，认为研究所涉及的所谓的"宗教信仰"的概念"依然是令人费解的（或复杂的），因为在特定的宗教团体中，其信仰和价值是不同的" [3]。除了概念的分歧外，研究结果也存在差异。有些研究发现了二者的积极关系，即宗教信仰有利于健康的维持和发展；也有研究发现了二者的消极关系，即宗教信仰的投入程度和个体的健康水平呈现负向关系；甚至还有一些研究声称并没有发现二者之间的关系。值得注意的是这些研究都是在实证研究的背景下进行的，即通过调查对象（宗教信仰者）的自我报告来搜集数据，无论是宗教信仰还是健康状况往往都采用了客观的测评标准，甚至一些衡量生理健康的指标采用了生物或医学的测评数据，而且样本群体也能够保证代表性，因此排除了研究者主观臆断的成分。在这种情况下，上述研究结果的不一致可能反映了研究者在概念建构方面的差异，尤其是对宗教信仰的理解和操作。毋庸置疑，宗教信仰是一个复杂的概念，当某一研究者采用某一特定的宗教信仰指标针对某一特定宗教派别的群体进行测量时，所得到的结果具有很多的局限性，不能反映宗教信仰和健康的一般关系。因此，需要一个能够概括不同宗教派别的、一般性

[1]　J. S. Levin & P. L. Schiller, Is There a Religious Factor in Health? *Journal of Religion and Health*, 1987, 26, pp. 9–36.

[2]　H. G. Koenig & A. Büssing, Prejudice and Religious Types: A focused Study of Southern Fundamentalists. *Journal for the Scientific Study of Religion*, 2010, 4, pp. 3–13.

[3]　D. E. Hall, K. G. Meador & H. G. Koenig, Measuring Religiousness in and Health Research. *Journal of Religion & Health*, 2008, 47, pp. 134–183.

的理论模型和操作程序来探讨这一问题。

一、宗教信仰取向的理论模型

在宗教心理学量化研究的领域，Allport 的宗教信仰取向模型是研究者用于探讨宗教信仰的世俗化效应最集中的理论框架，也是迄今为止宗教心理学实证研究中最具影响力的理论模型。随着 20 世纪中期动机理论在心理学的兴起，宗教心理学家们得到启示，认为宗教动机是将宗教纳入心理学研究领域的一条有效途径。它所涉及的问题是驱动人们信仰宗教的力量是什么，换言之宗教信仰给予信教者存在的意义是什么？ Allport 超越特定的宗教派别，从具有普遍意义的宗教信仰取向（religious orientation）的角度解释宗教信仰的动力和目的（Allport and Ross, 1967），他认为宗教信仰可以划分为内在宗教信仰取向（intrinsic religious orientation）和外在宗教信仰取向（extrinsic religious orientation）两种类型[1]。这一概念的提出具有变革性的价值，时至今日，宗教信仰取向的研究已经成为了宗教动机研究和宗教信仰的心理学研究的主要范式。

因为宗教信仰取向受到动机心理学的影响，所以宗教心理学家在划分宗教信仰取向时所思考的核心问题是：就宗教信仰的目的而言，在缺乏群体压力和传统的文化制约的情况下，在更为自由的现代生活的环境下，人们为何会选择信仰宗教？可能为了获取现实的某种利益，也可能为了实现自我的个人价值或人生意义[2]。如果信仰者能够从宗教信仰中找到生活的方向和意义，并将信仰本身作为终极目标，就可以归之为内在宗教取向（intrinsic religious orientation）。这类信仰者的动力源于精神上的成长，他们生活的方方面面都受到宗教的影响[3]。相对而言，如果信仰者是以功利

① G. W. Allport & J. M. Ross, Personal Religious Orientation and Prejudice. *Journal of Personality and Social Psychology*, 1967, 5, pp. 447–457.

② J. Palmer, & R. Sebby, Intrinsic–Extrinsic Religious Orientation and Individual Coping Style. *Psychological Report*, 2003, 93, pp. 395–398.

③ C. Lewis, J. Maltby & L. Day, Religious Orientation, Religious Coping and Happiness among UK Adults. *Personality and Individual Differences*, 2005, 38, pp. 1193–1202.

性的或工具性的方式接近宗教，将宗教信仰作为获得某种回报的方式，就可以归为外在取向。外在取向的信仰者对宗教信条的认可以及对宗教活动的参与是为了借此获得世俗性的目标[①]，这种目标又可以分为两个子类别：或者是为了获得内心的安慰，如为了得到安慰和保护而祈祷，这种类型属于外在个人宗教信仰取向（extrinsic personal religious orientation），宗教信仰主要是由能迎合个人保护和安慰需要的行为激发；或者是为了获得社会地位和实际利益，如借助宗教身份获得某种职位或荣誉，这种类型属于外在社会宗教信仰取向（extrinsic social religious orientation），宗教信仰主要是由能够迎合个人社会需要的行为激发。

上述两类宗教信仰类型的划分在价值判断上并不是平行的，内在取向被看作是一种相对成熟的宗教信仰，而外在取向则是不成熟的宗教信仰。因为内在取向是一种主动性的动机，将信仰本身作为生活的目的，因此内在宗教取向的信仰者能够将宗教信仰内化以影响其生活的方方面面，而且其他生活需要和目标都会尽可能与其信仰保持一致，在宗教信仰的引领下通过重新整合达到自身生活状态的和谐统一[②]。外在宗教取向的信仰者虽然其宗教信仰也是生活动机的一部分，但并不居于主导地位，因此宗教信仰与生活的其他目标并没有形成系统性的关系，宗教信仰在其生活中的价值和其他生活动机一样，都是用以实现其现实利益的工具。

二、宗教信仰取向的操作模式

Allport 在宗教信仰取向的理论基础上编制了《宗教取向问卷》（Religious Orientation Scale），用于对不同宗教派别的信仰者进行一般化的分类。后继的研究者不断地通过实证研究对该问卷进行了修订和完善。其中具有代表性的测评工具是《内外取向量表修订版》（Intrinsic/Extrinsic-

---

[①]　G. Navara, & S. James, Acculturative Stress of Missionaries: Does Religious Orientation Affect Religious Coping and Adjustment? *International Journal of Intercultural Relations*, 2005, 29, pp. 39–58.

[②]　K. S. Masters, R. Hill, J. Kircher, T. L. L. Benson & J. Fallon, （2004）. Religious Orientation, Aging and Blood Pressure Reactivity to Interpersonal and Cognitive Stressors. *Annals of Behavioural Medicine*, 2004, 28, pp. 171–178.

Revised Scale，I/E-R），又称为《宗教取向量表（修订版）》（Religious Orientation Scale-revised）[1]。此外，为了适合所有教育水平的人群，研究者还编制了《泛年龄宗教取向量表》（Age Universal Religious Orientation Scale），这是对内外宗教信仰取向的重新修订版，可用于宗教信仰者和非宗教信仰者群体。通过三项验证性研究，Gorsuch 和 Venable 确定了该测评工具在评估宗教信仰时具有年龄的普遍性。Kirkpatrick 在对《泛年龄宗教取向量表》进行验证性因素分析后，将外在取向又划分为两个维度，即前文提到的个人取向和社会取向[2]。具体的问题表述形式包括，例如，代表内在取向的项目样例为 "我努力把宗教融入我其他的生活中（I try hard to carry my religion over into all my other dealings in life）"，代表外在个人取向的项目样例为 "祈祷的基本目的就是为了得到安慰和保护（The primary purpose of prayer is to gain relief and protection）"，代表外在社会取向的项目样例为 "我成为教会成员的原因之一是这样的身份有助于我在社区的地位（One reason for my being a church member is that such membership helps to establish a person in the community）"。每个项目采用李克特五点计分规则，让个体将每个项目的描述与自己的实际情况进行对照，其中 1 表示完全不赞同，5 表示完全赞同，各个维度的分数越高表示该种类型的宗教信仰取向越强烈。在具体的测试过程中，不同版本的宗教信仰取向问卷的项目有所差异，其评分数值也有所不同，但基本的理论框架大致相同。

Allport 起初认为内外宗教信仰取向是一个连续体的两端，即内在宗教信仰取向和外在宗教信仰取向是非此即彼的关系，当内在取向的分数降低的同时外在取向的分数就会随之增高。但随后的研究显示并非如此，宗教信仰取向的类型划分要更为复杂和多样化。其中最具有代表性的划分标准是四个类型：内在（intrinsic）取向类型、外在（extrinsic）取向类型、非宗教（non-religious）取向类型和无区别的亲宗教（indiscriminately pro-

---

[1]　R. L. Gorsuch., & G. D. Venable, Development of an "Age-Universal" I-E scale, *Journal for the Scientific Study of Religion*, 1983, 22, pp. 181–187.

[2]　L. A. Kirkpatrick & R. W. Hood, Intrinsic and Extrinsic Religious Orientation: The "Boon" or the "Bane" of Contemporary Psychology of Religion. *Journal for the Scientific Study of Religion*, 1990, 29, pp. 442–462.

religious）取向类型，它们在 Feagin（ 1964 ）[①]、King（ 1967 ）[②]、Hood（ 1970 ）[③]
以及 Thompson（ 1974 ）[④] 的研究中都相继得到了验证。其中，内在取向类
型是内在维度得分高而外在维度得分低，外在取向是外在维度得分高而内
在维度得分低，无宗教取向是两个维度得分都低，而亲宗教取向是两个维
度得分都高。这种划分类型进一步丰富了内外取向的理论模型，但基本的
指标依然基于内外取向的定义。

三、宗教信仰取向与生理健康的关系

就宗教信仰取向与生理健康的关系而言，研究者发现内在取向的个体
的身体健康状况总体而言要好于外在取向的个体[⑤]。研究显示当老年人在
面对身体的不良状况以及由此引发的生活环境的变化时，内在取向的宗教
信仰有助于他们提升应变能力，宗教信仰会给予他们更乐观的信念，使他
们相信困境最终会变好，这种心态有利于对不良情绪进行缓冲[⑥]，进而促
进了生理机能的健康运作。Koenig 等人观察到当患者的身体功能变差或有
较小提升时，内在宗教信仰是一种强大的预测器，即使当身体复原的希望
破灭后，宗教信仰似乎依然能够促进情绪的恢复[⑦]。当信仰者采用宗教信

① J. R. Feagin, Prejudice and Religious Types: A focused Study of Southern Fundamentalists. *Journal for the Scientific Study of Religion*, 1964, 4, pp. 3–13.

② M. B. King, Measuring the Religious Variable: Nine Proposed Dimensions. *Journal for the Scientific Study of Religion*, 1967, 6, pp. 173–190.

③ R. W. Hood, Religious Orientation and the Report of Religious Experience. *Journal for the Scientific Study of Religion*, 1970, 9, pp. 285–291.

④ A. D. Thompson, Open–mindedness and Indiscriminately, Antireligious Orientation. *Journal for the Scientific Study of Religion*, 1974, 13, pp. 471–477.

⑤ P. J. Watson, N. D. Jones & R. J. Morris, Religious Orientation and Attitudes Toward Money: Relationships with Narcissism and the Influence of Gender. *Mental Health, Religion, & Culture*, 2004, 7, pp. 271–288.

⑥ W. J. Strawbridge, S. J. Shema, R. D. Cohen, R. E. Roberts & G. A. Kaplan, Religiosity Buffers Effects of Some Stressors on Depression but Exacerbates others. *Journals of Gerontology Series B: Psychological Sciences and Social Sciences*, 1998, 53, pp. 118–126.

⑦ H., L. Koenig, K. George & B. L. Peterson, Religiosity and Remission of Depression in Medically ill Older Patients. *American Journal of Psychiatry*, 1998, 15, pp. 536–542.

仰去应对生活中的疾病时，也能够表现出内外取向方面的差异。在 Koenig 等人的研究中，45% 的老年人报告了使用宗教化的应对行为处理疾病类的压力事件，其中提到的最普遍的活动是对上帝的信任和忠诚以及祈祷，这是内在取向的表现；而社交性的教堂活动提到的最少，这是外在取向的表现[1]。在另一项研究中，Blazer 的调查结果显示[2]：75% 的调查对象报告宗教信仰是他们在压力情境中使用的最普遍的应对机制，还发现 74% 的慢性透析病人报告宗教信仰是他们面对疾病时的最有帮助的应对方式，而这些宗教信仰的效果更多地倾向于内在取向，即以信仰自身为目的，将宗教信仰内化以缓冲疾病带来的压力，而且在宗教信仰的引领下通过重新整合达到自身生活状态的和谐统一[3]。

但是也有研究发现无论是内在信仰还是外在信仰，只要总体的宗教信仰得分较高，信仰者的生理健康水平就比同等条件的其他人群更高，这就意味着无区别的亲宗教信仰取向的个体的生理健康水平最高。横断研究和纵向研究一致地发现宗教投入（可能是内在取向的投入，也可能是外在取向的投入）与健康状况的显著关系，衡量健康的指标包括特定的生理状况，诸如高血压、一般性功能障碍和死亡率等[4]。McCullough 及其同事对 42 项关于宗教投入和各种死亡因素的独立样本的数据所进行的元分析表明，宗教投入与低死亡率有显著的联系，具体而言，高宗教投入的个体更可能活得长久[5]。McClain 等人（2003）还发现个体的宗教幸福感越高，他们的加

[1] H. G. Koenig, L. K. George & I. C. Siegler, The Use of Religion and Other Emotionregulating Coping Strategies among Older Adults. *The Gerontologist*, 1988, 28, pp. 303–313.

[2] D. Blazer, Depression in Late Life: Review and Commentary. *Journals of Gerontology Series A: Biological Sciences and Medical Sciences*, 2003, 58, pp. 249–265.

[3] Masters, K. S., Hill, R., Kircher, J., Benson, T. L. L., & Fallon, J. （2004）. Religious Orientation, Aging and Blood Pressure Reactivity to Interpersonal and Cognitive Stressors. *Annals of Behavioural Medicine, 28*（3）, pp. 171–178.

[4] H. G. Koenig & D. B. Larson, Religion and mental health: Evidence of Association. *International Review of Psychiatry*, 2001, 13, pp. 67–78.

[5] M. E. McCullough, W. T. Hoyt, D. B. Larson, H. G. Koenig & C. Thoresen, Religious Involvement and Mortality: A Meta–analytic Review. *Health Psychology*, 2000, 19, pp. 211–222.

快死亡的欲望就越低，在末期病人中无助的情绪和自杀的想法也更少 [①]。与此相对，在影响健康的一些负性因素方面（例如酒精或毒品滥用），无宗教信仰者所报告的烟草和毒品滥用率要明显高于其他的宗教取向的个体 [②]。还有一些研究发现，宗教信仰水平与生理健康的关系并不是单一的直线趋势，也可能存在着曲线相关，例如，对于长期患病的老年人而言，更高的宗教信仰得分与对死亡的接受有关，但具有低水平宗教信仰的老年人也不一定会表现出更高水平的死亡焦虑，反而是中等宗教信仰水平的老年人表现出了更多的死亡焦虑 [③]。

此外，也有研究否认了宗教信仰取向和健康的关系。在东方文化的情境下，Chavoshi 等人以伊朗的在职大学员工和非员工为样本研究宗教信仰取向和心理健康的关系时，发现在同一种宗教派别下不同人群之间的宗教信仰取向也存在很大的分歧，"员工的宗教取向更多地表现为内在取向，而非员工则更多地表现为外在取向" [④]，而且没有发现宗教信仰取向和健康之间存在必然的联系。

四、宗教信仰取向与心理健康的关系

相比生理健康领域，在心理健康方面，宗教信仰取向的研究成果更为丰富，研究也更为深入。但是总体趋势与生理健康基本一致。第一，无区分的亲宗教取向者的心理健康水平相对更高；第二，内在取向的信仰者的心理健康水平好于外在取向的信仰者。

首先，就亲宗教取向而言，Koenig 和 Larson 对 100 项有关宗教信仰和

[①] C. S. McClain, B. Rosenfeld & W. Breitbart, Effect of Spiritual Well-being on end of Life Despair in Terminally-ill Cancer Patients. *The Lancet*, 2003, 361, pp. 1603-1607.

[②] T. K. Daughetry & L. M. Mclarty, Religious Coping, Drinking Motivation, and Sex. *Psychological Reports*, 2003, 92, pp. 643-647.

[③] T. P. Daaleman & D. Dobbs, Religiosity, Spirituality, and Death Attitudes in Chronically ill Older Adults. *Research on aging*, 2010, 32, pp. 224-243.

[④] A. Chavoshi, D. Talebian, H. Arkhorani, H. Sedqi-Jalal, H. Zarmi & A. Fathi-Ashtiani, The relationship Between Prayers and Religious Orientation With Mental Health. *Journal of Behavioral Sciences*, 2008, 2, pp. 149-156.

心理健康关系的研究进行了元分析，发现在近80%的研究报告中，宗教信仰总体水平与更高的生活满意度、幸福感、积极情感和更高的精神面貌有关。在12项纵向追踪研究中，有10项报告了宗教信仰对幸福感的正向预测作用。此外，宗教信仰和希望、乐观主义、目的性、意义感之间也存在积极的关系；在14项检验这类关系的研究中，12项研究报告了宗教信仰与心理健康之间的积极的关系；也有2项研究报告没有发现显著性的关系 [1]。

其次，就内外取向的比较而言。大量研究验证了内在宗教信仰取向的积极作用。总体而言，外在宗教取向与心理健康存在负性相关，而内在宗教取向与心理健康存在正性相关 [2]。内在取向的个体焦虑感更少，而自我控制和自我调节水平更高 [3]，表现出更低的死亡焦虑水平 [4]，与自尊、人生意义、家庭关系和幸福感等有更积极的联系 [5]。外在取向的个体和更高水平的抑郁和更低水平的自尊有关 [6]，甚至总体的生活满意度也更低 [7]。从更深层的人格特征分析，高水平的内在取向的个体可能表现出更好的人格功能 [8]。内在取向的信仰者在新环境中的适应力更好、更乐观、更自信，对自我的感觉更积极、生活的目标感更强 [9]。内在取向的个体的自尊水平也

[1] H. G. Koenig & D. B. Larson, Religion and Mental health: Evidence of Association. *International Review of Psychiatry*, 2001, 13, pp. 67–78.

[2] A. Bergin, K. Masters & P. Richards, Religiousness and Mental Health Reconsidered: A Study of an Intrinsically Religious Sample. *Journal of Counseling Psychology*, 1987, 34, pp. 197–204.

[3] K. Chamberlain & S. Zika, Religiosity, Meaning in Iife, and Psychological Well-being. In J.F. Schumaker（Ed.），*Religion and Mental Health*（pp. 138–148）. New York: Oxford University Press, 1992.

[4] J. A. Thorson, Religion and Anxiety: Which Anxiety? Which Religion? In H. G. Koenig（Ed.），*Handbook of Religion and Mental Health*（pp. 147–160）. San Diego: Academic Press, 1998.

[5] P. C. Hill & K. I. Pargament, Advances in the Conceptualization and Measurement of Religion and Spirituality: Implications for Physical and Mental Health Research. *American Psychologist*, 2003, 58, pp. 64–74.

[6] C. T. Burris, Religious Orientation Scale. In Hill, P. C, & Wood, R. W.（Eds.）. Measures of Religiosity（pp. 144–153）. Birmingham, AL: Religious Education Press, 1999.

[7] V. Genia, Religiousness and Psychological Adjustment in College Students. *Journal of College Student Psychotherapy*, 1998, 12, pp. 67–77.

[8] A. Bergin, K. Masters & P. Richards, Religiousness and Mental Health Reconsidered: A Study of an Intrinsically Religious Sample. *Journal of Counseling Psychology,* 1987, 34, pp. 197–204.

[9] V. Genia, Religiousness and Psychological Adjustment in College Students. *Journal of College Student Psychotherapy*, 1998, 12, pp. 67–77.

更高、个人成长的潜力也更大，还表现出更强大的内心自由 ①。而外在取向的个体常常与更少的积极特征有关，他们更容易表现出更多的偏见、教条主义和利他主义 ②。在行为层面，内在取向的个体也显示了更少的反社会行为，显示出更高水平的纪律性、责任心和一致性，更低水平的自恋和对金钱的渴望（King, Elder, & Whitbeck, 1997; Watson et al., 2004; Wiebe & Fleck, 1980）。而外在取向的个体显示了更多的自我放纵、好逸恶劳和不可靠性，他们更可能表现独裁主义或对他人行为和意愿的控制性（Kahoe, 1977）。总体而言，与内在取向相关的特征与积极行为的增长和消极行为的下降相联系，而外在取向则表现出相反的关系。这些结果支持了 Allport 最初的假设，即宗教信仰取向是以宗教信仰的成熟程度为基础的，而内在取向的宗教是发展成熟的宗教类型。

但是，也有一些研究提供了有利于外在取向的一些证据，他们发现外在取向的个体也具备一些积极的特征，包括更高水平的灵活性、自立性、怀疑性和务实性 ③，这些特征表明他们不像内在取向的信仰者那样刻板僵化。同样，内在取向也不一定完全与积极的一面联系在一起，有些研究显示内在取向也可能与偏见 ④、独裁主义 ⑤、思想封闭、教条主义有关，而且还会受到社会赞同的影响，表现出"讨好"的趋势 ⑥。还有研究者认为内在取向与健康的关系没有外在取向那么明显，例如 Mohammadzadeh、Najafi 和 Ashuri 发现，只有外在宗教信仰取向与精神分裂症的特质有关，

---

① P. J. Watson, N. D. Jones & R. J. Morris, Religious Orientation and Attitudes Toward Money: Relationships with Narcissism and the Influence of Gender. *Mental Health, Religion, & Culture*, 2004, 7, pp. 271–288.

② G. W. Allport & J. M. Ross, Personal Religious Orientation and Prejudice. *Journal of Personality and Social Psychology*, 1967, 5, pp. 447–457.

③ K. F. Wiebe & J. R. Fleck, Personality Correlates of Intrinsic, Extrinsic, and Nonreligious Orientations. *Journal of Psychology: Interdisciplinary and Applied*, 1980, 105, pp. 181–187.

④ G. E. A. Griffin, R. L. Gorsuch & A. L. Davis, A Cross–Cultural Investigation of Religious Orientation, Social Norms and Prejudice. *Journal for the Scientific Study of Religion*, 1987, 26, pp. 358–365.

⑤ R. D. Kahoe, Intrinsic Religion and Authoritarianism: A Direct Relationship. *Journal for the Scientific Study of Religion*, 1977, 16（2）, pp. 170–183.

⑥ D. Batson & W. L. Ventis, *The Religious Experience*. New York: Oxford University Press, 1982.

内在宗教取向与严重的心理疾病没有关系 ①。

五、研究总结与反省

尽管通过上述对海外宗教信仰和健康关系的研究成果进行梳理，发现各观点依然存在着分歧，但宗教信仰取向模型的提出和探索确实促进了这个领域的深入研究，很多学者利用这一定义、模型和测评工具拓宽了研究视野，能够从跨宗教派别的角度深入到人格层面分析宗教信仰的内在动力。在肯定这一模型积极价值的同时，也需要对该模型多年以来的实践情况进行反省，并力图加以改进。

首先，宗教信仰取向的测验效度还有待完善。第一，从维度划分考虑，可能还存在其他的宗教取向维度。Baston 认为宗教信仰取向量表仅仅检测了作为主导动机的宗教信仰，但是与存在性问题争辩的动机没有被内在和外在取向包含在内，这种动机把宗教信仰的疑惑看作是积极的，对宗教信仰的变化持开放性态度，这一部分属于寻求取向（quest）或互动取向（interactional）②。第二，从项目表述考虑，Allport 受制于基督教文化的局限，测验项目的表达与其他宗教派别有所出入。因此，不同的研究者在测试其他派别的宗教时，会在文字表述中进行相应的修改，甚至会增加或删减某些项目，这在一定程度上影响到了量表的结构，甚至不同类型的宗教信仰取向的含义。还有一个问题就是一些有限制性前提的项目，例如，"尽管我相信我的宗教……"无宗教信仰的个体回答这些项目就有困难，从而出现不同的反应策略，有人可能会跳过这些问题；有人会选择"完全不同意"这样的选项；有人会选择中立的选项，这尤其对外在取向量表的效度有很大影响。第三，从测试方式考虑。宗教信仰取向的数据搜集来自自我报告，虽然采用匿名方式，但可能一些调查对象还是觉得需要以社会赞许的方式进行反映。此外，调查采用自愿原则，自愿参与的个体应该比患病群体具

---

① A. Mohammadzadeh, M. Najafi & A. Ashuri, Religious Orientation in People With High Schizotypal Traits. *Iranian Journal of Psychiatry and Clinical Psychology*, 2009, 15, pp. 283–289.

② C. D. Batson, Religion as Prosocial: Agent or Double-agent? *Journal for the Scientific Study of Religion*, 1976, 15, pp. 29–45.

有更好的生理功能，造成了潜在的群体差异。只有全部量表被填写完成的数据才被用于分析，因此当一些调查对象可能选择不真实的答案，还有一些调查对象对某些项目没有回答时，就可能把这些有可能因为生理或心理原因而影响完整答题的个体删除掉了。

其次，从文化取向方面考虑。第一，内外宗教信仰取向的划分可能存在价值偏好，内在宗教取向更符合"好"的宗教徒的规则，反映了保守的基督徒的观点，因此可能存在社会期望偏见。第二，宗教信仰取向的跨文化的普遍性可能存在质疑。尽管一般情况下无论东方还是西方的研究者都认同宗教信仰取向的二维结构。但是，Khodadady 和 Golparvar 把宗教信仰取向量表翻译为波斯语后，并没有得到两个维度的结构[1]。同样，在测量穆斯林群体时，根据伊斯兰教的相关情况，Khodadady 和 Bagheri 在增加了新的项目后，经过因素分析发现了七个维度[2]。这些维度与原有的维度结构也不能完全对应。因此有研究者认为内在宗教取向可能更多地与新教徒有关，似乎不能推广到新教徒之外的宗教群体中[3]。但还是有大多数研究者认为这个结构可以泛化到不同的宗教派别中，因为它测试的实际上是一种人格特征，从更广泛的跨文化的角度看，它可能是更一般的个人宗教取向（personal religious orientation）的一部分。

实际上，很难把宗教和文化的效应区分开来，因为二者关系密切。考察内外取向虽然有助于梳理宗教动机，但依然不能完全把宗教和其他文化与社会效应隔离。Schumaker 认为进行宗教信仰的研究时，下列变量应该考虑："宗教信仰和知识、对大多数宗教团体的认同的类型和强度、参与宗教仪式的水平"[4]。Koenig 也提供了宗教在心理健康中起积极作用的可能

---

[1]　E. Khodadady & E. Golparvar, Factors Underlying Religious Orientation Scale: a Methodological Approach. *Ilahiyat Studies: A Journal on Islamic and Religious Studies* ,2011, 2, pp. 215–235.

[2]　E. Khodadady & N. Bagheri, Construct Validation of a Modified Religious Orientation Scale Within an Islamic Context. *International Journal of Business and Social Science*, 2012, 11, pp. 237–246.

[3]　S. Flere & M. Lavrič, Is Intrinsic Religious Orientation a Culturally Specific American Protestant concept? The Fusion of Intrinsic and Extrinsic Religious Orientation Among non - Protestants. *European Journal of Social Psychology*, 2008,38, pp. 521–530.

[4]　J. F. Schumaker, *Religion and mental health* （p. 59）. New York: Oxford University Press, 1992.

的机制："通过信仰和心理态度体系、通过社会支持的增加和与他人互动的提升、通过强调对他人和比自己更有力量的人的关注。"① 这说明宗教信仰作为嵌入社会文化信仰中的一个变量，有复杂的运作机制，很难作为一个单独的变量进行研究。

总体而言，相比简单对比不同宗教派别的健康状况或者宗教行为与健康的关系，宗教信仰取向与健康的量化研究能够从内在的动力体系对这一关系进行解释，涉及生命的意义和价值、人生的方向和目标，也更符合宗教自身的精神价值。纵观目前的发展状况，这一领域虽然在理论、方法和技术层面仍有争议，但却一直呈现不断发展的趋势，未来的研究者需要在当前研究成果的基础上不断提升该模型在理论和实践方面的适用性，从而能够全面而系统地阐述宗教信仰对人们的健康状况的影响机制。

---

① H. G. Koenig, Religion and Mental Health in Later Life. In J. F. Schumaker （Ed.）, *Religion and mental health* （p. 67）. New York: Oxford University Press, 1992.

犹豫与决断：膜拜成员反复原因解析与干预对策 [①]

栾 捷　陈青萍 [②]

摘要： 本文从心理学角度解析膜拜成员反复原因，从成员加入膜拜团体前之心理特征、加入后之心理体验以及外界精神控制三方面因素进行分析，发现膜拜成员存在"三高一低"的心理特征；亢奋联想的神秘心理体验和特殊的心理戒断感受；膜拜团体实施的精神控制是推进式的强化手段，这些内外因素均与反复有关。建议采用"认知疗法"转变膜拜观念、制订"文化配方"建设心理功能、运用"支持疗法"脱离精神控制、定期回访给予及时帮助等对策以供实践运用参考。

关键词： 膜拜团体　膜拜成员　反复原因　干预对策

　　我国正处于社会转型期，也是矛盾突显时期，各种小团体纷纷打着宗教或健身的名义相继成立，一些团体在发展过程中走上与社会主流意识相悖之途，甚至对社会和谐与安全造成一定的危害，这种团体被称为"破坏性膜拜团体"（以下简称膜拜团体，对其成员称为膜拜成员）。我国有 10 余种膜拜团体，成员众多且活动频繁，相关部门对膜拜成员的教育转化工作已开展 20 余年，大多数成员认清了膜拜团体本质，脱离控制并回归正常的社会生活，但仍有少数成员因认知偏差或信仰偏执等原因而不断地出现反复，对个人、家庭和社会构成了不良影响，使社会成本付出极高。本文

　　① 本文系 2017 年国家社会科学基金项目"神秘膜拜团体发展现状及其社会心理控制途径研究"（17 BZJ050）的成果之一。

　　② 栾捷，陕西师范大学出版总社职员、西安交通大学人文社会科学学院博士生；陈青萍，陕西师范大学心理学院教授。

将围绕膜拜成员心理特征、心理体验、精神控制等内外部因素解析其反复原因，并就防控干预提出基本对策，期望能对该领域工作有所帮助。

一、膜拜成员心理特征与反复之关系

为什么一些人会加入膜拜团体并发生反复现象？他们是否存在某些特殊的心理特征？我们采用心身健康、自我和谐、人际信任和焦虑水平等量表，调查了63名膜拜成员的心理表现特征，结果显示他们存在低身心健康水平、低自我和谐、低人际信任、高特质焦虑，即"三低一高"症状[1]，这应该是加入膜拜团体并产生反复行为的内源性因素。我们在访谈中，多数成员描述自己是不快乐的、有病的、情绪抑郁或焦虑的。虽然无法对他们参与膜拜团体前的情况明确定论，但他们提供了加入原因方面的信息：45%的人表示孤独、人际关系不良和身患疾病；20%的人说他们觉得生活无意义；30%的人提到家庭情感不和谐以及经济生活不宽裕，5%的人表示是一种信仰。由此推定，他们加入膜拜团体的部分原因是因身体健康、人际情感、生活境况的不满意。关于这一点，Deutsch & Miller、Sirkin & Grellong 均有研究发现，膜拜成员与非膜拜成员相比，前者更少表达情感并生活得不愉快。Swartiling 对43名膜拜成员进行半结构化访谈发现，多数成员报告他们有焦虑、恐慌、噩梦和抑郁情绪。Singer 指出：膜拜团体共同的副作用就是抑郁、疏离感、孤独感、低自尊、社交恐惧和难以恢复的赖以生存的价值体系。Spero 曾概括了膜拜成员的基本特征：（1）高度以他人为中心和依赖他人；（2）有突出的消极情绪；（3）有强烈矛盾心理或早期经历过令人不满意的历史；（4）有自恋的趋势；（5）批判性判断和推理能力不足。Martin 等人在1992年查阅了有关成员在加入破坏性膜拜团体之前寻求心理咨询的文献，发现在所有成员中寻求心理咨询的比例从7%–62%不等，这些信息显示了成员在加入膜拜团体之前可能存在不健康的心理特征。

国内童修伦等采用《症状自评量表（SCL–90）》调查膜拜成员，发现

---

① 陈青萍、周娟、毛志宏等："膜拜成员心理症状特征与焦点解决短期康复方法"，《中国现代医生》2018年第32期。

他们在躯体化、人际关系、焦虑、抑郁和偏执五个因子上得分显著高于常模。[①] 陈青萍使用明尼苏达多项人格量表（MMPI）和心理控制源量表（I.P.C）研究发现，膜拜成员存在掩饰性、不真实性、支配性、轻躁性等人格倾向和外控型心理模式[②]，即相信发生在他身上的事或行为后果是由运气、机会、命运所造成的，而非由自己努力获得。"外控性者更难以应对紧张的生活环境"[③]，他们在遭遇缺乏劳动技能、身患慢性疾病、人际关系不良、家庭经济困难、精神需求贫乏等各种困难时，会认为这些问题是不可能被解决的而产生心理挫败感。当他们认为结果是无法控制或改变时，就会停止努力而陷入"无助状态"，从而在认知、情绪和行为上表现消极，即发生心理学称为的"习得性无助感"。但是，人都有寻求改变的愿望，便投射至某人或某团体上，依赖于他人并倾向于服从他人价值观来内化自己以获求护佑。我们在回访 62 岁的张某某时，她家里人说："她性格内向，放不开，不愿与人交往，喜欢看神话类的书。最近遇到一些烦心事感觉无望，以前的'功友'一召唤她就又回去了。"可见，张某某在原有的心理特征基础上，当遭遇烦恼处于焦虑困惑时，她就想抓住一根救命稻草，期望境遇逆转，膜拜团体也正是利用这类背景条件策动前成员再回归的，这是反复的原因之一。

二、膜拜成员心理体验与反复之关系

为什么接受过多年教育转化的人会反复？这与他们是否存在某些特殊的心理体验有关？我们调查了 63 名膜拜成员，当问及他们反复的原因时，70% 的人认为停止"练功"对身体不好；20% 的人认为"功友"情谊不能断舍；10% 的人认为有某种神秘力量在召唤自己。Levine 研究了 15 个不同群体的400 多名膜拜成员，他们多数声称参与膜拜活动对自己有益，能被有共同语言的"朋友"接受，能填补他们在家庭和社会中的人际空白，甚至赋予

---

① 童修伦、金俊、肖文清："'法轮功'修炼者人格特征和心理健康初步研究"，《中国健康心理学杂志》2000 年第 5 期。

② 陈青萍："邪教痴迷者的人格学研究"，《宗教学研究》2004 年第 1 期。

③ 汪向东主编：《心理卫生评定量表手册》，《中国心理卫生杂志》1993 年增刊，第 265 页。

了他们生命的新意义。当然，这些"有益"缺乏标准化测量方法评估相关的变量，有可能是膜拜成员特殊的心理体验。譬如，有的成员告诉我们："每天早上都'练功'，练着练着，身体就变得'轻如鸿毛'飘飘欲飞了""每天晚上都读'大师'的书，读着读着，书上的字都变成金光闪闪的字了""每天都祷告，拜着拜着，就感觉灵魂开窍，能与'大师'通灵了""一'练功'就兴奋快乐，乐着乐着，就进入了物我两忘的神秘境界，对宇宙和生命有了大开启的感悟"。这些心理体验可能会在意念很强的宗教信徒身上出现，一般人也会偶尔出现某些体验，类似于"出神"的瞬间幻觉现象，让人产生一种心灵神秘感，只要不影响正常工作与人际交往即可。但是，这些心理体验使一些成员在练功后的潜意识变得更为敏感，更容易受到"心理暗示"和诱导，他们经常在打坐时出现幻视幻听现象并刻意追求这种神秘体验，甚至出现幻觉和妄想的状态，如此便类似于一种精神分裂样的状态了。他们对于理性论证一概否定，执着于自己的偏执信仰。美国心理学家利昂·费斯廷格（Leon Festinger）和同事曾进行过一场现场调查：某地区的宗教团体宣布了上帝旨意："在某日子到来时，人类生存的世界将要被洪水彻底摧毁。"当该日子到来时，世界并没有被毁灭，但是调查发现信徒们并没有改变信仰，反而是更加虔诚地崇拜，他们认为世界之所以没有被毁灭，是因为他们的积极努力和热情迎接死亡的态度感动了上帝，使之改变了原有计划。对此，费斯廷格提出了"认知失调理论"，其基本概念是当个体面对新情境必须表明态度时，在心理上将出现新认知（新的理解）与旧认知（旧的信念）相互冲突的状况，为了消除这种不一致而带来的矛盾感，要么对新认知予以否认，要么以新认知取代旧认知以获得心理平衡，该理论是被广泛用以解释个体态度改变的重要依据。

有些膜拜成员很难建立"新认知"，他们固守"旧认知"而不改变态度，或者新旧认知在他们心中相互冲突、不知所措。成员在脱离膜拜团体之初会产生复杂的心理体验，既包括对"师父"背叛的内疚，也有对自己"练功"前功尽弃的不舍，还有对达到"圆满"的渴望追求，更害怕"轮回报应"的恶果。他们既感恩社会的发展，也感恩身体的改善，他们将膜拜团体与社会规则叠加一起，两种价值分量在心中大致相近而难以决断，形成了犹豫不决的、矛盾与冲突的"双重态度"。他们或许经过学习教育而转化了，但稍有"功友"劝诱便又很快反复了。还有研究表明，膜拜成员出现反复的原因与其"心理戒断体验"① 有关。心理戒断是指在某一活动上瘾之后，当该活动行为停止后，会出现一系列的心理行为症状，主要表现为：情绪低落、感觉乏力、精神空虚、身体僵硬感以及人际关系敏感等。这是由于不断地"练功"刺激使中枢神经系统兴奋，释放较多的多巴胺、5-羟色胺、去甲肾上腺素等兴奋性神经递质，使人处于亢奋状态，暂时延缓了某些情绪不安，膜拜成员会不断地去维持膜拜活动带来的心理快感。一旦这种活动刺激停止，使兴奋性神经递质减少，短时间内便会出现上述症状，面对戒断症状的冲击，有的人为了尽快摆脱而再次回归于膜拜团体。当然，兴奋性神经递质的释放是有限度的，无序兴奋会导致不良后果。有一位成员说，她患有高血压病，自从信了某膜拜团体坚持祷告和练功之后，现在不吃降压药也感觉好好的。现场给她量血压，结果是 188 毫米汞柱，连测两次均为如此。某些表面兴奋快感的特殊心理体验也是一种假象迷惑，实质上剥夺了人的判断力，延误了及时就医而贻害于身体健康。

三、精神控制手段与反复之关系

迈克·奥本海默（Mike Oppenheimer）指出："所有膜拜团体的一个关键相似之处是'控制'。"斯蒂文·哈桑（Steven）将膜拜团体控制分为四个组成部分：行为控制、信息控制、思想控制和情绪控制，这是对成员参与主流社会生活的控制要素。膜拜团体采用的精神控制是指运用一系列特殊方法将人原有的思想从脑中洗尽，取而代之的是教团或教主灌输的思想，对人的精神活动（思维、认知、情感、意志）给予影响和控制，使人完全依赖于膜拜团体和服从教主。这是膜拜团体惯用的杀手锏，他们致力于实施精神控制是掌控成员意识形态的重要手段，他们将成员约束在一个独特文化的圈子里进行"思想更新""精神调节""意识改造"，对思想意识进行"重新编程"达到"洗脑"的程度，使成员高度承诺忠诚于团体并改

---

① 陈青萍、周济全、梁颖："探讨膜拜成员反复原因：心理戒断现象分析与干预策略"，《世界宗教文化》2015 年第 5 期。

变生活方式的服从。其"控制""侵略"和"征服"方式很多，甚至运用性与色的手段，如"过灵床""男女双修""阴阳互补"即为如此。膜拜团体的精神操控者都会编造神奇故事，自称是受过特殊洗礼的"神"的化身，炮制神人仙境的图片，编造奇迹般的康复手段施以诱惑。他们善于把不同概念混为一谈，使用宗教、医学、生物学等专业术语加深成员的印象，千方百计地贴近成员的心理需求，同时切断成员与家人、朋友及社会的联系，声称成员是属于非"常人"的精英人士。我们曾经采用一般自我效能量表（GSES）测量膜拜成员，结果显示他们的自我效能平均得分为 3.13 分，明显高于常模的 2.69 分，二者之间具有统计学显著性意义（$t=5.43$，$p < 0.01$）。这一结果并不奇怪，膜拜团体就是要把成员培育成是"拯救世界"的非凡人才，由此才能使成员更加卖力地配合"教主"实现目标。与此同时，膜拜团体还将外部世界描述成不安全的、不纯洁的或有损于个人发展的样态，让成员产生疑虑或变得脆弱起来，只能安身在膜拜团体"圈子里"才是安全的。通过种种的精神控制手段，使成员不知不觉地被剥夺了有效的现实检验能力，他们接受膜拜身份并压制社会身份，追随膜拜团体的念头变得执着。一旦成员稍有质疑或脱离团体便被认为是"变节""叛徒""败类""灾星""被魔鬼附身的人""危险有害分子""下地狱的人"而遭到某种惩罚。譬如安徽省霍邱县的卢某某在加入某膜拜团体两年后想要退出时，被威胁道："你要是不干了，神一定会惩罚你的，灭了你和你的全家，包括你的孙子。"卢某某迫于威胁而投河自杀了。当人被压迫到恐惧或不安全时，会出现一种"向儿童状态退化式"的依恋心理。膜拜团体在精神控制中致力于强化这种依恋心理，他们制造成员的困惑、迷乱和依从，随着精神控制的时间越长，陷入程度便越深，依恋心理就会越强，即使转化了，稍有风吹草动就会很快反复。我们曾经对长期陷入膜拜团体的成员进行过MMPI 测量检查，发现他们在偏执、歇斯底里和精神变态几个临床量表上得分偏高[1]，显示心理功能有一定程度的损害，这类心理障碍属于"与迷信、巫术相关的精神障碍"[2]，其教育转化是一道难题，故他们会几进几出地

---

[1] 陈青萍："邪教痴迷者的人格学研究"，《宗教学研究》2004 年第 1 期。

[2] 中华医学会精神科分会编：《中国精神障碍分类与诊断标准》第三版（CCMD-3），山东科学技术出版社，2001 年，第 10 页。

不断反复。

四、防控膜拜成员反复的干预对策

几乎所有的成员在退出膜拜团体后都需要心理援助，尤其在脱离膜拜团体初期，一些前成员仍然留有膜拜经历或心理阴影，此阶段易于反复，需要给予干预帮助。学者兰贡（Langone）就干预膜拜成员反复概括了几条措施可以借鉴：（1）对日常危机进行积极管理；（2）再次回顾过去的膜拜经历以总结教训；（3）在解决由失去时间、朋友和清白所造成的悲伤和内疚时给予支持；（4）动员社会支持网络。结合我国情况，提出几项具体防控反复的对策如下：

（一）实施"认知疗法"转变思想观念

"认知是人对客观事物认识的简称，是指个体的知觉、注意、记忆、思维、想象、信念等心理活动，认知活动可以理解为人脑对信息的加工过程、对符号的处理过程以及问题的解决过程。"[1] 认知方式是在条件刺激下决定情绪和行为反应的主导性因素，对于人的情感、情绪、意志和行为有很强的调控作用，并由此构成了一系列心理活动的"反应链"，形成了对自己、对他人和对世界的认识，也支配了人产生这样或那样的行为方式。膜拜成员存在认知偏差现象，如绝对化思维、选择性概括、过度引申、消极注视、任意推断、情绪推理等，如果以偏差的认知方式诠释信息，就不能正确理解事物，只有将认知偏差这一前提改变了，其言行才能发生相应的改变。具体可采用理性情绪疗法进行干预，技术操作要领主要是领悟道理、识别偏差、合理替代、辅助技巧，最后达到消除认知偏差，形成理性思考并转变思想观念之效果。人在何去何从、犹豫、决断不定时，采用认知"触发器"触及心灵敏感之处以促发认知转变。触发原因可能有所不同，但共同点都是为了实现某种目标，如结果与原有期望不一致时，就会触发无法忍受而反戈一击。譬如，请膜拜成员思考："大师"既然真神，为什么把他的书

---

① 梁宁建：《当代认知心理学》，上海教育出版社，2003年，第4页。

超过成本价的几倍卖给你们？"大师"让你们在家里节欲，为什么让你们在外面"男女双修"呢？"大师"让你们爱教，为什么他连国都不爱呢？一次次的认知追问点击成员心扉，矫正其认知偏差以建立理性认知方式防控反复。

（二）制订文化健康配方建设心理功能

膜拜问题根本上就是心理问题，其反复的一个重要原因是成员健康心理功能未能健全。成员在脱离膜拜团体初期，可能会有身体的不适应、心理空虚、害怕业力回身等疑虑，特别是在"没人管"的状态下，抛弃原有的行为方式而现有的选择较少，一时找不到新的活动替代时，心理处于空白状态就会有失落感，其结果便可能再次重归以前的"圈子"以填充空虚。故此，将建设健康心态作为一道解药，消除他们"习得性无助感"引起"破罐破摔"的念头，帮助他们解决转化初期的各种失落问题。分析膜拜成员在反复时经历的脆弱因素是什么？目前有哪些因素会让他们再次成为膜拜团体的目标？相关机构、单位、社区或村委会加强对前成员的关心，为他们及时补充替代方法，输入新的活动和兴趣爱好，如"太极拳""扇子舞""八段锦""心理团体活动""身体健康课"等各种健身方法，重在树立健康心理意识和健全心理功能，快速形成新的人际关系圈，以健康理念消除摇摆而避免出现反复。

（三）脱离精神控制实施的支持方法

膜拜成员多是一些社会"弱势人员"，他们在工作生活中不如意、身体患病痛苦、人际情感不顺、退休在家有空巢感，或者在转化后受到家人轻视而产生不愉快。这些因素成为他们再次陷入反复的一个"拐点"或"诱因"，同时也可以理解为成员反复是与精神控制所致的自我意识缺乏有关。因此，帮助那些依附于特殊信仰的成员去除诱发因素，把他们的精神关注与行为活动导向新的状态中，给他们提供社会资源和能利用自己能力的机会。在农村的一些膜拜成员会遇有经济问题，需要依仗社会保障制度和健全的支持系统给予劳动技能培训等援助，授人以渔地实施生活脱困和精神扶贫，在社会资源援助和个人资源基础上构建自我能力，不再陷入膜拜团体。有一位女性成员迷恋膜拜活动，自费外出"传教"欠了很多债，导致夫妻关系不和。后来，县妇联组织送她去参加了家政培训班，干起了家政，得到了用户信任和称赞，顺势成立了一个"家政联谊会"，还清了欠债，生活改善了，情绪好转了，家庭矛盾缓解了，也帮助一些前成员消除了对膜拜团体的依恋，坚定了与跟随社会主流的信心。

（四）定期回访前成员并给予及时帮助

从膜拜观念中走出来是一个漫长过程，美国心理学家威廉·詹姆斯指出："任何精神上的决断都是内心冲动和斗争的结果。一旦某种情绪占据优势，便会将其他的情绪抑制下去。在种种情绪中，没有哪一种情绪比宗教情绪的支配力更为强大。"[1] 我们在访谈中了解到，许多成员在脱离膜拜团体后第一年反复的可能性大一些，有些人仅仅是阶段性表面转化，思想认知和根本立场尚未能完全转化，在此期间情绪动荡易发生动摇反复。因此，在转化初期需要重点关注和定期回访前成员，既要注重转化的数量，更要重视转化的质量。可以在社区这种长期性的机构进行后续的心理健康教育，定期采用电话、微信、家访等形式掌握前成员信息以及时防控反复。心灵问题是极其复杂的，转化成员的思维方式和认知立场是极具有难度的工作，需要家庭、单位、社会和专业机构提供延伸性、长期性和系统性的帮助。

---

① ［美］威廉·詹姆斯：《宗教经验种种》，尚新建译，华夏出版社，2005年，第260–268页。

思想交谈

瑜伽与新兴宗教

——基于宗教心理学的考察

李春尧①

摘要："瑜伽"和"宗教"的表现形式、理论内涵都有所区别。但是，二者都追求关联"终极存在"，故"瑜伽"具有"宗教性"。因此，它有了融入其他宗教（非印度本土的）的可能。欧美新兴宗教很多是出自基督宗教的"异端"，不少也有印度文化背景，甚至由印度人创立。几乎每一种出自印度文化背景的新兴宗教都不同程度地利用"瑜伽"修行，并以此作为招揽信徒的利器。以下几种新兴宗教对"瑜伽"利用较多：超验修定团（TM）、国际克里希那知觉协会（ISKCON）、赛巴巴教、自我实现团契。为什么西方新兴宗教热衷于利用瑜伽？瑜伽在哪些方面迎合了西方信众需要？首先，由于宗教改革，西方世界传统宗教已不能满足信众心理需求，信众需要一种不同于传统但又有现代人本主义精神的灵性修行方式，瑜伽很好地满足了这一需求。其次，瑜伽本身有特殊性，它并非制度化宗教，作为一种修行方式，很多细节经得起"心理实验室"检验，此特点满足了西方人对"科学"的崇尚。由于瑜伽能同时在"科学"与"灵性"两方面适应西方文化，因此，西方新兴宗教会乐此不疲地将其作为教派特色与传教利器。

关键词：瑜伽 新兴宗教 灵性 宗教心理学

---

① 李春尧，哲学博士，广州南方学院讲师。本文系广州南方学院 2022 年度校级科研项目"荣格心理学对老庄思想的借鉴与误读"（2022XK29）的成果之一。

一、瑜伽（yoga）与宗教（religion）关系

　　瑜伽并不是一种宗教，但是它有一个特点，即作为一种修行方式，它几乎可以与任何一种宗教相结合。它固然是婆罗门教—印度教的修行方式之一，但也曾深深影响佛教（被归入佛学之"禅定之学"）与耆那教；甚至，它也可以融入亚伯拉罕系宗教，比如，它可以以某种形态与伊斯兰教的苏菲派相适应；近现代以来，它也能改头换面，成为基督宗教很多教派的修行方式。总而言之，瑜伽本身并不是宗教，但它能与多种宗教相融合的特点向我们展示出了它的与宗教修行相关的特点。那么，我们如何理解"瑜伽"和"宗教"的关系呢？

　　对于这个问题，我们还是要回归"瑜伽"的本义。"瑜伽（yoga）"的本义是"轭"，它的所有含义都是"轭"引申出来的，在抽象之后，作为动词的"瑜伽"拥有了驾驭（连接）、使结合、使一致、使密切、使和谐等义项，这五种含义，是逐级递进，逐步抽象的。其中，"使和谐"是最具有超越性的一个义项。[①] 但是，不管是在"原始瑜伽时期"，还是在"经典瑜伽时期"，"瑜伽"一词始终都有"联系"的内涵：这种"联系"，一开始建立于"人"与"神"或"天"之间，后来，则建立于"人"与"终极存在"之间。当古印度智者开始思考"如何与终极存在建立联系"之时，"瑜伽"就具备了哲学性与宗教性，从此时起，"瑜伽"就被固定理解为一种"修行方法"："人与终极存在建立联系的方法"。当然，所谓"终极存在"可以是"有神论"的，也可以是"无神论"的，当它按照"有神论"来理解时，这种方法就成了一种宗教修行方式。

　　然而，行文至此，我们仍未能澄清"瑜伽"与"宗教"的关系。问题在于，"宗教"这个概念本身也是模糊不清的。由是之故，"瑜伽"与"宗教"的关系依然暧昧。我们还是按照考察"瑜伽"的方法，先回归到"宗教（religion）"的本义，再试图明辨"宗教"与"瑜伽"的关系。Religion之词源尚有争议，但是，"学者基本同意 religion 源出拉丁词根 leig，意指

---

　　① 笔者在博士后出站报告中另有详述。

联结、约束（to bind）。因此，religion 指人与外在于自己的神或某种力量的连接与纽带，亦指人与超人力量的特殊契约关系"①。由此可见，"宗教（religion）"的基本内涵之一，也是"联结"，这和"瑜伽"的内涵是近似的。"宗教（religion）"另一个基本内涵是"约束"，这个内涵既有"纽带"的含义，也可以引申出"契约"的含义，这个导向，则趋近了亚伯拉罕系宗教，与"瑜伽"关系渐远。但无论如何，"宗教"的一个内涵是"联结"，这个"联结"强调的是有一种超人间的力量，这种力量必然将与人类发生某种关系。这个含义和"瑜伽"（人与终极存在建立联系的方法）是基本一致的，唯一的不同："瑜伽"更强调修行者的主体性，即修行者通过自身的努力，去与终极存在建立联系，而且，这个"终极存在"未必表现为"神"；"宗教"则更强调信仰者的被动性，即信仰者是被某种超人间力量控制的，这种超人间力量表现为"神"，而且，在人、神关系中，神始终处于主导地位。

综上所述，"瑜伽"和"宗教"在表现形式上、理论内涵上都有所区别，但二者的联系不容忽视。二者都追求与终极存在建立联结，正是在此意义上，我们说"瑜伽"是具有"宗教性"的，同时，正是因为这个缘故，它有了融入其他宗教（非印度本土的）的可能性。

二、新兴宗教对瑜伽的利用

所谓"新兴宗教"，是相对"传统宗教"而言的。在古代社会，西方世界的主流宗教是从犹太教发展而来的基督宗教（含天主教、东正教）；在近东与中东地区，先后流行过琐罗亚斯德教、摩尼教、伊斯兰教；在南亚地区，主流传统是婆罗门教—印度教，另有支流佛教、耆那教、锡克教（产生时间稍晚，16 世纪初诞生）等；在中国中原地区主要流行"儒教"②、道教、汉传佛教，日本有其民族宗教"神道教"。总而言之，古代社会的宗教版图相对稳定，各大宗教的发展亦相对稳定。但是，随着地理大发现

---

① 彭牧："Religion 与宗教：分析范畴与本土概念"，《世界宗教文化》2010 年第 5 期。

② "儒教"是否是一种"宗教"？这个问题无关宏旨，暂不深入。

和宗教改革运动（16世纪、17世纪）的兴起，传统的宗教格局被近代交通所打破，东西方宗教有了更多的交流与互渗，在西方世界内部，天主教也不再拥有至高无上的权威，诸多新教派纷纷崛起，它们的总体势力已经可以和天主教、东正教鼎足而立。

古代宗教格局的瓦解，客观上就为新兴宗教的出现提供了空间。人类历史进入19世纪之后，由于国际政治的动荡、工业科技的发展、文明之间的碰撞，新的宗教教派不断涌现出来。"这些新的宗教教派，有些是从传统宗教，特别是从佛教和基督教中产生分化出来的，有的则是在新的历史条件下诞生的。"① 这些有别于"传统"的教派就被统称为"新兴宗教"②。简单而论，新兴宗教的发展有两个路向，一个路向是以"反传统"的面貌出现，但逐渐回归传统，最终获得传统势力的承认，比如摩门教、巴哈伊教、创价学会。另一个路向则是在"反传统"的道路上越走越远，最终因其"反社会"的特质而蜕变为"邪教"，比如奥姆真理教、天堂之门、人民圣殿教。

在现当代世界，新兴宗教的数量是极其繁多的。据统计，西方社会中，"美国在70年代中期就已有各种新兴教派3000余种"；"欧洲大陆有新兴宗教团体1300多个"③。这些欧美新兴宗教，有很多是出自基督宗教的"异端教派"，也有不少是有印度文化背景，甚至是印度人创立的。对于有印度文化背景的新兴宗教来说，几乎每一种都不同程度地利用了"瑜伽"这种修行手段，并以此作为招揽西方信徒的利器。

在现当代影响较大的新兴宗教中，有印度文化背景（印度教背景）④的主要是以下10余个：奥姆真理教（这已是举世公认的"邪教"）、奥修静修会、超验修定团（简称TM）、迪帕克·查普拉、国际克里希那知觉协

---

① 业露华："关于新兴宗教的一些问题"，载上海社会科学院宗教研究所编《世界新兴宗教100种》（内部资料）。

② 对于"新"的界定，学术界说法不一。有人认为，应以19世纪中期为界；有人认为，应以二战结束为界；也有人认为，没有必要专门划定一条时间线，只要是不同于"传统宗教"的，皆可以称其为"新兴宗教"。笔者对"新兴宗教"的理解，即是基于最后一种观点。

③ 业露华："关于新兴宗教的一些问题"，载上海社会科学院宗教研究所编《世界新兴宗教100种》（内部资料）。

④ 另有一些新兴宗教，因其佛教背景而与印度文化关联甚深，但由于它们均与"瑜伽"关系不大，故此处暂不罗列。

会（简称 ISKCON）、梅赫尔·巴巴、赛巴巴教、室利·钦默伊、同步共时修定、锡克之道（简称 3HO）、伊泰利乌斯会、自我实现团契、综合瑜伽。

其中，对"瑜伽"利用较多的有以下几个：超验修定团（TM）、国际克里希那知觉协会（ISKCON）、赛巴巴教、自我实现团契、综合瑜伽。至于另外几个新兴宗教，它们虽然都有印度文化的背景，但是并不以"瑜伽"作为修行的主要手段。比如，奥姆真理教（已蜕变为"邪教"）的创始人麻原彰晃在自立门户之后，曾经开办"瑜伽道场"，借用瑜伽来吸引信众，但它的"教义"是借用佛教与基督教的概念杂合而成。奥修静修会的创始人拉吉尼什（Rajneesh，后改名为"奥修"）出生于耆那教家庭，他的演讲虽然也涉及瑜伽，但他的"教义"却是以坦特罗理论为基础的。迪帕克·查普拉（Deepak Chopra, 1947– ）也强调瑜伽与坦特罗，但他创立的组织重点关注"生命健康"，试图利用古印度的阿育吠陀、体液（dosha）理论、冥想技术、"量子疗法"等卖点来扩大自身影响。梅赫尔·巴巴（Meher Baba，1894–1969）出生于琐罗亚斯德教家庭，他的理论主要是琐罗亚斯德教、伊斯兰教苏菲派、印度教神秘主义的杂合，由于他和甘地颇有私交，所以他的组织在印度、北美皆有不小的影响。室利·钦默伊（Sri Chinmoy, 1931– ）是奥罗宾多的弟子，他自称不属于任何宗教，而研究者则倾向认为，"钦默伊在印度也许会被当作一位教派领袖，不过从社会学角度看，他是一位从印度教中分裂出来的新兴宗教运动的领袖"[1]。也就是说，和他的老师奥罗宾多一样，他更像是一个宗教改革者，而他的教团与印度教传统之间张力也较为有限，或曰，"反传统"的特质并不明显。"同步共时修定"的创始人查尔斯（1945– ）是一个美国人，他在印度跟随一个修行者练习冥想，并依据他的嘱托将印度宗教文化传播到了美国，他的教团试图以美国人喜闻乐见的方式来传授冥想技术，号称"每日一小时，日积月累"，即可修定。但是，它对瑜伽没有作过多的利用。锡克之道（3HO）虽然也可以视为锡克教在美国的一个支派，但是，与锡克教主流相比，这个教团比较强调昆达里尼瑜伽和坦特罗瑜伽，其创始人巴赞（Yogi Bhajan，1929– ）在赴美（1969）之后，还利用瑜伽来向美国人传播锡克教

---

① 上海社会科学院宗教研究所编《世界新兴宗教 100 种》（内部资料），第 239 页。

的信仰和理论，但总的来说，这个教团并未脱离锡克教的主流，在它的信仰与教义体系中，瑜伽仅仅占很小的空间。与上述几个新兴宗教相比，伊泰利乌斯会（Aetherius Society）对瑜伽的利用更多，它的创始人金·乔治（1919-1997）本人也是一个瑜伽师，不过，"该会系国际性飞碟组织"，它的宗旨是同UFO、外星人和"宇宙之主"建立联系，而瑜伽只是祈祷、"灵疗"、符咒、朝拜等若干种手段之中的一种。

与瑜伽关联较大的新兴宗教有：超验修定团（TM）、国际克里希那知觉协会（ISKCON）、赛巴巴教、自我实现团契和综合瑜伽。其中，综合瑜伽就是在奥罗宾多思想基础上发展起来的教团。以下，主要介绍一下其他四种新兴宗教及其与瑜伽的关联。

三、玛哈士及其超验修定团（TM）

玛哈士，全名为玛哈利诗·玛哈士（Maharishi Mahesh Yogi），他于1917年出生于印度，1940年毕业于印度阿拉哈巴德大学，并获得物理学学位，之后他跟从一个印度教的古鲁学习冥想技术，并有所成就。1956年，他正式创立了"超验修定团"（Transcendental Meditation，或译为"超觉冥想"），开始对外宣传自己的学说。50年代末，玛哈士开始周游列国，以演讲、授课的方式扩大"超验修定团"的国际影响，并将他个人开创的瑜伽修行方式定名为"超验修定"。到了六七十年代，由于甲壳虫乐队、法罗等明星的加入，超验修定团开始迅速发展，一时风头无两。

TM自称其并非宗教，也没有自己独特的经典，仍以印度教的《吠陀》《薄伽梵歌》《瑜伽经》作为自己的理论依据。它的学说颇多神秘主义色彩，但没有太大的理论深度，比较独特的，是TM开发的一套冥想技术，这套技术据称可以改变身心状态，从而增进智慧，改变人生。按照TM自己的说法，教团所传授的，"根本不是宗教实践，而是一种科学的放松身心的技巧"[①]。由于这套技巧既标榜了自己的"科学性"，又相对简单实用，因此，它在西方世界很受欢迎。

---

① 上海社会科学院宗教研究所编：《世界新兴宗教100种》（内部资料），第47页。

作为现代印度瑜伽的一支，TM 侧重于冥想而非身体训练，由于创始人玛哈士的物理学背景，TM 在阐释印度冥想技术时，借用了很多现代物理学的概念学说，因此，它显示出了相当程度的"现代性"。不过，最为值得一提的，还是这个教团和甲壳虫乐队的关系。

甲壳虫乐队（The Beatles，或作"披头士乐队"，1960–1970）是 1960 年成立于英国利物浦的一个摇滚乐队，成员共四人分别为：约翰·列侬、林戈·斯塔尔、保罗·麦卡特尼、乔治·哈里森。在此四人当中，乔治·哈里森是最早接触印度文化的，在他的影响下，甲壳虫乐队于 1968 年，来到印度的一个小镇瑞诗凯诗，跟随玛哈士练习瑜伽冥想。瑞诗凯诗是位于喜马拉雅山麓的一个小镇，根据印度的某些传说，瑜伽正是发源于此，但长久以来，它一直寂寂无闻，直到甲壳虫乐队光顾，它方才扬名世界，并被誉为"世界瑜伽之都"。客观说，甲壳虫乐队的参与，扩大了 TM 甚至所有瑜伽流派的国际影响，使瑜伽更进一步地融入西方文化之中，但是，甲壳虫乐队很快就和玛哈士中断了交往，此后更是对这段经历闭口不提。关于他们的"闪离"，坊间有两种传说，一是说甲壳虫乐队与玛哈士交往后不久就发现他虚有其名，生活腐化堕落，遂果断离开；二是说玛哈士发现披头士在加入 TM 之后依旧沉迷毒品，遂将其逐出师门。这两种说法似乎分别来自于双方的拥趸，披头士经纪人的回忆录也坚持前一种说法。据笔者目前掌握的资料，这种可能性似乎更大一些，因为从 TM 的发展来看，在披头士离开之后，教团便逐渐萎缩，TM 试图通过销售"灵疗产品"来维持生计，但是，"在 20 世纪 70 年代中期发生的一个法庭诉讼使该运动的发展速度大幅度减小"。"1976 年新加入的成员多达 29 万多。然而到 1977 年，仅有 5 万名新成员加入。"更有甚者，20 世纪 90 年代初，玛哈士干脆放弃了他的瑞诗凯诗的根据地，原因不详。

但不管真相如何，借助甲壳虫乐队在文化界的巨大影响力，玛哈士也被众多瑜伽修行者视为当代著名瑜伽大师之一，他所开创的 TM 在当今瑜伽界虽不复当年之誉，但仍保有一席之地。

四、国际克里希那知觉协会（ISKCON）与"奉爱瑜伽"

ISKCON 的创始人叫巴克提维坦塔·斯瓦米·普拉帕达（A.C. Bhaktivedanta Swami Srila Prabhupada，1896–1977），他于 1896 年出生于印度加尔各答，与辨喜（1863–1902）、奥罗宾多（1872–1950）是同乡。1965 年，他远渡重洋，到美国广收徒众，并于次年成立了 ISKCON，将活动中心定于洛杉矶市。1977 年，创始人普拉帕达去世，他生前召集成立的 ISKCON 委员会全面接管了该教团在世界范围内的所有产业。ISKCON 的传教范围很大，除了北美和欧洲之外，它在华人世界也颇有影响，在台湾地区比较流行，在大陆也有地下活动。近年来，由于它所遭遇的法律纠纷和它的"洗脑式"传教手段，该教团的国际声誉每况愈下，有的国家已经将其列入"邪教"名单。

理论上说，这个教团是从印度教的毗湿奴派的黑天支派发展而来的。众所周知，印度教有毗湿奴派、湿婆派、性力派三大派系，毗湿奴派崇拜毗湿奴及其化身（黑天是其中之一）与其配偶等神祇，强调对神的"虔诚信仰"，相对重视宗教行为（饮食禁忌、祭祀仪式等）。伊斯兰教进入南亚之后，印度教中逐渐兴起了"虔信派运动"（11–17 世纪），"由于这一派的思想家主张通过对神的绝对虔诚和无限崇信而获得解脱，故得名'虔信派'"①。在"虔信派运动"的影响下，孟加拉国的查伊泰尼耶（也被尊为 ISKCON 的祖师）在 16 世纪创立了"黑天派"，作为毗湿奴派的一个分支，黑天派以毗湿奴的化身黑天作为最高信仰。

虽然，ISKCON 将其传承追溯到查伊泰尼耶，并以其为"祖师"之一，但是，它实际上是黑天派的一个"异端"，它与黑天派及印度教主流传统有几点差异：第一，它以黑天（该教团的华语信徒将其音译为"克里希那"或"奎师那"）为唯一神而非至高神，黑天派则仅以黑天为至高神，并不排斥其他神祇。第二，它特别强调"巴克提"（Bhakti），意为"虔信"或"奉爱"。强调"虔信"是黑天派甚至整个毗湿奴派的特色，但 ISKCON 将其

---

① 朱明忠、尚会鹏：《印度教：宗教与社会》，世界知识出版社，2003 年，第 16 页。

置于无比崇高的地位，这个教团所采用的瑜伽也被称为"奉爱瑜伽"。或者更直接地说，ISKCON 和"奉爱瑜伽"其实就是一体之两面，当它要展示其宗教色彩时，就以 ISKCON 的身份活动；当它要进行商业经营时，就以"奉爱瑜伽"的形态示人，这种情况在我国台湾地区尤为普遍。[1] 第三，该教派以《薄伽梵歌》为最重要的经典，但信众对《薄伽梵歌》的理解，则要以普拉帕达所著《薄伽梵歌原义》为基准。事实上，ISKCON 所宣扬的"奉爱瑜伽"接近于《薄伽梵歌》中的"信瑜伽"，但该教团的"奉爱"活动被细化为一系列的条目，而且，他们的"奉爱"活动自始至终都贯穿了黑天（华语信众通常称"奎师那"）崇拜。[2] 第四，为了争取更多信众，ISKCON 吸纳了很多基督宗教的观念，甚至"耶稣基督被看作是克里希那的直接代表，这是其他印度教派不予承认的"[3]。

由于以上四点，ISKCON 和传统的印度教有了质的区别，而它所宣扬的"奉爱瑜伽"也因此与《薄伽梵歌》的"信瑜伽"有了质的区别（尽管这个教团本身竭力否认这一点）。可想而知，信众"奉爱"的对象是黑天（奎师那），但接受"奉爱"的对象却是教团的领袖，如此一来，ISKCON 和"奉爱瑜伽"就很容易走向腐败。依据笔者的观察，ISKCON 及其关联团体的行为也通常游走于"宗教行为"与"商业行为"之间，既搞群体膜拜，又借瑜伽敛财，其发展动向暧昧不明。

五、赛巴巴教

赛巴巴教创立于 1940 年，他的创始人出生于南印度的希尔迪村，因此也被称为希尔迪·赛巴巴（Shirdi Sai Baba，1926–2011）。需要特别说的是，在印度历史并非只有一个赛巴巴，创立"赛巴巴教"的希尔迪·赛巴巴也并非第一个赛巴巴。

---

[1]　陈素晴:《修习密宗瑜伽的灵性开展与疗愈之叙说研究》，硕士学位论文，彰化师范大学，2012 年，第 35 页。

[2]　笔者初步了解到，在某些瑜伽教学活动中，指导者也特别强调对"奎师那"的崇拜，并有相应的膜拜行为。笔者猜测，这些瑜伽教学机构都有 ISKCON 的背景。待查考。

[3]　上海社会科学院宗教研究所编《世界新兴宗教 100 种》（内部资料），第 97 页。

　　据说，在 19 世纪末 20 世纪初，有一位叫作室利·赛巴巴（Shri Sai Baba）的修行者居住在南印度的希尔迪村。他早年生活不详，有人推测他大约出生于 19 世纪 30 年代、40 年代期间，家乡在印度马哈拉施特拉邦。他在希尔迪村居住了将近半个世纪，向村民传播一套融合印度教和伊斯兰教教义的思想，在当地颇有影响。1918 年，室利·赛巴巴去世，临死时他预言，他将在八年之后转世回到这里。

　　八年后的 1926 年，希尔迪村的一个印度教家庭出生了一个叫萨提亚（Sathya）的孩子，这个孩子出生以后，便时常出现一些"神迹"，在他 14 岁时，他宣称自己就是室利·赛巴巴的转世，并开始周游各地传教。为了与他的"前身"室利·赛巴巴相区别，人们通常以其籍贯称其为希尔迪·赛巴巴，或以其本名称其为萨提亚·赛巴巴。

　　希尔迪·赛巴巴的思想主旨和他的"前身"一样，同样主张调和印度教和伊斯兰教，因此，他将《古兰经》《吠陀》《奥义书》等同列为赛巴巴教的经典。就其思想而言，希尔迪·赛巴巴并没有什么独创，他认为："神"只有一个，但却有不同的名字，穆斯林称其为"安拉"，基督教徒称其为"上帝"，印度教徒称其为"黑天"或"毗湿奴"，但这些不同的名字，背后只有一个真实的存在。这个信条是赛巴巴教的一个基本观念，不难看出，它也是印度教"虔信派运动"影响下的产物。赛巴巴教认为，赛巴巴就是神的化身，信徒必须借助他，才能实现与神的沟通。

　　赛巴巴教并没有什么深奥的理论，它更强调宗教行为与实践。赛巴巴本人经常表现得生活清贫，甘居陋室，行脚乞食。同时，他也号召他的信徒帮助他人，行善积德，因此，这个教团成员也从事了很多公益活动，如办学、行医、救助难民等。赛巴巴本人的传教手段比较简单，除了说教之外，就是显示"神迹"。他经常当众展示一些让人匪夷所思的"神通"，比如变水为油、死人复活等，这些"神通"可能很难取信于有教养的现代人，但在 20 世纪印度的欠发达地区，这套做法颇能吸引信众。

　　赛巴巴教于 1940 年创立之后，发展得比较顺利，因此，赛巴巴也很快自我膨胀。1963 年，他宣称湿婆神有三个化身，第一个是室利·赛巴巴，第二个是他自己，第三个则会在他死后八年降生于世。到了 1968 年，他更宣称自己就是"宇宙之神",凌驾于一切宗教之上。[①]

虽然"教义"如此荒诞不经,但赛巴巴教也迅速发展为国际性的新兴宗教。据说,"赛巴巴信徒主要是在印度和斯里兰卡地区的一些城市中的中产阶级,他们深信赛巴巴是佛陀的化身"[②]。这个教团的信众可能已经突破 1000 万人,分布在世界 100 多个国家,它的组织也非常严密,它将全世界分为 15 个教区,每个教区下设有"赛巴巴中心"。比如,它在东亚地区就设有 3 个教区,我国台湾地区就有一个"赛巴巴中心"。另外,它在加利福尼亚还建立了一个"基地",从事宣传出版活动。

赛巴巴教本身对瑜伽并没有太多利用,本文将其列为"与瑜伽关系密切的新兴宗教",主要是因为,赛巴巴和"瑜伽第一夫人"黛维之间颇有一些交情。

黛维 1899 年出生于拉脱维亚,20 多岁时,她曾游学于布拉瓦茨基夫人领导的"神智学会",与克里希那穆提来往甚密,并以之为人生导师。30 多岁时,她拜入克里希那玛查雅门下学习瑜伽。之后发生的第二次世界大战改变了她的人生轨迹。她先是在上海推广瑜伽(1939),但被日军侵华所打断;战乱之中,她流离失所;战争之后,她无家可归,遂将目光投向了新大陆(1947)。

据黛维的传记记载,黛维在美国获得成功(1947-1960)之后,即对瑜伽的商业化有所不满,正是在这种情况下,她投入了赛巴巴教的怀抱。据传记记载,黛维在 60 年代加入了赛巴巴教,这缘起于她与赛巴巴会面时的神秘体验,她感受到"战栗""眩晕""狂喜"……她便由此认定,赛巴巴就是神。此后,黛维以义工的身份参与了赛巴巴教的传教活动,她帮助赛巴巴教在世界各地扩大影响,同时,她也借助赛巴巴教的机构,向世界各地的人推广"黛维式瑜伽"。由于功勋卓著,她逐渐成为赛巴巴教的骨干成员,也正是凭借职位的升迁,黛维逐渐发现了赛巴巴的一些秘密。与很多新兴宗教的领袖一样,赛巴巴在两个问题上劣迹斑斑:一是在私生活中,他非常贪财,贪图物质享受;二是他性生活不加检点,常常对他身边的年

---

① 上海社会科学院宗教研究所编《世界新兴宗教 100 种》(内部资料),第 219 页。
② 上海社会科学院宗教研究所编《世界新兴宗教 100 种》(内部资料),第 219 页。

轻男子进行性骚扰。黛维发现赛巴巴教的黑幕之后，逐渐开始疏远赛巴巴，到 90 年代，她彻底断绝了与该教的关系。据说，1993 年，有六个年轻男子在赛巴巴的"静修院"中被谋杀，死因可能与赛巴巴的性骚扰有关。

从黛维传记披露的材料来看，黛维与赛巴巴有大约 30 年的交集，黛维或许没有利用赛巴巴的主观动机，但从客观结果来看，黛维和赛巴巴都通过对方来扩大了自己的国际影响。对赛巴巴而言，他发现了黛维的能力与忠诚之后，就逐渐将她提拔为骨干教徒，并利用黛维的瑜伽吸引到了更多的教徒；对黛维而言，她离开美国（1960）之后，便失去了强有力的资本支持，来自赛巴巴教的组织支持成为她推广"黛维瑜伽"的一个动力。赛巴巴教刻意在世界各地建立机构，通过开办医院、学校、"静修处"等来扩大自己的影响，此类机构恰好为黛维推广自己的瑜伽提供了诸多便利，因此，黛维和赛巴巴事实上存在着一种互惠共利的关系，赛巴巴教并没有以瑜伽作为他们的主要传教手段，但考虑到黛维与该团体的甚深关联，本文将赛巴巴教也视作"与瑜伽关系密切的新兴宗教"之一。

六、尤迦南达（Yogananda）与自我实现团契（Self-Realization Fellowship）

尤迦南达（1893—1952）出生于印度北方邦的戈勒克布尔（Gorakhpur），高中毕业后，他决定到同属于北方邦的贝拿勒斯（Banaras）出家并研修宗教。在贝拿勒斯，他拜入瑜特斯瓦（Yukteswar）门下修习瑜伽，长达 10 年之久。业成之后，瑜特斯瓦希望他能够去西方弘传瑜伽，由是之故，1920 年，他越洋赴美，并创办了"自我实现团契"（Self-Realization Fellowship）以推广瑜伽和印度传统文化。1924 年，他开始了在美国的全国巡回演讲，还在 1927 年受到时任美国总统柯立芝（Coolidge）的邀请访问白宫，达到了事业巅峰。1946 年，尤迦南达出版了《一个瑜伽行者的自传》（Autobiography of a Yogi），这本书由于苹果公司创始人乔布斯（1955-2011）的推崇，在尤迦南达去世（1952）之后仍然持续畅销，先后被翻译为 18 种语言，并被媒体誉为"现代灵性书籍的经典之作"①。

尤迦南达创建的"自我实现团契"立足于印度传统，但试图融通印、西宗教，他们将《新约》与《薄伽梵歌》共同列为教派经典，这显示了尤迦南达试图接引西方信众的文化姿态。

"自我实现团契"创立于1920年，彼时，克里希那玛查雅的弟子尚未赴美，克里希那玛查雅开创的"现代瑜伽"（即我们今天习以为常的瑜伽）在美国也毫无影响，"自我实现团契"所倡导的瑜伽是"克利亚（Kriya）瑜伽"。克利亚瑜伽被意译为"行动瑜伽"②，也就是《瑜伽经》"八支瑜伽"中的前五支：自制、遵行、坐姿、调息、制感。这五支是对行为、对身体的规范性约束。钵颠阇利在《瑜伽经》中解释称："苦行、诵习和敬仰自在天是行动瑜伽。"③

也就是说，尤迦南达及其教派所倡导的"克利亚瑜伽"包含三个要点：苦行、诵习、敬神。其中，苦行是对信众在行为方面的要求，至少要做到"生活俭朴"；诵习是念诵梵音"唵"字；至于"敬神"，"自我实现团契"显得比较宽容和个性化。他们并不要求西方信众放弃原来的宗教信仰，反而强调：基督和黑天是一致的；《新约》和《薄伽梵歌》的精神也是一致的；信仰与解脱皆取决于内心世界而非外在世界；人类各大宗教的根本旨归相同。

从"自我实现团契"的教派理论来看，它并没有太多高深之处，只是持一种宗教调和的主张，用一套印度宗教和哲学的术语向西方信众推广一种思维方式和生活方式。这是符合东西方文明交融的历史大势的，从实践方面来看，这个教团也没有太多离经叛道之处，基本上是一个温和的、良性的新兴宗教组织。

七、瑜伽和新兴宗教的结合何以可能？

以上，本文简单梳理了"瑜伽"与"宗教"的关系及"新兴宗教"对"瑜

---

① 巢巍：《瑜伽文化小史》，中国青年出版社，2017年，第163页。

② 此处的"行动瑜伽"与《薄伽梵歌》中的"行动瑜伽（业瑜伽）"略有不同。

③ 钵颠阇利：《瑜伽经》，黄宝生译，商务印书馆，2016年，第35页。

伽"的利用，在此基础上，介绍了四种影响比较大的新兴宗教。在下文中，笔者尝试利用宗教—灵性心理学的一些理论来解释这样的问题：为什么西方的新兴宗教热衷于利用瑜伽？瑜伽在哪些方面迎合了西方信众的需要？

关于这个问题，我们还要从宗教改革说起。众所周知，在宗教改革之前，西方世界是天主教一统天下的（这里姑且不讨论俄罗斯等东正教国家）。在马丁·路德等人领导的宗教改革之后，天主教的权威不复存在，欧洲各地陆续涌现出几百个新教派别。从表面看，信众有了选择的自由，但另一方面，没有哪个教派能在组织上、思想上像以前的天主教一样有效地为信众提供精神慰藉。如此一来，就出现了一个问题：随着社会的不断发展，信众的灵性需求（宗教需求）是有增无减的，但教会方面提供的"宗教产品"却相对匮乏。这一方面是因为，教会方面失去了组织的保证，另一方面，也是因为资本主义经济的发展给教会提出了更高的要求：宗教理论家们必须不断更新自己的理论，否则的话无法纾解信众的心理危机。

对于基督宗教来说，这是个非常艰巨的任务。尤其当世界历史发展到一战、二战时期，"西方的没落"已经初现端倪。西方传统的宗教文化资源无力解决自己的问题，在这种情况下，西方人便或有意，或无意地将他们的目光转向了东方。东方自古以来就有很多灵性资源，不管是道教、佛教，还是婆罗门教、耆那教，甚至是琐罗亚斯德教，其中都有很多西方人可以汲取的营养，当然，瑜伽更是其中之一。

前文已述，瑜伽本身并非一种宗教，这就使它显得非常有"弹性"。宗教改革之后的西方宗教市场是什么情况呢？信众找不到一个强有力的组织保证，他们更多的是通过自身的探索来完成"自我灵性救赎"。站在人本主义的立场，这当然是一个进步。不过其中的问题是，他们如何可以找到一条方便的、有效的道路呢？瑜伽正好在这个问题上发挥了它的优势：它本身没有制度的限制，符合人本主义精神；另一方面，它在印度发展了上千年，有一套相当成熟的理论和技术，尤其在瑜伽实现"现代化"（体式化）之后，它更多地以"体操"的形态出现在都市生活中。这些优势无疑帮助它成为西方灵修者的不二之选。

另有一个值得关注的问题。瑜伽的效果是可以得到实验心理学的验证的。对于西方现代人来说，他们对于"科学"的态度是矛盾的。一方面，他们相信科学的力量，但另一方面，他们也知道科学并非万能。这种矛盾造成了一种尴尬：西方传统宗教宣传的所谓"神迹"等已经很难激起他们的宗教热情，他们更需要一种"经得起验证"的"宗教"。有什么可以比瑜伽更能满足他们这个需要呢？

灵渠"四贤"信仰的社会心理功能研究 [①]

董素云 [②]

摘要： 灵渠运河两千余年历史长发展进程中，沿岸逐步形成了众多特色文化祠庙，如伏波祠、三将军庙、龙王庙、四贤祠等，"四贤祠"是典型代表。以"四贤祠"为物质载体，逐步形成与发展的"四贤"信仰文化具有特殊的社会心理内涵。灵渠"四贤"信仰既有与其他民间信仰一致的社会心理功能，又有维护灵渠运河持续运行、满足运河民众需求的某些特殊心理功能。本文分析灵渠工程运河文化典型代表"四贤"信仰，探讨该信仰体现的护估运河民众平安、加强岭南百越与中原汉民族间融合与认同、教化岭南民众等社会心理功能。

关键词： 灵渠 灵渠工程 四贤祠 "四贤"信仰 社会心理功能

引言

灵渠，位于广西壮族自治区兴安县境内，又称秦凿渠、零渠、兴安运河，是世界现存最古老且最完整的水利工程。自灵渠创建以来，工程学、历史学、社会学等学术界灵渠研究一直没有间断，尤其是 2018 年入选世界级第五批灌溉遗产名录后，人们更加关注灵渠工程。就目前学术界对灵渠工程的研究而言，主要包括灵渠运河工程的历史发展与文化、工程结构、功用、

① 基金项目：本文系重庆市人文社会科学重点研究基地三峡库区可持续发展研究中心科学研究项目"'道路'对重庆民族乡社会发展的影响研究"（项目编号 2019sxxyjd03）成果之一。

② 董素云，女，汉族，重庆三峡学院副教授，上海大学在读博士，主要从事民族文化、民族宗教方面的教学与科研工作。

运河遗产保护与旅游开发等。如唐兆民的《灵渠文献粹编》①主要是对灵渠相关的历史文献、碑文等资料进行了系统的归纳、分析与整理，内容涉及灵渠运河的源流、开凿、维修和使用（包括航运、灌溉等情况）等，具有重要的史料参考价值；郑连第先生的《灵渠工程史述略》②讲述了灵渠的水利工程结构、历史演进、自然条件、历史作用和维修管理等，尤其对灵渠水利工程结构方面的特点进行了专业的分析等。但是，这些研究在注重灵渠工程的工程结构、历史发展与功能、运河遗产保护与旅游开发等分析的同时，却对与其紧密相连的祠庙建筑及信仰文化的心理功能的研究鲜少涉及。因此，本文以此为研究主旨。

在灵渠工程存续的千年历史长河中，与之相伴地逐渐形成了包括：伏波庙、三将军庙、龙王庙、四贤祠等十余个用于供奉有功于灵渠的先贤或与灵渠运河命运息息相关的人物的具有运河文化特征的祠庙建筑物。其中，不少祠庙已消失；有的祠庙已被"鸠占鹊巢"，如在龙王庙旧址上新建的佛音寺；有的只留下蛛丝马迹，如伏波庙。然而，"四贤祠"虽历经沧桑仍存留至今，显现了其强大的生命力。附着于四贤祠建筑物，历经漫长岁月的洗刷和沉淀，形成与发展了运河信仰文化，即"四贤"信仰，并在各历史阶段发挥着相应的社会心理功能。在灵渠历史上早期主要护佑灵渠工程整修顺利、航运顺畅，保护南来北往的人员及船只的平安；后来，"四贤"的职能与神力又获得了增加，衍生出加强岭南百越与中原汉民族间的融合与认同、教化岭南民众等社会心理功能。

一、灵渠河畔"四贤"祠庙

据查阅石刻、碑记与地方志等文献，并结合田野考察发现，灵渠运河上以四位先贤为代表的祠庙现在名为"四贤祠"，历史上也称"四贤旧祠""灵济祠""灵济庙"。四贤祠，现今位置在灵渠分水塘不远的南渠岸边，距离南陡大约 200 米。关于四贤祠的文献记载，最早见于元人黄裳的《灵济

① 唐兆民：《灵渠文献粹编》，北京：中华书局，1982 年。

② 郑连第：《灵渠工程史述略》，北京：水利电力出版社，1986 年。

庙记》：“元至正十三年（1353）之夏，山水暴至，一旦而隩者圮，陡者隤，渠以大涸，雍漕绝溉……二君承命督涖，懼弗克称，周询有众，得四贤旧祠，于西山之地，则相与蒉芗篚币而请祷焉……以竣事，二君图所以答灵贶者。顾庙貌简陋，不称神楼。既归复命，具以故告。向上请示：修庙！……命之曰灵济之庙。”① 由此可知灵渠运河流域最早的“四贤祠”至少在元至正十三年（1353）之前就已经存在，并且名为“四贤旧祠”，由于时间久远已经破旧不堪，元人王惟让和张文显向上级领导进行请示对其进行了翻修重建，并改名为“灵济庙”。结合道光年间《兴安县志》的记载：“灵济庙一名四贤祠，在城东南五里南渠堤畔元至正十五年廉访使乜儿吉尼建祀秦郡监使禄汉伏波将军马援唐观察使李渤防御史鱼孟威”。② 进一步确证庙里供奉史禄、马援、李渤和鱼孟威四位人物，元代乜儿吉尼修整灵渠工程时重修了此庙，并且“灵济庙”与“四贤祠”实为同一祠庙，只是称呼不同，此后人们整修灵渠工程时经常修复或重修此庙，并不断增祀有功于灵渠的先贤。元人黄裳《灵济庙记》中记载：“兴安灵渠，自史禄始作以通漕。既而汉伏波将军马援继疏之。唐观察使李渤始为铧嘴隄以固渠，作陡门以蓄水。而防御史鱼孟威复增修之。更四贤之勤，历秦、汉暨唐，而后其制大备，以迄于今，公私蒙其利。”③ 这一方面明确了“灵济庙”和“四贤旧祠”在祭祀对象上的延续性与一致性，另一方面让我们清楚了“四贤祠”名称的由来，即“四贤”的勤劳而让灵渠工程完备，从而让官府和民间都从中获益；同时，也让我们知道人们供奉灵济庙的原因，即人们对灵渠四位先贤护佑灵渠运河的心理认同。自此，随着岭南社会经济的发展，灵渠运河在岭南与中原地区间的交通功用日趋重要，历代官方和民间不断地对灵渠工程进行维修或改建或增建，该祠庙也不断地增添修渠护渠的有功人物。

---

① 唐兆民：《灵渠文献粹编》，北京：中华书局，1982 年，第 173–174 页。

② （清）张运昭修：《兴安县志》卷六《祠宇》，桂林：广西师范大学出版社，2018 年影印本，第 397 页。

③ 唐兆民：《灵渠文献粹编》，北京：中华书局，1982 年，第 173 页。

二、"四贤"修渠"史迹"与"四贤"信仰

史禄、马援、李渤和鱼孟威四位先贤具有修渠、护渠等灵迹,在信奉者看来,是源于"四贤"在灵渠的开凿与整修过程中都曾经做出巨大贡献,史禄具有首凿之功,马援南征交趾而对灵渠继续疏通之,从而使灵渠再次通航运输军需物资与兵员,李渤"遂铧其隄以扼旁流,陡其门以级直注,且使沂沿,不复稽涩"①。鱼孟威"不敢侵正赋以竭府库,不敢役穷人以伤和气也"②。这些都是四位先贤修渠时留下的"史迹",是当地民众信奉的原因。笔者根据灵渠运河历史上四位先贤修渠的先后顺序,对"四贤"及其修渠"史迹"进行分析。

(一)"四贤"修渠"史迹"

1.灵渠的首凿者:史禄

史禄,作为灵渠工程首创的主持者,对灵渠有着特殊的贡献。《淮南子·人间训》载:"使监禄无以转响,又以卒凿渠而通粮道"③,《史记·主父偃传》亦记载:"使监禄以卒凿渠而通粮道"④,此后的文献记载也经常复述此事迹。史禄的才华及其对灵渠的首凿之功,令古人赞不绝口。宋人周去非称史禄为"人杰",他说:"尝观禄之遗迹,窃叹始皇之猜忍,其余威能罔水行舟,万世之下乃赖之。岂惟始皇,禄亦人杰矣。"⑤清人梁奇通也说:"历代以来,修治不一,岂无才智之士,类皆循其故道,因时而损益之,终不能独出新意,易其开辟之成规,公固人杰也哉。"⑥因此,虽然没有史禄及其凿渠的具体文献记载,但运河流域自古至今广泛流传着史禄修渠的传说故事,如铧嘴、三将军、飞来石等,叙述了修渠事迹并隐晦地表达

① 唐兆民:《灵渠文献粹编》,北京:中华书局,1982年,第147页。
② 唐兆民:《灵渠文献粹编》,北京:中华书局,1982年,第148页。
③ 唐兆民:《灵渠文献粹编》,北京:中华书局,1982年,第127页。
④ 唐兆民:《灵渠文献粹编》,北京:中华书局,1982年,第129–130页。
⑤ 周去非:《岭外代答》,杨武泉校注,北京:中华书局,1999年,第27–28页。
⑥ 唐兆民:《灵渠文献粹编》,北京:中华书局,1982年,第139页。

了人们对史禄这位首凿者的纪念与崇拜。

2. 疏通灵渠的功绩显著人物：马援

马援，是继灵渠工程首凿者史禄之后整修灵渠且有着显著功绩的重要人物，字文渊，东汉"光武中兴"时的名将，陕西茂陵人。[①] 马援在光武帝刘秀建立东汉政权过程中，立下了赫赫战功。其中，影响最大的是征讨交趾征侧、征贰姐妹与五溪蛮的叛乱。他在征剿岭南征侧和征贰姐妹叛乱的军事活动中，为启用秦军旧道而修整了灵渠，即"援所过辄为郡县，治城郭，穿渠灌溉，以利其民"，"修正越律，约束越人"，"自后骆越奉行马将军故事"。[②] 后来在征讨五溪蛮过程中，马援染病而卒。然而，他死后却被人冤枉，皇帝夺其"新息侯"封号，并对他的族人实施"连坐"，后来，他的冤屈洗清后被追封为"忠成侯"。[③] 马援一生，文武兼修，功勋卓著，"马革裹尸"，死后却受到诽谤，悲剧英雄的结局成为后世流贬官员和士人讴歌的主题之一。马援冤情被洗后被封为"忠成侯"。"忠成"两字，表明其不计个人得失、效忠国家的"忠君""为国效力"的思想，这也是此后官方、士人、百姓颂扬的主题之一。因而，对于马援，东汉及其以后各朝代的官方史书、政书等文献记载不断增加，他的功绩和事迹不断被官方、士绅引为楷模，其影响力不断扩大。这也直接影响了灵渠运河流域人们对于马援的崇拜和祭祀，表现为人们对四贤祠和报功祠的祭拜，对马援卖马修渠故事的持久流传。

3. 灵渠陡门的创建者：李渤

李渤，字浚之，祖籍成纪（今甘肃秦安县西北人），唐代诗人。他曾在中央和地方担任过多种职务，任桂州刺史、桂管防御观察使时对灵渠进行了一次重大修整。他任职桂管观察使在上任途中经过灵渠，亲身经历了灵渠航行的困难。尔后，他详细了解了灵渠，并且深知灵渠运河是中原与

---

① （宋）范晔撰：《后汉书》卷二四《马援传》，（唐）李贤注，北京：中华书局，1965年，第827页。

② （宋）范晔撰：《后汉书》卷二四《马援传》，（唐）李贤注，北京：中华书局，1965年，第846页。

③ （宋）范晔撰：《后汉书》卷二四《马援传》，（唐）李贤注，北京：中华书局，1965年，第846页。

岭南间官员往来、军队运输、租赋运输、文书传递的交通要道。但灵渠航道状况根本无法满足社会所需，尤其是当遇上紧急军事运输时，"虽仰索肩排以图寸进""役数十户以济一艘"①，致使灵渠运河沿岸村民"因使樵苏不暇采，农亩不暇耰，靡间昼夜，毕遭罗捕，鲜不吁天胥怨，冒险遁云矣"②。于是，李渤大刀阔斧地整修灵渠，"重为疏引，仍增旧迹，以利舟行。遂铧其隈以扼旁流，陡其门以级直注，且使沂船，不复稽浸涩"③。经过李渤的整修，灵渠运河上来往船只"不复稽浸涩"，周围百姓无不称赞。自此，运河沿岸百姓便记住了这位做了好事的官吏，在运河岸边修建祠庙来祭拜他，并且"李公创斗门"的事迹至今仍留存于当地百姓口中。

4. 一心为民的修渠者：鱼孟威

鱼孟威，亦是四贤祠一员。其籍贯、仕途履历等基本情况，因无史料记载已无法了解。但通过明朝黄佐的《广西通志》卷十六《沟洫志》、清朝汪森的《粤西文载》卷十九、清朝黄海的《兴安县志》卷九《艺文》和他自己撰写的《桂州重修灵渠记》，可以清楚地知道他的修渠事迹。文献记载：咸通九年（868），鱼孟威从黔中观察使调至桂州刺史兼管桂管观察使，途中经过灵渠，发现灵渠又复湮圮。他亲历了航行的艰难，"役夫牵制之劳，行者稽留之困，又积倍于李公前时"④。很快地，他调查了行船难的原因后，决心修整灵渠。他吸取了李渤维修时的经验教训：一是，通过认真考察，大胆选拔了一位名刘君素的小军官主管工程整修。二是，合理地筹集工程经费，没有"侵正赋以竭府库"，而是采用"约公费积刀布"方式筹集。三是，修渠劳动力以士兵为主，不够的劳动力，则"皆招求羡财，标示善价，以佣愿者"⑤。四是，严格把关工程材料和工程标准，"其铧嘴悉用巨石堆积，延至四十里，切禁其杂束筱也。其陡门悉用坚木排竖，增至十八重，切禁其间散材也"⑥。通过鱼孟威的这次工程整修，灵渠工程规模和结构已经

① 唐兆民：《灵渠文献粹编》，北京：中华书局，1982年，第148页。
② 唐兆民：《灵渠文献粹编》，北京：中华书局，1982年，第148页。
③ 唐兆民：《灵渠文献粹编》，北京：中华书局，1982年，第148–149页。
④ 唐兆民：《灵渠文献粹编》，北京：中华书局，1982年，第149页。
⑤ 唐兆民：《灵渠文献粹编》，北京：中华书局，1982年，第149页。
⑥ 唐兆民：《灵渠文献粹编》，北京：中华书局，1982年，第149页。

完备,在此之后的本体工程整修过程中,后人对工程结构再也没有大的改动。鱼孟威修渠后,运河航运畅通,加上他维修过程中善待百姓,因而得到了当地百姓的认可,后人便在灵渠运河上修建祠庙祭拜他。

（二）灵渠运河"四贤"信仰

上述灵渠"四贤"及其修渠事迹,结合文献和碑刻材料以及至今仍流传在灵渠运河流域的诸多传说故事,笔者发现"四贤祠"中供奉对象包括整修灵渠先贤、龙王龙母、关帝等人物,其龙王龙母和关帝及伏波将军在宋代时已成为中国人信仰的神,这表明这种信仰对象具有神圣性,并且他们都不在中国正统宗教范围内,因此是民间信仰的一种典型表现;同时,在灵渠工程漫长历史发展过程中,官方和百姓的一系列祭拜活动,均体现了牟钟鉴先生所说的民间信仰风俗特点。在灵渠运河流域,人们以"四贤祠"建筑物为物质载体,向世人展现的一系列祭祀及其活动,逐步发展了一种运河信仰文化,而史禄、马援、李渤和鱼孟威四位先贤是其祭祀的代表性人物,因而将其定义为"四贤"信仰。[①]

灵渠运河上众多祠庙祭祀中的先贤人物,都是有功于灵渠运河的历代修渠河工。在修渠过程中,经常出现先贤或神明帮助顺利修渠的"灵迹",因此,工程完工后官员们便利用余资或捐资重修或增建庙宇。经过一段历史的发展,经由官方、士绅及知识分子等的努力,灵渠沿岸形成了一种独具运河特色的先贤信仰。其中,以四位先贤为代表的庙宇"四贤祠"是运河祠庙建筑的典型代表,并且以"四贤祠"为载体形成了灵渠信仰文化,即"四贤"信仰。[②]供奉四位先贤的祠庙最早出现在元人黄裳的《灵济庙记》记载中,即"西山之地,得四贤旧祠"[③]。元人乜儿吉尼修整灵渠工程时重修了此庙,并取名"灵济庙"。此文献载:"兴安灵渠,自史禄始作以通漕。既而汉伏波将军马援继疏之。唐观察使李渤始为铧嘴隄以固渠,作陡门以蓄水。而防御史鱼孟威复增修之。更四贤之勤,历秦、汉暨唐,而

① 董素云：" 灵渠'四贤'信仰研究"，《西北民族大学学报》，2019 年，第 4 期。
② 董素云：" 灵渠'四贤'信仰研究"，《西北民族大学学报》，2019 年，第 4 期。
③ 唐兆民：《灵渠文献粹编》，北京：中华书局，1982 年，第 173–174 页。

后其制大备，以迄于今，公私蒙其利。"① 从上述文献可知此时的灵济庙和四贤旧祠在祭祀功能、对象上是延续和统一的。同时，表明"四贤"信仰的雏形已形成。此后的一千余年历史发展过程中，此庙又不断地增祀修渠河工，如，明代永乐年间修建时增祀了张文显和王惟让两人②；清康熙五十四年（1715），陈元龙的《重建灵渠石隄陡门碑记》记载："……黄君乃斋虔立誓，祷于渠上先贤祠，及水府三官、龙王诸神庙。是夜，梦身堕水中，有黑衣援之起。晨兴步岸侧，访黑衣神庙，不可德，徬徨土皋间，见一平石，跌坐其上。土人聚观，讶曰：'吾侪耕牧数经于此，未见斯石，斯石何来也？'黄君心动，命除圭，得大石如砥。乃鸠工掘之，则左右四旁皆巨石如凿成而就磨龙者；阅数旬，得巨石数千计，喜而来告曰：'此工必成矣！'……分水塘有灵济庙，祀龙王及伏波将军者，今颓废，重建，即于其旁为黑衣神立庙，以毋忘默佑之德也。"③ 此次的灵渠工程修整，在灵济庙旁增建了"黑衣神庙"。此后，随着历代官方或民间不断地对灵渠进行维修与改建，该祠庙也不断地增祀有功于灵渠的人物。

在灵渠工程的历史发展过程中，由于有官方与民间力量的共同维护，经由知识分子的加工处理，以及运河沿岸百姓的口耳相传，再加上中央王朝的册封和官吏的反复祭祀，相应地，灵渠"四贤"信仰获得了进一步发展，到明清时期，已成为一种稳定的先贤信仰文化。此信仰对于灵渠运河工程的运行以及当地经济社会发展都有重要的社会心理功能。

三、"四贤"信仰的社会心理功能

无论西方还是东方，民间信仰都是不可忽视的精神力量与社会力量，至今仍以不同的方式影响着不同国家、不同社会阶层的人们。因此，从社会心理学的角度探讨民间信仰的功能，在当今社会仍有重要意义。

灵渠运河"四贤祠"中的先贤们，是官吏、百姓、士绅、商人等人们心中的保护神，历史上曾经起到护佑灵渠工程整修顺利、灵渠运河航运顺畅，

① 唐兆民：《灵渠文献粹编》，北京：中华书局，1982年，第173页。

② 唐兆民：《灵渠文献粹编》，北京：中华书局，1982年，第184页。

③ 唐兆民：《灵渠文献粹编》，北京：中华书局，1982年，第201-202页。

以便南来北往人员与船只运输平安的保护功能，加强岭南百越人与中原汉民族间的融合与认同功能。随着社会的发展以及运河信仰的扩大，这些先贤的职能与神力也在扩大，又发展出教化民众及促进当地社会经济发展的功用。在当今社会中，这种先贤信仰文化对于教育民众和旅游开发仍具有重要的社会功用。

（一）保护灵渠运河顺畅、人畜平安的心理慰藉功能

宗教的社会心理功能，从个体角度讲，最明显的是心理慰藉，也有心理学家称之为"幻想补偿功能"[①]。据此宽泛地讲，任何一种有助于排解人的消极体能和克服内心冲突的影响，都可以称之为"安慰"，而宗教特殊性在于，使信徒从内心接受宗教观念，把信仰者面对的矛盾冲突转移到现实生活之外，以期得到神灵的帮助，从而摆脱困扰，使心灵获得抚慰。因此，在宗教崇拜中，信众都恪守自己的信仰，践行宗教规范和戒律，努力追求与神相会的体验，以此达到解决现实矛盾与冲突的目的。

灵渠运河"四贤"信仰作为一种民间信仰现象，亦具有心理慰藉功能。四贤祠中的神明，要么修渠有功，要么在修渠过程中"显灵"，保护了灵渠的航运畅通和灌溉农田功用，因而受到信众的祭拜。如，光绪十四年（1888），陈凤楼维修灵渠水利工程时对伏波祠与灵济庙的祭祀，即"曩建灵济、伏波两祠于南陡近岸，祀秦汉以来创修陡河诸贤。发逆之弯，祠毁久矣，心穷慨焉……昔贤既没，流泽余芳，祠毁于兵，重建宇堂，饰庙改观，祀典以彰。灵则有济，降福穰穰。岁时答祚，神歆其香。民用嘉赖，挈饮吉祥"[②]。官员对伏波、灵济庙的重修目的在于显示官方对其的重视和祈盼降福，即"祀典以彰"与"降福穰穰"的祭祀功能；当地百姓祭祀则在于祈求平安与吉祥的心理需求，即"民用嘉赖，挈饮吉祥"。因此，四贤祠等庙宇不断受到官方与士绅及百姓的维修或增建，反过来，又加强了对灵渠运河的保护，增强了该祠庙神明的神力。

信众出于崇敬和畏惧的心理而祭拜四贤祠先贤神明，因为在信众看来，

---

① ［苏］乌格里诺维奇：《宗教心理学》，沈翼鹏译，北京：社会科学文献出版社，1989年，第199页。

② 唐兆民：《灵渠文献粹编》，北京：中华书局，1982年，第250–251页。

这些先贤均具有神力。普通民众通过祭祀来为自己祈福,代表中央朝廷的官员则通过祀神以安抚民心,从而稳定其统治,两者共同推动了这种祭祀功能的不断发展和延绵不绝。信众们经常性地参加四贤祠的祭祀活动,其实是在接受一种心理保健训练,即借助"四贤"崇拜的仪式,用崇拜的形体动作、祈祷语言,排解自己内心的冲突与焦虑,表达内心的美好愿望,经过与神交流,得到神的宽慰与恩典,使积极的情绪得以强化,从而帮助人们更好地完成修渠和护渠工作。因此,在整修灵渠工程前,官员经常到四贤祠、三将军庙、龙王庙等祠庙前祭拜以祈求神灵保佑修渠顺利;在工程修整完工后,官员们要么利用修渠余资要么利用捐资重修或新建祠庙,祈祷神明保佑"渠固水盈、舟楫畅通"。现如今,在每年三月三、四月清明节、五月大小端午节等传统节庆,以及每月初一、十五两天,灵渠运河沿岸百姓仍会带上祭品到四贤祠祭祀,祈求神明保佑他们人畜平安和庄稼丰收。这些反复性地祭祀与崇拜仪式,让人们在崇拜仪式中学会或认可了仪式的作用,以一种象征的手法,完成了人们内心焦虑的宣泄与化解,因而其心理获得了极大的抚慰,从而人们内心变得安定和纯净,这是灵渠运河沿岸民众不断地参与四贤祠祭祀与崇拜仪式的心理原因。

因此,人们对于"四贤"的祭祀与崇拜,其目的在于社会神明保护灵渠运河"渠固水盈、舟楫畅通"。一方面,显示中央王权的权威及对地方的控制象征;另一方面,显示当地百姓对于人畜兴旺和出行平安的祈福与祝愿。灵渠运河的畅通与稳固于民于商于国都大有裨益,这是两千余年来灵渠"四贤"信仰延绵不绝的根本原因。

(二)对运河流域民众的社会教化功能

祠庙祭祀是中华传统文化的重要组成部分,体现了中华文化独有的尊宗敬祖与感恩等文化意识。我国祠庙祭祀有着广泛的群众基础,祠庙祭祀是对供奉对象品德和事迹的宣扬,其目的在于为一个国家或地方社会树立起规范的道德价值与标准。灵渠运河流域"四贤祠"中所供奉的修渠先贤有着高尚的品格和为国为民谋福的事迹,千百年来一直受到人们的爱戴与敬仰,为当地社会树立了良好的道德榜样。毫不夸张地说,"四贤"信仰对于灵渠运河所在地兴安县以及整个广西的民众都具有社会教化功能。

1. 感恩教育的推广

"四贤祠"庙中祭祀对象以历代先贤为主，有工程开凿过程中的史禄、三将军，随后又有伏波将军路博德与马援，唐代桂管观察史李渤与鱼孟威，此后，祭祀人物也越来越多。修渠前后，历代官吏到四贤祠、龙王庙等庙宇前的祭祀仪式，祭拜过程中的跪拜、烧香、祷告等礼节以及香、肉等祭品的供奉，都在向世人传达对先贤们的尊敬，意在感谢先贤对修渠工程的庇佑。如，元人黄裳《灵济庙记》记载：灵济祠原为二殿，左殿祭祀史禄、汉伏波将军马援、唐观察使李渤、观察使鱼孟威；右殿祭祀龙王。雍正十年（1732），知县李徵再次修缮灵济祠时，又"更建一祠"，祭祀国朝总督赵宏灿、巡抚陈元龙、巡抚金鉷、布政使黄国材、按察使年希尧、盐道张惟远、桂林府知府吴元臣。同时，在此祠旁新建黑神祠祀元忠臣乜儿吉尼 ①，以及对开凿灵渠三将军的祭拜等，这一系列祭祀活动都在宣扬世人对灵渠先贤们的感恩与怀念之情。这可以成为当地社会感恩教育的一种资源，从而发挥教化社会大众的功用。

2. 对文化价值规范的引导功用

灵渠运河流域的信众对历代先贤及龙王的祭祀引发人们对高尚品德的追求，同时提醒和强调信众对灵渠运河重要性的认同。一个国家或民族，除了有需要每个人遵守的法律制度和道德准则外，也需要在精神与思想上达到统一。灵渠运河流域祠庙的祭祀活动，促使运河流域官吏和民众在一定时期内，对运河工程的维修在思想上有着共同的认同，或对某一先贤人物有高度认可，从而为此后的行动产生重要的推动作用，以达到工程完成的时效和质量。

该运河流域祠庙的祭祀对象以有功于灵渠的历代先贤为主，官方立祠多为对某种行为观念的宣扬，民间立祠的目的则出于纯粹的崇拜与感恩之情，但都具纪念意义。这些祠庙祭祀所倡导的价值，实质上就是当时社会认可的主流价值标准。灵渠运河流域先贤通过各自高贵的品性和为政时期为百姓谋福为己任、开拓进取、敢为人先的精神对社会各阶层，尤其是对

---

① （清）张运昭修：《兴安县志》卷六《祠宇》，桂林：广西师范大学出版社，2018 年影印本，第 400 页。

当地民众具有重要的社会教化功用。

（三）加强岭南百越与中原民族间的融合与认同

岭南属于百越民族聚集区，历史上尤其秦汉以前，在中原人看来属于"南蛮"之地，其自然地理环境较为恶劣，但它有自身一整套运转体系，在历史的发展过程中形成了以百越民族为主体的文化体系，跟中原王朝的儒家文化和经济发展程度相比较，岭南显得"落后""荒凉"。自灵渠运河开通以来，岭南百越民族通过这条"水道"与中原有了联系，随着社会经济的发展和运河工程的完备，这种联系变得更为频繁。而灵渠工程之"四贤"信仰让岭南民众与中原汉民族，从社会心理上加强了联系与认同。

岭南百越民族是中华民族的重要一员，自灵渠开通以来，在维护灵渠工程共同目标的前提下，无论是中央还是地方官吏，无论是商人、士绅还是普通百姓，在维护灵渠运河工程上，他们或多或少地贡献了各自的一份"力量"。与此同时，他们在不断地维修四贤祠庙或在周围增建庙宇，直接目的是维持四贤祠的祭祀功能、维护灵渠工程和岭南与中原民族间的联系通道。

作为灵渠工程缩影和见证的四贤祠供奉对象，既有史禄、马援等中原人士，又有灵渠流域当地人黄之孝、年希尧、张惟远、吴元臣等；祠庙中有不少为汉民族，还有部分为当地"土人"，如黑衣神庙建立的传说讲：公元1715年，负责维修灵渠工程的黄国材在白天祭拜先贤祠、水府三官、龙王诸神庙后，"是夜，梦身堕水中，有黑衣援之起"。第二天早上他沿岸寻找黑衣神庙未果，"彷徨土阜间，见一平石，跌坐其上"。这时，"土人聚观"。此处的"土人"为当地土著民族。并且，以四贤祠为代表的祠庙，如龙王庙、报功祠、黑神祠等庙宇基本聚集于分水塘附近，这促进了岭南百越民族与中原民族间的交往交流交融，同时也反映了为维护灵渠运河工程的运行与发展的共同目标，岭南百越民族与中原民族紧密联合在一起的团结精神。

通过"四贤祠"的崇拜活动以及传说故事的传播，社会向信众个体传输灵渠运河先贤们的修渠护渠"事迹"和个人生活等内容。通过这样的过程，把运河流域民众逐步转变为信奉"四贤"的信仰者，并在其后的社会生活中强化这一信条。此过程的特殊在于，它表现为民众对灵渠先贤们的心理认同，进一步表现对中原汉民族儒士及儒文化的心理认同。故，灵渠运河"四贤"信仰的形成与发展过程中，既是运河本土信仰与外来信仰相融合的一种直接表现，又是对中原汉民族文化认同的一种表现；同时，在一定程度上又加强了岭南百越民族与中原汉民族间的融合与认同。

四、结语

在灵渠运河两千余年历史发展过程中，与之相伴地形成了以四贤祠建筑物载体为代表的具有浓郁运河特色的运河文化信仰，即"四贤"信仰。四贤祠庙蕴含着丰富的灵渠运河历史与文化信息，在一定程度上反映了当时的社会发展及其信仰状态，是研究灵渠运河历史文化的宝贵资料。灵渠运河流域的四贤祠建筑物与其水利工程一样，亦有一个逐步发展的过程，由元代前的四贤旧祠，发展为灵济庙、灵济祠，到最后的"四贤祠"及系列祭祀。与之相伴的，灵渠流域民众从最初的史禄修渠传说及史公祠，到汉代马援的传说及伏波祠的修建，至唐李渤和鱼孟威先后修渠，灵渠四位先贤先后登上灵渠运河流域历史，其"四贤"信仰雏形已形成。附着于四贤祠建筑物质载体，经中央官吏、知识分子、百姓等的努力，灵渠"四贤"信仰获得了进一步发展，并逐步成为一种较稳定的先贤信仰文化。这种信仰对于灵渠运河工程的运行以及当地经济社会发展有重要意义。

古代社会中，灵渠运河流域以四贤祠为代表的祠庙及其历代先贤维护着灵渠工程两千余年的持续运行与发展。因此，在整修运河工程前，官员经常到四贤祠、三将军庙、龙王庙等祠庙前祭拜以祈求神灵保佑修渠顺利；工程修整完工后，官员们经常修复或重修或增建祠庙，祈祷祠庙神明保佑"渠固水盈、舟楫畅通"。现代社会中，现如今每年的传统节庆和每月初一、十五两天，当地民众仍会到四贤祠和白马庙祭祀，祈求神明保佑人畜平安和庄稼丰收。

无论是古代还是今天，四贤祠及"四贤"信仰文化对于当地社会经济的良好发展都有着重要的价值；2018 年 8 月，随着灵渠成功进入世界级第五批灌溉遗产名录，以及人们对精神文化的追求，四贤祠建筑物及其信仰文化将会迎来新的发展契机,其文化内涵将会得到挖掘与提升。史禄、马援、李渤、鱼孟威等历代先贤仍守护在灵渠河畔,他们正微笑地看着南来北往的人们前来祭拜、观光……

从《唯识二十论》解析梦境的心理活动

道 弘 ①

摘要：唯识学认为"梦"是心心所认知作用，在睡眠阶段对潜在性的行相认知。《毗婆沙论》界定"梦"概念为睡眠心所，还指出"梦"是通过鬼神等五种来源材料影响的睡眠幻境。同时，也说明"梦境"所缘境像虽虚幻，但在毗婆沙师看来法体的性质实有。所以，"梦境"所缘影像虽不如现实实体性，但本质的法体存在。而《唯识二十论》按照"梦喻"形式叙述"梦"所缘境像是依心识显现，无实有性。同时，根据"梦喻"破斥外人不正确的说法，建构"唯识无境"学说。在认知所缘境中无论唯识还是阿毗达磨都认为"梦"所缘境像属于过去境，非现在和未来。因此，"梦境"的唯识学与毗婆沙诠释出现差异。本文从唯识学与阿毗达磨角度讨论"梦境"，大致梳理其"梦"的概念。

关键词：《唯识二十论》 梦境 《毗婆沙论》 唯识学 法体

引言

"梦"是人常常在现实生活中体会的一种境像。对于"梦"的认识在不同宗教体系下有不同维度的解说。"梦境"经常会被认为"梦"与"现实"是等同，当清醒时就会发现实际上"梦"原来是一场虚幻的世界。究竟什么是"梦"？在"梦"中所缘的境像又是何种性质呢？在阿毗达磨传统中对"梦"就已经下了定义和对来源材料情况有了研究，认为"梦"是睡眠时的心心所功能作用，能对睡眠中的梦境影像有认知。而梦中所缘的影像

---

① 道弘，中国佛学院栖霞山分院。

虽然不是现实本质，但现象具有刹那生灭性质，法体本身实有存在的。因此，也就认为梦中所见的梦境看似是一种影像，实际上体性是恒存的。唯识学对"梦"是心心所的观点与毗婆沙师是一致，所缘梦境唯识是建构在不离识的外境基础上。这一观点，唯识学者是继承经部师理论来源，认为梦境本身是虚构的影像，为心识显现的外境，不是于识之外实有的境。因此，梦境就不存在本质实体的意义。

一、阿毗达磨传统中梦与睡眠的定义

"梦"一词在通常意义上认为，是睡眠中所认识对象的境界，这种境相对现实认知而言，是一种虚幻不实的。所以，常常会将"梦"里认知的对象，误认为与现实感知中相同的所缘对象。但从佛教阿毗达磨时期对"梦"的诠释作了定义，认为"梦"是一种睡眠时心、心所法生起的认知功能，由此睡眠时认知对"梦"境中所缘到的境像、回忆等生起心识活动。有部迦多衍尼子的《阿毗达磨发智论》中有提到："梦名何法？答：诸睡眠时心心所法于所缘转。彼觉已，随忆，能为他说：我已梦见如是、如是事，是谓梦。"[1] 有部认为，"梦"的认知具备三个条件就可以：1.所缘转，2.觉起回忆，3.为他人说梦中的事情。最关键的是第1条只要有了所缘转就成立了"梦"，而2、3两条是圆满"梦"必备的因素。在后期《大毗婆沙论》中对于"梦"有更进一步的发挥，确定了"梦"的自性是心、心所，也就是认识和心理活动，这种认识在梦境中必须是明了清晰，才能对梦境有准确的认知辨别，在这种情况下才被称之为梦。

既然"梦"被定义心心所认知功能，那么，"梦"在什么情况下能够认知自身的相应境界？或者与自身类似的机制材料被"梦"所认知呢？在《大毗婆沙论》中有五缘所见"梦境"，这五种梦境都是来自不同形式的组成所引导出现的，所以，在五种来源中对梦境产生都有各自的类型对应。如论云："应说五缘见所梦事，一、由他引，谓若诸天、诸仙、神、鬼、咒术、药草、亲胜所念及诸圣贤所引故梦。二、由曾更，谓先见闻觉知是

---

① 迦多衍尼子造，玄奘译：《阿毗达磨发智论》，《大正藏》第26册，第925页下。

事，或曾串习种种事业今便梦见。三、由当有，谓若将有吉不吉事，法尔梦中先见其相。四、由分别，谓若思惟、希求、疑虑即便梦见。五、由诸病，谓若诸大不调适时，便随所增梦见彼类。"① 此五种情况皆可导致不同梦境的发起，由此产生不同形式来源的梦境认知心理。在此，毗婆沙师认为，"梦"可以通过五种：1. 外在天人、鬼神、咒术及圣贤的神通引发，也是对有情自身外力输入的一种"梦境"的幻相，使在睡眠中的心识昏昧不清，但梦中活动的心理认知作用是清晰的。因此，意识可以对此了别相应梦境。2. 除受他人蛊惑影响意识活动之外产生梦境，还有就是过去曾经见闻认知的事，或过去熏习的种种梦境，如过去回忆深刻的事情。3. 对于未来即将发生的事情预先梦——"预知梦"，如梦中曾梦见 A 来过此处，经过多年后，A 到此地时感觉似曾相识，好像来过，在梦中见过。4. 有情自身意识清醒，对于某事反复思惟、希求，在心识有深刻印象，由此直至夜梦中也会导致梦境出现。5. 不仅对事有深刻分别会产生梦境，在身体出现四大不调时同样出现梦境，这是一种由病引发的梦心理活动。

除了上述五种梦境之外，《毗婆沙论》还引用《寿呋陀书》有七缘能见梦的情况，实际内容与前者五缘大致相同，"寿呋陀书作如是说，七因缘故梦见色等。如彼颂言：由曾见、闻、受，希求、亦分别。当有，及诸病，七缘梦应知"②。而七缘相对五缘多了闻、受二缘两种情况，闻与受也是通过曾经的境像引发梦境显现，从而使梦中的心理活动得以生起。其他五种情况，《毗婆沙论》与《寿呋陀书》五缘基本相同，可以说起到相互贯穿的作用。

在梦境中已经有了基本引发梦心所活动因素，那么，梦中所见到的种种影像是属于什么时间范畴呢？又如何呈现的梦中所见事物？其实，梦境所见的境像在阿毗达磨论典中认为，应当有两种表述形式，一种是曾经所见到的影像，另一种是梦所见到非必须是曾经所经历的。这两种情况都可以产生梦境的显现，只不过所见到影像在世间层面上不一定符合要求。那么，这就有一问题，曾经所见到的境像必然是过去经历的吗？既然是过去

---

① 五百大阿罗汉造，玄奘译：《阿毗达磨大毗婆沙论》卷三十七，《大正藏》第27册，第193页下。
② 五百大阿罗汉造，玄奘译：《阿毗达磨大毗婆沙论》卷三十七，《大正藏》第27册，第193页下。

经历是否可以被现实经验？毗婆沙师认为，不一定，有些情况的梦境是不会被经历。因为，在经验世界中认知层面是对真实物质现象有感知辨别的，梦境中的对象属于虚幻不实的境像，对于认知来说虽然能被认识，但是现实感知而言是不被了别的。因此，梦中所见事并非被经历的，如角人、菩萨五梦。在《大毗婆沙论》中对梦中是否能经历所见的事有一定叙述，论中举出梦中所见事是曾经历的回应：1.曾见过人、角，于梦中见有角人。2.曾于大海中见有角兽，今在梦中错误以为一切有情形相种类皆是如此。3.菩萨曾往昔听闻五种异相，后于梦中见有五种异相。① 故而梦境所缘对象在阿毗达磨看来是属于曾被经历的经验意识，这种经验意识在梦中认知过程中也是一种心理活动状态。在梦境睡眠时，认知所见对象要有明了显现的心识活动才能起到所缘梦中境像的认识及作用。

对"梦"的定义、所缘及梦境来源材料在阿毗达磨时代就已经有了基本的概述，并且这时对"梦"的讨论实际上也非常之多，甚至毗婆沙师还认为"梦境"所见境像是实有，可造引业，不可造满业；也有认为只能造满业不能造引业。无论造何种业，此种观点是将"梦"划为实有说的论点，这样一来容易混淆"梦"的虚幻与现实世界真实两重世界的差异。

二、《唯识二十论》之梦喻"唯识无境"

阿毗达磨对"梦"已经有了基本的概括，尤其毗婆沙师认为"梦"是一种心心所活动，能对睡眠中的境像事物有认知状态，其次，被认知的梦

---

① 五百大阿罗汉造，玄奘译：《阿毗达磨大毗婆沙论》卷37："问：梦所见事为是曾更为非曾更？设尔何失？若曾更者。云何梦见有角人耶？岂曾有时见人有角，契经所说，复云何通？如说：菩萨于一夜中，作五大梦：一者，梦见身卧大地，头枕妙高山王，右手搅西大海，左手搅东大海，两足搅南大海。二者，梦见有吉祥草，名曰坚固。从脐中出渐高渐大，遍覆虚空。三者，梦见有诸虫鸟，身白头黑，缘菩萨足，极至膝轮还复退落。四者，梦见有四色鸟，从四方来至菩萨边，皆成一色。五者，梦见粪秽，山上经行往来，而不被污。菩萨何处曾更此事而梦见耶？若所梦事非曾更者。云何菩萨非颠倒耶？有作是说：梦所见事皆是曾更。问：若尔，云何梦见有角人耶？岂曾有时见人有角，答：彼于觉时异处见人，异处见角，梦中惛乱，见在一处，故无有失。复次，于大海中有兽似人，头上有角，彼曾见之。今还梦见以大海中，遍有一切有情形类，故名大海。问：菩萨五梦复云何通？菩萨岂曾更如是事。答：曾更有二：一者，曾见，二者，曾闻。菩萨昔时虽未曾见，而曾闻故，今梦见之。"《大正藏》第27册，第194页上。

境在睡眠过程中就作用而言有实有性。换句话说，阿毗达磨论典中认为"梦"所缘境像并非绝对性的虚幻，可以在梦境中起到造业的行为出现。因此，阿毗达磨时期就将"梦境"归纳为法体的实有心理论等。

基于阿毗达磨思想的发展对"法"的定义逐渐也产生变化。在大乘佛教中期唯识学兴起时，继承经部"过未无体，现在有体"思想，并在根本思想上进行改转，形成唯识学自身一套体系。在唯识学严密的学说下，对"梦"的阐述也有发挥，主要体现在《唯识二十论》中。《唯识二十论》开篇以"梦喻"形式诠释唯识无境学说，对唯识与无境两类来源材料逐一理清，更加说明唯识学的内识为有、外境虚妄是无的思想。

首先，本论提出建立唯识无境宗旨说明一切外境皆是内识显现，无实有之事物。因此，《唯识二十论》说："安立大乘三界唯识……内识生时似外境现。如有眩翳见发蝇等，此中都无少分实义。"① 但是，宗旨是一切外境皆不离识，似识显现。那么，如果识没有真实的外境，又如何能生起色等境？若如果有真实外境，便自语相违否定自宗的立论。所以，这里存在识所缘的究竟是否实有之境。论中回答："处时定如梦，身不定如鬼，同见脓河等，如梦损有用。"此是以"梦"比喻四难不成。1. 如睡觉时意识所缘梦中的境界，也能看见和感知梦中境像是有的，但不真实，唯是虚幻。梦中所缘境像必须在一处，若并非一切处所，也是要有一个固定场地。2. 既然在一处所中就需要时间才能所缘梦境，而不是在所有的时间都能所缘。在一处所、一时间中所缘梦境，所见的梦境并不一定如同一样。3. 犹如一河四见，不同有情看见会有不同的认知结果，这也是有情自身业力差别。现实认知世界随有情自身业力差别产生不同的异熟果报，也是意识本身的认知而言。4. 那么，虽然"梦"中世界是虚幻不实，所缘境像也是非实有的，但在梦中会有损失精血等作用发生。所以，根据对上述四难的诠释，说明没有离识之外的真实境界是成立的。

唯识学者根据"梦喻"又作了进一步展开，认为虽然梦中心识的外境皆是不存在，仍会有现量的觉知存在。也就是，虽然没有外境，具备心识显现外境认识作用是存在的。既然梦中有现量觉知，对所缘梦境领受的境

---

① 世亲造，玄奘译：《唯识二十论》卷一，《大正藏》第31册，第74页中。

像也就是一种忆念，即是回忆，属于过去。若是回忆过去，在性质上也就与阿毗达磨对梦境的实有论相反，因为，唯识学却将"忆念"曾所受境作为梦中所缘。"忆念"所缘的过去境，不缘现在，是由过去五识及意识同时所缘相应之境界，熏成自种，再由种子起现行能引发回忆的影像。因此，并非过去五识境是离于心识之外所有，现梦中所缘的"忆念"也就是过去五识所缘记忆种子引发的境像，由此导致梦中所见到的种种影像皆不离心识。同理，既然梦中境像不离识，那么梦境引发也就属于唯识无境。如《唯识二十论述记》："如世梦中，无境既识起，其觉时识。"① 所以窥基认为，如世间人梦中觉知的境像不存在，仍会有心识对外境认知作用的产生，在清醒的知觉下明白梦中外境的不存在。对于梦与觉（清醒）两种情况所缘外境都是唯识无境，而世间人看来，自知梦中觉知所见的外境并非存在，说明梦中的时候由于睡眠的力量牵引使心识在启发身语的作用上达不到一定的效果，只能有梦境中认知的作用。但是清醒时候世间人能知觉梦中心识所缘外境不存在的合理性，事实上并没有了解所缘的外境不存在，所以，清醒时产生心识并不像在梦中一样没有外境。如《唯识二十论述记》云："梦觉二识，无境既同，世能自知梦境非有。其觉时识，自知应等，梦心无有境，觉时许知无。觉识境既无，何不知非有。量云：世觉时识应知境无，许无境故。如知梦识。"② 所以，依据《唯识二十论》说法，梦中所见种种影像皆不离心识，外境是心识显现，建立现实世界与梦中世界两重影像属于无境，唯有心识作用存在。

《唯识二十论》根据唯识无境理论说明现实与梦中两重世界境像心识所现，所缘外境皆不存在，那么，在梦中与清醒时所缘外境皆不存在，为什么清醒与梦中俱造业时只有清楚状态才能感异熟果或现报？于梦中造业为何感果微弱或是不感？论中回答："如梦杀人，定无现在为他报杀。若觉时杀，定为现在他人杀报，未来感果故定不同。如杀他人，婬他人等，余一切行，其果亦尔。"首先，窥基在时间上来解释梦中造业感果的原因，例如，梦中杀人是所缘梦中心识显现的影像，并不是现前的真实他人，所

---

① 窥基：《唯识二十论述记》卷二，《大正藏》第43册，第1001页上。
② 窥基：《唯识二十论述记》卷二，《大正藏》第43册，第1001页上。

以在梦境中没有一个实有存在"他人"被杀，也就不能具备造业的条件。

其次，在清醒时是现实世界的外境存在一个"他人"被杀，由于有真实"他人"被杀业果的因缘具备，所以认为清醒的现实世界造业是能引发业果。从心识认知层面而言，《唯识二十论述记》明确了"梦"是不定心所中"睡眠"心所，此睡眠心所在睡梦时身体沉重，心识暗昧，令心不能明了缘虑，所以在梦中发起的种种行为表现只是意识自身对境认知的作用，并不能引发真实对境的作业行为。梦中与清醒时心识不同，在作用的胜劣程度上梦中心识较为羸劣，不明了性，这也是无法引生业果的原因之一。如《唯识二十论述记》云："睡眠心所能令有情，身分沉重，心分惛昧。在寐梦心，为此所坏，令心昧故，虑不分明，势力羸劣。其觉时心，既无眠坏，缘境明了，势力增强，不同梦位，其狂醉等，为缘坏心，羸劣亦尔。"[1] 论中据心识在梦与清醒的状态下对心识本身势力作用的强盛进行了区分，再以心识对境缘虑明了与不明了情况来加以阐述梦中与清醒造业的差别。

由此证明，《唯识二十论》中对"梦喻"形式解释"唯识无境"理论，依梦喻四难建构整体唯识学对梦与觉所缘外境无实的思想。并且在唯识无境理论指引下，将"梦"所缘境界定为过去曾所受境境，此过去境就唯识学看来是无实有外境，皆是心识显现。既然外境无实，内识唯有，梦中所见种种显现的影像也都是虚妄不实。依此道理，梦中所缘境像不实，在梦中引发的种种造业行为也就都是不真实，也不能有业果的产生。所以，唯识学者看来，梦境中无论发起何种善恶等行为皆不会引发业果的产生。

三、"梦"境心理活动作用真实

基于阿毗达磨和唯识学对梦中外境的分析，大致理出部派佛教——有部为代表，依据"三世实有，法体恒存"学说，在"法"的建构上以"实有论"为根本，无论是在时间还是空间对所认知的"法"都认为有一个本质存在的实体。梦时所缘的行相也同样如此，在婆沙师认为，梦中所见影像虽然是不同于现实世界，具有实体物质现象表现，梦中所见影像是虚幻

---

① 窥基：《唯识二十论述记》卷二，《大正藏》第43册，第1001页上。

表现世界，不具现象表现的，没有一种实体物质能在梦中表现出来。因此，在梦中所看到事物形相不能有具体表现的体质，虽然如此，这种无法表现具体物质形态的境也是"实有法体"，换句话说，在梦时见到的虚幻影像看似不具现实物质形态，但从"法"的性质而言，是恒实相续。无论是过去、现在还是未来，在体性上都是如此，如云："梦非实有。如譬喻者彼作是说。梦中自见饮食饱满诸根充悦。觉已饥渴身力虚羸……为遮彼执显实有梦。若梦非实便违契经。如契经说我为菩萨时于一夜中作五大梦。又契经说胜军大王于一夜中作十大梦。毗奈耶说。讫栗鸡王于一夜中作十四梦……此法是何。谓五取蕴。"①

首先，婆沙师反对譬喻者的梦非实有，对梦所缘的境认为应当是有法体存在。其次，既然梦境是实有法体存在的行相，在法的层面而言将其归纳为是属于"五取蕴"。也就是梦时所见种种影像由于是五蕴构造形成，再通过梦中意识执取导致五蕴在性质发生变化，演绎为五取蕴。其实，也能产生颠倒错误的谬执。再者，《唯识二十论》对梦中所缘境像体性判为非实有，与毗婆沙师观点相反，此观点来源于譬喻师的"过未无体，现在有体"理论，《大毗婆沙论》中也提出此观点。《唯识二十论述记》说道："经部及大乘，彼此共许，外境非有，故以为喻。如梦等中，虽无离心外实境界。"②经部与唯识学者彼此认可外境非实有，以"梦喻"为例说明离心之外无真实之境的宗旨。

窥基对此解释，"论：如世自知梦境非有，觉时既尔，何不自知？梦觉二识，无境既同，世能自知梦境非有。其觉时识，自知应等，梦心无有境，觉时许知无。觉识境既无，何不知非有。量云：世觉时识应知境无，许无境故。如知梦识"③。

窥基是将人在睡梦与清醒两种状态下同时进行联系，不仅梦中所缘影像是非实有，就连清醒时所被认知的现象事物也同样如此。所以，《唯识二十论》认为"梦"是一种心理认知活动，是能感知睡眠中的心理状态。

---

① 五百大阿罗汉造，玄奘译：《阿毗达磨大毗婆沙论》卷三十七，《大正藏》第27册，第193页中。
② 窥基：《唯识二十论述记》卷二，《大正藏》第43册，第999页下。
③ 窥基：《唯识二十论述记》卷二，《大正藏》第43册，第1001页上。

这种心理认知在所看到的境是一种虚幻的无体质的行相，而并非能在梦中引发真实作用的境像，因此，唯识学认为梦中所缘种种影像皆是不离心识所现的影像，此影像在实质性上是假法，是要基于过去曾经看到的本质作为前提条件才能有记忆，由于有了记忆为种子，再能为将来梦中显现境像现行。所以，梦时所见到并不是凭空想象的，而是有三种情况：1. 过去所曾见到为种子产生，2. 可由仙人神通力量引入梦中使其产生梦觉，3. 就是鬼神心识强盛的力量造业，也能让他人发起梦中影像。以上三种情况都会使睡眠中发生梦境，故而唯识学者才在《唯识二十论》中立论"唯识无境"宗旨以"梦喻"形式破斥外人种种不正义立论。

四、总结

综上所述，"梦"在阿毗达磨和唯识中就不仅被划定为是心心所，而心心所所缘的梦中影像产生分别，一是所缘的法体是存在性的本质，二是所缘影像本身是心识所现，不具独立自体。从而分出"梦"心所在睡眠时能否造业的情况，及所造业感异熟果报的问题。这在后来也是一大争论，唯识学者就此问题在《唯识二十论》中就"唯识无境"为核心对毗婆沙师的观点进行评破，认为梦中所见既是不离识外之境，所造业也就是心识显现，既然造业是梦中睡眠心识力量发起，也就是不存在外在实有的实体物质。因此，所造业就不能引发异熟果。但毗婆沙师却与此相反，认为梦中造业可以引起满业不起引业。笔者来看，梦中心识的认知力量过于薄弱，无法形成具体造业形式，所以唯识学者观点在业果的角度是合理。

佛教心识学关于人死亡前后的心理论述

廖乐庚①

摘要： 佛教认为，死亡只是一期生命的结束，但并非生命的彻底终结。死亡过程中，随着构成身体的四大元素逐渐瓦解，内在的心识也会从粗到细发生分解，但最微细的心识不会真正消亡，它一直贯穿于死亡前后过程的始终，并且对未来生命的延续发挥关键性的作用。死亡时不同的心理状态，对临终者会产生重要的影响。死亡和转生之间的生命称"中阴"，其本质是一种意识体，也称为"意生身"。死亡之后的中阴分为两个阶段——法性中阴和受生中阴。中阴结束即是结生或再生，也就是下一期新生命的开始。死亡与中阴整个过程中所感知的一切并非真实存在的外境，只是个体内在心识的投影，就像梦境一般。

关键词： 心识 死亡 中阴 结生

一、佛教心识理论简介

心识，是佛教关注的重要问题。在佛教各个学派中，唯识学对心识问题的研究可以说是最详细、最系统的，形成了一套完整而深刻的心识理论体系。

（一）心王与心所

首先，唯识学将精神活动的"心"分为"心王"和"心所"两个层面。

---

① 廖乐庚（曾用名：廖乐根），苏州戒幢佛学研究所讲师。

心王，是指精神或心理作用的主体，包括八种心识，即"八识"：眼识、耳识、鼻识、舌识、身识、第六意识、第七末那识、第八阿赖耶识。心所，是指随着心王而生起的各种具体的心理作用，它们依托于心王并辅助心王完成各种心理活动。唯识学将心所分为五大类，共五十一种，包括与现代心理学类似的普通心理①、带有明显个人特征的特殊心理②、具有伦理属性的善的心理③和烦恼的心理④，以及性质不确定的心理⑤。

（二）八识简介

八识心王是心理活动的主体。八识，可以分为四个层次——前五识、第六意识、第七末那识、第八阿赖耶识。这八种心识，其实有一个从浅到深、从粗到细的过程。前五识属于最粗浅的感官心识；第六意识属于内在表层心识；第七末那识和第八阿赖耶识属于内在深层心识，属于潜意识范畴，不过要比现代心理学说的潜意识内涵更加深广，因为它们超越了凡夫有限的认识能力。

1. 前五识

前五识，是指前五种基本的感官认识，即：眼识、耳识、鼻识、舌识、身识。这五种感官认识是在眼、耳、鼻、舌、身五种感觉机能和色、声、香、味、触五种感觉对境的相互作用下产生的。前五识的基本特点，是对当下、现前境界的直接认识，没有加入概念思维和价值判断，大体相当于现代心理学中的五种感觉——视觉、听觉、嗅觉、味觉、触觉。

2. 第六意识

第六意识，也就是通常所说的意识，它的活动范围非常广大。"广义言之，即吾人所有诸种经验，从原始之感觉至高度之思考均包括在内。凡能统摄

---

① 指五种遍行心所：作意、触、受、想、思。

② 指五种别境心所：欲、胜解、念、定、慧。

③ 指十一种善心所：信、精进、惭、愧、无贪、无瞋、无痴、轻安、不放逸、行舍、不害。

④ 包括六种根本烦恼心所：贪、瞋、慢、无明、疑、不正见（恶见），以及二十种随烦恼心所：忿、恨、恼、覆、嫉、悭、诳、谄、害、骄、无惭、无愧、掉举、昏沉、不信、懈怠、放逸、失念、散乱、不正知。

⑤ 指四种不定心所：睡眠、恶作（悔）、寻、伺。

多种经验内容之作用，皆称为意识"①。意识不但能跟前五识共同产生作用，也可以单独发生作用。第六意识的主要特点是分别，就是运用各种名言、概念进行思维活动，其形式包括记忆、联想、分析、归纳、判断、推理等。意识分别最基本的模式就是主体与客体的二元对立。我们内心的各种妄想与执着，都与第六意识及其相应的心理活动有着密切的关系。

3. 第七末那识

"末那"是梵文 Manas 的音译，即"意"，也就是"思量"的意思。这个思量之"意"不同于第六意识，因为它的思量在没有获得解脱之前是恒常没有间断的。第七末那识，是深层的自我意识，是产生自我执着的根源，也是烦恼生起的根源。这是因为末那识错误地执着最根本的心识（第八阿赖耶识）为真实的自我，由此产生与"我"有关的四种烦恼：我痴、我见、我慢、我爱。无论是在活着或是在死亡及中阴过程中，执着自我的末那识一直是生命的一个主要特征，也是一个根深蒂固的障碍。

4. 第八阿赖耶识

阿赖耶识（ālaya-vijñāna），也称为根本识或藏识，因为，它是前七识生起的根本依止，也是一切万法生起的基础和源头，它储藏了一切法的种子。这些种子大体可以分为两类——名言种子和业力种子。阿赖耶识还有一个重要的功能：执持有情众生的根身，保持生命体的生存、发展与延续。阿赖耶识是维持生命存在的必不可少的重要力量。当死亡来临后，阿赖耶识就会离开肉体，经过中阴阶段，直到开启下一期新的生命。从这个意义上来说，阿赖耶识其实就是生死轮回的主体。

需要说明的是，不能将阿赖耶识当作通常所说的"灵魂"。阿赖耶识虽然看起来一直存在着（不断），但是这种存在是一种无常变化的存在（不常），其中并没有一个永恒不变的实体。而且，通过修行最终证悟成佛时，阿赖耶识将会被彻底净化，由杂染的心识变成清净的智慧。因此，阿赖耶识与灵魂有着本质的区别。

---

① 见《佛光大辞典》（电子版）之"意识"。

（三）心、意、识

通常情况下，心、意、识这三个概念经常互用，并没有严格的区分，但是根据唯识学，心、意、识三者内涵是有所不同的。"心"侧重于积聚，"意"侧重于思量，"识"侧重于了别。从八识来说，前五识和第六意识都称为"识"，第七末那识称为"意"，第八阿赖耶识称为"心"。

（四）妄心与真心

前面所介绍的八识，包括心、意、识，都是属于染污的心识——妄心。除了这八种妄心，在我们内心最深处，其实还有一种与这些妄心性质完全不同的"真心"，那是超越凡夫心识的内在本有的清净智慧。这是一种超越二元思维模式的本自清净的智慧——无分别智。但这种本有的清净智慧受到了凡夫杂染心识的障碍与遮蔽，因而无法显现。我们修行的目的就是要净化这些各种不同层面的妄心，最终证悟这不生不灭的真心。不可思议的是，在死亡和中阴的特定时刻，这个真心——智慧的佛性光明，会自然展现出来。

二、死亡过程及其心理

死亡的发生，是一个逐步推进的过程，这个过程包括身体元素的分解和内在心识的分解两个层面，简称为"外分解"和"内分解"。真正的死亡是发生在内分解结束的时候。佛教认为，死亡并不是生命的彻底终结，在外内分解结束之后，虽然肉体会变坏消亡，但微细的心识却会继续存在。临终死亡时的心理，称为"死心"，分为善、不善和无记（非善非恶）三种情况，不同的心理状态对个体生命会产生重要的影响。

（一）外分解与内分解

1. 外分解

外分解，也称为四大分解或四大消融。众所周知，生命是由物质（身）和精神（心）共同构成的。生命的物质性成分，是由四大——地、水、火、风四种基本元素所形成的。身体坚固的成分，如骨骼等属于"地"；湿润的成分，如津液、血液等属于"水"；温暖的成分，如体温、热量等属于"火"；运动的成分，如呼吸等属于"风"。人之将死，这四大物质元素就开始分解。分解的过程大体是：地大融入水大、水大融入火大、火大融入风大、风大融入识大。在每一种物质元素分解和消融的同时，都会出现相应的生理和心理的反应。

随着身体中地、水、火、风四大元素的分解，五种感觉器官——眼、耳、鼻、舌、身五根的作用也随之消失；与之相应的五种感官心识——眼识、耳识、鼻识、舌识、身识，也逐渐失去功能，因为这五种感官心识要依托五种感觉器官才能产生活动。

2. 内分解

内分解，是指内在心识的分解或消融。地、水、火、风四大元素的分解，只是表明物质性肉身已经失去正常的功能了，但这并不是真正的死亡，只有当内在心识的分解结束才是真正的死亡。当然，内分解的完成，也只是意味着此生的结束，并不是生命的彻底终结。因为，微细的心识在死亡之后就会离开此世的肉体进入中阴状态，并一直延续到下一期新的生命。

内在心识的分解，是一个很复杂的过程，但大体可以包含在"识大融入空大"的过程中。在这个过程中，有三种心相继生起并依次消融——显心、增心、得心。第一，"显心"消融，是指心识直接感知客体的能力停止了，这时显心融入增心。第二，"增心"消融，是指心识对客体进行概念化，或者说心识执取对境并对之命名的能力，也开始停止了，这时增心融入得心。第三，"得心"消融，是指心识的整个认识功能都停止了，任何念头或情绪都不会生起。接下来，"得心"就融入"空大"之中。[1]

如果从八识的角度来看，内分解的三个过程，其实就是八种心识由浅而深、由粗而细的依次分解和消融的过程，也是二元分别的心识不断瓦解乃至熄灭的过程。

---

[1]　参见竹庆本乐仁波切：《离死之心：密续心要与中阴解脱》，蓝星译，台北：橡树林文化出版社，2010 年 6 月，第 183–184 页。

（二）身心分离

当外内分解结束之后，最后的微细心识就从亡者的肉体中分离了。一方面，身体相当于心识的载体，没有身体，心识就没有依托之处；另一方面，身体也不能离开心识而独立存在，没有心识的身体，是无法作用和活动的。在外内分解结束后，作为物质性身体的功能就消失了，心识就要离开它了。

那么，这个离开肉体的心识究竟是什么呢？这就是深层而微细的第八识——阿赖耶识。因为，阿赖耶识具有摄受身体、储存种子信息，并与身体安危与共的功能。《解深密经》明确指出："亦名阿赖耶识，何以故？由此识于身摄受、藏隐、同安危义故。"①

那么，阿赖耶识又是如何离开身体的呢？心识离开的方式跟亡者的善恶业有着密切的关系。若是造恶者，死时心识是从身体的上方开始向下方移动，因此身体的上部分先变冷，一直冷到心脏部位；若是行善者，心识就是从身体的下方开始向上方移动，因此身体的下部分先变冷，直到心脏。两者的心识，最后都是从心脏这个部位离开。当心识完全离开肉体之后，整个身体就全部变冷了。正如《瑜伽师地论》所说：

> 又将终时，作恶业者，识于所依从上分舍，即从上分冷触随起，如此渐舍乃至心处。造善业者，识于所依从下分舍，即从下分冷触随起，如此渐舍乃至心处。当知后识唯心处舍，从此冷触遍满所依。②

（三）"死心"及其影响

从临终者心识的清醒程度或感知能力，大体可以分为两个时段，一是还有感知觉时的"粗心"阶段，一是进入昏迷状态的"细心"阶段。这里的"死心"，是指粗心阶段。所谓"死心"是指临死时的心理，此时的心理状态，大体可以分为三种情况：善心死、不善心死和无记心死。死亡时不同的心理状态，对临终者的身心都具有重要的影响。

――――――――

① 《解深密经》卷一，《大正藏》第16册，第692页中。
② 《瑜伽师地论》卷一，《大正藏》第30册，第282页上。

1. 善心死

所谓"善心死"是指：当临终者还有感知意识时，自己能够主动忆念曾经所做所修过的各种善法，或者因为他人的提醒而忆念起这些善法。由于这样的因缘，此时临终者心中就能生起对三宝的信心、对众生的慈悲心等种种善法。

> 云何善心死？犹如有一将命终时，自忆先时所习善法，或复由他令彼忆念。由此因缘，尔时信等善法现行于心。[1]

2. 不善心死

所谓"不善心死"是指：当人临终之时，要么自己主动生起曾经造作的各种恶法；要么是由于受到他人的影响，以致被动忆念起恶法。由此在临终者内心就生起贪爱、瞋恨等不善的心理。

> 云何不善心死？犹如有一命将欲终，自忆先时串习恶法，或复由他令彼忆念，彼于尔时贪瞋等俱诸不善法现行于心。[2]

3. 无记心死

所谓"无记心死"是指：当人临终之时，不管此人生前造下的是善业还是恶业，或者善恶都没有造作，此时自己不能忆念起善恶，也没有人使他忆念，这时的心既非善心也非不善心，因此也就没有明显的安乐或痛苦，这就是以无记心而死。

> 云何无记心死？谓行善不善者或不行者，将命终时自不能忆，无他令忆，尔时非善心非不善心死，既非安乐死亦非苦恼死。[3]

《瑜伽师地论》还指出：当一个人带着善心去世时，身心是安乐祥和的，不会遭受重大痛苦的逼迫，也不会见到那些迷乱的景象。相反，如果是带着不善心去世，就会有种种苦恼，身心不得安宁，并且会经验到各种迷乱、

---

① 《瑜伽师地论》卷一，《大正藏》第 30 册，第 281 页中。

② 《瑜伽师地论》卷一，《大正藏》第 30 册，第 281 页中。

③ 《瑜伽师地论》卷一，《大正藏》第 30 册，第 281 页中。

恐怖的景象。至于以无记心而去世者，身心就是处于一种无记的状态，既谈不上安乐，也谈不上苦恼。需要说明的是，当临终者进入"细心"状态时，就不会有善心或不善心了，一切都是无记心。

那么，临终的善恶之心又是由什么因素决定的呢？大体来说，决定临终者是以善心死还是以恶心死，主要取决于自己生前的惯性业力。如果生前习惯行善，对善法的思维串习多，那么善法的力量就强，心就随着善法而安住，此时恶法就会亡失。相反，如果生前习惯于恶法，临终时恶念的力量就很强，心被恶念控制，善法就不能生起。此外，如果善恶两种势力相当，不相上下，就要看是哪种性质的念头先生起了。由此可见，临终的心念，尤其是最后一念，对即将去世者是非常关键的，它对当下及未来的生命都有着非常重要的影响。正如《瑜伽师地论》所说：

> 又行善不善补特伽罗将命终时，或自然忆先所习善及与不善，或他令忆。彼于尔时于多曾习力最强者，其心偏记，余悉皆忘。若俱平等曾串习者，彼于尔时，随初自忆或他令忆，唯此不舍，不起余心。①

三、中阴及其心识特征

（一）中阴及其原理

1. 中阴的基本内涵

中阴，也称为"中有"，是指一期生命的四种存在状态②之一，也就是死亡之后直到结生之前的这段生命存在形式，即通常所说的"中阴身"。中阴，在本质上是一种意识体，因为在这个阶段，只有心识的存在，并没有实质性的肉体。也就是说，中阴身是由自己的心识幻化而来的，并非父精母血孕育而成的有形之身，因此也称为意生身或意成身。这个中阴身跟梦中之身非常相似。需要指出的是，中阴身不同于某些宗教所说的"灵魂"，

---

① 《瑜伽师地论》卷一，《大正藏》第30册，第281页下。
② 一期生命的四种存在状态是指：生有（结生之刹那）、本有（结生到死亡之间）、死有（死亡之刹那）、中有（死亡到结生之间）。

因为灵魂是永恒不灭的，而中阴身的心识是刹那生灭、变化不定的。

2. 中阴的形成原理

为什么会有中阴呢？根本原因就是在于众生对自我的根深蒂固的执着。因为，当死亡来临之时，我们会觉得有一个真实的"我"要消失了，因此非常恐惧，从而产生一种强烈的"我爱"之心，正是这种心理让亡者进入中阴。换句话说，就是这种强烈的"我爱"之心投射出一个并不真实存在的意生身——中阴。正如《瑜伽师地论》所说：

> 又诸众生将命终时，乃至未到惛昧想位，长时所习我爱现行，
> 由此力故，谓我当无，便爱自身，由此建立中有生报。①

除了对自我的强烈贪爱执着之外，导致中阴生起的还有两种潜在的力量，也就是两种从无始以来熏习而成的种子：一是对名言概念的执着而产生的名言种子，另一种是因善恶两种业力而引发的业力种子。《瑜伽师地论》是这样解说的：

> 云何生？由我爱无间已生故，无始乐着戏论因已熏习故，净
> 不净业因已熏习故，彼所依体，由二种因增上力故，从自种子，
> 即于是处中有异熟无间得生。②

《瑜伽师地论》还明确指出：死有和中有其实是同时的，也就是说死亡的当下即是中阴的生起，中间没有间隔。"死生同时，如秤两头，低昂时等"③，死亡与中阴，就像天平秤一样的，一边低下去，另一边同时就升起来了，两者是同时产生的。由此可见，死亡，其实就是中阴生命的开始。

（二）中阴的两个阶段

根据藏传佛教，中阴包括前后两个阶段，第一个阶段叫作法性中阴，第二个阶段叫受生中阴。这两种中阴其实都是一种幻身，只是心识所变现

---

① 《瑜伽师地论》卷一，《大正藏》第 30 册，第 281 页下。
② 《瑜伽师地论》卷一，《大正藏》第 30 册，第 281 页上。
③ 《瑜伽师地论》卷一，《大正藏》第 30 册，第 281 页上。

的一种幻相。不过，相对而言，法性中阴可称为"清净幻身"，受生中阴则是"不净幻身"。我们通常所说的"中阴身"，主要是指受生中阴阶段。需要说明的是，中阴不是"灵魂"，也不是所谓的"鬼魂"，它"只是一组带着业力的心识"①。

1. 法性中阴

法性中阴在藏传佛教中有很详细的说明，但要准确理解其内涵并不容易。法性中阴的时间范围大致是：从死亡时深度昏迷后再次苏醒到受生中阴开始的这一段时期，也就是从心识离开死前的身体到进入受生中阴之间。为什么这个阶段称为"法性中阴"呢？因为这段时间所感知的一切都是心的本性中各种能量的直接显现，期间依次会有两种明光②，即法身明光和报身明光的展现。

（1）法身明光

法身明光，也称为无相明光，这是在内分解结束后所经验到的特殊感知，此时没有任何名言和概念，因为这是一种超越二元分别心识的心性之光的直接体验。这时阿赖耶识已经融入到心的究竟本性——佛性（如来藏）了。不过，如果缺乏实际的修行经验，当法身明光显现时，我们依然无法认出它，因而错过了这一非常难得的证悟时机。《离死之心》是这样描述法身明光的：

> 这是我们对真正心之明光、对心之圆满智慧的最初体验。从我们的修行与心灵之旅的观点来看，这是一个殊胜特别的时刻；这是当阿赖耶识（一切种识，亦称为"藏识"）的每个部分都融入智慧的根本状态时，我们返回心性的本初虚空——心的出发点。既然世俗相对与概念化之心的所有面向都止息了，心的究竟本性于是彰显。……这是没有任何参照点且裸然直接的明觉体验，是毫无一丝染污的清净空性体验。③

---

① 谈锡永：《生与死的禅法》，华夏出版社，2008年4月，第172页。

② 所谓"明光"，即是智慧的光华，亦即自心的真正本性，也是我们真正的"本家"。（竹庆本乐仁波切：《离死之心：密续心要与中阴解脱》，第246页。）

③ 竹庆本乐仁波切：《离死之心：密续心要与中阴解脱》，第217-218页。

（2）报身明光

报身明光，也称为有相明光，这是在法身明光出现之后生起的。在这个阶段，处于中阴的众生会经验到各种形象、色彩、声音和光芒的展现，以及寂静和愤怒本尊（文武百尊）的显现，而且显得格外强烈、鲜艳，令人震撼。其实，这一切都是自心本性的显现，并非心外的真实存在。如果中阴众生不明了这一点，就会产生恐惧和逃避，因而再次错过解脱和证悟的机会。

2. 受生中阴

法性中阴结束之后，就是受生中阴。受生中阴，也称为投生中阴或转生中阴，是指从法性中阴结束到中阴心识结生之前的这段时间。之所以叫作受生中阴，是因为在这个时段中阴有一种强烈的受生意愿，并且具有受生成为任何一种生命形态的可能性。同样的，我们需要清楚地了知：在受生中阴中所感知的一切，也都是虚幻不实的，它们只是自己心识的投影。

（1）意生身及其感知

虽然，法性中阴和受生中阴都属于广义的"意生身"，但通常所说的意生身更多的是指受生中阴。意生身的觉知力非常强，并且有一定的神通，如知道他人想什么等。《西藏生死书》这样写到：

> 受生中阴的意生身有许多特色。它具有一切知觉作用，是相当轻灵、透明和活动的。它的觉察力，据说是我们活着时的七倍。它也具有最基本的清晰觉察力，那不是在意识控制下的觉察力，但意生身能阅读他人的心识。①

受生中阴的意生身，会感受到各种非常强烈的感官刺激，如三种巨大的声响及三个可怕的深渊等，其实这些都是我们自己内心的投射。另外，中阴教法还告诉我们，受生中阴所经验的任何苦乐感受，与个人生前的惯性模式和善恶业力密切相关。

（2）受生中阴的心理特征

与法性中阴相比，受生中阴的心识变得越来越不清净，受到业力和习

---

① 索甲仁波切：《西藏生死书》，浙江大学出版社，2011 年 4 月，第 329 页。

气的影响与染污也更加严重了，主客二元对立的分别心再次生起并不断强化。由于认识不到一切都是自己心识的投射，不了解所有的感知其实都是来自于自己的妄想，不知道一切都只是幻象，因此就会产生焦虑、恐惧等各种强烈的负面情绪，在阿赖耶识中储存的各种不良习气又再次启动了。《离死之心》这样写道：

> 在投生中阴里，我们的经验由业所主宰，由阿赖耶识现起的无竭显相之示现所主宰，而这就是习气所造成的结果。自心的这些投射显现为念头、感觉、情绪，以及对周遭环境和众生的感知。它们可能显现为实为幻影的喜悦、恐怖的敌人，抑或具有威胁性或险恶的环境元素，这些可能会引发欲望、恐惧或震惊。[①]

中阴身由于没有肉体的限制，心识的力量就变得越来越强大，任何一个起心动念，都会给中阴身带来极大的影响。更糟糕的是，在受生中阴里，生起的念头往往是你不能自主的，因为，这些念头的生起，是由生前的习气和惯性模式所决定的。

> 在这个关键时刻，我们会完全暴露在种种生命的习气之下。如果你不在活着的此时注意这些习气，让它控制了你的心，那么在受生中阴的阶段里，你就会变成它们无助的牺牲品，被它们的力量冲击得忽东忽西……在受生中阴阶段，任何一个正面的念头都可以把我们直接带入证悟，而任何一个负面的念头，也足以把我们投入长期和极端的痛苦。[②]

在受生中阴阶段的另一个突出的心理特征，就是极端的不稳定性，并由此而产生强烈的不安全感。由于受生中阴的心识漂泊不定，并且经常受到外界的刺激和惊吓，因此非常渴望找到一个可以依附的肉身，这种渴望投生的心理就会将心识带到未来的结生之处。

[①] 竹庆本乐仁波切：《离死之心：密续心要与中阴解脱》，第 266–267 页。

[②] 索甲仁波切：《西藏生死书》，第 334–335 页。

四、中阴结生及其心理特征

在受生中阴的后期，随着心识二元习气带来的"业风"，中阴身就越来越接近结生了。这时六道的景象就开始显现，至于究竟投生为哪一道的众生，主要取决于自己当时哪种心念最为强烈。整个六道，其实都是个人内在心理的投影和反射，每一道都对应着某种特定的情绪，或者说与某种主要的烦恼相关。因此，所谓的六道，并非只是指外在特定生命与环境，从根本上来说，六道就在我们自己的心中。

（一）结生入胎的条件及过程

结生，也就是再生，即中阴的结束，新的生命开始。以四生 ① 中的胎生为例，就是中阴心识进入母胎并不断发育的过程。

结生，必须因缘具足，需要具备各种条件，其中有两个必要条件——心识入胎和父精母血和合，这两个条件是缺一不可的。因为生命的形成，必须是心与身的结合，也就是精神与物质的统一体。通常，我们都认为，只要父母精血和合就可以诞生新的生命，其实并非如此，仅有物质性的精血而没有精神性的心识的参与是不可能形成生命的。相对而言，心识入胎这个条件更为重要。

《瑜伽师地论》不但指出了结生入胎需要具备精血与心识这两个必要条件，而且还进一步说明了结生入胎时的心识就是最微细的阿赖耶识。为什么呢？因为，相对于前七识，阿赖耶识具有延续不断的特性；同时还具有储存个人无始以来的信息以及维持身体不坏的功能。

> 尔时父母贪爱俱极，最后决定各出一滴浓厚精血；二滴和合、住母胎中，合为一段；犹如熟乳凝结之时。当于此处，一切种子异熟所摄执受所依阿赖耶识和合依托。②

---

① 四生，即生命形成的四种方式：胎生（由母胎出生，如人类）、卵生（由卵壳出生，如鸟类）、湿生（由湿气所生，如虫类）、化生（无所依而由业力化现，如天人、中阴有情等）。

② 《瑜伽师地论》卷一，《大正藏》第 30 册，第 283 页上。

接下来，本论对阿赖耶识入胎后胚胎发育及根身形成的过程，作了具体而深刻的说明：

> 云何和合依托？谓此所出浓厚精血合成一段，与颠倒缘中有俱灭；与灭同时，即由一切种子识功能力故；有余微细根及大种和合而生；及余有根同分精血和合抟生。于此时中，说识已住，结生相续。即此名为羯罗蓝位。①

此段是说明结生入胎后的最初阶段的相关情况。当阿赖耶识与父母精血和合的同时，中阴身就灭掉了。由于阿赖耶识的种子所具有的功能，在母胎中就会产生非常微细的根与大种。如何理解这里所说的"微细根"与"大种"呢？吴汝钧先生认为："若用现代生物学的术语来表达，大种相当于母体中的最初阶段的胚胎。微细根是泛指精血结合受生后最初分裂的细胞，它们将来会发展人身中种种有形的器官。"②

总之，阿赖耶识入胎与父母精血和合，这就是结生相续，也就是中阴结束与新的生命开始的最初阶段。这时的生命体就称为"羯罗蓝位"③。

> 此羯罗蓝中有诸根大种，唯与身根及根所依处大种俱生，即由此身根俱生诸根大种力故，眼等诸根次第当生。又由此身根俱生根所依处大种力故，诸根依处次第当生。由彼诸根及所依处具足生故，名得圆满依止成就。又此羯罗蓝色与心、心所，安危共同，故名依托。由心、心所依托力故，色不烂坏，色损益故，彼亦损益，是故说彼安危共同。又此羯罗蓝识最初托处，即名肉心。如是识于此处最初托，即从此处最后舍。④

---

① 《瑜伽师地论》卷一，《大正藏》第30册，第283页上。

② 吴汝钧:《唯识学与精神分析——以阿赖耶识与潜意识为主》,台北: 台湾学生书局,2014年5月, 第33页。

③ 羯罗蓝，梵语 kalala，巴利语同。指父母之两精初和合凝结者。又作迦罗逻、歌逻逻、羯刺蓝。为胚、胎之义。意译作凝滑、和合、杂秽、胞胎、膜。为胎内五位之一。即托胎以后初七日间之状态。（见电子版《佛光大辞典》之"羯罗蓝"。）

④ 《瑜伽师地论》卷一，《大正藏》第30册，第283页上。

这一段的内容，首先，是说明各种微细根的逐步发育成长，也可以说是各种微细感觉神经与感觉器官的形成过程。其次，特别指出身（色）心（名）两者的关系：身体与心识（包括心所）是紧密结合在一起的，彼此相互依存，缺一不可。最后，《瑜伽师地论》告诉我们，阿赖耶识最初依托之处与最后离开之处，都是心脏这个部位。

（二）结生入胎时的心理特征

是什么力量导致结生入胎呢？《瑜伽师地论》明确告诉我们，导致结生入胎主要有三种负面心理，即贪爱、瞋恨、颠倒见。贪爱，就是对你喜爱的对象产生的一种强烈的吸引力，希望永远不要分离；瞋恨，是对你不喜欢或讨厌的对象产生的排斥与抵触的心理；颠倒见，是一种错误的不合实际的认识，是无明与愚痴的表现。这三种负面心理，不只是结生入胎之因，也是整个生死轮回的原动力。对于结生入胎时的这三种负面心理，《瑜伽师地论》作了具体的说明。

首先，中阴身见到与自己同类的众生在一起很开心地玩乐，并对所投生的处所生起希求与向往之心。显然，这是与贪爱有关的心理。

> 彼即于中有处，自见与己同类有情为嬉戏等，于所生处起希趣欲。①

接下来就是"颠倒见"，以及由颠倒见而引发的贪爱与瞋恨之心。这里的颠倒见，具体来说，就是指当中阴心识看到将要投生的父母正发生性行为时而产生的一种错觉，也就是将父母的性行为误认为是自己在进行性行为，并由此而生起强烈的贪爱之心。

> 彼于尔时，见其父母共行邪行所出精血而起颠倒。起颠倒者，谓见父母为邪行时，不谓父母行此邪行，乃起倒觉见己自行，见自行已，便起贪爱。②

---

① 《瑜伽师地论》卷一，《大正藏》第 30 册，第 282 页下。
② 《瑜伽师地论》卷一，《大正藏》第 30 册，第 282 页下。

紧接着，论典还说明了结生入胎的性别问题。性别的区分是由中阴投生时的心念所决定的：如果是转生为女性，就会对父亲生起贪爱之心并希望跟他在一起，同时想远离母亲；如果是转生为男性，情况就刚好相反，也就是想亲近母亲，远离父亲。简单地说，女性就是恋父憎母；男性就是恋母憎父。

> 若当欲为女，彼即于父便起会贪；若当欲为男，彼即于母起贪亦尔。乃往逼趣，若女于母欲其远去，若男于父心亦复尔。①

值得一提的是，此处《瑜伽师地论》关于结生入胎时性别取向的观点，与现代心理学中提出的恋父情结（Electra complex）② 和恋母情结（Oedipus complex）③ 有某种程度的类似之处。吴汝钧先生认为："这两者都是在潜意识，亦即在阿赖耶识的层次说的。"④

最后，就是说明中阴结束而结生入胎了。在产生恋父与恋母情结之后，渐渐地就要接近投生之处所了，这时就只能看到父母的男女根门，再也看不到父母身体的其余部位了，就在此时，中阴心识就正式入胎与父母精血结合在一起了，也就是正式结生相续，下一期新的生命开始了。

> 生此欲已，或唯见男或唯见女，如如渐近彼之处所。如是如是渐渐不见父母余分，唯见男女根门，即于此处便被拘碍。死生道理如是应知。⑤

《瑜伽师地论》还进一步提到：入胎结生之时，会有各种境界显现，这些境界的好坏与美丑，以及由此而产生的感受与体验，都是因人而异、

① 《瑜伽师地论》卷一，《大正藏》第30册，第282页下。
② 弗洛伊德认为：恋父情结（依勒克特拉情结）"是女孩在2-3岁时具有的一种无意识欲望，其内容是对父亲的爱，对母亲的轻视与敌视。"（杨治良主编《简明心理学辞典》，上海辞书出版社，2007年8月，第186页。）
③ 弗洛伊德认为：恋母情结（俄狄浦斯情结）"是男孩从2-3岁起就具有的一种无意识欲望，其内容是对母亲的强烈的爱和占有欲，对父亲的嫉妒、恐惧与敌视。"（杨治良主编《简明心理学辞典》，上海辞书出版社，2007年8月，第186页。）
④ 吴汝钧：《唯识学与精神分析——以阿赖耶识与潜意识为主》，第31页。
⑤ 《瑜伽师地论》卷一，《大正藏》第30册，第282页下。

各不相同的，这与每个人的烦恼的轻重、福德的深浅、行为的善恶等因素都有着密切的关联。如果烦恼深重、福德浅薄，那么心前所显现的环境、音声等就是令人烦躁不安的不寂静之相；反之，就会显现寂静美妙之相。这再次证明了佛教一贯强调的观点：一切唯心所现。

结语

死亡，是生命的一部分，是一个充满神秘、令人畏惧而又无法回避的重大问题。佛教对死亡及其相关问题有着独特而深刻的认识。佛教的死亡观，不仅具有宗教学上的重要意义，对于心理学、哲学、医学、生命科学等也都有着不可忽视的启发与价值。

佛教将一期生命分为四个阶段——四有：本有、死有、中阴、生有。本有即是从生有到死有之间的生命存在；死有就是死亡的那一刹那；中有即是中阴，就是从死亡到结生之间的生命形态；生有即是结生之刹那。从死亡进入中阴，再从中阴结束到结生入胎，其实包括了两重生死。生命，就是这样不断周而复始地进行着，直到最终解脱为止。在这个过程中，心识一直起着决定性的作用。

死亡，只是一期生命的结束，并不是生命的究竟终结。死亡的过程，分为身体的外分解与心识的内分解。真正死亡的时刻，是内在心识分解结束时发生的。内在心识的分解，经历了一个从浅入深、由粗到细的过程，也就是由前五识融入第六意识、从第六意识融入第七末那识、从第七末那识融入到深层的阿赖耶识。其中，第七末那识和第八阿赖耶识大体相当于现代心理学所说的潜意识，不过其内涵更为深广。

当我们说心识分解的结束即是死亡，只是说粗大的心识不断融入到微细的心识之中，而微细的心识在死亡时仍然继续存在。即便是那些粗大的心识也只是在死亡时暂时停止活动而已，它们并没有彻底消失，在未来的生命中它们会再次"复活"。因此，从这个角度来说，心识是永远都不会死的。当然，这里所说的心识，是指杂染的心识，随着修行的进步，杂染的心识就会不断地被净化，直到全部转化为智慧，这就是佛教所说的转识成智。

在内分解结束后，其实有一个解脱与证悟的机会，因为那时心的究竟本性——本来清净的佛性之光会自然显现。之所以会有佛性之光显现，并不是修行净化的结果，而是因为死亡时遮蔽佛性的染污和障碍都暂时止息了。当然，如果你没有稳定的修行经验，当佛性之光显现时，你就无法认证而错失良机。

死亡之后，心识就会离开肉体进入中阴阶段。因此，死亡其实是中阴的开始。中阴形成的根本原因是对于自我的执着。中阴的本质是一种意生身，是心识所化现的幻身，但这个幻身还是有微细的物质基础，不过它与有形的肉身完全不同。中阴可以分为法性中阴和受生中阴两个阶段。

中阴的心识力量非常强大，任何起心动念都会对亡者产生重要影响。中阴的心识因为受到烦恼习气和业力的影响，往往是不由自主的，与梦中之心识非常相似。中阴的所有感知，与个体的烦恼习气和善恶业力密切相关。

结生，是中阴的结束和再生的开始，也就是指心识入胎与父母精血和合，这是结生的两个必要条件。结生的心识与死亡时离开肉体进入中阴的心识一样，都是微细、深层的阿赖耶识。阿赖耶识不同于通常所说的灵魂，因为阿赖耶识虽然相似相续的存在，但却是刹那生灭，变化无常的。

死亡前后的整个过程，既面临挑战，也充满机会。此生是为死亡准备唯一而最佳的时间，没有任何人能拯救我们，唯有自己努力修行，而修行的方法，就是从当下一念开始。一定要清醒地知道：死亡前后的所有感知与经验，都是内心的显现和投射，并非客观真实存在，一切都是唯心所现，如梦如幻。因此，无可执着。

鲁西南民间庙会团体活动中的艺术疗法元素探析①

张　雯②

摘要： 民间艺术与民间信仰彼此互动，相互渗透，并对社会心理和个体心理的多个层面产生影响。通过田野调查法、访谈法，对鲁西南庙会活动有关典型案例研究表明，在鲁西南民间信仰庙会聚会活动的"讲经会""担经舞"中，发展出了独特的乐舞唱诵表达模式，其中包含多种艺术疗法元素，对参与者身心有一定调适功能。民间信仰为信众们提供了精神内在支撑，而民间艺术则是人们表达内在心理需求并相互影响的重要媒介。人们通过唱诵、角色扮演、雕塑、绘画、舞动等各种艺术化手段，借敬神娱神名义表情达意。尽管这些讲经聚会活动并非专业的心理干预，但却有独特的隐性心理调适功能，在当地民间发挥作用。因而要从艺术疗法和团体心理干预视角，辩证分析此模式的积极因素和存在问题，以供心理研究者开展案例分析教学做参考。

关键词： 民间信仰　艺术治疗　团体心理　案例教学

　　鲁西南民间信仰与民间艺术是民间文化生态系统的有机组成部分，二者共生于当地传统文化的环境中。民间信仰需要借助各种民间艺术进行呈现和传播，民间艺术为人们所喜闻乐见，其表情达意的手段，能够自然而然地融入当地民间信仰活动之中。本研究旨在通过对鲁西南民间信仰的庙会活动讲经唱诵过程中的典型场景进行调研，从民间信仰与艺术手段结合

---

　　①　本研究是在"民间信仰的艺术表达方式及其心理功能"专题研究基础上进行的，是山东省专业学位研究生案例库建设项目（编号SDYAL19184）的阶段性成果之一。

　　②　张雯，曲阜师范大学心理学院副教授。

的角度，具体探讨其中与艺术疗法有关的元素，分析其多层面的心理影响。

一、研究背景

（一）中国民间传统庙会活动的起源及民间信仰的特点

最初的庙会起源于远古时代的宗庙祭祀制度。人们在特定的日子通过供奉与祭祀的方式，与祖先及神明进行对话，以求得到庇护保佑。人群聚集往往伴随着商业物品交流的机会，庙会便由此形成。为渲染气氛，人们还会演出一些精彩的歌舞，即社戏，或称庙会戏。

以位于山东巨野县的东岳天齐庙为例，相传早在唐宋年就开始了在此祭祀泰山神。庙会有千年历史，影响广泛。民间庙会活动既可以展示当地历史文化、风土人情、丰富的文化旅游产品，又能够推进文化与经济、旅游的有机融合。据当地管理部门近年来的报道，参与者不仅有来自鲁西南，还包括来自河南、安徽等省的 10 多个县市的信众和商贾，每年有多达 10余万人前来，形成了有浓厚民间地方特色的集宗教、文化、商贸于一体的民间大型庙会。其中一次庙会仅来自陶庙镇的就有近 10 支秧歌队，伴着阵阵锣鼓，有高台戏曲演出、书法创作以及"担经舞"等传统文化项目表演。总之，在庙会的活动中的多种多样的民间信仰艺术化表达形式，是中国传统文化的重要组成部分，根植于老百姓当中。

庙会上很多活动的起源以民间信仰为背景。以"担经舞"为例，它是以扁担花篮为特色道具，以歌舞诵经为表现形式，其歌词内容通常有民间故事或传说，教育人们尊老爱幼、多做好事等，含有娱神、娱人和教人的功能，综合体现了历史、宗教、民俗、艺术等诸多文化内容。

民间信仰虽然不是有严密组织体系的宗教，但与宗教有相似之处。因此，有学者认为，将民间信仰称为有泛神论特点的"类宗教"更合适，是以"我"为中心，兼有功利性、严肃性和戏谑性的"类宗教"[①]。学者杨庆堃在《中国社会中的宗教》中指出[②]，在中国普遍存在寺院、祠堂、神

---

① 丁毅华：《汉代的类宗教迷信和民间信仰》，南都学坛，2001（7）。

② 参见：李培林、韩秀记：《杨庆堃与〈中国社会中的宗教〉》，中国社会学会网，2014 年 2 月 07 日。

坛和敬拜神明的地方，这表明民间信仰在中国社会有强大的、无所不在的影响力。同时也表明它不同于西方宗教。其特点是没有独立的结构或组织系统，因而是一种分散性的宗教，并不是制度性的宗教，其教义、仪式和组织都与其他世俗的社会生活与制度混合交织在一起，而不是游离于世俗制度之外。它既要吸纳世俗道德以图生存发展，又与儒家道德相互配合，为政治统治提供超自然的依据，从而在中国社会中有持续的效力。宗教心理学专家梁恒豪曾深入研究了西方精神性概念的发展，并探讨了其与中国处境的关联 [1]。以往的民间信仰研究为本案例探讨做了重要的理论铺垫。

（二）艺术疗法的有关理念和研究背景

近几十年，随着心理咨询与治疗概念的普及和发展，欧美的艺术疗法理念在我国有了一定的传播。关于表达性艺术治疗，Kate T. Donohue（国际表达性艺术治疗学会的创始人）曾在一次演讲中做过生动的解读："心灵的呈现不仅通过语言，还通过意象、象征和身体来表达。"也就是说，人们可以通过各种艺术化的方式，表达"我们是谁"，表达"我们的感受和体验"，可以通过意象、动作、声音、隐喻、戏剧和诗画的语言，流露出深层的自我，表达出文字所难以表达的内容，如绘画、塑形、音乐、舞蹈、沙盘游戏、戏剧等，这些都为与内心世界联结提供了新的媒介。

将艺术与心理咨询、治疗结合，并不介意参与者艺术功底的高低，重要的是鼓励人们自然表露出内心深处的感受，这有助于巧妙地绕过防御机制，揭示潜意识层面的内容。正如荣格所说："只有看向自己的内心深处，洞察力才会变得清晰起来。向外看的人，是梦中人；向内看的人，是清醒者。"治疗师和来访者都能够参与到艺术表达的过程中，例如，可以通过戏剧的方式，进行角色扮演去协助探索内心的不同侧面，特别是探索那些未知部分，或者阴影的部分，并引导它们之间互动交流。

在我国，带有民间信仰色彩并和艺术有关的心理调适方法有久远的历史。以其中的音乐舞动疗法为例，研究者关注较多的有北方的萨满教乐舞、

---

① 梁恒豪："西方精神性概念的发展、应用及与中国处境的关联"，《世界宗教研究》，2015年，No.156（06）：第36–45页。

内蒙古安代歌舞治疗心病的仪式、印度瑜伽疗法、动中禅修行养心等。以往的研究中，虽然有少量民间"担经舞"的研究 [1]，但主要是从其艺术性编排或非物质文化遗产传承等角度进行分析。尚未见到将鲁西南民间信仰与其民间艺术疗法相结合的心理方面的研究。因此，我们选择了代表性庙会中的特定的团体"讲经唱经"聚会活动，开展了细致的调查，以分析其对人们的心理影响过程和原理。

二、研究方法

（一）文献资料法

广泛查阅有关文献和音像资料，以及民俗博物馆的资料，包括鲁西南和山东省其他地区，以及河北、河南、安徽等地的资料，用于实地调研前的准备以及后期的对比分析。

（二）田野调查法

调查时间在农历三月，调查对象的主体范围在鲁西南地区，其中包括东岳天齐庙会、仿山庙会、金山庙会、羊山庙会等。它们不但是鲁西南地区文化旅游的重要组成部分，也是影响到鲁苏豫皖的很多地市的传统民俗活动之一，历经千年在民间的影响经久不衰。虽然 20 世纪 60 年代其发展受到限制，但近十几年来，在重视发展传统文化的背景下，无论是在活动场所方面，还是在活动的内容和规模上，都得到恢复并有进一步发展。

对鲁西南庙会开始前的有关民间信仰聚会讲经准备过程，以及庙会实况进行一系列现场观察，并分别对来自各地的香头、香客、庙堂场所值班管理维护人员和参观者们，进行半结构式访谈，借助录音、录像和笔记形式，进行记录和归纳整理。然后，将结果与心理学专业师生、社会学与宗教研究专业人员，以及社会其他领域的人员分别进行小组讨论或个别研讨，以收集不同角度的反馈意见。

---

[1]　田静：《鲁西南民间舞蹈"担经"探究》，山东师范大学 2019 年。

三、鲁西南民间庙会团体活动中的"讲经对唱"案例实录

（一）活动场所环境特点及其内部布置上的艺术元素

下面以天齐庙会为典型案例，作概括介绍。讲经活动用的是新建的大殿。在它前面是低矮但香火极盛的古老的庙，庙前有古老的大槐树，虽遇到火烧而中空，但仍然奇迹般地活着，有顽强生命力。

本次庙会的团体聚会活动，是后面新建的高大庙宇建筑。它有双层。

下面的那一层为"阴曹地府人物场景造像"，运用了成套的雕塑艺术设计。在楼前台阶上有香火炉，一侧有几位民间乐师吹箫奏乐。

"讲经"活动地点在上层"仙界"进行，即高大宽敞的"百神殿"。进门有各路神明造型并且衣饰精致，供品鲜美，两侧墙壁上还配有宗教主题的大型壁画。在坐北朝南最中间的主位上，是玉皇大帝和王母娘娘，精神饱满和善的黑发中年造型的坐像，其身后更高的位置上，是白发造型的老祖师爷伏羲帝和老祖母奶奶女娲皇，气色红润，神态慈祥。其两侧分别有童男童女侍立。分两列对面而立的、高高发髻造型的，是十位仙女公主，他们将大殿空间分隔开围出中间部分。正中间的供桌几汇聚了各路神仙造像。西侧有如来、悟空等，东侧有药师观音等一系列神明。地面上有部分供叩拜或休息的垫子，为金色莲花造型。

（二）活动基本过程中的艺术疗法元素

白天布置场地，神像的龙袍、凤袍、凤冠、荷花披风等衣饰道具已经就位。另有很多麻袋里满满的是叠锡的立体纸元宝。来参加聚会的人们中老年女性较多，她们分成多个小组，一边自然亲热地聊天，一边不辞辛苦地用手一个个撑开纸元宝。此外还有成堆的香和纸钱，其中一些元宝纸钱上面有亲手写的文字。在点香火"发送"时，外面浓浓的香火气缭绕，元宝和纸钱熊熊燃烧，随风打圈，在殿内也弥漫着重重的香火气息。

晚饭后，参与"讲经会"的人自发围坐在中间，约二十几人。仍可以自由移动位置或出入。主持人简单提示后，鼓励大家自由"讲讲"（实际多是唱曲表演）。

有位中老年妇女，对着正中间桌上供奉的伟人微型立像，开始唱了一

首革命歌曲《大海航行靠舵手》。

然后，"讲经唱诵"活动渐渐有更多人进入所谓"附体"状态，活动渐渐出现小高潮，陆续有人开始即兴词曲的唱诵，多是按地方戏曲唱腔风格，自己进行即兴编词，有时也会应答互动。有的像在祝福祈祷；有的好像自说自话诉苦；还有类似戏剧对白，所表达的角色也在变，时而向神明表达求助、祈祷、希望、感恩，时而以神明附体的口吻表达自己，或回应他人。这一过程不受年龄和性别所限。

例如，其中有一位年轻女子上前，先是在玉皇大帝和王母娘娘前跪拜了一下，就开始以天庭出嫁了的女儿的口吻，向长辈哭诉自己的生活种种难处。女子刚唱罢一段，只见那一位中老年的男子，开腔接上话了。他一直坐在前面供桌一侧，面对信众，身为香头角色，但此时他一开腔却是王母娘娘的角色，是"母亲"对女儿说知心话的口吻。用类似地方戏曲的婉转多变的哼哼调子，即兴唱了一段非常夸张的神仙苦难经历。大致是说：

为娘疼爱女儿在心间 / 想当初为娘年轻时 / 也遇到大鬼小妖来纠缠

出行万里遇地冻天寒 / 身体虚弱也无人怜 / 不用说生养孩子多艰难

历尽磨难才能成仙哪 / 闺女你要有耐心烦 / 有道是前面苦来后面甜

这样的表达方式很好地体现了心理咨询谈话中的善解人意、通情达理和适当的自我流露，并及时灌注希望的技巧。难能可贵的是，老人的即兴词曲很长很长，还充满艺术味道，听来还很押韵，且反复哼唱的曲调，很有情绪表现力，感人至深。边上有老年妇人跟着落泪，后来又和年轻女主角一起，随唱腔和内容的变化，情绪终于渐渐变舒缓了，只见那女子最后又行了个叩拜礼，像是脱离了落难仙女的身份，安静地坐回到自己的小马扎上了。而那位"神仙母亲"也念念有词，回归了中年男子"香头"的角色。

这中间，随着不同的人变换登场成为当众表达的"主角"，不同的主题陆续展开，时而某人出现戏曲动作造型，偶有人以武术或舞蹈动作与之响应，而另外的人则表现为唱词和曲调多变，内容有倾诉、有倾听、有眼泪、有劝慰，有问有答，时而有理有据、时而含糊不清；常常有跪地叩拜，面对的是道教神明，最后却往往以口诵"阿弥陀佛"结束的情况。但众人皆包容，不以为怪。问之，则往往会说这些表现，都是因神"附体"，借人之口说的，不代表自己。这样的过程，让神明和他人见证了，因而就是讲经说经唱经有功了，一般来说这是有好处的。如此这般，整个过程时而平淡无奇，时而引人入胜，直到后半夜才各自歇息去。而到凌晨4点左右，有些人还要早起，他们需要参加清早的"开光"仪式。

四、心理影响分析及讨论要点

（一）积极的方面

在民间信仰团体聚会活动的进行过程中，处处蕴含着对参与者心理层面的影响。活动的管理者或者"香头"一般是相当熟悉当地世风民俗，是社会经验丰富、应变能力很强的人。他们组织成员参与手工制作有积极象征意义的"金元宝"，折叠出八卦锡纸，写上美好期待或联络方式，暗示燃烧后就更容易获得神明帮助的力量。这种参与融入体验活动的方式潜移默化会引导事主进行心理或行为调节，从孤单无助的心态走向正向结果的期待，这符合心理学上的期望效应（皮格马利翁效应）原理。在本案例中的互动过程中，假借神明"附体"，虽看似迷信色彩，但如果从更本质上看，可以理解为是运用了宗教隐喻的方式，"为神代言"其实是假借神的名义，来减轻内向的人自我表达情绪的心理阻力，可以为主动表达创设条件。它根据事主的情况，能动地利用环境因素和参与者们的影响力，用较为含蕴的方式引导情绪、认知和行为的调节活动，进行隐性心理影响，这与隐性教育背后的逻辑有相似之处 ①。本案例中其特点是进行角色扮演，借环境暗示、情境铺设、人际互动交往、情绪感染宣泄等方式，起到含蓄的心理疏导和调适作用。

（二）存在的问题

在庙会"讲经唱经"、互动回应的过程中，尽管已经对人们的心理调

---

① 贾克水、朱建平、张如山："隐性教育概念界定及本质特征"，《教育研究》，2000年第8期，第37–42页。

节有了一些艺术化的积极影响因素，但大殿的管理者或者香头还需要一些最基本的正规培训，比如，心理常用知识方面的基本常识、民间信仰常识培训，基本的衣着礼仪，基本的动作礼仪培训等。通过资料进行的横向比较发现，鲁西南和江苏靖江的庙会中，同样有带有宗教性的民间口头说唱活动，都对当地民众有精神寄托和生活的调节作用，其中鲁西南的"香头"与江苏靖江的"佛头"也同样存在受文化水平所限的问题①，他们常常不能厘清一些重要的基本关系，一些说明常常陷入矛盾混乱状态，需要常识性培训。本研究中还发现了民间信仰活动中，有些人被心理暗示所影响，存在不同程度的受骗问题。某眼病患者向"通灵"的人求治，花了钱却无效。后来索性自称遇到神明，说自从眼瞎了一只，就开了心眼、有了神通。实际是他发现当地人们的非理性的盲从现象很普遍，特别是其中的一些老人或病人往往更易上当，于是开始假装自己变得能通神了，说只要奉上一些钱物就可以帮助请神治病。从受害者变成加害者，对底层百姓危害很大。因此，不仅要对有关人员进行生活常识教育、道德与法制教育，还要对大众进行防骗教育。

目前的社会心理服务也存在与民间信仰的融合问题。有的人宁愿花钱供奉参加庙会，却不会主动去参加心理团体课。如果有人来庙会之后，求财得财或遇到心理好转，则人们对其神奇效果乐意口口相传，如果相反不顺利，则说时候不到。但如果心理陷入困境，找咨询师相助，则有些人会表示不愿找、不会找、不好找。真的从心理咨询中获益了，有的当事人还会害怕告诉别人，害怕会被误解为心理不健康，而咨询师又要考虑保密不能说出去，这在一定程度上影响了咨询工作的开展。本次调查中，很多人说家里有供养神明或祖先的地方，这里大大小小的集市上也随处有香火纸钱纸元宝出售，多村有庙，但没有见到任何艺术心理疗法相关的服务机构或材料。我们在当地多点多次调研期间，仅在其中一处遇到某社会心理机构的一张宣传单。庙会上也仅一处书摊上发现有应用心理学的科普读物。显然正规心理服务离这里的百姓还很有距离。可以说，某些庙会讲经形式中渗透的隐性心理影响，在某些方面更贴合当地文化和收入背景，对一些

---

① 孙跃、杨旺生：《民间信仰的社会服务功能——以靖江宝卷中儒释道三教为例》，绵阳师范学院学报，2015年第7期，第134-138页。

人群来说会感觉更容易接受。因此，我们的社会心理服务也要注意考虑结合当地风俗文化，从多角度渗透，使之更接地气。

本案例中，存在急于追求庙宇规模和神像数量而忽视有关配套设施的问题，庙主因此也在活动场所的规模定位和经费上面临压力。虽然大殿外部已经建设好，但内部还需要建设，殿内地面还没装修，尘土飞扬。这一问题在其他地方的民间信仰调查中，也时有报道。当资金严重不足，管理者只要有点钱就想增加神像，想从几十个扩建成原设想的 100 个神像，非常困难。

其实，通过对信众和经常来参与活动的村民的心态进行访谈调查，他们认为神像并非越多越杂越好，并不关注是不是增加了个数。相反，太多了会非常拥挤，且有些令人感觉压抑。而要注意量力而为，巧用空间，适当留白，有活动的空间也很重要。地面墙面迫切需要基本铺设装修，还需要适量座位或垫子，更按理说应优先考虑安排好。其中一位老人员平静地说，他和几位朋友一起经常义务来保洁，主要是来聊天，感觉这里现在这样的规模就很好了。这里有神像在看着，人心总要受些影响，坏人不愿意来，还是向善的多。他说自己遇庙会也会摆个小摊出售小供品，不喜欢出售那些超大超粗的香，并不适合，虽然它的利更高，但有火灾风险。自己家里生活有保障，生意多少无所谓，来这里因为有这么个本圈子的人活动的地方，而且人际关系是比较简单友好的气氛，以及内心平和自在的感觉，不需要攀比什么。笔者问：如果有个活动室或镇上有老年大学什么的，可以学点做点有兴趣的事，没有神像，一样聊天，听听讲课讨论，是不是也会感觉也挺好的？老人说：当然也好，要是那样也不用总来这庙里。可惜小地方没有那个，幸好有人建了这个神殿。

关于庙会中的焚烧问题（上香、烧元宝、烧衣饰布匹供品），虽然有其传统意义上的心理象征意义，但也存在盲目过度消费的情况，造成不必要的污染和浪费，以及遇风有火灾隐患。而有些供奉物品并不合时宜，如给神仙送上小脚女人绣花鞋，不能在神明象征性用过后转送给世人，只能烧掉，而且其象征意义也不佳，与所奉献的对象如佛教女菩萨的天然足形相违背，于情于理不通。应当加强管理，或适当引导发展一些替代的表达方式。比如，可适当引导改为食品、水果、花束的摆放，并说明在摆放时送神明先在意念中享用后，意味着神随即允许转送世人享用物品的实体。

（三）本案例用于团体心理咨询教学要注意的事项

第一，要介绍背景资料，做好前导课程知识铺垫。运用本案例的师生应已经具有个体心理咨询和团体咨询的基本知识和技能的学习背景，并且对艺术疗法的特点有所了解，如有需要可先做必要的回顾或补充。第二，要注意案例细节还原，进行分析讨论。可结合文本、图片或视频资料，在课上进行生动地案例描述，在此基础上，对庙会讲经团体活动中艺术化的心理影响要素开展讨论。第三，聚焦思考要点，完成巩固作业。可以考虑从以下多个方面切入：1）本案例中的活动场景布置和准备过程，与表达性艺术治疗的团体活动准备有何相似或不同？2）庙会聚会活动中，团体成员的唱诵隐喻互动模式，对表达性艺术疗法的设计有何启示？3）结合游戏疗法的理论，分析本案例中道具的运用特点。4）运用心理剧疗法的理论与技术，分析本案例即兴唱诵与附体式角色转换过程。5）通过本案例，谈谈对开展团体咨询领导者的培训及督导工作的重要性的认识。

六、小结

综上所述，我们认为，民间信仰的做会唱经，一方面在当代仍然具有多重心理影响功能，体现在心理慰藉、人际沟通方面，也体现在促进社会关联融合、文化传承等方面，是维系社会的运转的力量之一，有积极的作用；另一方面，由于它在民间往往处于自发状态，如果继续任由其无序野蛮生长，也会给人们的心理带来某些负面影响。所以不可放任自流，需要通过具体的案例研究分析对策，并对负责人加以适当培训善加引导，从而避免一些消极影响，并发挥亲民、接地气的特点，借鉴其中有益于解决心理困扰的一些做法，发挥其积极影响力。

佛教心理治疗的原理和方法

许　芳①

摘要：现代心理治疗出现前，佛教起心理治疗作用，属于哲学心理治疗流派。本文采用质性分析方法分析佛教心理治疗原理，在佛教四圣谛、五蕴和十二因缘理论基础上阐述了佛教烦恼相关理论，揭示了凡夫烦恼的产生原理是：物质现象→感知→判断→情感和欲望→烦恼。结合正念内涵进一步揭示佛教心理治疗的四个方法：1）调整感知方式；2）不判断，包括不加评判地接纳；3）管控情感和欲望；4）应对烦恼。在当前文化自信和健康中国战略背景下，挖掘佛教心理治疗的原理和方法对解决现代人心理健康问题有借鉴意义。

关键词：佛教　心理治疗　烦恼　正念　判断

在现代心理治疗出现之前，古人为了消除烦恼，解决心理困惑，会到庙里请求出家人师父开示，出家人担当了心理咨询师或心理治疗师的作用。我国作为四大文明古国之一，有着悠久的心理保健的历史和文化，佛教尤其擅长解除烦恼和痛苦，对治心理健康问题。据《景德传灯录》②卷二载，二祖慧可求师"安心"。"师曰：将心来，与汝安。曰：觅心了不可得。师曰：我与汝安心竟"。达摩教人亲自领悟心并非真实存在的，不是把握的对象，从而起到心理治疗的作用。在当前文化自信和"健康中国"战略

---

① 许芳，女，南京师范大学社会发展学院教授，管理学博士，主要从事传统文化与心理、健康文化与非遗研究。

② （北宋）释道原撰，黄夏年、杨曾文编，冯国栋点校：《景德传灯录（全二册）》，中州古籍出版社，2019 年 11 月。

背景下，挖掘并弘扬佛教心理治疗的原理和方法对解决现代人的心理健康问题非常重要。

一、佛教有关烦恼的理论

佛教的创立与心理治疗的目的有相似处，当年佛教创始人释迦牟尼为了解除人间痛苦而去修行传道。佛教之所以被广泛接受也因其起到了心理安慰和疏导的作用。从心理治疗的角度来看，佛教就是研究烦恼的原因及解决之道的学问。

1. 烦恼的内涵

佛教的"苦"主要是指心理上的烦恼和痛苦，四圣谛"苦、集、灭、道"的"苦"谛指三界六道生死轮回，充满痛苦烦恼。有生苦、老苦、病苦、死苦、爱别离苦、怨憎会苦、求不得苦、五盛阴苦，这八苦。

2. 烦恼的原因

对于烦恼和痛苦产生的原因，佛教认为一切现象的产生和变化都因一定的条件，即"缘起"。人生现象遵循基本的十二因缘[①]，即：

"老死"缘（人最大的烦恼是害怕老死）；

"生"缘，指生命，"生是老死缘"；

"有"缘，指某个人前生思想行为的总和，即"业力"，"有是生缘"；

"取"缘，指人对人生和物欲的各种追求，"取是有缘"；

"爱"缘，包括性爱、食欲等感情的和物质的各种贪爱，"爱是取缘"；

"受"缘，指各种苦乐感受，它导致贪爱，"受是爱缘"；

"触"缘，指人的肉体、精神与外界直接接触，"触是受缘"；

"六入"缘，指人的眼、耳、鼻、舌、身、意六种感觉器官和认知机能，"六入是触缘"；

"名色"缘，指有意识活动的人体，"名"指人的精神活动，"色"指人的肉体，"名色是六入缘"。

以上各项，后者是前者的因缘，可见有生命就会有苦。

十二因缘中："无明"是苦的最后根源。

---

① 赖永海编：《佛教十三经》，中华书局，2016年8月。

"识"缘，指人在投生一刹那间的精神本体的活动，即"灵魂"，"识是名色缘"；

"行"缘，指人的一切的思想行为，包括前生今生，即业行，"行是识缘"；

"痴"缘，又叫"无明"，即愚昧无知，"痴是行缘"。

四圣谛之"集"谛也指出众生痛苦的根源在于无明（无知），导致处于贪、瞋、痴、慢、疑、恶见等烦恼中，由此造下种种恶业，使得未来要遭受种种业报，轮回不休。

佛教认为，烦恼是五蕴集合而成。"蕴"指积聚、集合。五蕴分别是：（1）色蕴，指物质性的事物现象；（2）受蕴，指随感官生起的自我体验，包括苦、乐、忧、喜等感情；（3）想蕴，指对境想象事物，是心的作用；（4）行蕴，指自觉行为，是身口意之造作；（5）识蕴，指心所生的种种心念，为心之本体。

3.消除烦恼的方法

佛教消除烦恼的目的是寂灭痛苦，四圣谛的"灭"谛指灭尽三界烦恼业因以及生死轮回果报，到达涅槃的境界。消除烦恼的方法在"道"谛中，"道"谛指通向痛苦寂灭的道路，主要指八正道（正见、正思维、正语、正业、正命、正精进、正念、正定），脱离生死轮回的苦海，到达涅槃寂灭的境界。八正道是以佛教追求的智慧为基础，智慧在佛门又称"般若"，赵朴初先生有五大智慧说：佛门光明心、不生比较心、不动心、安心、放下执着心。通过这些智慧的方法可以消除烦恼。可见，佛教是传统的心理咨询与治疗。

二、佛教心理治疗的原理

从《般若波罗蜜多心经》里可以窥见佛教心理治疗的主要原理。唐三藏法师玄奘译的《般若波罗蜜多心经》[1]内容是：

> 观自在菩萨，行深般若波罗蜜多时，照见五蕴皆空，度一切苦厄。舍利子，色不异空，空不异色；色即是空，空即是色；受想行识，亦复如是。舍利子，是诸法空相，不生不灭，不垢不净，

---

[1]　陈秋平、尚荣 译：《金刚经·心经·坛经》，中华书局，2016 年 3 月。

不增不减。是故空中无色，无受想行识，无眼耳鼻舌身意，无色声香味触法，无眼界，乃至无意识界。无无明，亦无无明尽；乃至无老死，亦无老死尽；无苦集灭道，无智亦无得。以无所得故，心无挂碍。无挂碍故，无有恐怖。远离颠倒梦想，究竟涅槃。

从《般若波罗蜜多心经》可见，人们是通过眼、耳、鼻、舌、身、意去感知世界的色、声、香、味、触、法，由于人们对世界现象的不了解（无明），而产生有无、善恶、美丑的判断，并执着于这一判断，产生"受、想、行、识"（感受、想法、行为、意识），进而产生烦恼、痛苦。可见，佛教认为凡夫的烦恼、痛苦的产生过程是：色→眼耳鼻舌身意→分别心→我执→烦恼。

《般若波罗蜜多心经》指出，世界是"空"（无常）的，四大皆空，不仅有地、水、风、火"外四空"，而且有钱财、权位、家室、子女"内四空"。因为是空的，就没有"有无、善恶、美丑"的区别，所以心无挂碍（没有执着），因此无有恐怖（烦恼），远离颠倒梦想，究竟涅槃（寂静安乐）。由此，可以揭示佛教的心理治疗原理：色→眼耳鼻舌身意→空→无挂碍（无我执）→无恐怖。

根据荣格提出的大脑获取信息后做出决定的流程是先感知再判断，用现代语言建立佛教有关烦恼产生的原理如下：物质现象→感知→判断→情感和欲望→烦恼。[1]

由于烦恼是在人与环境的相互作用中产生的，要减轻烦恼，佛教心理治疗可以从几个环节入手：（1）调整感知方法；（2）不分别；（3）管理情感和欲望；（4）应对烦恼的方法。从而可以建立佛教心理治疗的原理，如图 1 所示。

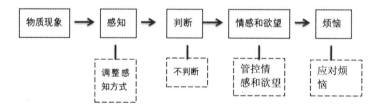

图 1 佛教心理治疗的原理

---

① 孙泽先：《意向流管理学与中国本土心理学语言体系的构建》，第六届国际中医心理学大会，北京，2019 年 11 月。世界中医药学会联合会、中医心理学专业委员会、中国中医科学院广安门医院主办。

近年来，以美国麻省理工学院医学教授卡巴金为首的研究者把源于"四念处"的正念从佛教修行方法中分离出来，脱去了其宗教教义，使其变成有科学实证功效的心理治疗方法。"四念处"即如实观察，它是透过观察自身来净化身心的方法。开始的时候借着观察自然的呼吸来提升专注力，等到觉知渐渐变得敏锐之后，接着就观察身和心不断在变化的特性，体验无常、苦，以及无我的普遍性实相，这是经由直接的经验去了知实相的方法。即"观自在菩萨，行深般若波罗蜜多时，照见五蕴皆空，度一切苦厄"（见《般若波罗蜜多心经》）。

卡巴金提出正念（mindfulness）的概念是：刻意的、不加评判的、针对当下的注意力（Kabat-Zinn, 1994）。这一概念包括四个方面[1]：（1）持续的注意力（sustained attention）；（2）觉知（awareness）；（3）关注当下（focus on the present）；（4）不加评判地接纳（accept without judgment）。以上前三个方面（持续的注意力、觉知、关注当下）与感知有关，第四个方面（不加评判地接纳）与判断有关。

三、运用佛教心理治疗的方法

运用佛教进行心理治疗的四个方法是：（1）调整感知方式；（2）不判断，包括不加评判地接纳；（3）管控情感和欲望；（4）应对烦恼。

（一）佛教调整感知的方式

1. 佛教里与调整感知方式有关的修行方法

（1）观禅：观察身心的自然运动状态，如其所是地了解身心只是无常流动，并不存在一个主宰者。例如，内观（毗婆舍那，Vipassana）意思是观察如其本然的实相，是印度最古老的禅修方法之一。内观是往内观察自己身心实相的一个方法，以智慧洞见一切烦恼的根源，从中解脱。例如，禅宗注重感知，而不是思维，不立文字，直指人心。佛祖拈花，迦叶微笑。

---

① 乔恩·卡巴金：《多舛的生命：正念疗愈帮你抚平压力、疼痛和创伤》（原书第2版），机械工业出版社，2018年4月。

（2）观呼吸：是南传禅修里比较普及的一种禅修方法（安般禅法），具体就是观察自己的吸气和呼气，并数吸气和呼气。

（3）观念头：观察自己某一个念头是如何产生、持续、变化、消失的，体会无常的缘起。

（4）步行禅：是在行走中全身心地感知脚踩在大地上的感觉，训练专注和观察的能力。

2. 佛教里与调整感知方式有关的修行方法的内涵

（1）持续的注意力。

"持续的注意力"是把注意力集中在持续的内外刺激（观察的目标）上，减少沉思和焦虑，限制大脑过多思维。比如："止观"（即专注一境）是佛教各教派普遍采用的修习方式。佛教净土宗的修行方法"念佛号"引导持续的注意力。净土宗修行只需念佛，口诵"南无阿弥陀佛""南无观世音菩萨"便能皈依。念佛的时候，同时修止观，只是心专注于佛号，不向外攀缘、不散乱。

（2）关注当下。

"关注当下"是引导自己的注意力对内外部正在发生的现象保持每时每刻的觉知。而不是思维被过去或将来占据，例如回忆、计划或幻想，注重体验的即时性。禅宗的公案"不如吃茶去"强调的就是关注当下。

（3）觉知。

"觉知"是指有意识地了解自己的内外部经验，包括身体的感觉，以及外部环境。佛教中的这一修行方法可以对治现代人过度使用大脑思维而消耗精力，忽略了大脑的感觉功能和情绪反应功能。

（二）佛教的不判断方法

佛教认为，分别心是导致烦恼的重要原因，提倡不二法门，对治执着于"有无"的分别心。《维摩诘经·入不二法门品》云："如我意者，于一切法无言无说，无示无识，离诸问答，是为入不二法门。"[1] 反对对立所带来的虚妄颠倒的观念，超越认知的二元模式。例如，著名的禅宗公案

---

[1] 赖永海编，高永旺、张仲娟 译：《佛教十三经 4：维摩诘经》，中华书局，2016 年 6 月。

神秀和慧能的偈语①。

神秀："身是菩提树，心如明镜台，时时勤拂拭，勿使惹尘埃。"

慧能："菩提本无树，明镜亦非台，本来无一物，何处惹尘埃。"

慧能高明于神秀的地方在于对于尘埃也没有分别心，本来无一物，尘埃也是空的。

对治执着于"善恶"的分别心，佛教的人性观不同于儒家的"性本善"和道家的"自然人性"。《六祖坛经》上说"不思善，不思恶，正与么时，哪个是明上座本来面目"。"善、恶"只是世间法，只是众生的分别意识，出世间法无善也无恶。

佛教提倡开悟，即开智悟理，对治分别心。佛教早期通过长期修习坐禅念佛开悟，这是"渐悟"。禅宗强调"顿悟"，直指本心、顿悟成佛。后期佛教"四念处"指"观身不净、观受是苦、观心无常、观法无我"，以对治"常、乐、我、净"这些众生贪瞋痴与烦恼的根源。如表1所示。例如，"白骨观"是观身不净的方法，把人的身体想作死后的白骨和身体泡水肿胀。

表1. 佛教的"四念处"

四法	四念处	四种念	四颠倒
不净	身念处	观身不净	净：执着身心是干净的
苦	受念处	观受是苦	乐：执着世间有快乐
无常	心念处	观心无常	常：执着内心的恒常不变
无我	法念处	观法无我	我：执着万物有自主自在的心性

佛教中有许多修行方法是改变认知、对治分别心的，例如，禅宗有如下方法：

1. 参话头：是禅宗最具代表性的法门，开悟速捷，只要靠住一个话头，在自己心头上提一句问话，起疑情、参到底，就可以了脱生死。如："念佛的是谁？父母未生前的本来面目是什么？"

2. 机锋：禅宗把一些意味深长的智慧对话叫作"机锋"，没有标准答案，成为历史公案。

3. 棒喝：是禅宗师家接待初学者的手段之一。对其所问，师家往往不

---

① 陈秋平、尚荣 译：《金刚经·心经·坛经》，中华书局，2016年3月。

用语言来答复，或者使用棒锋击打其头部，或者冲其大声喝斥，看其反应能力，断定学生悟解能力。

（三）佛教管理情感和欲望的方法

佛教论述情感和欲望产生的原因是哲学层次的。佛教十二因缘理论认为，"受"是"爱"缘，"爱"是"取"缘，也就是说，人通过感受器官与环境作用而产生的各种苦乐感受导致贪爱，进而导致各种追求或欲望。而根据"痴"是"行"缘，可以推论愚昧无知是情感和欲望的最后根源。我执（表现为贪、瞋、痴）越强，痛苦越大，破除"我执"才能快乐。凡夫无不为淫欲所驱遣，深受其苦。佛教通过戒欲管理情感和欲望。通过戒律来禁欲，比如五戒：不杀生、不偷盗、不邪淫、不妄语、不饮酒。八戒：在五戒外另加：卧高广大床、花鬘璎珞及歌舞戏乐、过午不食。佛祖的临终叮咛："以戒为师"；比丘戒250条，比丘尼戒348条，居士五戒；中国禅里更主张"心戒"。

（四）佛教应对烦恼的方法

1. 接受烦恼。

在对待烦恼的态度方面，佛教提倡接受烦恼。正念的内涵之一"不加评判地接纳"，一方面"不加评判"，另一方面包括"接纳"，即允许所有愉快或痛苦的经验产生而不试图去改变、控制或回避它们，也就是接受烦恼。

2. 向内求。

在谁是处理烦恼的主体方面，佛教提倡向内求，六祖慧能在接了五祖弘忍衣钵之后说"迷时师度，悟了自度"。源自《六祖坛经》的见性法门强调每一位众生的本性（或佛性、自性）是真常清净，具足无量功德属性的。由于无始以来，众生耽于迷执，忘失本性，终致不认得"自己"。因此，修行者最重要的目标，就是去发现这原本具足的"本性"，即"见性成佛"，便是开悟，佛教提倡向内求而不是向外求。

四、结论

综上所述，佛教心理治疗属于哲学心理疗法，是通过改变患者的生活哲学直至领悟以促成其行为和情绪变化。佛教认为凡夫烦恼的产生原理是：物质现象→感知→判断→情感和欲望→烦恼，佛教心理治疗的四个方法包括：（1）调整感知方式；（2）不判断，包括不加评判地接纳；（3）管控情感和欲望；（4）应对烦恼。挖掘佛教心理治疗的原理和方法对解决现代人的心理健康问题有借鉴意义。

实证研究

中国佛教和儒家文化的敬畏感：
内涵结构分析及量表编制

王鑫强　刘仲禹 ①

摘要： 本研究基于中国佛教和儒家文化分析中国人敬畏感的内涵结构，并编制敬畏感量表，考察其在中小学教师中的信效度。结果表明：敬畏感量表共包含七个条目，含佛教文化下因果敬畏和儒家文化下伦理敬畏两个因子；双因子模型结构拟合度良好，并具有跨性别与跨教学段测量等值性。敬畏感量表及其因果敬畏、伦理敬畏两个分量表的分半信度和内部一致性信度良好，各维度和条目之间都有良好区分度。量表总分及其因果敬畏、伦理敬畏两维度得分均与教师关怀行为、工作满意度显著正相关，与不道德职业行为显著负相关。女教师的敬畏感及其因果敬畏、伦理敬畏两维度得分都高于男教师，小学教师伦理敬畏显著高于中学教师。总之，中国人敬畏感作为一种深受中国文化熏陶形成的内化或自觉禁忌意识和信念，是由特殊因子（因果敬畏和伦理敬畏）和共同因子（敬畏感）构成的心理结构。基于中国佛教和儒家文化的敬畏感量表信效度良好，可作为中国文化背景下敬畏感研究的有效测量工具。

关键词： 佛教因果　儒家伦理　中国文化　敬畏感　道德行为

---

①　王鑫强，博士，江西师范大学心理学院、心理健康教育研究中心、心理技术应用研究所副教授、硕士生导师；刘仲禹，华南师范大学心理学院在读硕士研究生。王鑫强和刘仲禹为共同第一作者。该文为王鑫强所领导"中国传统文化现代心理保健价值开发小组"的系列研究成果之一。

一、研究问题的提出

在中西方文化中，敬畏一直受到宗教学、哲学、心理学、社会学、伦理学等学科的广泛关注。已有研究表明，敬畏感作为一种复杂的积极情绪或积极心理品质[①]，会对个体的心理健康产生重要影响，是人们道德和精神追求的力量之一[②]。例如，人们面对令人敬畏的故事（与对照故事相比）能够提高生活满意度[③]，更多关注周围环境，更少关注自我[④]。虽然敬畏体验可能具有在诱发小我体验后引发自我贬低感[⑤]等负面功能；但同时，敬畏情绪具有抑制烦躁感，促进个体的亲环境行为意向[⑥]、亲社会行为倾向及时间投入[⑦]，减少道德冒险行为[⑧]、攻击等反社会行为[⑨]，增强快乐和生命意义[⑩]等积极功能。当今社会正是由于一些人丧失了对自然、生命、宗教的敬畏感，各种不道德行为、凶杀案件、自然灾难才层出不穷[⑪]，敬畏

[①] Peterson, C., & Seligman, M. *"Character strengths and Virtues: A Handbook and Classification"*. New York: Oxford University Press, 2004.

[②] Schneider, K. J., *"Awakening to Awe: Personal Stories of Profound Transformation"*. Lanham, MD: Jason Aronson, 2011.

[③] Rudd, M., Vohs, K. D. and Aaker. J. "Awe Expands People's Perception of Time, Alters Decision Making, and Enhances Well-Being.", *Psychological Science*, 2012, 23, pp.1130–1136.

[④] Shiota, M. N., Keltner, D., & Mossman, A. "The Nature of Awe: Elicitors, Appraisals, and Effects on Self-concept." *Cognition and Emotion*, 2007, 21, pp.944–963.

[⑤] Bai, Y., Maruskin, L. A., Chen, S., Gordon, A. M., Stellar, J. E., McNeil, G.D. Keltner, D. "Awe, the Diminished Self, and Collective Engagement: Universals and Cultural Variations in the Small Self". *Journal of Personality and Social Psychology*, 2017, 113, pp.185–209.

[⑥] 孙颖、贾东丽、蒋奖、刘子双："敬畏对亲环境行为意向的影响"，《心理与行为研究》，2020 年第 3 期。

[⑦] Piff, P. K., Dietze, P., Feinberg, M., Stancato, D. M., & Keltner, D. "Awe, the Small Self, and Prosocial Behavior". *Journal of Personality and Social Psychology*, 2017, 108, pp.883–899.

[⑧] 李明、李敏维、李文俏、高定国："敬畏对道德冒险行为的影响"，《应用心理学》2019 年第 1 期。

[⑨] Yang, Y., Yang, Z., Bao, T., Liu, Y., & Passmore, H.A. Elicited awe Decreases Aggression. *Journal of Pacific Rim Psychology*, 2016, 10, pp. 1–13.

[⑩] Rivera G N, Vess M, Hicks J A, et al. "Awe and Meaning: Elucidating Complex Effects of Awe Experiences on Meaning in life". *European Journal of Social Psychology*, 2020, 50, pp.392–405.

[⑪] 董蕊、彭凯平、喻丰："积极情绪之敬畏"，《心理科学进展》2013 年，第 11 期。

感在个人心理行为调节与社会秩序维护等方面至关重要，是规范道德行为的根本力量之一①，因此，敬畏感研究具有重要的理论与现实价值。

敬畏是什么？敬畏一词并不能在《辞源》中找到，根据《现代汉语词典》（第七版）对敬畏的定义来看，它是"敬"和"畏"的复合词，"敬"的意思是"敬重"，指严肃、认真，可以理解为尊敬、尊重；"畏"指"畏惧，慎重"。王杰等学者用"敬畏相连，敬中有畏，畏中有敬"定义敬畏一词，指人在面对有绝对力量事物时所产生的情绪，带有畏惧、慎重以及尊重的感受，它包含了对一切权威、浩大事物的态度②。也有研究者认为，敬畏感作为一种内化的、人格化的情感品质，是一种情感性的生活态度与人生观③。可见，敬畏并非只是情绪，它是人在法律之外的自我立法，是出于神圣信仰而自发的禁忌意识④，是个体倾向于产生和体验到敬畏的总体倾向⑤。然而，西方学者 Keltner 和 Haidt 认为敬畏最初是一种原始情绪，后指普通人在面对浩大神奇的事物的时候感到的震惊、愉悦、疑惑、畏惧、好奇的一种复杂情绪，并提出了原型敬畏（prototypical awe）的概念⑥。该原型包括两个核心特征：（1）知觉到的浩大（perceived vastness），浩大指的是震撼超出预期的艺术作品、自然现象、宗教崇拜；（2）顺应的需要（a need for accommodation），顺应是指面对超越阶级权力的服从。有趣的是，这与中国日常生活中所提及的敬畏感是并不完全相同的，因为敬畏感与人所生存的文化背景有着直接的关联⑦，具有文化适应性，因此中国人的敬畏感研究需要从中国文化的角度来探讨其内涵与结构。

关于敬畏感的测量，国外研究者 Shiota 等通过特质性积极情绪量表中

---

① 赵小红、童薇、陈桃林、吴冬梅、张蕾、陈正举、方晓义、龚启勇、唐小蓉："敬畏的心理模型及其认知神经机制"，《心理科学进展》2021 年第 3 期。

② 王杰："君子之心 常怀敬畏——谈谈中国文化中的敬畏观"，《中国领导科学》2019 年第 5 期。

③ 苗贵云："论敬畏感的缺失及培养"，《河南科技学院学报》2011 年第 11 期。

④ 王长国："精神窄门的焦虑——论敬畏之心"，《探索与争鸣》2008 年第 11 期。

⑤ 赵欢欢、许燕、张和云："中国人敬畏特质的心理结构研究"，《心理学探新》2019 年第 4 期。

⑥ Keltner, D., & Haidt, J. Approaching Awe as Moral Aesthetic and Spiritual Emotions. *Cognition & Emotion*, 2003, 17, pp.297–314.

⑦ 张伟胜："敬畏感及其中西比较"，《浙江社会科学》2012 年第 8 期。

的敬畏情绪子量表测量个体的特质性敬畏情绪[1]，但已有研究发现该子量表存在跨文化差异[2]，其在中国人群中出现了信度较低、内容效度缺失的问题。这些结论从实证方面进一步反映出敬畏感与人们所处的文化存在着紧密的关联。虽然西方研究者后续还开发了其他敬畏感的测评工具，但是我们也必须清醒地认识到，只有立足于中国文化，才能够真正揭示中国人敬畏感的内涵、结构及其表现，这样才能科学有效地编制中国人的敬畏感量表[3]，从而避免追随西方文化的桎梏来研究中国人的敬畏感。

佛教和儒学作为中国传统文化的主流之一，它们对中国人思想影响时间长、范围广、程度深，日积月累，融入百姓的日常生活和人格特质之中。很多人的敬畏感也大多源自佛教和儒家文化思想[4]，形成了中国文化下的独特敬畏感。

其中，佛教作为一个宗教不仅注重其信仰，同时也具有独特的哲学意义，其中关于因果轮回与因果报应的思想对于中国人敬畏观念的形成有着重大影响[5]。佛经《璎珞经·有行无行品》提到的"善有善报，恶有恶报"，就阐述了佛教的因果理论之一：因果报应思想。这一思想说明了一切事物之间存在客观的相互联系、影响，人们从中还能得到警示，切勿对他人怀有恶意，因为当下做出的每一个行为皆会在冥冥之中得到相应的结果。"因果"中的"因"指的是因缘，泛指导致结果产生的一切原因，包括事物存在和发展变化的一切条件；"果"就指的是"果报"，由原因诱发并导致的一切结果[6]。佛教认为一个人有任何思想和行为，都会得到相应的后果。"因"的产生必将产生相对应的"果"的回报。没有业因，就不会有相应

---

[1]　Shiota, M. N., Keltner, D., & John, O. P. Positive Emotion Dispositions Differentialy Associated With Big Five Personality and Attachment Style. *The Journal of Positive Psychology: Dedicated to Furthering Research and Promoting Good Practice*, 2006,1,pp.61–71.

[2]　董蕊："大学生敬畏情绪与主观幸福感研究"，《教育与教学研究》2016 年第 5 期。

[3]　赵欢欢、许燕、张和云："中国人敬畏特质的心理结构研究"，《心理学探新》2019 年第 4 期。

[4]　张伟胜："敬畏感及其中西比较"，《浙江社会科学》2012 年第 8 期。

[5]　鲁楠："正法与礼法——慧远'沙门不敬王者论'对佛教法文化的移植"，《清华法学》2020 年第 1 期。

[6]　吴兴洲："论佛教因果报应思想"，《渭南师范学院学报》2011 年第 11 期。

的果报，因果相延，毫厘不差，"天网恢恢，疏而不漏"（来自宋代释道冲《偈颂五十一首》其一），这就是佛教所说的"因果报应"。佛教信仰中佛祖的形象给人们一种被见证被监督的心理暗示，这一感觉让人相信种下的善因是被佛祖见证着的，即"人在做，天在看"和"举头三尺有神明"。良善的人会被佛祖加持，一定会得到好的回报，而恶人会自食其果遭到报应，即"善有善报，恶有恶报，不是不报，时候未到"，进而促使人们愿意做出亲社会行为，减少不道德行为。简而言之，人们因为敬畏所作行为所产生的后果，而更加规范自己的行为，佛教中对因缘导致的结果产生的敬畏就是本量表中定义的第一个维度：因果敬畏。

儒家的理想社会是一种"无讼"的状态，即以一种据于道德、合乎礼仪的方式处理人与人之间的关系，而敬畏正是实现儒家理想政治的（心理）根基①。传统儒家文化通常被概括为"三纲五常"，而传统儒家文化中的敬畏通常是指对纲常伦理的敬畏，其中"五常"指的是：仁、义、礼、智、信。儒家经典《论语》中"出门如见大宾，使民如承大祭""己所不欲，勿施于人"，阐述了五常之首"仁"的思想本源，是以"爱人"为内核的实践要求②。这种实践要求也来源于孔子所提出的"君子有三畏：畏天命，畏大人，畏圣人之言。小人不知天命而不畏也，狎大人，侮圣人之言"（《论语》季氏第十六）。此"畏"的意思不局限于畏惧这一表面含义，而是要人们对生活时刻保持敬畏的态度，要对自己对他人的一言一行进行反省。孔子特别强调天命，要求人们要树立道德的标准，君子必须将内省作为习惯，通过内省来提高自身的内在品德修养，进而规束自己的行为。总之，儒家的一个非常明确的特点就是树立一个外在规则并内化来敦促人们推己及人、换位思考。

孟子对"仁"与"敬"的思考则是从另外一个角度出发，他提出"君子以仁存心，以礼存心。仁者爱人，有礼者敬人。爱人者，人恒爱之；敬人者，

---

① 张桂超："儒家敬畏理论及其道德、政治价值析论"，《人文天下》2019 年第 3 期。

② 张中宇："《论语》'仁'学体系考论——兼及《论语》思想体系的'内隐'特征"，《重庆大学学报》（社会科学版）2020 年第 4 期。

人恒敬之"（《孟子·离娄下》），将孔子思想中倡导的"仁"进一步发展为"仁爱"，认为只有树立了对他人仁爱与尊敬的态度，才能得到他人同样的反馈。这种思考既是孔子要求自省的体现，又将这种要求进一步上升为对自我尊严的积极维护与争取，认为一个人若是忽略对自身心灵的养护，那么就无法得到他人的敬重[①]。这里的敬畏感在原本孔子强调的对客观天命的敬畏中加入了主观上对自我人格、良善心灵的敬畏，这一主观上的敬畏促进了人们更加主动地加强自身修养，而非仅仅出于外在规则的约束。

儒家后来的学者对敬畏的思考都不外乎上述的主客观两个角度，例如：董仲舒所理解的敬畏是"君为臣纲，父为子纲，夫为妻纲"和"天人感应与灾异天谴"理论[②]，其教化伦理基于天道人性要求人们敬畏客观存在的社会秩序[③]；朱熹在《中庸章句集注》中主张将人们对社会秩序的信仰需要上升到对"天理"的信仰敬畏，只有拥有对"天理"怀有敬畏之心的人格才能得"道"，"君子之心，常存敬畏"，这则与孟子的观点一样，属于一种主观敬畏。王阳明更是进一步认为"敬畏之功无间于动静，是所谓'敬以直内，义以方外也'"（《答舒国用·癸未》），它是个体的一种理性自觉，又有其情感意志的寄托处[④]。在上述儒学中有关敬畏的文献中可以总结出，儒学中的敬畏一是指对客观规则纲常伦理内化的敬畏，即对"伦"的敬畏；二是指对主观品德心灵自觉的敬畏，也就是对"理"的敬畏，它所面对和解决的是人性和社会关系的问题[⑤]，因此本量表将儒家文化中有关敬畏的思想总结称为伦理敬畏，是本量表中定义的第二个维度。

随着时间的冲刷，中国人对因果敬畏和伦理敬畏早已超脱了原来的宗教和封建统治属性，并根深蒂固地在中国文化之中，形成了中国文化下的

---

① 于建福："孟子人格尊严论及其教育价值"，《教育学报》2010 年第 5 期。

② 张首先："天人感应与灾异天谴：传统中国自然与政治的逻辑关联及历史面相"，《深圳大学学报》（人文社会科学版）2019 年第 1 期。

③ 代春敏、李建明："董仲舒教化思想的天道伦理内涵"，《衡水学院学报》2021 年第 1 期。

④ 宁新昌、赵岚："敬畏与洒落：王阳明的人生境界说"，《长白学刊》1998 年第 6 期。

⑤ 金春峰："从建构'社会共同体'看'三纲五常'的批判继承"，《衡水学院学报》2020 年第 3 期。

独特敬畏思想。因此，我们在以上分析的基础上，将中国人的敬畏感定义为一种深受中国文化熏陶下形成的内化或自觉的禁忌意识和信念，具体包括因果敬畏和伦理敬畏。因果敬畏和伦理敬畏这个二维结构的提出也符合敬畏的两个核心特征：知觉到浩大不可违背和符合顺应的需要[①]。

综上所述，本研究将基于中国佛教和儒家文化下的敬畏感二维结构（因果敬畏和伦理敬畏），编制敬畏感量表，并通过项目分析、因素分析、信度分析和效标关联度分析，考察其在中小学教师群体中的信效度。此外，还将对所编制的敬畏感量表进行跨性别（男/女）及跨教学段（小学教师/中学教师）的测量等值性检验，并在此基础上分析中小学教师敬畏感的性别和教学段差异，进一步考察量表的结构效度和外部效度。

二、对象与方法

（一）对象

教师作为中国知识分子的典型代表群体之一，能够接触到更多的中国文化，受到的影响也更甚，因此本研究采用随机整群取样的方法，有效调查 2521 名中小学教师作为研究对象。其中男教师 982 人（39%）、女教师 1539 人（61%），小学教师 1328 人（52.58%）、中学教师 1193 人（47.42%），最小年龄 21 岁、最大年龄 60 岁，平均年龄为 39.71 ± 8.08 岁。

（二）敬畏感量表的编写过程

在收集阅读中国佛教以及儒家典籍中有关敬畏感的文献后，研究者选定了 20 个有关的访谈问题（例如："提到敬畏感，你会想到什么句子或短语"等），对 50 位教师和大学生进行了单独访谈。我们在访谈过程中选取了被大家多次提到的中国典籍短语、成语、俗语来构成该量表的题项，以确保该量表具有受众更广、可理解程度更高的特点。

该量表从佛教文化影响下的因果敬畏（第 1–4 题）和儒家文化影响下

---

① 董蕊、彭凯平、喻丰："积极情绪之敬畏"，《心理科学进展》2013 年第 11 期。

的伦理敬畏（第5-7题）两个维度进行敬畏感的测量。所有题目采用5级计分，要求被试根据实际情况，选择最符合自己的选项，其中选"非常不符合"计1分，"比较不符合"计2分，"不确定"计3分，"比较符合"计4分，"非常符合"计5分。计分方式为累计得分，无反向计分，得分越高，表示敬畏感越强。

（三）效标工具

1. 工作满意度量表。

该量表由 Thompson 等编制，共4道题，从1"非常不同意"至5"非常同意"进行5级评分 [1]。本研究中该量表的 Cronbach α 系数为 0.87。

2. 教师关怀行为量表。

该量表选取自雷浩（2014）编制的《教师关怀行为量表》，包括尽责性、支持性与包容性三个维度，每个维度5道题，从1"非常不符合"至5"代表非常符合"进行5级评分，分数越高，表示教师的关怀行为越多 [2]。在本研究中该量表的 Cronbach α 系数为 0.94。

3. 教师不道德职业行为量表。

该量表由王鑫强、王静等（2019）编制，共11道题，从1"绝对不会"至5"绝对会"进行5级评分，包括奖惩不公、侮辱体罚、敷衍塞责、以权谋私四个维度 [3]。在本研究中该量表的 Cronbach α 系数为 0.87。

（四）统计方法

本研究应用 SPSS 24.0 和 MPLUS 7.0 进行数据统计分析。

---

[1] Thompson, E.R., & Phua,F.T.T.,A Brief Index of Affective Job Satisfaction.Group & *Organization Management*, 2012,37,pp.275-307.

[2] 雷浩："教师关怀行为三维模型的建构"，《国家教育行政学院学报》2014年第2期。

[3] 王鑫强、王静、王健、张大均："中小学教师不道德职业行为的结构、测量等值性及检出率"，《教育学术月刊》2019年第9期。

三、结果

（一）项目分析

将数据结果按照总分进行排序，分别取总分的高端和低端各27%（n=681）的被试组成高分组和低分组进行区分度分析，结果发现量表各项目的高低分组差异显著（均 P < 0.001），对被试都具有良好的区分度（D值在 0.94–1.96），均 > 0.80。敬畏感量表总分与其两个维度得分的相关系数在 0.79–0.95，均 P < 0.001，具有良好的相关性。因果敬畏维度得分与其维度下项目的相关系数在 0.83–0.88，而与伦理敬畏维度下的各项目的相关系数在 0.42–0.55，均 P < 0.001；伦理敬畏维度得分与其维度下项目的相关系数在 0.84–0.94，而与因果敬畏维度下的各项目的相关系数在 0.39–0.50，均 P < 0.001。表明量表的所有项目均具有良好的区分度。

（二）探索性因素分析

在总体样本中，将数据随机分成两半，一半做探索性因素分析（1261人），一半做验证性因素分析（1260人）。探索性因素分析表明，7个项目的取样适当性检验 KMO=0.81，介于 0.80–0.90；Bartlett 球度检验 $\chi 2$ 为 6147.37，P < 0.001，这些结果表明该量表可以进行因子分析。运用主成分分析法，经最大正交旋转，获得特征根 > 1 的因素2个，第一个因素（因果敬畏）的特征值和贡献率分别为 2.90 和 41.40%，由 1–4 题组成，题干描述的是人们在佛教文化影响下对于因果报应和神明见证的一种敬畏信念；第二个因素（伦理敬畏）的特征值和贡献率分别为 2.52 和 35.96%，由 5 至 7 题构成，出自《论语》《孟子》等儒家文化典籍，描述的是人们在儒家文化影响下对于敬人、爱人和人际伦理的一种敬畏信念。整体看来，探索性因素分析结果良好，两因素能共同解释方差变异的 78.839%，原始变量的信息遗失量较少，所有项目的共同度在 0.65–0.88，具有较高的共同度，见表1。

表 1：敬畏感量表的探索性因素分析（n=1261）

题号及项目	因果 敬畏	伦理 敬畏	共同度
1. 我相信"人在做，天在看"	0.85	0.21	0.77
2. 我相信"举头三尺有神明"	0.88	0.12	0.78
3. 我相信"天网恢恢，疏而不漏"	0.74	0.40	0.70
4. 我相信"善有善报，恶有恶报，不是不报，时候未到"	0.82	0.27	0.75
5. 我相信"己所不欲，勿施于人"	0.15	0.80	0.65
6. 我相信"爱人者，人恒爱之"	0.28	0.89	0.88
7. 我相信"敬人者，人恒敬之"	0.28	0.90	0.88

（三）验证性因素分析

使用另一半数据（1260 人）进行了验证性因素分析，考察量表结构的单因素模型（one-factor model）、不相关双因素模型（uncorrelated two-factormodel）、相关双因素模型（correlated two-factor model）、双因子模型（Bi-factor model）四个竞争模型的拟合指数。结果显示，量表的双因子模型结构的各项拟合数据全面优于其他三个模型结构的拟合指数，且该模型拟合良好（表 3）。

表 2：敬畏感量表结构的模型拟合指数（n=1260）

模型	$\chi 2$	df	TLI	CFI	AIC	BIC	SRMR	RMSEA
单因素模型	2025.11	14	0.554	0.70	17034.24	17142.16	0.11	0.34
不相关双因素模型	254.97	14	0.827	0.89	15809.09	15917.01	0.28	0.12
相关双因素模型	6779.22	21	0.846	0.89	15809.38	15912.16	0.82	0.20
双因子模型	12.74	7	0.99	1.00	15062.34	15206.23	0.01	0.03

具体来看，敬畏感量表由两个特殊因子（因果敬畏和伦理敬畏）和一个共同因子（敬畏感）构成（参见图 1），支持了敬畏感的理论结构和探索性因素分析结果，表明该量表具有良好的结构效度。

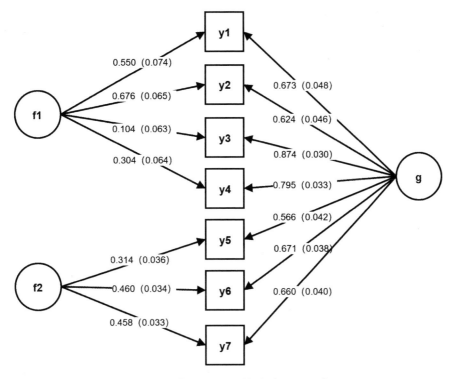

图 1：敬畏感的双因子模型（n=1260）

注：f1 为特殊因子之因果敬畏，f2 为特殊因子之伦理敬畏，g 为共同因子之敬畏感，y1-y7 均为量表的题项。

（四）效标关联度

敬畏感量表总分及以其维度因果敬畏、伦理敬畏的得分都与工作满意度的得分呈显著正相关（r=0.29、0.24、0.30，均 P＜0.001），与教师关怀行为的得分呈显著正相关（r=0.42、0.32、0.46，均 P＜0.001），但与不道德职业行为的得分呈显著负相关（r= −0.20、−0.14、−0.24，均 P＜0.001），见表 3。结果表明敬畏感越高的中小学教师越满意自己的工作，对学生也会做出更多的关怀行为，并会抑制其不道德职业行为水平。

表3：敬畏感与工作满意度、关怀行为、不道德职业行为的效标关联分析
（ n=2521 ）

变量	工作满意度	关怀行为	不道德职业行为
教师敬畏感总分	0.29***	0.42***	−0.20***
佛家因果敬畏	0.24***	0.32***	−0.14***
儒家伦理敬畏	0.30***	0.46***	−0.24***

注：***P < 0.001。

（五）分半信度与内部一致性信度

敬畏感量表以及因果敬畏、伦理敬畏两个分量表的分半信度分别为0.89、0.87、0.79；内部一致性 Cronbach's α 系数分别为0.89、0.89、0.89，表明该量表具有良好的信度。

（六）量表的跨性别和跨教学段的测量等值性检验

结果显示（表4），量表在跨性别的测量等值性检验中：△ TLI=0.009、0.002 和 0.015，大部分 < 0.01；△ CFI=0.002、0.005 和 0.005，大部分 < 0.01；△ SRMR=0.002、0.000 和 0.004，大部分 < 0.015。量表在跨教学段的测量等值性检验中：△ TLI=0.010、0.001 和 0.014，大部分 < 0.01；△ CFI=0.000、0.003 和 0.005，大部分 < 0.01；△ SRMR=0.001、0.001 和 0.002，大部分 < 0.015。这些结果表明该量表可以在中小学男女教师群体中通用，量表的结构稳定，适用人群广泛。

表4：中国文化背景下教师敬畏感量表测量等值性检验结果

	Model	S–Bχ2	df	TLI	CFI	RMSEA	SRMR	△ TLI	△ CFI	△ SRMR
跨性别	形态等值	224.37	26	0.93	0.96	0.08	0.05			
	弱等值	237.60	31	0.94	0.95	0.07	0.05	0.009	0.002	0.002
	强等值	268.74	36	0.94	0.95	0.07	0.05	0.002	0.005	0.000
	严格等值	250.05	43	0.96	0.95	0.06	0.05	0.015	0.005	0.004
跨教学段	形态等值	224.18	26	0.93	0.96	0.08	0.05			
	弱等值	232.91	31	0.94	0.96	0.07	0.05	0.010	< 0.001	0.001
	强等值	267.52	36	0.94	0.95	0.07	0.05	0.001	0.003	0.001
	严格等值	250.32	43	0.96	0.95	0.06	0.05	0.014	0.005	0.002

（七）敬畏感的性别及教学段差异分析

结果显示，女教师在敬畏感总分及其因果敬畏、伦理敬畏两维度上的得分都显著高于男教师的，$P < 0.01$；小学教师在伦理敬畏维度上的得分显著高于中学教师的 $P < 0.01$。进一步分析发现，这些显著性差异的效应量 Cohen's d 值都 < 0.2，表明差异不具有实际意义。

表6：敬畏感及其各维度的性别及学段差异

		因果敬畏	伦理敬畏	敬畏感总分
总体（n=2521）		17.13±3.36	13.81±1.78	30.94±4.58
性别差异	男（n=982）	16.95±3.46	13.62±1.92	30.57±4.85
	女（n=1539）	17.24±3.28	13.93±1.67	31.17±4.38
	t	-2.11**	-4.29***	-3.21***
	Cohen's d	0.09	0.17	0.13
学段差异		17.13±3.36	13.81±1.78	30.94±4.58
	中学（n=1193）	17.10±3.30	13.69±1.89	30.79±4.66
	小学（n=1328）	17.16±3.41	13.91±1.66	31.07±4.50
	t	0.39	3.16**	1.51
	Cohen's d	0.02	0.12	0.06

注：**$P < 0.01$，***$P < 0.001$。

四、讨论

本研究是目前文献搜索已知的首份基于中国佛教和儒家文化所编制的敬畏感量表。该量表包括佛教文化下的因果敬畏和儒家文化下的伦理敬畏两个维度、七个项目。该量表的修订为国内有关敬畏感的研究提供了更加具有文化适应性的测量工具。

首先，本研究在文献分析的基础上，区分了以往研究中敬畏感含义与中国文化背景下的敬畏感含义的异同，将中国人的敬畏感定义为一种深受中国文化熏陶下形成的内化或自觉的禁忌意识和信念，并认为中国人的敬畏感主要集中体现在因果敬畏与伦理敬畏这两个因子上面。基于此，我们编制了中国人的敬畏感量表。探索性因素发现量表可以探索出特征值大于1的因子有两个，各项目的因子负荷矩阵也都符合理论预期分别分布在因果敬畏和伦理敬畏这两个维度上面。验证性因素分析结果表明，量表的双因子模型拟合结果良好，中国人的敬畏感由两个特殊因子（因果敬畏和伦理敬畏）和一个共同因子（敬畏感）组成；跨性别和跨教学段的测量等值性检验结果表明敬畏感量表结构在男女教师和不同学段教师中都具有一致性和稳定性。这些结果表明量表具有良好的结构效度，证明了中国文化背景下的敬畏感结构猜想的可行性。同时，此量表的敬畏感结构也符合"知觉到浩大不可违背"和"符合顺应的需要"这两大敬畏感的核心特征[1]，也支持了敬畏感与人所生存的文化背景有着直接关联的观点[2]，表明敬畏感在中西方文化下既存在原型的共同属性，但也存在文化表现的现实差异性，编制具有文化适应性的敬畏感量表具有重要理论与实践运用的价值。

除上述两个维度，随着三教合流，道教思想对中国敬畏感的形成也起到了很大作用，直至宋朝佛道思想逐渐融合。因此，道教对中国敬畏感的影响大多与佛教通过同一形式表现出来，如：因果维度中的题项"天网恢恢，疏而不漏"出自宋代释道冲的《偈颂五十一首》，其整首诗融会贯通了佛道对因果敬畏的相同观点。因此，本量表中道教敬畏的思想融合在佛教因果敬畏中，若有其他道教研究者对此有新的见解，也可进行进一步的补充优化。

其次，本研究发现，中国文化背景下的敬畏感量表以及佛教因果分量表、儒家伦理分量表的分半信度和内部一致性信度都大于 0.70，表明了量表具有良好的分半信度和内部一致性信度。因果敬畏维度得分与其维度下项目的相关系数都大于其与儒家伦理维度下各项目的相关系数；伦理敬畏维度得分与其维度下项目的相关系数都大于与佛教因果维度下各项目的相关系数；各条目在高低分组上的差异显著，表明该量表的七个条目和两个维度具有良好的区分度。

再次，效标关联度分析发现敬畏感总分及其因果敬畏、因果敬畏维度的得分与中小学教师的关怀行为得分均呈显著正相关，说明了敬畏感，尤

---

[1] 董蕊、彭凯平、喻丰："积极情绪之敬畏"，《心理科学进展》2013 年第 11 期。

[2] 张伟胜："敬畏感及其中西比较"，《浙江社会科学》2012 年第 8 期。

其是伦理敬畏的培养对促进教师关怀行为水平的提高具有重要的价值，验证了 Piff 等发现的敬畏感能够加强亲社会行为的结论①。朱宁波和刘丽娜学者调查发现②，中小学教师的教师职业道德状况和行为不理想。本研究发现敬畏感及其各维度得分与不道德职业行为的得分呈显著负相关，与已有研究发现敬畏感可以减少道德冒险行为③和攻击等反社会行为④的研究结果相呼应，这说明中国中小学教师的不道德职业行为可能与其敬畏感缺失有一定的关系。本研究还发现敬畏感及其各维度得分与教师工作满意度的得分呈正相关，这与敬畏感能够提高生活满意度的已有研究结论相呼应⑤。上述结果从多个角度证明了该敬畏感量表具有良好的校标关联效度。

此外，研究结果发现，敬畏感量表的总分及其维度的得分都存在显著的性别差异，女性显著高于男性，虽然差异的效应量较小，不具有实际意义，但还是可以从结果数据中看出女性教师的敬畏感全面优于男性中小学教师，也与已有研究发现大学生在生命敬畏上存在显著差异的研究结果相一致⑥，这表明量表具有良好的外部效度。

总的来看，虽然本次研究存在着抽取的被试局限于中小学教师群体，样本具有单一性的局限性，但研究结果全面显示量表的信效度良好。该量表采用中国典籍短语、成语、俗语进行题项的编写，具有短小精悍、可读性高、文化适应性强的优点，为以后研究中国人的敬畏感的相关研究提供了有效的测量工具。进一步来看，本研究也启示我们需要挖掘、整理、开发并利用好中国佛教文化和儒家文化中的有益部分，或许可以在此基础上

---

① Piff, P. K., Dietze, P., Feinberg, M., Stancato, D. M., & Keltner, D. ,Awe, the Small Self, and Prosocial Behavior. *Journal of Personality and Social Psychology*, 2015,108,pp.883–899.

② 朱宁波、刘丽娜："中小学教师职业道德现状的调查研究"，《教育科学》2009 年第 6 期。

③ 李明、李敏维、李文俏、高定国："敬畏对道德冒险行为的影响"，《应用心理学》2019 年，第 1 期。

④ Yang, Y., Yang, Z., Bao, T., Liu, Y., & Passmore, H.A.,Elicited awe Decreases Aggression.*Journal of Pacific Rim Psychology*, 2016, 10,pp.1–13.

⑤ Rudd, M., Vohs, K. D., & Aaker, J.,Awe Expands People's Perception of Time, Alters Decision Making, and Enhances Well - Being. *Psychological Science*, 2012, 23,pp.1130 - 1136.

⑥ 韩汪慧："对'三少民族'大学生生命敬畏感与生命意义感研究"，《内蒙古教育》2017 年第 8 期。

尝试鼓励人们（包含教师）经常阅读那些已经被整理和开发后的儒家、佛教相关著作，从而来提高人们的敬畏感，规束自身不道德行为，增加亲社会行为及对工作与生活的满意度，服务于社会心理建设。

儒家情感修养与研究生焦虑、抑郁及学业
合作关系及中介机制 [①]

孙俊才　朱丹阳 [②]

摘要： 研究生心理健康状况及有效疏导与提升机制已成为研究生培养关键议题之一。基于儒家文化蕴含的情感智慧，本研究通过问卷调查与数据模型检验方法，探究儒家情感修养负向预测焦虑、抑郁及正向预测学业合作中介机制。442 名被试结果表明，（1）中度与重度焦虑的检出率为 26.02%，中度与重度抑郁的检出率为 26.24%。（2）儒家情感修养可通过人际情绪调节的链式中介显著负向预测焦虑，通过人际调节策略中介显著负向预测抑郁，通过坚韧人格中介显著正向预测学业合作。本研究表明儒家情感修养有助于从文化心理层面提升研究生情绪调节能力。

关键词： 儒家情感修养　研究生　焦虑　抑郁

一、问题提出

（一）情绪障碍与情绪调节的关系

当下全球范围内，维护研究生心理健康的需求都在显著增加，从调查数据来看，与情绪有关的障碍，特别是焦虑和抑郁，在研究生群体中显著

---

①　基金项目：曲阜师范大学研究生教育创新计划"全面落实研究生导师立德树人职责路径研究：人际关怀与情绪调节的视角"（编号：CXJ1904）。
②　孙俊才，曲阜师范大学教授，博士生导师，主要从事情绪心理学与情感文化心理研究。朱丹阳，曲阜师范大学心理学院研究生。

高于普通人的发生率。例如，Evans 等对 26 个国家 2279 名在读研究生进行调查，发现中度与重度焦虑的发生率为 41%，中度与重度抑郁的发生率为 39%。[①] 从心理病理的跨诊断治疗的趋势来看，焦虑和抑郁障碍不仅具有很高的共病性，而且这两种障碍都与功能失调的情绪调节相关联。[②] 现有研究表明，大约 67% 的广泛焦虑障碍的患者会共病抑郁障碍。[③] 从临床研究资料来看，如果在治疗和预防措施中，能够明确地教会来访者情绪调节的机能，对于治疗这些障碍具有积极的促进效果。[④]

焦虑（anxiety）属于一种消极的情绪体验，它会减弱人的体力与精力，同时会干扰人的正常活动。近 20 年来，越来越多的研究者开始聚焦有关广泛性焦虑障碍的发展、维持和结果的研究。广泛性焦虑作为一种焦虑障碍，其特征是长期的或过度的焦虑和担忧，伴随着部分身体症状（如肌肉紧张、疲劳）、认知症状（如注意力难以集中）和情绪症状（如易怒）。[⑤] 目前，在普通人群中，广泛性焦虑障碍的患病率达到 3.1%。在中国，每年患广泛性焦虑障碍的人群占比为 4.5%。[⑥] 抑郁（depression）的主要特征是长时间的情绪低落和不愉快感，觉得生活非常无趣。在心理学的研究中，抑郁主要被分为两种类型。一种是抑郁情绪，它是指个体在生活当中容易不快乐，

[①] Evans, T. M., Bira, L., Gastelum, J. B., Weiss, L. T., & Vanderford, N. L., "Evidence for a Mental Health Crisis in Graduate Education," *Nature Biotechnology*, 2018（36）, pp. 282‐284.

[②] Aldao, A., Gee, D. G., Andres, D. L. R., & Seager, I., "Emotion Regulation as a Transdiagnostic Factor in the Development of Internalizing and Externalizing Psychopathology: Current and Future Directions," *Development and Psychopathology*, 2016（28）, pp.927‐946.

[③] Ogyu, K., Kubo, K., Noda, Y., Iwata, Y., Tsugawa, S., Omura, Y., Wada, M., Tarumi, R., Plitman, E., Moriguchi, S., Miyazaki, T., Uchida, H., Graff‐Guerrero, A., Mimura, M., & Nakajima, S, "Kynurenine Pathway in Depression: A Systematic Review and Meta‐analysis," Neuroscience and Biobehavioral Reviews, 2018（90）, pp.16‐25.

[④] Ehrenreich‐May, J., & Bilek, E, "The Development of a Transdiagnostic, Cognitive Behavioral Group Intervention for Childhood Anxiety Disorders and Co‐Occurring Depression Symptoms," *Cognitive and Behavioral Practice*, 2012（19）, pp. 41‐55.

[⑤] American Psychiatric Association, *Diagnostic and Statistical Manual of Mental Disorders, Fifth Edition*（DSM‐5）,（Arlington: American Psychiatric Publishing, 2013）, p. 189.

[⑥] Hu. Q., Wan Y. M., Su, L., Li, H., Jin, Y., Li, T., Zhang, M. Y, "Prevalence of Anxiety Disorder among Mainland Residents in China: A Meta‐analysis," *Chinese Journal of Psychiatry*, 2013（46）, pp.204‐211.

经常觉得伤心难过，有时心情会无故烦闷的一种不好的情绪体验。另外一种就是抑郁症，它是一种严重的精神疾病。根据世界卫生组织的数据显示，如今，全球抑郁症发病率为 4.4%（3 亿人）。[①] 广泛性焦虑障碍与许多功能障碍和高精神病共病率相关。[②] 在广泛性焦虑障碍患者中，抑郁症的发生率很高，研究表明，大约 67% 的广泛性焦虑障碍患者具有终生的抑郁症，只有 16% 的人没有终生的情绪障碍。[③]

情绪调节（emotion regulation）是"目标指向的心理加工过程，其目的在于影响所体验情绪的强度、持续时间与类型等"。研究表明，功能性情绪调节在心理健康和幸福感中发挥作用，而情绪调节缺陷则是导致多项心理障碍的"历时性与共时性共病机制"，是多项内外化心理问题发展的病理学机制。[④] 人际情绪调节是一种重要的情绪调节形式，在人们处于压力情境时，他们会选择寻找他人的陪伴并表达自己的情绪体验，支持者可以帮助个体有效调节自己的情绪。倾向于使用人际情绪调节的人们更愿意去寻求他人帮助，且具有更高人际情绪调节效能的个体在经历情绪事件后从社会支持中获益更多。[⑤]

在情绪的社会调节过程中，关系情境会影响到人际情绪调节，关系

① World Health Organization, *Depression and Other Common Mental Disorders: Global Health Estimates*, （Geneva: World Health Organization, 2017）, p. 5.

② Ruscio, A. M., Hallion, L. S., Lim, C. C., Aguilar-Gaxiola, S., Al-Hamzawi, A., Alonso, J., ... & De Almeida, J. M. C, "Cross-sectional Comparison of the Epidemiology of DSM-5 Generalized Anxiety Disorder across the Globe," *JAMA Psychiatry*, 2017（74）, pp.465‐475.

③ Ogyu, K., Kubo, K., Noda, Y., Iwata, Y., Tsugawa, S., Omura, Y., Wada, M., Tarumi, R., Plitman, E., Moriguchi, S., Miyazaki, T., Uchida, H., Graff-Guerrero, A., Mimura, M., & Nakajima, S, "Kynurenine Pathway in Depression: A Systematic Review and Meta-analysis," *Neuroscience and Biobehavioral Reviews*, 2018（90）, pp. 16‐25.

④ Aldao, A., Gee, D. G., Andres, D. L. R., & Seager, I, "Emotion Regulation as a Transdiagnostic Factor in the Development of Internalizing and Externalizing Psychopathology: Current and Future Directions," *Development and Psychopathology*, 2016（28）, pp.927‐946.

⑤ Williams, W. C., Morelli, S. A., Ong, D. C., & Zaki, J, "Interpersonal Emotion Regulation: Implications for Affiliation, Perceived Support, Relationships, and Well-being," *Journal of Personality and Social Psychology*, 2018（115）, pp. 224‐254.

的性质、紧密度等因素可能会影响人们的情绪调节类型（例如，个体可能会在同事关系中诱发更高的绩效情绪，但在竞争对手中绩效情绪会有所下降）。[1] 这些社会调节过程取决于个体倾向，但也在亲密关系中被共同调节，其他人塑造了个体的环境并帮助其以文化价值的方式评估事件。鉴于不同文化中最普遍和最强烈的情绪体验不同，相关证据表明情绪调节方面的文化差异对于个体的情绪调节策略具有一定影响。例如，生活在分析主义文化中的人们更加厌恶尴尬、社交焦虑和害羞，他们对这些情绪的体验对其生活质量产生了更加负面的影响[2]，而生活在集体主义文化中的人更倾向于通过与他人的关系来追求幸福。

（二）情绪调节的文化机制

从情绪发生的社会人际环境来说，文化对个体情绪的调节至少发生在"个体、人际关系共同调节和社会结构支持"三个水平上。[3] 文化不仅通过表达规则指导人们如何表达情绪，而且以多种方式引导人们是否产生某种体验，如情境选择、注意部署、评价等等。从实现途径来看，文化水平上的调节可通过习惯化的社会实践和人际之间的交互作用，即个体的生活环境来调节情绪。因此，积极挖掘和利用本土文化资源，全面提升研究生在文化心理层面的心理健康资源，可有效补偿其在自我情绪调节方面存在的困难和不足。

文化会影响到人们对负面情绪的评价及其随后的应对反应。例如，一种具有东亚文化特征的整体处理风格会导致对负面情绪的不同解释。在整体文化中，人们有一种拥抱矛盾、期望变化和在不同情境中理解自我的倾

---

① Netzer, L., Kleef, G. A. V., & Tamir, M, "Interpersonal Instrumental Emotion Regulation," *Journal of Experimental Social Psychology*, 2015（58）, pp. 124–135.

② De Vaus, J., Hornsey, M. J., Kuppens, P., & Bastian, B, "Exploring the East–west Divide in Prevalence of Affective Disorder: A Case for Cultural Differences in Coping with Negative Emotion," *Personality and Social Psychology Review*, 2018（22）, pp. 285–304.

③ Leersnyder, J.D., Boiger, M., & Mesquita, B, "Cultural Regulation of Emotion: Individual, Relational, and Structural Sources," *Frontiers in Psychology,* 2013（4）, pp. 1–11.

向。① Spokas 认为这种整体思维方式从根本上影响了人们对负面情绪的取向：与分析文化相比，它们被认为不那么消极、不那么威胁、更容易调节，本质上与个体自我的联系更少。整体思想家与分析思想家相比发展了一种与消极情绪不同的关系，他们从接受和好奇的角度来看待消极情绪，而不是回避和恐惧。这使得人们能够根据不同情境要求更加灵活地使用不同的情绪调节策略。②

关于文化如何影响情绪功能，目前主要集中在两个方面：人们如何看待这个世界，以及人们如何与他人交往。虽然这一领域目前主要关注前者，但 Ford 等最近的研究强调了后一个维度的重要性③，研究表明生活在集体主义文化中的人们通过与他人的关系来理解并追求幸福。此外，其他研究还发现社会支持不仅与更好的健康结果相关④，而且这些支持如何有效地提供可能是由文化差异决定的。⑤ 在中国，基于儒家思想发展的关系推理，通过情感培养牢固的关系，使人际关系变得更加和谐。这些文化特征会影响人际情绪调节的互动过程，如调节的动机以及对社会关系的益处。社会调节的目标驱动本质使其与关系现象不同，如社会分享、共情或情绪感染，在这些现象中，一个人的行为不是战略性地影响另一个人的情绪，情绪的社会调节可能是由内隐过程引起的。⑥

---

① De Vaus, J., Hornsey, M. J., Kuppens, P., & Bastian, B, "Exploring the East-west Divide in Prevalence of Affective Disorder: A Case for Cultural Differences in Coping with Negative Emotion," *Personality and Social Psychology Review*, 2018（22）, pp. 285-304.

② Spokas, M, "Cultural Considerations in Defining Emotional Disorders," *Clinical Psychology: Science and Practice*, 2019（26）, pp.1–4.

③ Ford, B. Q., Dmitrieva, J. O., Heller, D., Chentsova-Dutton, Y., Grossmann, I., Tamir, M.,Mauss, I. B, "Culture Shapes Whether the Pursuit of Happiness Predicts Higher or Lower Well-being," *Journal of Experimental Psychology: General*, 2015（144）, pp. 1053–1062.

④ Campos, B, "What is the Role of Culture in the Association of Relationships with Health," *Social and Personality Psychology Compass*, 2015（9）, pp.661–677.

⑤ Chen, J. M., Kim, H. S., Sherman, D. K., Hashimoto, T, "Cultural Differences in Support Provision: The Importance of Relationship Quality," *Personality and Social Psychology Bulletin*, 2015（41）, pp. 1575–1589.

⑥ Reeck, C., Ames, D. R., & Ochsner, K. N, "The Social Regulation of Emotion: An Integrative, Cross-disciplinary Model," *Trends in Cognitive Sciences*, 2016（20）, pp. 47–63.

尽管有研究者认为严重依赖某些人际情绪调节策略与焦虑和抑郁的发生有关，过度使用人际情绪调节可能是缺乏内部资源来处理问题的迹象，但最近对集体主义社会的有关研究并不支持这一观点。[①] 例如，最近对土耳其人口的一项研究发现，人际情绪调节各维度与抑郁、焦虑和压力不存在相关性，在安慰维度上也仅为较低的正相关性。[②] 在集体主义文化中鼓励获得情感依赖和人际亲密，而在个人主义文化中强调自主。[③] 因此，在东亚文化中，人际情绪调节策略可能在减少负面影响方面特别有效。De Vaus 等指出，由于东方文化具有调节负性情绪的优势，导致东西方心理障碍发病率具有显著差异，其中达到临床标准的抑郁和焦虑的终生发病率，西方大约高于亚洲 4—10 倍。[④]

（三）儒家文化的情绪调节优势

儒家文化在情绪调节方面具有优势。正如蒙培元先生所言："儒家哲学有一个显著特点，就是重视人的情感……就是把情感放在人的存在问题的中心地位"。儒家文化把情感的生成、调节和创造置于"修身齐家治国平天下"的宏大背景中，围绕"安身和治世"的核心追求，构造出促进社会价值维系和发展的情感文化和规则体系。[⑤] 儒家情感智慧最重要的特点，在于其对人的终极价值及其实现路径的设定，即追求道德完善为超越个体

[①] Hofmann, S. G., Carpenter, J. K., & Curtiss, J, "Interpersonal Emotion Regulation Questionnaire（IERQ）: Scale Development and Psychometric Characteristics," *Cognitive Therapy and Research,*2016（40）, pp. 341 – 356.

[②] Gökdağ, C., Sorias, O., Kıran, S., & Ger, S, "Adaptation of the Interpersonal Emotion Regulation Questionnaire to the Turkish Language and Investigation of Its Psychometric Properties," *Turkish Journal of Psychiatry*, 2018（4）, pp.26 – 41.

[③] Altan-Atalay, A., & Saritas-Atalar, D, "Interpersonal Emotion Regulation Strategies: How do They Interact with Negative Mood Regulation Expectancies in Explaining Anxiety and Depression?" *Current Psychology*, 2019, pp. 1 – 7.

[④] De Vaus, J., Hornsey, M. J., Kuppens, P., & Bastian, B, "Exploring the East-west Divide in Prevalence of Affective Disorder: A Case for Cultural Differences in Coping with Negative Emotion," *Personality and Social Psychology Review*, 2018（22）, pp.285 – 304.

[⑤] 孙俊才、傅永聚："文化建构情感的特点与机制——以儒家文化为例"，《苏州大学学报》（教育科学版）2014 年第 4 期。

生命限制的人生意义。① 从心理特征上来看，儒家文化把情绪调节与强大的价值动机建立了密切联系，这对个体有效调节焦虑、抑郁等情绪提供了丰富的文化动机参照。

儒家文化对关系存在的积极设定，使得人际情绪调节成为情绪调节的重要社会资源。从社会关系层面，情绪既能够被情绪的体验者所调节（即自我启动的情绪调节），也能被他人所调节，可称之为人际调节② 或社会情绪调节③。同自我调节一样，人们对人际调节所持有的基本观念，会影响人际调节的使用，其中调节意愿涉及人们使用他人调节自我情绪的频率，调节效能则涉及人们相信通过他人，是否可以有效地调节自我的情绪。④ 儒家文化把仁爱作为人际关系的重要期许，从多方面积极培育对他人积极的体贴与关怀。这一文化取向有助于个体持有比较积极的人际情绪调节动机与意愿。

儒家文化对他人的积极关注，有助于人际调节策略的有效执行。同自我调节一样，在通过他人来调节自我情绪的人际互动中，也存在不同的策略。Hofmann 等人的研究表明，至少存在如下四种策略：（1）增强积极情感，寻求他增加自我的幸福和愉悦；（2）观点采择，通过他人提醒自己不要担心或者现在的处境不是最糟的；（3）安慰，寻求他人的安慰和同情；（4）社会榜样，参考他人会如何应对某种压力情境调节情绪。⑤

① 孙俊才、石荣："儒家文化的情感智慧"，《南京师大学报》（社会科学版）2016 年第 5 期。

② Zaki, J., & Williams, W.C., "Interpersonal Emotion Regulation," *Emotion,* 2013（13），pp.803 - 810.

③ Reeck, C., Ames, D. R., & Ochsner, K. N, "The Social Regulation of Emotion: An Integrative, Cross-disciplinary Model," *Trends in Cognitive Sciences*, 2016（20），pp.47 - 63.

④ Williams, W. C., Morelli, S. A., Ong, D. C., & Zaki, J, "Interpersonal Emotion Regulation: Implications for Affiliation, Perceived Support, Relationships, and Well-being," *Journal of Personality and Social Psychology*, 2018（115），pp.224 - 254.

⑤ Hofmann, S. G., Carpenter, J. K., & Curtiss, J, "Interpersonal Emotion Regulation Questionnaire（IERQ）: Scale Development and Psychometric Characteristics," *Cognitive Therapy and Research*, 2016（40），pp.341 - 356.

（四）坚韧人格在情绪调节努力中的作用

坚韧人格（hardiness, hardy personality）主要用来描述那些在面对高度的生活压力和工作压力时，仍能够通过自己的一系列态度或者行为倾向来使自己免于一些疾病困扰的人们。它是指能够帮助人们去管理自己应对生活中发生的事情时自己的态度、信念和行为的一组人格特质，主要包含三个维度：投入（commitment）、控制（control）和挑战（challenge）。具有坚韧人格特质的个体，在学习和生活当中能够更多地看到事物发展的良好前景，把困难看作是一种挑战，是使自己获得个人成长的一次机会，他会使自己保持一种积极投入、乐观进取的认知和情感状态，在面对艰苦的环境或者不利的情况时，能够表现出较强的预见、控制能力和不屈不挠的奋斗意志。

许多研究发现，坚韧人格可以帮助人们防止压力对健康和绩效产生的不良影响。而且坚韧人格对应激与心理症状具有一定的调节作用，它可以缓冲应激对心身健康带来的负面影响。[1] 高坚韧人格的个体可能依靠积极的、以任务为中心的应对策略来应对压力。他们被认为通过增加与压力情况的互动来应对压力状况，试图利用这种状况作为成长的机会和优势，从而在过程中获得更大的理解。在认知层面，这涉及将压力事件放到一个更广阔的角度来看，高坚韧人格个体评价消极的生活事件比低坚韧人格个体更积极，心理困扰更少。[2] 此外，坚韧人格不仅对心理健康具有保护作用，而且越来越多的研究发现坚韧人格对于提高绩效、激发潜力也具有积极作用。例如，有研究表明，具有高坚韧人格的学生会取得更高的学术成绩[3]；具有高坚韧人格的员工在工作场所效率更高。[4]

---

① 卢国华、梁宝勇："坚韧人格量表的编制"，《心理与行为研究》，2008 年第 2 期。

② Thomassen, Å. G., Hystad, S. W., Johnsen, B. H., Johnsen, G. E., & Bartone, P. T, "The Effect of Hardiness on PTSD Symptoms: A Prospective Mediational Approach," *Military Psychology*, 2018（30）, pp. 142-151.

③ Maddi, S. R., Harvey, R. H., Khoshaba, D. M., Fazel, M., & Resurreccion, N, "The Personality Construct of Hardiness, IV: Expressed in Positive Cognitions and Emotions Concerning Oneself and Developmentally Relevant Activities," *Journal of Humanistic Psychology*, 2009（49）, pp. 292-305.

④ Cash, M. L., & Gardner, D, "Cognitive Hardiness, Appraisal and Coping: Comparing Two Transactional Models," *Journal of Managerial Psychology*, 2011（26）, pp.646-664.

综上，鉴于焦虑、抑郁的高发性，以及儒家文化情感智慧的独特优势，本研究采用问卷调查法，并采用数据模型统计方法，探明儒家文化情感修养与人际情绪调节的观念和策略、减缓焦虑与抑郁的联合作用机制，以及坚韧人格在儒家情感修养与学业合作之间的中介作用，为有效缓解研究生的心理障碍症状，提高学业成效提供文化心理与人际层面的证据。

二、研究方法

（一）被试

采取随机抽样方法，从各高校中选取研究生进行网上问卷调查，共回收问卷550份，其中有效问卷442份，有效率为80.36%。男生115人（26.02%），女生327人（73.98%）；硕士417人（94.34%），博士25人（5.66%）；985高校27人（6.11%），211高校115人（26.02%），普通高校300人（67.87%）；文史类240人（54.30%），理工类191人（43.21%），艺术类11人（2.49%）。

（二）研究工具

1. 广泛性焦虑障碍量表

采用广泛性焦虑障碍量表（Generalized Anxiety Disorder, GAD-7），该量表共有7道题目，采用4级评分，总分即为7个条目的分值相加，最低为0分，最高为21分。本研究中该量表的内部一致性系数 α 为0.90。

2. 抑郁症筛查量表

采用抑郁症筛查量表（Patient Health Questionnaire, PHQ-9），该量表共有9道题目，采用4级计分，总分即为9个条目相加，最低为0分，最高为27分。本研究中该量表的内部一致性系数 α 为0.86。

3. 学业合作问卷

采用 Assad 等[①] 编制的研究生合作问题解决量表，该量表共有10道题目，采用李克特7点计分。本研究中该量表的内部一致性系数 α 为0.76。

---

① Assad, K. K., Donnellan, M. B., & Conger, R. D., "Optimism: An Enduring Resource for Romantic Relationships," *Journal of Personality and Social Psychology*, 2007（93）, pp.285 - 297.

4. 儒家情感修养问卷

采用孙俊才编制的儒家情感修养问卷，该量表共有 22 道题目，采用李克特 5 点计分。量表分为敏而好学、人际和谐、修己生德、入世进取和悠然自得 5 个因子。各因子的 α 系数分别为 0.67、0.67、0.76、0.80、0.64，全量表的内部一致性系数 α 为 0.91。

5. 坚韧人格量表

采用卢国华等编制的中国成年人坚韧人格量表[1]，该量表共有 27 道题目，将坚韧人格分为坚持性、控制性、担当性和挑战性共 4 个维度。采用 4 点计分。该量表各维度的 α 系数分别为 0.76、0.82、0.77、0.77，全量表的内部一致性系数 α 为 0.93。

6. 人际情绪调节策略问卷

采用 Hofmann 等人的人际情绪调节问卷[2]，该问卷共有 20 道题目，分为增强积极情感、换位思考、安慰和社会榜样共 4 个维度。采用李克特 5 点计分。量表各维度的 α 系数分别为 0.83、0.67、0.81、0.79，全量表的内部一致性系数 α 为 0.91。

7. 人际情绪调节意愿与效能测量

采用 Williams 等编制问卷[3]，该问卷分为 4 个分量表：负性情绪人际调节意愿与成效、正性情绪人际调节意愿与成效。量表采用李克特 7 点计分。量表各维度的 α 系数分别为 0.79、0.80、0.83、0.81，全量表的内部一致性系数 α 为 0.88。

（三）施测程序及数据处理

采用问卷星网络问卷调查的方式收集数据，为保证数据的有效性，

---

① 卢国华、于丽荣、梁宝勇："心理健康素质测评系统·中国成年人坚韧人格量表的编制"，《心理与行为研究》,2012 年第 5 期。

② Hofmann, S. G., Carpenter, J. K., & Curtiss, J, "Interpersonal Emotion Regulation Questionnaire (IERQ): Scale Development and Psychometric Characteristics," *Cognitive Therapy and Research*, 2016（40）, pp.341 - 356.

③ Williams, W. C., Morelli, S. A., Ong, D. C., & Zaki, J, "Interpersonal Emotion Regulation: Implications for Affiliation, Perceived Support, Relationships, and Well-being," *Journal of Personality and Social Psychology*, 2018（115）, pp. 224 - 254.

在问卷中设置诈选题、指定选项题，并在问卷最后要求被试回答"是否认真作答"。判断问卷是否有效，在数据分析时，剔除无效问卷。采用SPSS22.0 及 PROCESS 插件进行统计分析。

三、结果

（一）焦虑与抑郁的检出率与性别差异

根据 GAD-7 量表和 PHQ-9 量表的计分方式对研究生的焦虑和抑郁得分进行等级划分，结果表明在本研究中没有或轻度焦虑的研究生共有 327人，占总人数的 73.98%；中重度焦虑共有 115 人，占总人数的 26.02%。没有或轻度抑郁的研究生共有 326 人，占总人数的 73.76%；中重度抑郁共有 116 人，占总人数的 26.24%。其中，男生中 26.09% 存在中重度焦虑，33.04% 存在中重度抑郁；女生中 25.99% 存在中重度焦虑，23.85% 存在中重度抑郁。性别独立样本 t 检验表明（表1），在焦虑得分不存在显著的性别差异，抑郁得分边缘显著。

表 1：不同性别研究生的焦虑、抑郁得分比较（$N = 442$）

		$M \pm SD$	t	p
男	焦虑	7.19 ± 4.92	0.68	0.50
女		6.85 ± 4.43		
男	抑郁	7.57 ± 5.19	1.95	0.05
女		6.54 ± 4.72		

（二）各变量的描述统计与相关分析

各变量描述统计如表2所示，相关分析表明，儒家情感修养与坚韧人格、人际情绪调节意愿与效能、人际情绪调节策略、焦虑、抑郁和学业合作均存在显著相关；坚韧人格与人际情绪调节意愿与效能、人际情绪调节策略、焦虑、抑郁和学业合作相关显著；人际情绪调节意愿与效能，与人际情绪调节策略和学业合作相关显著，但与焦虑、抑郁并不存在显著相关；人际情绪调节策略与焦虑、学业合作显著相关，与抑郁相关不显著；焦虑、抑郁、学业合作三者两两之间显著相关。

表 2：各变量的描述统计与相关矩阵（ $N = 442$ ）

	M	SD	坚韧人格	人际情绪调节意愿与效能	人际情绪调节策略	焦虑	抑郁	学业合作
儒家情感修养	86.83	10.71	0.62***	0.44***	0.39***	-0.21***	-0.23***	0.41***
坚韧人格	79.40	10.88	—	0.22***	0.19***	-0.24***	-0.30***	0.32***
人际情绪调节意愿与效能	82.00	13.06		—	0.76***	0.03	-0.08	0.16**
人际情绪调节策略	71.90	11.46			—	0.10*	-0.01	0.10*
焦虑	6.94	4.56				—	0.66***	-0.27***
抑郁	6.81	4.86					—	-0.32***

注：*p < 0.05；**p < 0.01；***p < 0.001；下同。

（三）儒家情感修养作用机制的中介效应分析

变量间的显著相关满足了中介检验的前提。本研究假设：（1）人际情绪调节意愿与效能、人际情绪调节策略在儒家情感修养与焦虑之间起着链式中介作用。（2）人际情绪调节策略在儒家情感修养与抑郁之间的关系中起中介作用。（3）坚韧人格在儒家情感修养与学业合作之间的关系中起中介作用。运用 SPSS 和 PROCESS[①]，在控制性别、专业、当前学历等人口学变量的情况下，采用偏差校正非参数百分位 Bootstroop 方法（Bootstroop = 5000）对各系数的置信区间进行估计。

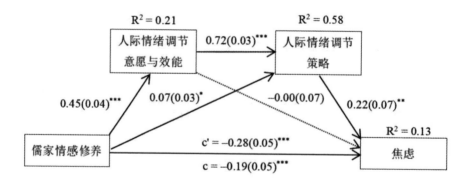

图 1：儒家情感修养负向预测焦虑的链式中介模型图

---

① Hayes, A. F, *Introduction to Mediation, Moderation, and Conditional Process Analysis: A Regression-based Approach*（New York: Guilford Press, 2013）.

注：路径系数全部采用标准化形式，虚线表示系数不显著，并在括号中给出标准误差。c' 表示儒家情感修养对焦虑的直接效应，c 表示儒家情感修养对焦虑的总效应。*** $p < 0.001$，** $p < 0.01$，* $p < 0.05$，下同。

1. 儒家情感修养与焦虑的关系：人际调节的链式中介作用

利用 PROCESS 模型 6 对人际情绪调节意愿与效能、人际情绪调节策略在儒家情感修养与焦虑之间的多重中介模型进行检验，结果如图 1 所示。儒家情感修养正向预测人际情绪调节意愿与效能（$\beta = 0.45$，$t = 10.37$，$SE = 0.04$，95% CI [0.36, 0.53]，$p < 0.001$），儒家情感修养正向预测人际情绪调节策略（$\beta = 0.07$，$t = 2.06$，$SE = 0.03$，95% CI [0.00, 0.14]，$p < 0.05$），人际情绪调节意愿与效能正向预测人际情绪调节策略（$\beta = 0.72$，$t = 20.71$，$SE = 0.03$，95% CI [0.65, 0.79]，$p < 0.001$），人际情绪调节策略正向预测焦虑（$\beta = 0.22$，$t = 3.11$，$SE = 0.07$，95% CI [0.08, 0.35]，$p < 0.01$）。儒家情感修养对焦虑的直接效应显著（$\beta = -0.28$，$t = -5.44$，$SE = 0.05$，95% CI [-0.38, -0.18]，$p < 0.001$），直接效应占总效应的 76%。儒家情感修养能够通过人际情绪调节意愿与效能和人际情绪调节策略这个链式中介显著正向预测焦虑（$\beta = 0.07$，$SE = 0.02$，95% CI [0.03, 0.12]），链式中介效应占总效应的 19%。同时，儒家情感修养还可以通过人际情绪调节策略正向预测焦虑（$\beta = 0.02$，$SE = 0.01$，95% CI [0.00, 0.04]），该路径的间接效应占总效应的 4%，进一步比较发现链式中介路径的效应值显著大于该路径的效应值（$\beta = 0.05$，$SE = 0.02$，95% CI [0.02, 0.11]）。儒家情感修养预测焦虑的多重中介模型总效应显著（$\beta = -0.19$，$t = -4.15$，$SE = 0.05$，95% CI [-0.28, -0.10]，$p < 0.001$），该模型能够解释焦虑总变异的 13%。

2. 儒家情感修养与抑郁的关系：人际调节策略的中介作用

采用 PROCESS 模型 4 检验人际情绪调节策略在儒家情感修养与抑郁之间的中介作用，结果见表 3。儒家情感修养正向预测人际情绪调节策略（$\beta = 0.39$，$t = 8.94$，$SE = 0.04$，95% CI [0.31, 0.48]，$p < 0.001$），人际情绪调节策略正向预测抑郁（$\beta = 0.11$，$t = 2.15$，$SE = 0.05$，95% CI [0.01, 0.21]，$p < 0.05$）。儒家情感修养对抑郁的直接效应显著（$\beta = -0.27$，$t = -5.28$，$SE = 0.05$，95% CI [-0.37, -0.17]，$p < 0.001$），直接效应占总效

应的86%。同时，儒家情感修养可以通过人际情绪调节策略正向预测抑郁
（$\beta = 0.04$，$SE = 0.02$，95% CI [0.00, 0.09]），该路径的间接效应占总效应
的14%。由此确定，人际情绪调节策略在儒家情感修养与抑郁之间起部分
中介作用（图2）。儒家情感修养预测抑郁的简单中介模型总效应显著（$\beta = -0.22$，$t = -4.81$，$SE = 0.05$，95% CI [-0.32, -0.13]，$p < 0.001$），该
模型能够解释抑郁总变异的9%。

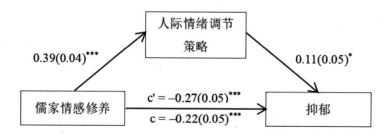

图2：儒家情感修养负向预测抑郁的中介模型图

表3：儒家情感修养预测抑郁、合作的中介效应检验（$n = 442$）

自变量		中介变量		因变量		R2	F
儒家情感修养		人际情绪调节策略	坚韧人格	抑郁	学业合作		
儒家情感修养—人际情绪调节策略—抑郁	儒家情感修养	0.39***	—	-0.27***	—	0.09	5.84***
	人际情绪调节策略	—	—	0.11*	—		
儒家情感修养—坚韧人格—学业合作	儒家情感修养	—	0.62***	—	0.32***	0.22	17.61***
	坚韧人格	—	—	—	0.12*		

3.儒家情感修养与合作的关系：坚韧人格的中介作用

通过 PROCESS 模型4检验坚韧人格在儒家情感修养与学业合作之间
的中介作用，结果见表3。儒家情感修养正向预测坚韧人格（$\beta = 0.62$，$t = 16.63$，$SE = 0.04$，95% CI [0.55, 0.70]，$p < 0.001$），坚韧人格正向预测学
业合作（$\beta = 0.12$，$t = 2.21$，$SE = 0.05$，95% CI [0.01, 0.23]，$p < 0.05$）。
儒家情感修养对学业合作的直接效应显著（$\beta = 0.32$，$t = 5.78$，$SE = 0.05$，
95% CI [0.21, 0.42]，$p < 0.001$），直接效应占总效应的81%。同时，儒家
情感修养可以通过坚韧人格正向预测学业合作（$\beta = 0.08$，$SE = 0.04$，95%
CI [0.00, 0.15]），该路径的间接效应占总效应的19%。由此确定，坚韧

人格在儒家情感修养与学业合作之间起部分中介作用（图3）。儒家情感修养预测学业合作的简单中介模型总效应显著（$\beta = 0.39$，$t = 9.11$，$SE = 0.04$，95% CI [0.31, 0.48]，$p < 0.001$ ），该模型能够解释学业合作总变异的22%。

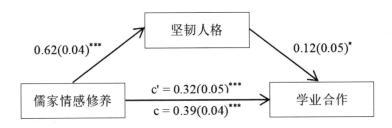

图3：儒家情感修养正向预测学业合作的中介模型图

四、讨论

（一）研究生群体"中－重度焦虑与抑郁"的检出率显著高于普通人群

在本研究中，985、211以及普通高校的研究生参与了调查，结果表明，中－重度焦虑与抑郁的检出率为26%。这个结果虽然低于Evans等基于全球调查报告的结果，但是高于普通人群6%左右的检出率。[1] 这说明，我国研究生群体，也在学业、人际交往、工作定向等多个方面感受到较高压力，产生较为严重的广泛性焦虑与抑郁等心理障碍症状。

从症状特点来看，广泛性焦虑障碍（GAD）的特征是慢性和过度的焦虑，以及大量的身体（如肌肉紧张、疲劳）、认知（如难以集中注意力）和情绪（如易怒）症状。抑郁的典型症状是持久而广泛的不愉快情绪，兴趣缺失，特别是悲伤，甚至思考自杀以及产生自杀企图。[2] 这些症状会进一步损害个体的社会心理功能，在人际交往和学习效率等方面产生损伤。

---

[1] Evans, T. M., Bira, L., Gastelum, J. B., Weiss, L. T., & Vanderford, N. L, "Evidence for a Mental Health Crisis in Graduate Education," *Nature Biotechnology*, 2018（36）, pp.282–284.

[2] American Psychiatric Association, *Diagnostic and Statistical Manual of Mental Disorders, Fifth Edition* （*DSM-5*）,（Arlington: American Psychiatric Publishing, 2013）, p. 155.

（二）儒家情感修养通过人际情绪调节的中介效应负向预测焦虑和抑郁

儒家情感修养的积极进取的责任担当有助于实现"问题解决为中心"的情绪调节目标，减弱焦虑情绪的累积。情绪调节是目标导向的心理加工，如 Tamir 和 Maus 依据自我调节的社会认知理论，指出情绪调节的效果受到三个关键因素的影响：策略和能力、控制情绪的信念、价值和目标。[1] 而且情绪调节目标决定人们是否调节情绪以及怎样调节情绪。[2] 无论自我调节还是人际调节，人们想感受什么情绪或达成什么样的人际情感状态，都依赖于他们情绪调节动机的类型与强度。[3] 情感修养的价值要素会影响人们希望感受到什么，即实际上感受到什么，成为人们怎样调节情绪的逻辑起因。儒家责任担当型的价值关怀，有助于个体采用以解决问题为中心的应对方式。景怀斌的研究也发现，采用儒家应对方式的个体能够更好地维护心理健康，缓解焦虑情绪。[4]

儒家情感修养的亲挫折应对有助于增强个体的"积极韧性机制"（active resilience mechanism），把易于导致抑郁的悲伤体验转换为积极行动的力量。从抑郁发生的机制来看，遭遇人际挫折与学业挫折都是抑郁的典型诱发事件。正如心理学家荣格曾指出的，"心理治疗的主要目的，并不是使病人进入一种不可能的幸福状态，而是帮助他们树立一种面对困难的、哲学式的耐心和坚定"。这与孔子亲挫折的生命修养观遥相呼应。从这个意义上来说，承受并转换痛苦情绪，并保持乐观而坚定的期望，对个体的长期适应和成长具有重要的意义。儒家情感修养的社会价值导向有助于维持社会支持性的人际关系。使用人际调节的前提，是个体拥有稳定且亲密的人际关系联结网络。儒家文化情感修养中对他人和社会的德性关怀成分，有助于其在日常生活中，维持相互支持性的人际关系。在人际关系中表达并调

---

① Tamir, M., & Maus, I. B, *Social Cognitive Factors in Emotion Regulation: Implications for Well-being* (New York: Springer, 2011), p. 31.

② 孙俊才、卢家楣、吉峰："情绪调节目标的分类与优化"，《心理科学》，2014年第1期。

③ Tamir, M, "Why Do People Regulate Their Emotions? A Taxonomy of Motives in Emotion Regulation," *Personality and Social Psychology Review*, 2016（20），pp. 199 - 222.

④ 景怀斌："儒家式应对思想及其对心理健康的影响"，《心理学报》，2006年第1期。

节情绪的积极效果，不仅受到个体情绪表达方式的影响，而且受到判断情绪表达是否适当的文化期望与规范的影响，即人们需要同时关注情绪互动的自我收益与社会适应。[①] 儒家情感修养的德性关怀取向为情绪表达的社会适当性提供了基本的价值参照，为持续的人际情感支持提供了人际网络基础。这一研究结果，与 De Vaus 等的跨文化研究相一致，即东方文化在应对负向情绪方面具有文化优势。[②]

（三）采用人际方式调节情绪可提高焦虑与抑郁的调节效果

人际情绪调节有助于为焦虑患者提供更多可以使用的调节策略。患有 GAD 的患者，与没有 GAD 的个体相比：（a）他们的情绪强度通常更高；（b）在识别、描述和澄清他们的情绪体验方面存在明显的差异；（c）通过对消极和积极情绪的后果持有灾难性的信念，容易对情绪产生更大的负面反应。GAD 的患者除了在情绪的自我调节技能上存在缺陷之外，在调节倾向上也存在逃避倾向。Newman 和 Llera 提出了对抗逃避模型解释 GAD 的病理机制。[③] 这个模型认为，GAD 患者在面对或预期到负性情绪时，通常会采用逃避的方法，避免加工这些情绪。并且 GAD 患者的典型症状"担忧"是其用来维持负性情绪状态的应对机制，以防止情绪状态的急剧下降。[④] 这些研究表明，由于 GAD 患者的情绪调节技能与调节倾向都存在一定的非适应性，因此，正如本研究结果所表明的，采用人际调节，有助于避免自我调节的不足，有效调节焦虑情绪。

拓展的情绪加工过程模型指出，执行情绪调节是成功调节情绪的最重

[①] 孙俊才、孙亚茹、张文海："人际情绪调节与内隐/外显积极情绪的关系：情绪调节困难的调节效应与表达抑制的中介效应"，《心理发展与教育》，2021 年第 37 卷。

[②] De Vaus, J., Hornsey, M. J., Kuppens, P., & Bastian, B, "Exploring the East-west Divide in Prevalence of Affective Disorder: A Case for Cultural Differences in Coping with Negative Emotion," *Personality and Social Psychology Review*, 2018（22）, pp. 285 - 304.

[③] Newman, M. G., & Llera, S. J, "A Novel Theory of Experiential Avoidance in Generalized Anxiety Disorder: A Review and Synthesis of Research Supporting a Contrast Avoidance Model of Worry," *Clinical Psychology Review*, 2011（31）, pp. 371 - 382.

[④] Crouch, T. A., Lewis, J. A., Erickson, T. M., & Newman, M. G, "Prospective Investigation of The Contrast Avoidance Model of Generalized Anxiety and Worry," *Behavior Therapy*, 2017（48）, pp. 544 - 556.

要的环节。① 由于人们在处理情绪时，通常会依赖亲密社会人际网络中的亲属，所以，从这个意义上来说，支持性的人际网络会有助于情绪调节的执行。抑郁的维持一直以来被归因为情绪调节缺陷，从调节策略的选择上来看，抑郁的个体使用适应性差的调节策略较多，比如沉思，而使用适应性较好的策略，比如认知重评等较少。② 由于抑郁情绪导致兴趣缺失、活动减少等症状，使得其情绪调节的自我执行更为困难，正如本研究所表明，通过采用人际调节，提升调节的执行，有助于减弱抑郁情绪。

现有研究还表明，对参与人际调节个体的积极情绪体验与其社会联结网络的关联的分析发现，倾向于人际调节的个体更为积极地培育具有成就感的人际关系，这将通过多种方式增强他们的幸福。这是因为，获得较多的社会资源，有助于人们减弱对社会压力事件威胁强度的觉知，从而减弱其消极情绪反应。③ 不仅如此，亲密的人际关系同样会提供更高质量的社会支持，以应对生命的挑战。除了为消极情绪提供支持外，坚固的社会关系也为积极的社会交往提供了机会。④ 社会依恋的脑阿片理论认为，阿片类物质，特别是 μ–阿片类物质（μ-opioids），是实现社会联系所带来的愉悦满足感的基础，尤其是与有社会联系的人。⑤ 从这个意义上来说，人们通过建设社会关系来促进其长期的情绪目标实现。

（四）儒家文化情感修养有助于通过坚韧人格，促进学业合作

学业焦虑以及学业挫败导致的抑郁是研究生广泛性焦虑与抑郁的重要成分。研究生阶段的学业特点更具有"创新性的知识生产"特征，这种创

---

① Gross, J. J, "Emotion Regulation: Current Status and Future Prospects," *Psychological Inquiry,* 2015（26），pp. 1 - 26.

② Millgram, Y., Joormann, J., Huppert, J. D., & Tamir, M, "Sad as a Matter of Choice? Emotion-regulation Goals in Depression," *Psychological Science*, 2015（26），pp. 1216 - 1228.

③ Coan, J. A., Schaefer, H. S., & Davidson, R. J, "Lending a Hand: Social Regulation of the Neural Response to Threat," *Psychological Science*, 2006（17），pp. 1032 - 1039.

④ Lakey, B., & Orehek, E, "Relational Regulation Theory: A New Approach to Explain the Link between Perceived Social Support and Mental Health," *Psychological Review*, 2011（118），pp. 482 - 497.

⑤ Inagaki, T. K, "Opioids and Social Connection," *Current Directions in Psychological Science*, 2018（27），pp. 85 - 90.

新性的知识生产，其结果具有一定的不确定性和风险性，这也是研究生学业压力较大的原因。因此，为了从过程上保障这一过程的有效开展，研究生需要与导师形成有效的学业合作，特别是每位研究生导师都有较多的工作任务，这就更需要研究生能够积极主动地与导师沟通，提高学业合作效率。

已有研究也表明，学业合作与焦虑、抑郁负相关[①]，本研究的结果也表明，学业合作与焦虑、抑郁都显著负相关，并且儒家情感修养通过坚韧人格的中介作用，显著正向预测学业合作。这不仅为进一步增强研究生的学业合作能力提供了新的视角，而且有助于从情绪产生的根源上预防学业负向情绪的发生与累积。

五、结论

研究生的焦虑与抑郁的检出率较高，人际情绪调节意愿与策略在儒家情感修养与焦虑之间起链式中介作用，人际情绪调节策略在儒家情感修养与抑郁之间起部分中介作用，坚韧人格在儒家情感修养与学业合作之间起部分中介作用。本研究结果对如何有效提升研究生的情绪调节能力，提供了文化心理层面的参照。

---

① Evans, T. M., Bira, L., Gastelum, J. B., Weiss, L. T., & Vanderford, N. L, "Evidence for a Mental Health Crisis in Graduate Education," *Nature Biotechnology*, 2018（36）, pp. 282 - 284.

研究述评

正念冥想研究可视化分析

郭硕知 ①

摘要： 佛教文化中的"正念"已经在一定程度上转化为现代心理科学的重要理论与实践体系。随着研究深入，正念的积极心理功效及其机制不断被发现。近年来，正念心理研究数量持续增多，需要适时全景回顾，以便发现正念心理研究的学科定位、知识基础、热点分布，并分析其前沿趋势。本文以 Web of Science 核心数据库文献为基础，借助知识图谱研究工具 CiteSpace，系统分析正念心理研究领域发文量、被引期刊、源泉性作者、研究热点等，并推测进一步研究趋势。

关键词： 正念 研究 临床心理学 可视化分析

一、现代心理学意义上正念的产生与发展

心理学概念"正念"（Mindfulness）起源于佛教传统思想。佛教的"八正道"（Aryastangika—marga）是"四谛"中"道谛"的具体表现。"八正道"包含了"正念""正见""正思维""正语""正业""正命""正精进""正定"。在宗教语境内，"正念"意味着达到觉悟的方法，体现为对自我的觉知。当代意义上，"正念"已经走出了宗教的范畴逐渐成为无论信仰的普遍心理疗愈方法，其包含对自身思想、感情、身体与周边环境的当下的意识，需要接纳并关注当下而不进行是与非的判断。通过坐禅、冥想等方法的训练可以促进正念思维的形成。自 20 世纪 80 年代，这一理念进入了美国心

---

① 郭硕知，大理大学教师教育学院副研究员。本文系国家社会科学基金一般项目"宗教心理学前沿《APA 心理、宗教与精神性手册》翻译和研究"（23BZJ015）阶段性成果。

理学研究的视野，并很快发展成为在世界范围内流行的临床心理方法。[①]

1982 年，Kabat-Zinn 研究发现正念训练对慢性疼痛具有明显的缓解作用，并且相应的情绪障碍与精神问题亦能够得到显著减轻。[②] 如今，正念相关的治疗或训练大都被认为可以提高心理健康程度，包括提升主观幸福感、减少精神症状和情绪反应，以及调节与改善行为。[③]

在心理学临床应用上，正念亦具有降低焦虑、抑郁与疼痛，提升心理健康水平的效果。[④] 即使只经过短暂的正念冥想练习，被试也可以对电刺激引发的痛感评级显著降低。通过其与数字分心方法进行对比，可以发现正念能够更大程度地减少疼痛、减轻焦虑，这与正念训练中的不加评判与关注当下相关。[⑤]

正念冥想对于克服职业倦怠等多见的现代心理症状亦具有明显效果。美国曾实施一项强化教育计划，旨在通过正念降低初级医生的倦怠程度，提升幸福感以及与病患的沟通能力。结果表明，借助正念沟通的练习，参与项目的医生的专注力与情绪均得到显著改善，职业倦怠感大幅下降。[⑥]

随着人们对正念与心理健康相关性认识的不断完善，基于正念的心理干预方法已经趋于成熟。"正念减压疗程"（Mindfulness-based stress reduction, MBSR）与"正念认知疗法"（Mindfulness-based cognitive

---

[①] Bishop, S. R., Lau, M., Shapiro, S., Carlson, L., Anderson, N. D., Carmody, J., & Devins, G, "Mindfulness: A Proposed Operational Definition," *Clinical Psychology: Science and Practice*, 2004, （3）, pp. 230-241.

[②] Kabat-Zinn, J, "An Outpatient Program in Behavioral Medicine for Chronic Pain Patients Based on the Practice of Mindfulness Meditation: Theoretical Considerations and Preliminary Results," *General hospital psychiatry*, 1982, （1）, pp. 33-47.

[③] Keng, S. L., Smoski, M. J., & Robins, C. J, "Effects of Mindfulness on Psychological Health: A Review of Empirical Studies," *Clinical Psychology Review*, 2011, （6）, pp. 1041-1056.

[④] Goyal, M., Singh, S., Sibinga, E. M., Gould, N. F., Rowland-Seymour, A., Sharma, R., ... & Ranasinghe, P. D, "Meditation Programs for Psychological Stress and Well-being: a Systematic Review and Meta-Analysis," *JAMA Internal Medicine*, 2014, （3）, pp. 357-368.

[⑤] Zeidan, F., Gordon, N. S., Merchant, J., & Goolkasian, P, "The effects of Brief Mindfulness Meditation Training on Experimentally Induced Pain," *The Journal of Pain*, 2010, （3）, pp. 199-209.

[⑥] Krasner, M. S., Epstein, R. M., Beckman, H., Suchman, A. L., Chapman, B., Mooney, C. J., & Quill, T. E, "Association of an Educational Program in Mindful Communication With Burnout, Empathy, and Attitudes Among Primary Care Physicians," *Jama*, 2009, （12）, pp. 1284-1293.

therapy, MBCT）得到了较为普遍的研究和临床应用。

MBSR 通过改造认知和情感过程来转化情绪反应。研究表明，MBSR 对具有自杀倾向的双向情感障碍患者可以起到直接的作用，其中各种症状都得到了有效缓解。[1] 不仅如此，实验证据表明，MBSR 在减少压力和提升精神价值方面表现出了非特异性的积极效果，并且可以减少反思性思维带来的焦虑感。[2]

MBCT 是正念训练与传统的认知疗法结合的产物，通过训练可以显著增强参与者的正念思维，并呈现出与消极情绪显著的负相关，且一定程度上提升了主观幸福感，但并未达到统计学意义上的显著。[3] 在对美国退伍军人的实验中，MBCT 对创伤后应激障碍（PTSD）具有显著改善的功效。[4]

随着认知神经科学的研究的不断深入，人们逐渐发现了正念发挥心理作用的神经机制。功能磁共振（fMRI）的研究表明，经过 8 周的正念训练，被试左侧海马灰质浓度增加，并且扣带皮层、颞叶与顶叶的交界处以及小脑发现了脑灰质密度的提高。这些脑区与人类学习和记忆过程、情绪调节、自我认知等心理活动相关。正念的相关训练正是通过对各个脑区（还包括脑岛和前额叶边缘网络）神经机制的协同发挥调节各项心理机能的作用。[5]

随着世界范围内人们对心理健康的关注日益迫切，近年来，正念已经成为了一种脱胎于佛教并结合了现代心理科学的促进心理健康的有效尝试。

---

[1]　Goldin, P. R., & Gross, J. J, "Effects of Mindfulness–Based Stress Reduction （MBSR） on Emotion Regulation in Social Anxiety Disorder," *Emotion*, 2010, （1）, p. 83.

[2]　Chiesa, A., & Serretti, A, "Mindfulness–Based Stress Reduction for Stress Management in Healthy People: a Review and Meta–analysis," *The Journal of Alternative and Complementary Medicine*, 2009（5）, pp. 593–600.

[3]　Segal Z, "Mindfulness–Based Cognitive Therapy: Theoretical Rationale and Empirical Status," *Mindfulness and Acceptance: Expanding the Cognitive-Behavioral Tradition*, 2004, （1）, pp. 45–65.

[4]　King, A. P., Erickson, T. M., Giardino, N. D., Favorite, T., Rauch, S. A., Robinson, E., … & Liberzon, I, "A Pilot Study of Group Mindfulness - Based Cognitive Therapy （MBCT） for Combat Veterans With Posttraumatic Stress Disorder （PTSD），" *Depression and Anxiety*, 2013, （7）, pp. 638–645.

[5]　Hölzel, B. K., Carmody, J., Vangel, M., Congleton, C., Yerramsetti, S. M., Gard, T., & Lazar, S. W, "Mindfulness Practice Leads to Increases in Regional Brain Gray Matter Density," *Psychiatry Research: Neuroimaging*, 2011, （1）, pp. 36–43.

以此为核心的研究亦累积了相当的数量。因此，基于"大数据"的综述研究，纵览正念心理学的研究领域，已经势在必行。将该领域的引文数据进行总结与可视化分析可以更为直观地呈现正念心理学研究的发文趋势、知识来源、关键领域、源泉性作者与研究热点等因素。本文将知识计量学的引文空间可视化研究方法应用于正念心理学研究，利用统计软件编制和分析正念心理学的基础与前沿研究图谱，鸟瞰近 10 年正念心理学研究的全貌，在可行的范围内展示这一领域的研究现状与发展趋势。

二、正念心理研究数据采集

（一）数据来源

本文以 Web of Science（下文简称：WoS）核心数据合集数据库为数据来源，以主题词检索为检索方式，依据正念心理研究的特定训练与治疗方法分别关联"正念"与"心理"两个维度的主题词。

参考既往的高被引率综述研究，正念领域相关的关键词主要选取"正念"（Mindfulness）、"禅"（Zen）、"内观"（Vipassana）、"MBSR"与"MBCT"，未纳入"正念冥想"，因为其不仅包含了"正念"而且"冥想"（Meditation）已经具有了更大范围的意涵。在一些文化体系内，冥想可以作为"默观"（Contemplation）之前的练习方法，若纳入，易于导致检索范围过大。依据前期研究，心理指标方面的关键词选取"心理""情绪""认知""幸福感""心理健康""抑郁"与"焦虑"。在正念相关主题词与心理相关主题词之间以"AND"（并）作为连接词，即检索策略须同时包含两个维度中各自至少一个关键词。在此两个领域内部的主题词之间则以"OR"（或）进行组配，即只要包含任意与正念相关的关键词或某种心理指标即可被纳入其中，最终得到全部的检索结果。

依据上述步骤，在 WoS 全部数据库中检索到相关文献记录共 6794 条。通过数据库选择（SCI 与 SSCI）、语言限定（English）、出版时间限定（2009年至 2018 年），选择"Article"与"Review"两种文献类型，最终得到4830 条文献记录，经人工筛选后保留 4715 条，并逐条下载，调整为软件可识别的模式。此次文献数据的下载日期为 2019 年 4 月 30 日。

（二）数据归纳

本研究主要采用引文数据分析软件 CiteSpace5.3 实施对相关文献的可视化分析。近年来，其成为了引文数据分析较常应用的软件。相较 WoS 等学术网络数据库网站自带功能，其可分析的数据维度更加丰富。

该工具可用于计量和分析科学文献数据信息，并能够通过绘制科学知识图谱直观展现某学科领域的信息全景，识别其中的源泉性发文作者、研究机构、高被引期刊以及热点关键词等重要信息，对于综述性研究有所帮助。

在所得图谱中，数据信息以年轮图作为表达形式，其中的节点代表分析的对象，其出现频次（或被引频次）越多，节点就越大；单圈的年轮越宽，则该年度该文献的被引频次越多。节点内圈中的颜色及薄厚度表示不同时间段出现频次。中心性（centrality）用来度量节点的影响力。节点之间的连线者表示共现（或共引）关系，线的粗细则表达了共现（或共引）强度。颜色对应节点的时间，其从蓝色的冷色调到红色暖色调的变化表示时间从较早至晚近的变化。

本研究在 CiteSpace 软件中设定 2009 年至 2018 年为时间跨度，并将时间间隔设为"1"（即以每 1 年为一个分析区间）。关键词来源设定为"Title"（标题）、"Abstract"（摘要）、"Author Keyword"（作者关键词）与"Keywords Plus"（补充关键词），修正算法选择"Minimum Spanning Tree"（最小生成树）。数据抽取数量选择"Top30"（前 30 位），其余均保持默认设置。

三、正念心理研究数据分析

（一）正念心理研究领域 WoS 核心期刊发年度文量分析

年度发文量表示正念心理自 2009 年起的研究热度。图 1 显示了 WoS 核心合集数据库中正念心理研究英文文献近 10 年发文量的时间分布。如图所示，不但正念心理研究的论文发文量逐年稳步上升，而且增速迅猛。这种趋势表明自 2009 年至今，正念依然是心理学研究与临床实践的热点议题之一。目前看来，发端自 20 世纪美国心理学界的正念心理研究，时至今日已经具有了一定的规模，并且越发受到人们的关注，保持着其研究探索的生命力。据此判断，随着现代社会对心理健康认识的加深与需求的增长，正念仍有可能在未来依旧是心理学研究与临床应用关注的重要方法之一。

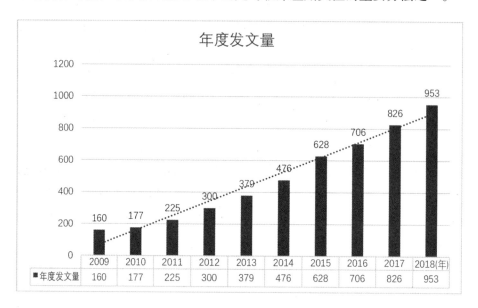

年度发文量

	2009	2010	2011	2012	2013	2014	2015	2016	2017	2018(年)
■年度发文量	160	177	225	300	379	476	628	706	826	953

图1：正念心理研究国际核心期刊年度发文量

（二）正念心理研究的引用期刊分析

学术期刊具有自己的领域特征，高被引率的期刊在一定程度上反映了正念心理问题获得了哪些研究领域的关注，对明晰正念心理研究的学科属性，理解其学科内涵有所助益。在图示结果中，被引频次（呈现为年轮图面积大小）与中心性（呈现为紫色外圈的宽度）反映了被引期刊、关键词、源泉性作者等节点的重要程度。期刊被引频次越高说明该刊物在正念心理研究领域具有越大的学术影响力与知识源泉性；中心性越高说明该刊物与其他学术期刊形成的共引关系网络越紧密。综合这两个指标，可以发现正念心理研究的学科基础。

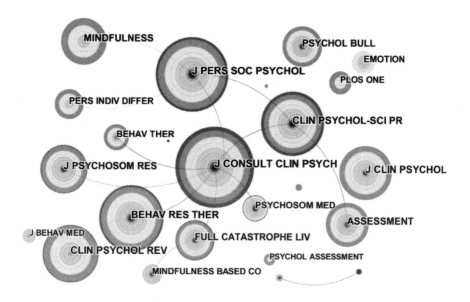

图 2：正念心理研究被引期刊图谱

通过对"Cited Journal"节点的可视化呈现得到图 2。如图所示，节点较大且中心性较高的刊物分别有《咨询与临床心理学杂志》（*Journal of Consulting and Clinical Psychology*）、《人格与社会心理学杂志》（*Journal of Personality and Social Psychology*）与《行为研究与治疗》（*Behaviour Research and Therapy*）等。

其中被引频次最多与中心性均最高的刊物是《咨询与临床心理学杂志》。它创刊于 1937 年，是美国心理学会（APA）出版的月刊，由纽约州立大学石溪分校（SBU）的 Joanne Davila 教授担任主编。其学科领域聚焦于临床心理学，主要关注诊断、治疗与预防行为紊乱，包括跨文化行为紊乱、临床功能障碍等。其研究的主要对象是参与临床治疗与受过身心创伤的人。这在一定程度上印证了正念心理研究的咨询与临床的学科属性。该杂志刊载的文章指出：不但基于正念的心理治疗能够广泛应对焦虑与抑郁，而且可以作用于减缓精神压力、防止重度抑郁症复发，以及情绪调节等临床应用方面。①②

　　除此之外，正念心理研究的高被引期刊中还包含了《行为治疗与研究》《临床心理科学与实践》《临床心理学回顾》《临床心理学杂志》以及《评估》等多部有关临床心理治疗的期刊。它们成为了正念心理研究最重要的知识来源。由此可见，最为关注正念心理学发展的领域是临床心理学，这与通过正念训练衍生出了 MBSR、MBCT 等系统化的临床治疗方法的历史过程相吻合。

　　《人格与社会心理学杂志》的出现，表明正念不但影响着个体人格与心理健康，而且也被纳入了社会心理学的研究视角。该刊由美国心理学会于 1965 年创办，学科领域涵盖了人际与群际关系、社会认知、人格心理学等。

　　值得一提的是《正念》杂志，它创刊于 2010 年，由行为分析师 Nirbhay N. Singh 博士担任主编。尽管该刊目前被引频次仅排在第 8 位，但却是正念心理研究最主要的来源期刊，10 年间共有 523 篇有关论文刊载于此。它被归类为精神病学与临床心理学类杂志，可见"正念"已经成为了标准的心理学术语，不再需要宗教或独特文化的外壳，其自身作为专业领域可以独立发展。这带来的益处在于不同文化与信仰背景的更多人具备了接受正念临床心理治疗的可能。

　　从高被引期刊中可以发现，临床心理学成为了正念心理研究主要指向的学科定位，并且较多涉及身心健康、人格以及社会心理的层面。不但如此，正念心理研究已经拥有了自己专门的刊物，《正念》自 2014 年开始得到引用，现已被收入 SSCI 数据库中，具有了相当的学术影响，反映了正念研究规模的扩大以及专门化的趋势。

　　本文将正念心理学较高被引频次期刊的基本情况归纳于表 1，用以补充图谱信息。

---

　　① Biegel, G. M., Brown, K. W., Shapiro, S. L., & Schubert, C. M, "Mindfulness-Based Stress Reduction for the Treatment of Adolescent Psychiatric Outpatients: A Randomized Clinical trial," *Journal of Consulting and Clinical Psychology*, 2009, （5）, p. 855.

　　② Boyle, C. C., Stanton, A. L., Ganz, P. A., Crespi, C. M., & Bower, J. E, "Improvements in Emotion Regulation Following Mindfulness Meditation: Effects on Depressive Symptoms and Perceived Stress in Younger Breast cancer Survivors," *Journal of Consulting and Clinical Psychology*, 2017, （4）, p. 397.

表 1：正念心理研究高被引率期刊

排名	期刊名称	被引频次	中心性	首现年份	影响因子	期刊来源
1	*Journal of Consulting and Clinical Psychology*《咨询与临床心理学杂志》	2493	1.35	2009	4.536	SSCI
2	*Journal of Personality and Social Psychology*《人格与社会心理学杂志》	2355	0.67	2009	7.388	SSCI
3	*Behaviour Research and Therapy*《行为研究与治疗》	2144	0.54	2009	5.052	SSCI
4	*Clinical Psychology-science and Practice*《临床心理科学与实践》	1974	0.89	2009	3.245	SSCI
5	*Clinical Psychology Review*《临床心理学回顾》	1889	0.15	2011	6.932	SSCI
6	*Journal of Clinical Psychology*《临床心理学杂志》	1837	0.00	2009	2.330	SSCI
7	*journal of psychosomatic research*《身心研究杂志》	1632	0.15	2009	2.947	SSCI
8	*Mindfulness*《正念》	1562	0.00	2014	3.692	SSCI
9	*Assessment*《评估》	1515	0.00	2009	3.286	SSCI
10	*Psychological Bulletin*《心理学公报》	1380	0.00	2009	21.986	SSCI

（三）正念心理研究知识源泉性作者分析

作者被引频次反映了其在正念心理研究域内的学术作为与影响力。与发文数量相比，被引频次能说明其成果得到的认可程度。分析被引频次与中心性，可以管窥该作者在正念研究领域的学术源泉性。按图索骥，通过分析源泉性作者及其合作关系，能够定位正念心理研究的重要机构和文献，进而明晰其关键的理论与方法，并判断后续研究的发展方向。

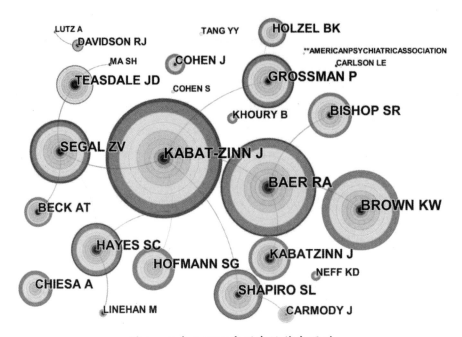

图 3：正念心理研究源泉性作者图谱

经过可视化呈现"Cited Author"节点后，得到"图 3"。可以发现，若干较大节点代表着正念心理研究领域中学术成就斐然的学者。首先就是发现了正念可以缓解疼痛的 Kabat-Zinn 教授。其被引频次高达 3085，并具有 1.13 的中心性，彰显着他在正念心理研究领域的奠基地位。关于正念与疼痛相关性的研究只是他研究的开始，通过进一步的研究，Kabat-Zinn 发现了痛感的减轻伴随着药物使用率的下降、自尊的增加。并且，在实验结束 15 个月之后，大多数被试在日常生活中仍旧继续着正念冥想的练习。[①]得到广泛研究和应用的 MBSR 就是由 Kabat-Zinn 在马萨诸塞大学医学中心（University of Massachusetts Medical Center）主持开发的，它起源于该中心减压门诊的"减压与放松疗程"（stress reduction and relaxation program, SR-RP）。1995 年，减压门诊扩建为"正念中心"。21 世纪初，MBSR 已

---

① Kabat-Zinn, J., Lipworth, L., & Burney, R, "The Clinical Use of Mindfulness Meditation for the Self-Regulation of Chronic Pain," *Journal of Behavioral Medicine*, 1985,（2）, pp. 163-190.

经成为了西方正念治疗广泛应用的范式。①

作为正念心理治疗的奠基者，Kabat-Zinn 在评论 Baer 的研究时指出，随着临床心理学对正念的兴趣不断增加，有必要为此厘清正念的相关因素。首先就是对正念概念的精确划定。他认为正念是佛教冥想的核心，传统上由梵语"达摩"（Dhrama）表示，同时也有"事物法则"的意义，类似于中国文化中的"道"。而心理学领域内正念的操作性定义则是有意识地专注于当下，并且不带任何评价地去体验每一刻。正念治疗践行的难点在于文化间的冲突，因此，通过认知神经的研究如 EEG（脑电）、FMRI（事件相关电位）和 PET（正电子发射断层成像）发现唤起正念冥想状态的大脑活动过程，可以使正念得到科学的解读，并获得跨文化的应用。②

Baer 对正念训练的临床干预过程与效果进行了系统的论述，并获得了 Kabat-Zinn 的首肯。③ 不但如此，她在这一领域内的影响仅次于前者。Baer 于 2004 年开发了"肯塔基正念技能量表"（Kentucky Inventory of Mindfulness Scale, KIMS），对正念心理的方法论，尤其在测量的标准化方面做出了相当大的学术贡献。该量表是一份包含 39 项内容的自我报告，从 4 个层面衡量被试的正念水平，包括："观察""描述""有意识地行动"，以及"不加评判地接受"。④

正念相关的测量工具还包括 Brown 与 Ryan 编写的"正念注意觉知量表"（Mindful Attention Awareness Scale, MAAS），其在正念与心理健康相关性的研究中获得了大量的应用。这是一个由 15 个项目组成的简单量表，旨在评估正念的核心特征即对当下意识的开放与接纳的程度。⑤

---

① 石林、李睿："正念疗法：东西方心理健康实践的相遇和融合"，《中国临床心理学杂志》2011 年第 4 期，第 566–568 页。

② Kabat - Zinn, J, "Mindfulness - Based Interventions in Context: Past, Present, and Future," *Clinical Psychology: Science and Practice*, 2003,（2）, pp. 144–156.

③ Baer, R. A, "Mindfulness Training as a Clinical Intervention: A Conceptual and Empirical Review," *Clinical Psychology: Science and Practice*, 2003,（2）, pp. 125–143.

④ Baer, R. A., Smith, G. T., & Allen, K. B, "Assessment of Mindfulness by Self-Report: The Kentucky Inventory of Mindfulness Skills," *Assessment*, 2004,（3）, pp. 191–206.

⑤ Brown, K. W., & Ryan, R. M, "The Benefits of Being Present: Mindfulness and its Role in Psychological Well-Being," *Journal of Personality and Social Psychology*, 2003,（4）, p. 822.

多伦多大学的 Segal 是 MBCT 的创始人，他更多聚焦正念在认知方面的作用。他与 Farb 等人合作的研究表明：经过 8 周的正念冥想课程之后，被试在 fMRI（功能磁共振）的脑成像中显示出内侧前额叶皮层（MPFC）局部激活区域的减小，这一脑区与人的自我意识相关。其证明了正念冥想可以改变人的神经机制，减少对事物的主观评判。[①]

正念心理研究领域影响较广的主要作者及其机构等要素见表 2。

表 2：正念心理研究知识源泉性作者表

排名	姓 名（机构）	频次	中心性	学位	职称
1	Jon Kabat-Zinn（University of Massachusetts Medical School）	2225	1.13	PhD	Prof
2	Ruth A. Baer（University of Kentucky）	1885	0.48	PhD	Prof
3	Kirk Warren Brown（Virginia Commonwealth University）	1606	0.00	PhD	Prof
4	Zindel V. Segal（University of Toronto）	1207	0.66	PhD	Prof
5	Paul Grossman（University Hospital, Basel）	1023	0.57	PhD	Prof
6	Steven C. Hayes（University of Nevada, Reno）	1015	0.25	PhD	Prof
7	Shauna L. Shapiro（Santa Clara University）	1000	0.13	PhD	Prof
8	Scott R. Bishop（Centre for Addiction and Mental Health and University of Toronto）	919	0.00	PhD	Prof
9	Stefan G. Hofmann（Boston University）	880	0.00	PhD	Prof
10	Kabatzinn J=Jon Kabat-Zinn	860	0.00	PhD	Prof

获得高被引率的作者在正念心理研究中几乎都具有开创性贡献。作为心理治疗方法的 MBSR 与 MBCT，以及作为正念测量方法的 KIMS 与 MAAS 等，是他们贡献的重要研究成果。他们得到了高被引率也表明了其成果获得的认可与较大规模的应用。源泉性作者大多任职于大学或医疗部门，如马萨诸塞大学医学中心、多伦多大学成瘾与健康中心、巴塞尔大学医院等。这些机构既从事相关研究，也将正念应用于临床治疗的实践当中。可见，正念心理研究一直具有对抗心理与精神问题的实践性价值取向。因此，如何结合临床与日常生活，进一步克服抑郁、焦虑等各种精神障碍，保护人

---

① Farb, N. A., Segal, Z. V., Mayberg, H., Bean, J., McKeon, D., Fatima, Z., & Anderson, A. K, "Attending to the Present: Mindfulness Meditation Reveals Distinct Neural Modes of Self-Reference," *Social Cognitive and Affective Neuroscience*, 2007,（4）, pp. 313-322.

们的心理健康,提升幸福感与生活品质,依然会是正念心理研究未来的方向。

(四)正念心理研究热点分析

正念心理的研究与临床实践已经发展了 40 年,热度依旧不减。高频关键词的分布体现了正念心理学的研究热点。通过对关键词的分析,形成正念心理研究关键词图谱,即图 4。其中可以看到与"正念"关联紧密的学术话题。

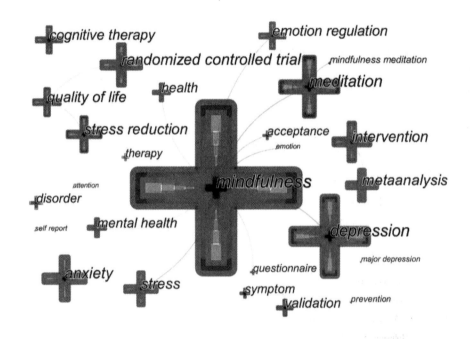

图 4:正念心理研究高频关键词图谱

在关键词节点中,"正念"(mindfulness)处于中心位置。围绕着它,存在诸多较大的节点,并有一些与它具有共现(co-occur)关系。其中"抑郁"(depression)出现的频次最高,达到 2977 次。可见,正念心理的研究与临床应用需要解决的问题首先就是抑郁。MBCT 最初就是为了预防重度抑郁症患者(MDD)复发而创建的。对于之前有 3 次或 3 次以上抑郁症发作的患者,MBCT 显著降低了其复发的风险,而对于两次发作的患者,则效果并不显著。① 其次是出现了 805 次的"焦虑"（anxiety），随着探索的深入，正念已经成为了对抗抑郁和焦虑的科学方法。② 较近的一项研究指出，MBCT 可以有效减少孕妇的抑郁和焦虑症状，并增强其情绪调节的能力，从而改善心理健康。并且，一疗程的治疗效果可以持续一个月以上。其临床意义在于，这种非药物的治疗方法对于孕妇等特殊人群的心理健康可以提供更安全、接受度更佳的支持。③

在正念心理的训练方式方面，图谱显示"冥想"（meditation）是其中最主要的形态。正念冥想训练不但对改善认知灵活性及注意力有所帮助，更突出的是它的减压（stress reduction）功能。④ "减压"和"压力"作为正念心理的高频关键词，证明心理压力是这一研究领域高度关注的问题。相关研究显示，压力往往可以与正念冥想构成负相关。通过正念冥想，首先带来了大脑皮层前扣带回的改变，这是正念增强注意力的结果，前额叶边缘网络的变化随之发生，这可以改善情绪调节，进而减少精神压力。⑤

事实上，学者很早就发现了正念冥想的减压作用，发明了"正念减压疗法"（MBSR），并通过研究证明了这一训练有助于缓解压力症状，增加对生活特定领域的控制感与接受度，并预防情感障碍的复发。⑥

关键词节点同样反映了正念心理的研究方法，其中"随机对照实验"

① Teasdale, J. D., Segal, Z. V., Williams, J. M. G., Ridgeway, V. A., Soulsby, J. M., & Lau, M. A, "Prevention of Relapse/Recurrence in Major Depression by Mindfulness-Based Cognitive Therapy," *Journal of Consulting and Clinical Psychology*, 2000, （4）, p. 615.

② Hofmann, S. G., Sawyer, A. T., Witt, A. A., & Oh, D, "The Effect of Mindfulness-Based Therapy on Anxiety and Depression: A Meta-analytic Review," *Journal of Consulting and Clinical Psychology*, 2010, （2）, p. 169.

③ Zemestani, M., & Nikoo, Z. F, "Effectiveness of Mindfulness-Based Cognitive Therapy for Comorbid Depression and Anxiety in Pregnancy: a Randomized Controlled Trial," *Archives of Women's Mental Health*, 2019, （1）, pp. 1-8.

④ Moore, A., & Malinowski, P, "Meditation, Mindfulness and Cognitive Rlexibility," *Consciousness and Cognition*, 2009, （1）, pp. 176-186.

⑤ Tang, Y. Y., Hölzel, B. K., & Posner, M. I, "The Neuroscience of Mindfulness Meditation," *Nature Reviews Neuroscience*, 2015, （4）, p. 213.

⑥ Astin, J. A, "Stress reduction Through Mindfulness Meditation," *Psychotherapy and Psychosomatics*, 1997, （2）, pp. 97-106.

（randomized controlled trial）与元分析（meta-analysis）最为常见。正念心理研究通常将正念治疗与普通的心理疗法相互对照，以确认其相对有效性。与普通的放松干预相比，正念冥想后的注意力分散明显减少，其调节情绪的积极效果更大。[①] 正念心理相关文献中，元分析是被引频次最高的类型，它基于多个正念实验数据进行综述分析，说明了该领域研究已经具有了成熟的模式与较多的数据量。元分析的价值在于通过统计为正念的有效性提供证据。如正念对精神症状干预的元分析显示，通过对 142 项随机对比实验，12005 名参与者的数据分析，证明了正念干预优于无治疗（d = 0.55）、最小治疗（d = 0.37）、非特异性主动对照（d = 0.35）和特异性主动对照（d = 0.23）。因此，对于抑郁症、疼痛、吸烟成瘾等障碍，正念干预有望成为以循证为基础的重要治疗方法。[②]

表3：正念心理研究高频关键词表

排名	关键词	频次	中心性	首现年份
1	mindfulness（正念）	2977	1.67	2009
2	depression（抑郁）	1437	0.85	2009
3	meditation（冥想）	1109	0.95	2009
4	anxiety（焦虑）	805	0.00	2009
5	randomized controlled trial（随机对照实验）	779	0.00	2009
6	intervention（干预）	717	0.16	2010
7	stress reduction（减压）	653	0.31	2009
8	stress（压力）	649	0.00	2009
9	meta-analysis（元分析）	594	0.00	2011
10	quality of Life（生活品质）	544	0.15	2010

综上，正念心理研究的高频关键词图谱呈现出了该领域所面对的问题即抑郁、焦虑等负面的心理状态或精神障碍。相关研究需要为解决这些不良心理状态的干预方法如正念减压治疗、冥想等是否有效提供证据。其中最主要的研究方法是随机对照实验以及通过统计实验数据实施的元分析。

---

① Jain, S., Shapiro, S. L., Swanick, S., Roesch, S. C., Mills, P. J., Bell, I., & Schwartz, G. E, "A Randomized Controlled Trial of Mindfulness Meditation Versus Relaxation Training: Effects on Distress, Positive States of Mind, Rumination, and Distraction," *Annals of Behavioral Medicine*, 2007, （1）, pp. 11–21.

② Goldberg, S. B., Tucker, R. P., Greene, P. A., Davidson, R. J., Wampold, B. E., Kearney, D. J., & Simpson, T. L, "Mindfulness–Based Interventions for Psychiatric Disorders: A Systematic Review and Meta–Analysis," *Clinical Psychology Review*, 2018, （1）, pp.52–60.

四、正念心理研究的学科定位与热点分布

（一）正念心理研究的学科定位

依据引文空间尤其是高被引期刊的可视化分析，正念心理的实验、测量与临床干预措施已经形成体系，其神经机制亦日益明朗。正念心理研究不但创制了自己的学术期刊，而且在人格心理学、社会心理学、行为心理学及临床心理学领域均有所发展。然而，正念原本是属于宗教文化的概念，但文化或宗教学类的刊物对此领域的影响有限。可见，正念心理学目前的学科定位在于心理学，而非人文类学科。

在心理学范围内，正念更多聚焦于临床心理学。最为核心的《咨询与临床心理学杂志》是这一领域的重要期刊。应用 MBCT、MBSR 的心理学研究大量引述该刊。并且，该杂志还刊载了弗莱堡正念量表（Freiburg Mindfulness Inventory, FMI）等正念心理的测量工具。[①] 其他高被引期刊同样以临床心理学杂志为主，从侧面反映了正念心理研究的临床心理定位。

综上，正念心理研究已经成为一般心理学研究的组成部分，尽管拥有专门刊物，但尚未成为独立的心理学分支（并非 APA 分会），其偏重于临床心理咨询与治疗、身心关系的研究和实践。尽管其概念来源于东方文化尤其是佛教文化，但如今它的宗教与文化色彩逐步淡化，取而代之的是科学和标准化的心理治疗与测量手段。

（二）正念心理研究的热点分布

近十年来正念心理研究的关键词定位了其热点分布。实际的心理治疗明显成为正念心理研究的旨归。抑郁、焦虑、压力、情绪调节和接纳等均是正念相关的心理状态，它们意味着心理健康的程度，并最终关联着生活品质（quality of Life）。

[①] Walach, H., Buchheld, N., Buttenmüller, V., Kleinknecht, N., & Schmidt, S, "Measuring Mindfulness—the Freiburg Mindfulness Inventory（FMI）," *Personality and Individual Differences*, 2006,（8），pp. 1543–1555.

就研究热点而言，在 MBSR 与 MBCT 等方法的基础上，设计出通过正念冥想等方式促进各类人群的特异性与非特异性心理健康的方式，并在认知、情绪、人格、社交等各个方向给出相应的实验证据或数据支撑，仍会是一段时期内正念心理研究的聚焦之处。研究显示，睡眠、疲劳、酗酒等相关的身心因素已经被纳入了正念心理的研究范畴，这正是对正念临床心理功能多样性探索的体现。

有关正念神经机制的研究已经崭露头角，但其热度仍旧没有超过应用性研究。正念作为一种复杂的精神训练系统，很难发现其完整的神经运作方式。尽管神经影像学的介入已经在一定程度上定位了正念相关的脑区，但潜在的神经机制仍不甚明了。可以推断，全面了解伴随正念冥想而来的大脑变化的神经基础将会成为未来正念心理研究的前沿热点。

五、结语

在当代，传统文化中的许多理念可以为现代心理学提供资源。人们对于解决心理困扰的需求日益增大，古老的修行智慧被开发成治疗现代心理问题的良药。借助可视化分析可以发现，正念心理研究近年来其文章发表的数量与受关注程度不断提升，相应的实验、分析、测量与临床应用层出不穷。现代心理学意义上的正念不再仅仅服务于某一文化或宗教传统，而是着眼于处理抑郁、焦虑、成瘾等影响生活的临床心理问题，并提出行之有效的解决方案。可以断言，跨文化的正念心理研究与应用正在成为下一阶段的趋势。此外，就特定人群（如孕妇）而言，非药物性精神治疗方式可以获得较多的认可，使得正念的临床应用范围进一步扩大，这意味着相关研究仍具有相当大的潜力。

信徒皈依的阶段模型述评 [1]

叶月华　胡　瑜 [2]

摘要： 皈依作为个体信教过程中的重要事件，一直是宗教研究中的热点话题。然而有关皈依的历程阶段模型却层出不穷，本文通过梳理国内外相关的皈依理论模型，分析个体在不同皈依阶段下的心理行为特征，有助于我们更好地解决"信徒是如何一步步信教的"这一宗教研究的基本问题。

关键词： 宗教信仰　皈依　阶段模型

作为宗教文化中一种独特而重要的现象，"皈依"一直是宗教研究的传统主题且经久不衰。所谓"皈依"，从字面理解，"皈"指归向；"依"指依靠、信赖；皈依即指原本无宗教背景的个体在某种宗教信仰的强烈感召下，转变为虔诚的信徒。因为"皈依"一词容易让人联想到"接受洗礼""参加布道""请圣忏悔"等形式各异的入教仪式，因此有人将短暂、瞬时的行为仪式等同于皈依 [3]，皈依因而成为衡量个体是否成为宗教徒的标志之一，意味着个体在宗教的影响下，放弃了原先的信仰体系和价值观，建立了一套新的、符合宗教教义的生活理念、模式和规范，从而使个体的宗教性不断得到发展的过程。

从个体来说，"皈依"通常意味着个体自我状态的改变，因此心理学研究者也对该过程进行阐释。威廉·詹姆斯（1909）认为皈依的宗教徒往

---

① 基金项目：2021年浙江省哲学社会科学规划"高校思想政治工作研究"专项课题"大学生信教的心理机制及精准引导策略研究"（21GXSZ032YB）阶段性成果。

② 叶月华，温州大学教育学院心理健康教育专业硕士研究生；胡瑜，温州大学心理与行为研究中心主任，人文社科处处长。

③ 付琪琳：《青年学生基督教皈依历程》，中国青年政治学院硕士学位论文，2015年，第2页。

往经历过比较重大的心理危机，如痛苦、绝望等，皈依的过程就是自我重塑的过程，即个体将原本边缘的宗教观念移至中心地位。巴特森（1993）在此基础上进一步指出皈依是一种创造性解决问题的方式，以一种在知觉图形—背景反转的模式中产生观察事物和解释事件的新方式，而这种变化的产生也与个体的危机有关。宗教心理学家 George 提出了宗教皈依后个体的四个变化：（1）皈依是个体一项长远且深刻的改变；（2）这种改变是对另一个新自我观点的决定性认同；（3）自我的改变带来了认知情感上的新体验；（4）通过皈依个体获得了新的应对方式和支持系统，从而得到了一定程度的解脱。[①] 付琪琳（2015）在以往研究者的基础上进一步阐释了皈依所带来的改变：（1）个体进入到一种新的状态；（2）皈依是有起始、有过程阶段、有结果的变化和发展；（3）皈依导致个体应对方式的改变、身份认同的重构，或是精神世界的升华。[②]

　　无论是心理学还是其他学科，皈依的过程都存在争议，但对个体来说，皈依都是从一种状态到另外一种状态的转变过程，这个过程是一个复杂且渐进的心理行为变化过程，既有量变也有质变，其结果是个体的认知重组、情感重托和身份重构。近年来，很多学者都对信徒皈依的过程进行了分析，从不同的角度解释了皈依的发生及发展路径，并提出了相应的皈依阶段理论模型。这些模型在皈依的过程和条件上争论不休，集中表现在阶段数量上，因此我们按照阶段的数量，可归为以下几种。

一、皈依的两阶段模型

　　皈依的两阶段模型隐藏在皈依条件理论模型之中。在 20 世纪 60 年代，约翰·罗夫兰德（John Lofland）与罗德尼·斯达克（Rodney Stark）通过对信徒皈依现象的研究，提出了著名的皈依条件理论模型。该模型以 Neil Smelser（1962）的"价值累积"理论为基础，强调特定的行为可以通过累加不同的条件因素而产生。基于这一理论假设，罗夫兰德认为个体只有经

---

① 梁丽萍：《中国人的宗教心理》，社会科学文献出版社，2004 年，第 18–19 页。

② 付琪琳：《青年学生基督教皈依历程》，中国青年政治学院硕士学位论文，2015 年，第 4 页。

历了七个条件，才有可能完成皈依。这七个条件分别是：（1）强烈且持久的紧张体验（tenses）：生活中的各种压力事件让个体承受着痛苦、焦虑等不良情绪，这是潜在皈依者的共同底色。同时罗夫兰德强调这一条件是个体皈依宗教的必要条件，但不是充分条件；（2）宗教倾向的问题解决观（religious problem — solving perspective）：个体在面临困境时，其解决态度更偏向于宗教而不是其他的途径，这也意味着个体对宗教赋予了更深层的意义；（3）将自己界定为宗教追随者（religious seeker）：在宗教倾向的问题解决观影响下，潜在皈依者更容易将自己界定为宗教追随者；（4）在生命的转折点与宗教相遇（encounter）：转折点往往代表着一个新的契机，它给潜在皈依者提供了一个尝试使用宗教模式解决问题的机会；（5）与该宗教团体内的成员形成情感联接（affective bond）：潜在皈依者往往先前就与某一成员存在人际网络上的互动，这也是宗教组织吸引信徒的策略之一；（6）不存在其他阻力因素：个体人际关系及支持系统都较为单一，同时没有与其他宗教组织联系；（7）密集的互动（intensive interaction）：罗夫兰德认为部分个体经历前面六个条件后，只是达到了口头上的皈依，而要从口头皈依转变为完全皈依则需要通过在与组织内成员展开密集的互动来完成，在互动的过程中个体会产生集体感与统一感，从而真正将宗教价值观内化。

从皈依过程来看可以将以上的七个条件划分为两个阶段，第一阶段：倾向性条件（predisposing conditions），该阶段聚焦在潜在皈依者的个体特质上，例如存在较大的压力困扰、焦虑紧张的情绪问题，以及青睐于从宗教中寻求解决策略。罗夫兰德认为潜在皈依者都会在某个时候忍受了紧张和情感的困扰、折磨，但他们没有找到适当的方法缓解紧张，如精神病治疗、政治诉求、公共服务等，而自然而然地从带有宗教倾向的书籍、参加宗教活动中寻求解决办法；第二阶段：情境偶然性条件（situational contingencies），外在的宗教际遇对个体产生了引导，并在之后的互动中引导作用不断增强。罗夫兰德总结认为，当个体人生中的某个时间点刚好满足这两个条件时，潜在皈依者才有可能转变为真正的皈依者，这是一个循序渐进的、累积的过程，而非突然的、瞬时的转变。①

---

① Lofland J, Stark R., "Becoming a World-Saver: A Theory of Conversion to a Deviant Perspective," *American Sociological Review*, 1965, pp.862–875.

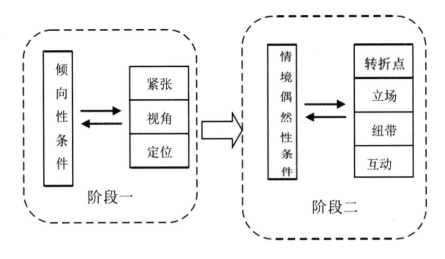

图 1：皈依的两阶段模型（资料来源：付琪琳，2015 年）

该模型从皈依发生的微观条件出发，详细分析了信徒内在的人格因素和外在的情境因素，并且还充分考虑了信徒的主观因素和客观因素，特别是强调了个体的主动性，在整合的基础上综合分析信徒皈依的发生条件和时间点，非常符合行为发生的逻辑。同时，该模型特别重视信徒皈依的条件和阶段的吻合，也是有很独到的见解。但是该模型更多的是分析皈依发生的因素，并不能反映皈依的发展历程，因此不能算是真正的阶段模型。

二、皈依的三阶段模型

最早提出三阶段理论的是 W. 克拉克，他认为个体皈依的过程是"心灵成熟与发展"的过程，在此过程中，个体以宗教教义为准则，不断对自我身心状态进行调整和重塑，从而建立宗教自我认同。他将皈依划分为三个阶段：（1）探索阶段：本阶段中，个体面临着宗教信仰、价值观与自身观念之间的冲突碰撞，两者之间的矛盾会让个体陷入到迷茫的状态，推动个体寻找合理的解释路径；（2）顿悟阶段：在探索的过程中，个体对于宗教的认识不断加深，在种种条件的相互作用下，产生了强烈且深刻的宗教体验，这也是皈依历程中的重要节点；（3）和谐阶段：即个体已经实现了自我身份认同的改变，完成了皈依过程。表现为矛盾、冲突等状态得到缓解，代之以建立在宗教信仰上的和谐。该模型提出了皈依的重要节点，即顿悟阶段。但在该模型中，克拉克的分析兼有为宗教的辩护和片面的主观主义。[①]

无独有偶，我国学者包胜勇和姜婷婷（2016）也探索出皈依的三个阶段，他们以大学生基督徒为研究对象，结合观察法和个案访谈法，通过探讨个体如何完成从非基督徒到基督徒的转变，将信仰历程概括为以下三个阶段：（1）初步接触阶段：在此阶段，个体最初是通过一定的人际网络如家庭、同辈、校园传教者来建立与宗教之间的初步联系，这种联系会随着人际网络关系的加强而不断深入，并通过社会化机制进一步影响着个体的信仰。对大学生来说，同辈群体的影响更大一点，而且更容易接触到信徒；（2）皈信阶段：此阶段包括影响皈信的推动因素和阻碍因素，当个体在生活中面临较大的压力而刚好需求能在教会中得到满足时，这就成为推动大学生皈信宗教的重要力量与契机。但同时大学生群体受教育经历影响，在认知上对于基督教教义仍存在着质疑，这将成为皈依的阻碍因素；（3）信仰的稳定阶段：通过上一阶段的探索和反复的体验参加宗教活动，个体逐步将宗教教义等内化，信仰趋于成熟稳定。[②]至此，大学生从不信仰转变为信仰，已完成皈依。该模型所揭示的三个阶段比较符合当代大学生皈依宗教的实际过程，在这个过程中，大学生皈依宗教并非完全是盲目崇信、被动接触的过程，而是一个从被动接受到主动皈信的过程；同时也发现，大学生皈依宗教的过程是一个复杂渐进的过程，在这个过程中存在多种推动因素，也存在许多阻碍因素，而且大学生的外部皈依动机逐步会转化为内部皈依动机。

三、皈依的四阶段模型

四阶段模型是所有信徒皈依阶段模型中获得研究者支持最多的模型，总共有四个模型，纵观这四个模型中，主要有两类：一类是基于信徒社会

---

① 德·莫·乌格里诺维奇：《宗教心理学》，沈翼鹏译，社会科学文献出版社，1989年，第190–202页。

② 包胜勇、姜婷婷："大学生基督徒信仰历程研究——以北京市大学生基督徒个案研究为例"，《世界宗教文化》，2016年第1期，第61–67页。

角色的四阶段模型；另外一类是基于信徒心理发展的四阶段模型。

（一）基于宗教角色的四阶段模型

国外学者汉斯·齐特伯格在研究瑞典青年皈依基督教的过程中发现，有相当多的青年在皈依历程中存在着社会角色转换体验。于是，他从宗教成员社会角色的视角，提出了信徒皈依的四个阶段：第一阶段是"观望者"，在这个阶段，未入教成员在加入宗教组织之前已经注意到宗教，从家庭、朋辈、社会、媒体等途径或多或少地接触过宗教；第二阶段是"慕道者"，在这个阶段，个体并不需要改变原来的生活方式，他们只是更加自觉地接受或加入宗教生活，在宗教生活中体验皈依；第三阶段是"非理智参与者"，这个阶段中，个体会在宗教群体的组织下完成皈依仪式，例如教堂布道、仪式场合；第四阶段是"追随者"，本阶段个体对信徒的角色逐渐认同，或者逐渐被信徒的角色同化，准皈依者最终实现了皈依。[①]

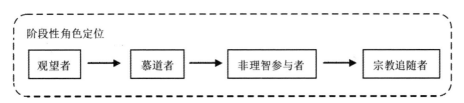

图 2：皈依的四阶段模型（资料来源：付琪琳，2015 年）

在汉斯·齐特伯格的四阶段模型的基础上，国内学者付琪琳（2015）对相关皈依理论模型进行分析，最终将其整合为"皈依过程模型"，并以基督徒大学生为研究对象，将皈依历程划分为四种身份和四个阶段，来分析基督徒在不同阶段中受到的内外合力。这四个阶段分别是：（1）观望者—进入阶段：本阶段主要从个体的微观背景切入，通过研究发现因观望者的背景因素不同产生了两条性质相反的路径——积极主动进入或是消极被动进入；（2）潜在皈依者—理性探索阶段：个体并非盲目地追随宗教，在正式接纳之前，往往会通过不同角度进行探索、理解、分析宗教，而当经过反复的观察和质疑后形成的认知模式和信息相契合且符合实际逻辑时，个

---

① 付琪琳：《青年学生基督教皈依历程》，中国青年政治学院硕士学位论文，2015 年，第 6 页。

体才会被说服和接纳；（3）准皈依者—感性互动阶段：正式互动与非正式互动分别是规范教化和情感沟通的两种宗教内化方式，个体在互动中增强情感上的联系以及巩固认知；（4）精神皈依者—正式归信阶段：遵从与巩固。个体在精神层面产生质的变化，最终成为虔诚的信徒。[①]

这两个四阶段模型都是基于社会角色而提出的，四个阶段也有相似之处，可将其概括为从"观望者"到"慕道者"[②]再到"准皈依者"以及最终"皈依者"。当然，两位学者的研究内容和结论有着很大差别，齐特伯格更加强调准皈依者的被动性、非理智性，认为更多的是社会环境对青年角色认同的影响，而付琪琳则倾向于强调潜在皈依者的主动性，特别是从被动到主动的转变过程。总之，宗教的社会角色认同为我们提供了一个新的模型建构视角。

（二）基于心理过程的四阶段模型

与基于宗教角色的四阶段模型不同，基于心理过程的四阶段模型研究者们是从信徒的心理发展过程来进行划分。国内学者杨越（2011）依据大学生佛教信徒对佛教的信仰程度差异，将大学生佛教信徒宗教信仰的心理发展过程分为以下四个阶段：（1）最初接触阶段：即个体通过不同的途径，例如，电视、景点、书籍等，接触到关于佛教的事物，并形成初步印象，之后再次接触时，先前保留的印象就会被激活；（2）系统接触：个体通过家庭、朋友等渠道对宗教有了较为系统全面的了解，但还仅仅停留在了解，尚未入脑入心；（3）被动接受：个体内心对于宗教的想法和态度比较消极，但也不会主动寻求帮助进行澄清；（4）主动接受：在上一阶段半信半疑的状态下，个体如果经历了一定外部事件的催化刺激或实践，便会对佛教和佛法产生信心和向往，进而形成积极、主动、虔诚的态度。[③]

无独有偶，国内学者黄展（2012）也将大学生信教的心理过程总结为

---

① 付琪琳：《青年学生基督教皈依历程》，中国青年政治学院硕士学位论文，2015年，第18-22页。

② 左鹏："象牙塔中的基督徒——北京市大学生基督教信仰状况调查"，《青年研究》，2004年第5期，第11-18页。

③ 杨越：《大学生佛教信徒宗教信仰的心理动机研究》，中国青年政治学院硕士学位论文，2011年，第19-23页。

四个阶段：（1）认识阶段：个体对宗教产生初步的认识，并尝试通过客观分析来探寻宗教的奥秘；（2）欣赏认同阶段：在探索中，个体对于宗教形成了较为浓厚的兴趣以及欣赏喜欢等情感态度；（3）认信阶段：对宗教文化持肯定态度，深信不疑；（4）神人合一阶段：将宗教信仰内化为自己生活的一部分，并按照宗教教义安排自己的生活。同时发现，大多数学生的信教仅停留在前两个阶段，即认识和认同阶段，到达后两个阶段的人数较少。①

这两个四阶段模型都是基于信徒的心理发展过程而展开的，尽管都分为四个阶段，但这两个模型的思路和侧重点还是不一样的，前一模型主要从宗教认知这个角度，侧重于个体从被动到主动的转化过程，后一模型则综合个体的认知与情感，侧重于个体从外部到内部的转化过程。

四、皈依的五阶段模型

信徒皈依的心理发展过程就只有四个阶段吗？张建国（2006）采用访谈法的形式，通过对 50 名大学生基督徒进行深入的调查，发现大学生宗教皈依的心理阶段不止有四个，而是存在五个阶段，分别是：（1）新鲜、好奇阶段：大部分学生受教育经历影响，往往将宗教等同于愚昧落后的文化现象，而当身边出现的信仰基督的同学时，一方面刻板印象被打破，另一方面也引发了个体对于基督徒参加团契、小组聚会等仪式的好奇心理，这种新鲜好奇感则会推动个体进一步去了解基督教；（2）社会支持阶段：大学生往往面临着学业、人际关系等多重压力却无从倾诉，而基督教聚会中陪伴、团结、友爱的气氛，恰好能满足了学生的心理需要，带来情感支持与鼓励；（3）心理安慰阶段：在经历前两个阶段后，个体逐步接受基督教的教义思想，基督教中上帝慈爱、耶稣受苦的形象对于自己当前的困境有一定的启发安慰作用，基督教此时成为个体心灵的避风港；（4）自我认同阶段：对自我同一性问题的探索是大学生的重要议题之一，而探索的过程

---

① 黄展：“大学生宗教信仰的状况及其心理过程探究”，《北京教育（德育）》，2012 年第 5 期，第 59–62 页。

往往不是一帆风顺的，这就会使个体陷入迷茫焦虑之中。宗教对于自我认同的影响可以从两个方面出发，一是宏观层面：宗教为自我认同的发展提供了意识形态基础，个体以宗教价值观构建自己的信仰体系；二是微观层面：个体借助祈祷、忏悔等宗教仪式动作达到宣泄内心苦闷、维系归属感的作用，从而减少负性事件带来的冲击，并在宗教仪式下不断强化自我认同[①]；（5）虔诚、执着阶段：到了这个阶段，个体已经基本完成了转变，表现为以基督教义指导生活，定期参加教会活动，宗教情感深厚，宗教信仰坚定，成为虔诚的基督徒（见图3）。[②]

（阶段一）　　　（阶段二）　　　（阶段三）　　　（阶段四）　　　（阶段五）

图3：信徒皈依的五阶段心理模型（根据张建国 2006 年的资料绘制）

另外，我国台湾学者郑弘岳（2007）将宗教皈依的历程也分成五个阶段：（1）前皈依阶段：具体是从未接触、接触佛教到皈依佛教之前的阶段，在这个阶段，个人对原有的生活不满意，从朋友圈和媒体接触到宗教信息；（2）皈依阶段：具体是从皈依之后到出家之前，在这个阶段，个体表现为对生活的意义比较茫然，因此经常通过参加宗教活动寻得慰藉；（3）出家阶段：是从出家以后到受戒之前，这个阶段中个人常驻宗教场所，感觉找到崭新的自我，但也会受到家庭成员的规劝；（4）后出家阶段：是出家受戒后到惯化之前，个人在此阶段会进一步修行，但也会遇到家庭和寺院的影响；（5）惯化阶段：就是全心全意的奉献阶段，个人比较随缘，享受生命。[③] 我国台湾另一位学者彭昌义（1992）通过访谈研究，对宗教皈依历程进行了总结，发现也包括五个阶段：（1）背景阶段：指接触宗教前的阶段，包括个体的生活背景，如文化背景、教育经历、家庭教养方式等；（2）接触阶段：个

---

① 王昕亮、乐国安："宗教与认同：宗教对自我认同发展的作用分析"，《心理学探新》，2010 年第 6 期，第 12–17 页。

② 张建国："大学生宗教皈依历程的心理分析"，《法制与社会》，2006 年第 21 期，第 165–166 页。

③ 郑弘岳："宗教皈信历程的实证探讨——以佛教信徒为例"，《玄奘佛学研究》，2007 年第 8 期，第 75–112 页。

体初步接触宗教相关理论思想的阶段；（3）维持与发展阶段：个体与宗教的关系强化发展，此阶段为宗教皈依的酝酿阶段；（4）触发阶段：情感上更加密切，认知上不断内化宗教教义；（5）后续阶段：皈依后的个体心境与行为等现象发生转变的阶段。①

张建国的五阶段模型是从信徒心理发展的角度来展开的，所划分的五个阶段的确能反映信徒的心理历程，五个阶段的命名不仅有心理学的味道，而且特别符合宗教心理学的分析；但需要进一步地完善，需要分析出每个阶段个体所遇到的推力和阻力，各种危机以及解决危机与否的结果。我国台湾两位学者的模型也都把信徒皈依的历程划分为五个阶段，更多的是依据佛教信徒的发展过程，带有明显的佛教印记，特别是郑弘岳的划分，而且对每个阶段的分析还需要补充心理的、社会的等方面的因素，也需要进一步提炼和完善。

五、皈依的六阶段模型和七阶段模型

把皈依过程划分为五个阶段已经是很细致了，一些学者还把皈依过程划分为六个阶段和七个阶段。我国学者陈洁（2015）以佛教徒为研究对象，通过参与性观察和半结构化访谈等形式，对其皈依的心路进行了探讨，将皈依心理发展历程划分为六个阶段：（1）迷茫阶段：与大多皈依模型相似，潜在皈依者往往面临着一系列的身心压力，而这种迷茫、困惑也成为个体接触宗教的重要诱因；（2）互动阶段：在人际互动、情感归属等需要的驱动下，个体与宗教团体之间建立并展开了深入的互动；（3）探索阶段：潜在皈依者在本阶段会尝试进行积极的探索，而在探索的过程中个体的行为不断向宗教徒靠拢，并先于信仰的改变发生明显的变化；（4）皈依仪式：潜在皈依者在庄严的仪式中，公开承认自己佛教徒的身份，并承诺将以佛教教义作为自己生活的准则；（5）信奉阶段：本阶段，皈依者的自我发生根本的转变，这是对认同、意义、归因的根本重组；（6）成熟阶段：个体

---

① 彭昌义：《大学生皈依佛教信仰之历程研究：深度访谈分析》，台湾辅仁大学硕士学位论文，1992，第3-4页。

体验到从未有过的平静、祥和，达到了自我实现的状态。①

勒伟·蓝波（Lewis Rambo，1989）在罗夫兰德等人研究的基础上，提出了皈依的顺序阶段理论模型。该模型将皈依视为一个由多种因素构成且相互作用的动态发展过程，经历了七种阶段，分别是：（1）环境影响阶段（context stage）：个体受生活中经济、政治、文化等宏观环境，以及家庭、朋友、群团等微观环境等影响；（2）危机阶段（crisis stage）：个体所面临的各种危机，是个体的一种不平衡状态，这往往是个体皈依的必要条件；（3）寻求阶段（quest stage）：个体为了解决危机，在努力寻求各种途径和办法，不过因认知、情感、经历等存在差异性，个体在寻求解决问题的方式上存在差异性；（4）相遇阶段（encounter stage）：个体往往由某人介绍而与宗教团体相遇，介绍人和潜在皈依者存在某种人际网络上的联系，比如家属、朋友关系，这种亲密的关系，给皈依提供了更大的可能性；（5）互动阶段（interaction stage）：在相遇之后，个体会创造更多的接触和更广泛的参与，而且和介绍人有更多的互动。在互动的过程中，潜在皈依者与宗教的关系变得更加紧密；（6）信奉阶段（commitment stage）：个体决定以宗教教义重构自己的价值体系，并完成一系列的仪式动作，信奉阶段的五要素包括：决定、仪式、屈从、证明、动机整合；（7）结果阶段（consequences stage）：在整个过程中，皈依为个体带来了不同的影响结果和不同的人生体验，有人体验到目的感，有的是平静感。②

皈依的六阶段模型和七阶段模型虽然对信徒的皈依过程划分得更加细致，但很多阶段存在着重叠，比如六阶段模型里的互动阶段和探索阶段，个体很可能在人际互动中不断探索，在探索中展开互动；而在七阶段模型中，危机阶段和寻求阶段可以整合，个体往往是遇到危机即可寻求解决危机的途径和办法，完全可以整合为一个阶段。

---

① 陈洁："佛教徒皈依的心理发展历程及其影响因素：一项质性研究"，载金泽、梁恒豪主编《宗教心理学》第2辑，社会科学文献出版社，2015年。

② Rambo, Lewis R.*Understanding Religious Conversion*（New Haven: Yale University Press,1993），pp.124–125.

六、小结

纵观现有的宗教皈依理论模型,虽然在阶段划分上存在着明显的差异,出现了两阶段论、三阶段论、四阶段论、五阶段论、六阶段论、七阶段论等多种划分形式,这说明信徒皈依的过程是非常复杂的。从具体内容上看,这些模型表现出一些共性特征,基本涵盖了初步接触、深入探索以及最终形成虔诚信仰等主要阶段,揭示了皈依的一般历程。同时,各理论模型也强调皈依过程中环境因素、人际互动、自我等因素之间的互动和综合作用。另一方面,通过分析国内外的皈依理论模型,不难发现,不同文化背景下,个体皈依宗教的历程会存在一定的差异。有学者认为,国外的皈依模型不能很好地解释国内信教者的皈依历程,例如,张开华在描述"自致型"天主教徒皈依历程时发现,即使当前面临一定的危机,但是个体并不会刻意地去寻求宗教性的问题解决方案,这可能是因为天主教传入中国的历史相对较短,作为外来宗教,受历史文化等因素的影响,大众对其接纳度相对较低。[①] 同样,包胜勇等人在探讨大学生基督徒信仰历程研究时发现,大学生基督教最初并非出于主动寻求的目的,更多的是受人际关系影响,被动接纳的过程。[②] 这些理论成果为我们进一步理解宗教皈依现象提供了研究基础,有助于我们进一步深入探讨中国文化背景下个体皈依宗教的特点。

当然,目前的研究中也存在一些不足之处。首先,在研究视角上:已有研究大多集中在宗教学或社会学的学科框架之内,在阶段划分上缺少相关的理论依据和系统性,容易出现研究深度不足等问题。宗教皈依作为一个动态的心理发展过程,如果能从心理学视角进行切入,结合相关理论框架,则有助于我们更全面系统地揭示个体信教历程中的内部心理发展及变化趋势。其次,在研究对象上:已有研究大多聚焦于考察某种特定类型的宗教皈依现象,其中大多是以大学生基督教徒和佛教徒作为研究对象,较少涉

---

① 张开华:《教徒的皈依:原因与过程》,山东大学硕士学位论文,2013年,第59–61页。

② 包胜勇、姜婷婷:"大学生基督徒信仰历程研究——以北京市大学生基督徒个案研究为例",《世界宗教文化》,2016年第1期,第61–67页。

及其他宗教类型，因此研究结论得出的皈依模型覆盖面较窄；同时部分研究在对个案进行分析时，没有对皈依者的类型予以划分，混淆了"先赋型"和"自致型"宗教徒的特点和皈依原因，影响了研究结果的准确性。[①] 再次，在研究方法上：大多数研究以理论分析与个案访谈为主要手段，而由于宗教行为本身的内隐性等特点，单纯借助这两种方式无法全面客观地对皈依现象进行解释。最后，在研究内容上：由于宗教皈依具有阶段性，且每个阶段都有其独有的特征，存在着各种危机，也有相应的关键影响因素。虽然大多模型都较为详细地描述了皈依每个阶段的内部发展特征，以及考虑了不同因素之间的相互作用，但往往局限于对皈依历程或者影响因素的单纯讨论上，并未澄清这些因素是如何发挥作用以及各阶段之间的内部联系，未考虑将影响因素纳入到个体信仰的历程之中，因而导致研究结论缺乏整体性；同时，由于在皈依过程中个体角色转换是动态的过程，其中，个体的互动模式，以及在探索阶段产生"矛盾"后怎样处理的，皆没有很好的展现，因此皈依现象的发生机制以及发展历程仍需得到进一步的阐明。

---

① 　张开华：《教徒的皈依：原因与过程》，山东大学硕士学位论文，2013 年，第 13-14 页。

个体宗教心理学的理论基础及研究动态 ①

周普元 ②

摘要：马克思主义宗教心理学从宏观层面框定了研究内容、特点和方法，个体宗教心理发展研究作为马克思主义宗教心理学的子系统及重要组成部分，还需要进一步厘清其理论基础及研究趋势，以便于为中国宗教心理学研究提供理论铺垫和前沿视野。个体宗教心理发展是一组多学科交叉的理论体系，其中心理动力说、生命周期均衡理论、宗教发生说是三大基础性理论，与之对应的是个体宗教心理发展的对立与统一、连续性与阶段性、可知论与不可知论等规律性特征。个体宗教心理学坚持问题导向、目标导向和效果导向，以多学科交叉融合理论构建中国知识体系，呈现出"新文科""大思政"的鲜明特点，积极构建中国特色学科体系、学术体系和话语体系。

关键词：马克思主义宗教心理学 个体宗教心理发展 理论基础

马克思主义宗教心理学从宏观层面框定了研究内容、特点和方法 ③，个体宗教心理发展研究作为马克思主义宗教心理学的子系统及重要组成部分，还需要进一步厘清其理论基础及研究趋势，以便于为中国宗教心理学研究提供理论铺垫和前沿视野。

---

① 本文系"新疆社科联新时代党的治疆方略理论与实践"研究课题（2022ZJFLY09）的阶段性成果。

② 周普元，新疆师范大学政法学院副研究员、硕士生导师，研究方向为中国宗教心理学理论。

③ 周普元、李苹："中国化马克思主义宗教心理学的内容、特点及方法"，《科学与无神论》，2023 年第 3 期。

一、相关概念界定

宗教心理学在概念上具有复杂性，其中包含研究对象宗教及其相关社会现象的交叉重叠性和边界不清等现象，比如宗教心理学研究严格意义上的宗教（含宗教意识、宗教情感、宗教行为和宗教体制）①之外，也对"不是宗教"的有神观念、动植物崇拜、图腾、祖先崇拜、巫术、迷信等相关社会现象进行研究；从研究对象宗教施行者来划分，宗教心理学可以分为个体宗教心理学和群体宗教心理学。个体宗教心理学主要是对信教或不信教群众的个体自我与其所处的时间和空间的关系研究为脉络；而群体宗教心理学研究的对象则是信教或不信教群众自身以外的，与宗教相关联的一切社会历史文化现象，比如原始宗教观念、图腾与禁忌、神话传说、宗教组织等。厘清个体宗教心理发展概念边界、研究主体、研究对象和研究任务，是中国宗教心理学研究至关重要的一步，亦是整个"研究大厦"的基石。

（一）研究主体和研究对象

主体对客体的认识是一个对象性的实践过程，任何一项研究，都是一个认识实践活动，是研究主体能动地探索和改造客体的社会性的客观物质活动。研究主体是实践的发出者，是主观能动性的施行者，担负着设定实践目标、操作实践中介、改造实践客体的任务；研究对象是研究的分析单位，是研究主体所要描述和分析的客体对象，主要包含被纳入主体实践活动范围之内的"人、事、物"。个体宗教心理发展研究是个体宗教心理学的一个方面，它的研究主体拥有的知识背景可以是宗教神学的，也可以是宗教学和心理学的。马克思主义宗教观指导下的中国宗教心理学研究，研究主体即实践行为主体是坚持马克思主义思想指导的学术界科研人员，而非宗教界神职人员或信众，同时研究团队成员具有宗教学专业知识背景，这也

---

① 吕大吉认为严格意义上的宗教应当具备宗教观念、宗教情感、宗教行为和宗教组织四大要素，除此之外的有神观念、动植物崇拜、图腾、祖先崇拜等都不是宗教。

决定了本领域研究在理论选择和运用上更多地偏向"宗教学的宗教心理学"，而不是"心理学的宗教心理学"。

在研究对象上，"个体宗教心理发展"研究对象的框定是明确的，边界也是十分清晰的：首先，研究对象是个体而不是群体，并按照生命周期理论将个体生命时间划分为"连续但有阶段"的四个时期，即儿童、青年、中年和老年；其次，侧重对个体的心理运动之变化发展的研究，按照发展心理学理论将之对应划分为"连续但有阶段"的儿童心理、青年心理、中年心理和老年心理[①]；最后，对研究对象进一步框定，研究指向为个体生命阶段中的宗教心理现象，即儿童宗教心理、青年宗教心理、中年宗教心理和老年宗教心理，探索其运演的规律性、特征以及应对策略。

综上，个体宗教心理学研究主体是具有相关宗教学科学知识背景的研究团队，通过理性分析充分发挥主体的主观能动性，尤其是创造性，将调研取得的第一手感性材料上升为理性认识，形成研究报告或资政报告，并在改造世界中接受再实践检验的成果。就研究对象而言，研究主体通过相关心理学理论工具和一系列辩证思维方法为中介，对客体进行对象性认识。

（二）研究目的和任务

人类的一切活动归结起来无非可归结并划分为两大类：认识世界和改造世界。人们通过实践获得认识，不是"猎奇"或"雅兴"，不是为认识而认识，其最终目的是为实践服务，指导实践，以满足人们生活和生产的需要。个体宗教心理学研究正是一种源于现实生活而又指导现实生活的科学实践。通过科学研究对个体生命各阶段宗教心理的认知，进而认识社会，认识人类自身，最终目的和任务是回到实践中去改造社会、建设社会精神文明、创造社会精神财富、促进人的自由而全面的发展。人的发展是一个动态的过程，在生命周期的不可逾越的各阶段，自我在处理本我与超我以及社会大环境的过程中，总是会对自我进行调节，以便于适应内在和外在环境，从而达到整体平衡状态。"个体宗教心理发展"的过程也是符合这

---

① 周普元："个体宗教心理发展的 ψ（普西）模型及其应用"，《宗教心理学》（第2辑），北京：社会科学文献出版社，2014年版，第70页。

个基本原则的。在我国开展个体宗教心理发展的研究，需要为开展马克思主义宗教观教育和科学无神论服务，为繁荣我国哲学社会科学事业服务；同时也要以培育中华民族共同体意识，实现中华民族伟大复兴中国梦为最终目标。

具体来说，研究"个体宗教心理发展"的任务是：第一，通过对特定区域和社会条件下的个体信众的宗教生活和宗教活动研究，揭示其宗教信仰及态度的社会心理根源；第二，通过特定民族个体的宗教生活与其他社会生活的相互作用及影响，探索和揭示宗教心理的起源、本质及其社会作用方面的社会心理的影响；第三，通过个案研究，揭示宗教意识、宗教经验和宗教情感的特征，以及个体宗教心理形成的规律性。

总之，个体宗教心理发展研究要探索个体宗教信仰领域中存在的各种心理学问题，因此，个体宗教心理学的研究将对个体宗教信仰心理和行为作出科学的阐明，对于民族地区有效开展宗教事务管理工作提供了智力支持。可以说，马克思主义宗教观指导下的个体宗教心理发展研究面对的目标是任重而道远的。

（三）个体宗教心理学的概念

宗教心理学可以分为个体宗教心理学和群体宗教心理学两种形态，而个体宗教心理发展又正是宗教心理学的核心概念之一。对个体宗教心理发展研究这门交叉理论的内涵界定，必须寻找到"宗教学""心理学"与之相关定义的共性和交集，并明确其个性和共有特点。

如果说个体宗教心理发展研究呈现出整体同一性特征，那么其内在构成要素"时间、自我、超我、本我、环境"的对立性则规定了其本质属性，主要表现：一是个体生命周期时间的持续运行与某一特定生命阶段时间的矛盾，即时间上的连续性与阶段性的辩证关系，如中年、老年两个生命阶段在连续跃迁中，此时的生命阶段与上一阶段及下一阶段之间的关系问题；二是时间和空间的矛盾关系，即个体宗教心理发展五大要素"时间、自我、超我、本我、环境"可以分类为时间与空间（自我、超我、本我、环境）的矛盾运动，即个体生命发展是时间心理通过空间意识展现自身的过程；三是平衡与不平衡的矛盾运动，即个体生命向前推进的发展过程，是个体在某一时间点上，自我不断调节内在本我及超我与外在大环境的由不平衡到平衡的动态过程。这个调节过程是由"不平衡到平衡，再到新的不平衡"的周而复始的运动过程，这对矛盾也是个体宗教心理发展的主要矛盾，推动个体生命不断向前变化发展。

以上矛盾关系可以简要地归结为：时间与空间的矛盾、时间连续与时间阶段性的矛盾、发展过程中的"否定之否定"矛盾。它们共同构成了"个体宗教心理发展"的性质和动力。基于以上"个体宗教心理发展"对立统一的辩证分析，结合马克思主义宗教心理学的内涵、特点、方法，以及本研究的主体、对象和任务，我们可以将个体宗教心理发展研究的概念界定为：

个体宗教心理发展是指运用发展心理学理论，探索中年、老年不同生命阶段的个体自我与宗教关系的本质和规律。个体宗教心理学是指在马克思主义宗教心理学的指导下，学术界运用心理学理论工具，考察个体在中年、老年两个生命周期中时间连续性与阶段性的关系，考察个体"时间、自我、本我、超我、环境"五大构要素成的时间和空间关系，进而揭示个体自我与存在于"本我、超我、环境"中的宗教因素之间的关系；在这些关系中，自我通过同化和顺应两种方式，调节内在的本我、超我以及外在的环境之间的关系，产生不平衡到平衡的、周而复始的持续运动过程。这个运动倾向如果是积极向上的，那么个人越能回答"我是谁？ 我将走向何方？"；反之则将走向自我的惶惑迷失。例如：中年时期，自我成熟并形成稳定的人格，此时对超我道德的渴望加剧，宗教成为一种道德。老年人心理系统的不平衡成为主要因素，从而希望通过宗教实现自我超越①。

二、理论基础

个体宗教心理学坚持问题导向、目标导向和效果导向，以多学科交叉融合理论构建中国知识体系，呈现出"新文科"的鲜明特点，积极构建中国特色学科体系、学术体系和话语体系。个体宗教心理发展是一组多学科交叉的理论体系，主要包括宗教学、哲学、心理学、社会学、生物学等学

---

① 周普元："老年人宗教心理发展研究"，《云南民族大学学报》，2017 年第 3 期。

科的重要理论发现，其中心理动力说、生命周期均衡理论、宗教发生说是三大基础性理论，与之对应的是个体宗教心理发展的对立与统一、连续性与阶段性、可知论与不可知论等规律性特征。三大理论有助于我们对个体宗教心理发展形成规律性认识，对开展马克思主义宗教观教育和开展宗教事务管理工作具有重要的理论和现实意义。

（一）可知论与不可知论：宗教发生说

存在与思维的关系问题是哲学的基本问题。在个体宗教心理发展理论中，个体宗教信仰是与生俱来的天赋还是个体出生后意识"白板"在后天自然环境、社会环境中被"刻画"，这是必须要回答的问题。关于宗教作为特殊的社会意识形态的起源问题，存在着宗教起源论与宗教无起源论的争论。唯物主义在世界的本源上坚持物质第一性，物质决定意识；在认识论上坚持意识能反映物质，世界是可知的，世界上只有尚未被认识的事物，不存在不能被认识的事物。马克思主义宗教观主张宗教有起源论，宗教起源于个体在处理"人与自然、人与社会、人与自我"的关系中，在个体的有限力量面对超自然的无限的异己力量时，所产生的一种歪曲的反映。在这种反映中，人间的力量采取了超人间的力量的形式，即宗教。而宗教无起源论，在本质上否认意识能反映物质，是一种不可知论；认为宗教是先于实践而存在的认识，是一种先验论；还有的认为宗教是人与生俱来的一种情感，是天赋的、神启的。

1. 个体宗教心理无起源论

不可知论坚持认知先于实践，宗教信仰是个体与生俱来的意识，否认物质决定意识、社会存在决定社会意识，也否认了实践是认识的来源；这是一种错误的思想观念体系。宗教无起源论代表性观点有：遗传决定论和情感决定论。例如，霍尔立足进化论观点，认为个体宗教心理起源跟人的身体进化一样，就像胚胎那样一点一点地发育，胚胎或者刚出生的无意识的儿童就具有宗教信仰，上帝存在于无意识之中，宗教信仰是与生俱来的。福勒坚持的基因决定信仰论认为，通过个体宗教心理发展的实证研究证明，人类是受基因支配的，而基因中天然地被赋予了宗教信仰的天赋，人类从出生便在基因中被赋予在信仰中发展的准备。荣格的情感遗传论认为，现代人身上具备早期人类的基本情感，情感通过一代又一代的遗传，使得现代人与古人具有共同的情感基底，这也是现代人与古人相通的桥梁；宗教信仰这种情感一样被遗传了下来。施莱尔马赫的"情感神学"认为，宗教是一种情绪、感受和主观心理，有情感便有宗教，情感无所谓起源。对此，黑格尔批评到，如果人的宗教仅仅建立在情感的基础之上，除了他的依赖感之外，它没有其他的规定性，那么狗就是最好的基督徒，因为它拥有最深的依赖感，并且主要生活在这种情感中；如果饥饿的它被骨头满足，那么它就有了救赎感。

2. 个体宗教心理有起源论

近代以来，许多哲学家、宗教学家、心理学家等对"存在与思维关系"的哲学基本问题探讨争论不已，出现过多种宗教起源观。例如，孔德的社会演化论认为，人类思维的起源与演化经历了"神学阶段""形而上学阶段""实证阶段"三个阶段，宗教崇拜和"人道教"由此诞生。缪勒的自然崇拜论认为，宗教起源于人类对"无限者"的神圣感，而这种神圣感驱使人类去幻想那些"不可构想者"，去言说那些"不可言说者"。费尔巴哈的自我意识论认为，宗教产生于人的依赖感和想象力，宗教是特定社会群体的生产生活方式、思维方式、心理结构、价值观念的综合反映。弗洛伊德的心理压抑说认为，宗教是一种神经官能症，起源于人类"弑父夺母"的物质性行为之后，树立起图腾寻回父亲的心理补偿。

3. 马克思主义宗教观的个体宗教心理有起源理论

马克思主义宗教观认为，宗教是有起源的，是可知的。"宗教不过是支配着人们日常生活的外部力量在人们头脑中的幻想的反映，在这种反映中，人间的力量采取超人间的力量形式"。宗教起源于个人与"自然、社会和自我"的关系之中，社会存在决定宗教这种社会意识，理论要点总结如下：

（1）个体与自然的关系。

恩格斯用唯物史观揭示宗教的自然根源，透过宗教表象撕掉宗教虚假的外衣，将宗教的物质基础展示出来，而宗教则是建立在自然根源这个物质基础之上的社会意识形态。论证宗教不是"天国力量"，而是在原始社会早期不能被人所理解的自然力量。个体力量的有限性无法战胜强大的自然力量，于是出现"颠倒的幻想反应"，对自然的不解幻化为神灵的力量，将此岸的自然力量变为彼岸的宗教力量。

（2）个体与社会的关系。

除开自然力量，构成宗教产生的根源还有社会力量。从原始社会到封建社会再到资本主义社会，生产力提高导致社会交往形式的变化，在人类历史的初期同自然力量一道，不被人所理解与掌握。列宁随后补充了宗教的阶级根源：统治阶级为了将自己的特殊阶级利益变为普遍利益，用意识形态操控劳动人民的思想，而宗教变为特权阶级麻木劳动人民的"精神鸦片"。宗教的自然根源、社会根源与阶级根源的揭示为无产阶级扫清道路提供了理论支撑与行动指南，而对宗教的批判通过历史唯物主义进一步转向对资本主义社会的无情批判。

（3）个体与自我的关系。

宗教起源还有人内在的深层原因。由于早期人类对梦的不可理解，认为梦中呈现死去的亲人、白天经历的事物，是因为这些人和物拥有某种"灵"的存在，这就是"万物有灵"观念。万物有灵观念为宗教的产生提供了重要条件。

宗教起源的根源消失，是宗教消亡的条件。"当谋事在人，成事也在人的时候，现在还在宗教中反映出来最后的异己力量才会消失，因而宗教反映本身也就随着消失"。随着生产力的不断提高，宗教的消亡是必然的，但这个必然性的前提是人类彻底克服自然、社会以及阶级剥削的异己力量，以及对自我生理、心理现象有全面彻底的认识。

（二）对立与统一：心理动力说

人类思想和行动的原因是哲学的基本问题，事物以什么样的状态运动是哲学理论大厦"基石的基石"，心理哲学各大流派首先要回答"什么是本学派的心理动力"。矛盾的对立统一是马克思主义唯物辩证法的实质和核心，揭示了事物变化发展的内在动力[1]，从根本上回答了事物为什么会运动变化发展的问题。个体宗教心理发展的动力是具有对立统一关系的矛

---

[1] 本书编写组：《马克思主义基本原理概论》，北京：高等教育出版社，2019年版，第37页。

盾运动,这是理解个体宗教心理发展的"钥匙"。

心理动力是涉及动机的概念。在西方心理学史中,动力心理学(dynamic psychology)这一名称具有两层含义:一是在广义上指 20 世纪或更早时期以来,在西方心理学史上长盛不衰的一种理论思潮或思想倾向,即试图从动力或动机的角度来理解心理活动或行为表现的因果关系。这种含义的动力心理学,实质上与动机心理学同义,包括历史上多种涉及动机问题研究的心理学体系,如麦独孤的策动心理学、弗洛伊德的精神分析理论、勒温的场论、社会心理学中的认知失调理论、以马斯洛为代表的人本主义心理学等,当然也包括伍德沃斯折中主义的动力心理学。

伍德沃斯的心理动力说对构造主义心理学、精神分析、行为主义等持批评态度,主张心理学应该开展对"行为"的研究,并在"意识"与"行为"相统一的意义上理解"意识"和"行为"及其相互关系。提出了行为的两个基本变量,即机制和驱力①,并认为,有了这两个变量,就可以完满地解释全部行为现象。其中,机制是联结的结构,亦即从刺激到反应的具体构造关系,它回答的是关于行为之"如何"的描述性问题;驱力是激活或推动机制的原动力,它回答的是关于行为之"为什么"的机能性问题。机制是驱力得以满足的外在行为方式,驱力则是激发机制的内在条件。伍德沃斯指出:刺激并不是引起某一特殊反应的全部原因;有机体及其变化着的能量、有机体现在和过去的经验等,也对行为反应起着决定性的作用。此外,伍德沃斯还从发展的角度讨论了机制和驱力之间的关系,认为机制在被多次发动之后,也可以转化为驱力。

马克思主义认为,运动是物质的根本属性,时间和空间是物质运动的存在形式。伍德沃斯"动力心理学"的"体制"和"驱力"之间的辩证关系,为个体宗教心理发展研究提供了理论方法,即在分析个体宗教心理发展的动力时,要考虑心理驱力和心理驱力运行机制两方面的协作关系。在埃里克森的自我统一性理论模型中呈现了伍德沃斯"动力心理学""驱力"与"体制"的平衡运动。在时间方面即是生命周期连续性与阶段性的辩证运动,

---

① 罗伯特·伍德沃斯著,高申春、高冰莲译:《动力心理学》,北京:中国人民大学出版社,2018 年版,第 11 页。

在空间上表现自我与内在超我、本我以及外在环境之间的辩证运动。

（三）时间序列与空间均衡：生命周期时间序列中的自我同一性空间均衡

埃里克森的"同一性"是其理论大厦的基石，包含心理时间"过去、现在、未来"的生命阶段同一性；也包含空间时间"儿童、青年、中年、老年"的自我同一性；同时还包含时间（心理时间、空间时间）与空间意识（小我自身：本我、自我、超我；大我环境：家庭、社会、学校等）的同一性。这里的同一性即是时间与空间的均衡。埃里克森依据"胚胎渐次生成说"认为，个体生命遵循一个先天的遗传时间（即心理时间），不同个体都拥有相同的空间时间（生命周期序列）节点，并呈现为相同的生理特征，同时个体空间意识是遗传心理时间展现的自我与心理相互均衡的社会状态，且这些心理时间在空间时间上表现为不可逾越性，各阶段逐渐产生"一个阶段在时间和空间上紧接着另一阶段"，每个阶段都建立在前一阶段之上，即生命周期八阶段理论。他认为，心理时间被遗传创生以后，自我空间意识发展能否按照生命周期八阶段逐步实现，是由空间环境决定的，当任务得到恰当的解决，就会获得较为完整的时间和空间均衡。就空间而言，埃里克森的精神分析理论相对于弗洛伊德的古典精神分析是一种超越，由个体内在空间意识力比多引发的本我、自我、超我现象，转移到生命周期的空间时间和空间环境当中，形成空间环境与空间时间、本我、自我、超我的均衡结构。五要素（空间时间、空间环境、本我、自我、超我）的空间均衡，与遗传时间在空间时间上展现的八阶段时间序列形成一对矛盾运动，时间序列与空间均衡是个体生命周期顺序发展的关键。

三、研究趋势及走向

人类社会每一次重大跃进，人类文明每一次重大发展，都离不开哲学社会科学的知识变革和思想先导。"中国特色社会主义进入新时代"，推进国家治理体系和治理能力现代化的总目标，离不开中国哲学社会科学理论力量的注入和推动，"中国特色社会主义道路、理论、制度、文化不断发展，拓展了发展中国家走向现代化的途径，为解决人类问题贡献了中国智慧和中国方案"①。新时代，中国个体宗教心理学研究肩负新的历史使命和责任担当，呈现出新的历史发展特点：一是坚持马克思主义指导地位不动摇，立足"大思政"，服务我国马克思主义宗教观教育；二是立足"新文科"，构建具有中国特色的个体宗教心理学学科体系、学术体系和话语体系；三是围绕国家重大战略需求强化智库建设，开展个体宗教心理学的前瞻性、针对性、储备性政策研究。未来，中国个体宗教心理学研究应一如既往地坚持马克思主义的指导思想，立足国情，繁荣我国哲学社会科学事业，服务我国经济社会发展，实现中华民族伟大复兴中国梦。

（一）立足"大思政"服务我国马克思主义宗教观教育

"坚持以马克思主义为指导，是当代中国哲学社会科学区别于其他哲学社会科学的根本标志，必须旗帜鲜明加以坚持"②。个体宗教心理发展研究是一种主要涵盖宗教学、心理学两大理论体系的交叉学科，兼具自然科学和哲学社会科学的学科门类特征，在研究主体上包括学术界和宗教界两大领域，在研究对象上也包含生命周期各阶段的有神论者和无神论者，这些特征决定了个体宗教心理发展研究的类型之丰富。通过对个体宗教心理发展理论梳理，在中年、老年两个生命阶段中，"拔节孕穗期"的宗教心理是最强烈的生命阶段，思维进入最活跃状态，最需要精心引导和栽培，所谓"蒙以养正，圣功也"。而我国青年人群最多的地方是高校，各级各类学历教育在校生达到 2.7 亿人，全国各类高等教育在学总规模达到 3779 万人，个体宗教心理研究要立足高校"大思政"，全方位育人，宣扬科学无神论，服务我国马克思主义宗教观教育。

构建"大思政"格局是习近平总书记在高校思想政治工作会议上的重要思想论述，是实现高校思想政治工作科学化的必要环节。个体宗教心理

---

① 新华社北京 2017 年 10 月 27 日电：《决胜全面建成小康社会 夺取新时代中国特色社会主义伟大胜利——在中国共产党第十九次全国代表大会上的报告》（2017 年 10 月 18 日）。

② 习近平：《在哲学社会科学工作座谈会上的讲话》（2016 年 5 月 17 日），新华网，http://politics.people.com.cn/n1/2016/0518/c1024-28361421.html。

发展研究坚持马克思主义唯物论和无神论的原则立场，以坚定的立场批判神学，以理性应对非理性，它是我国开展马克思主义宗教观教育的重要途径。随着我国市场经济的发展和改革开放的不断扩大，一些宗教现象渐趋活跃，它们往往利用一些神秘现象来吸引人群，以达到拉拢信徒的目的。在这种形势下，宗教的固有神秘性特征在某种程度上迎合了一些大学生的心理需要，致使大学生的信仰迷茫、信念模糊。高校思政教师应当通过课堂授课、科普、科学实验等方法，以心理学理论和方法对鬼神附体、神灵观念等个体宗教现象的本质进行揭露，阐释个体宗教现象产生的生理 – 心理根源，使青年大学生树立正确的世界观、人生观和价值观。因此，面对新的形势、新的情况，高校思政课教师要加强对个体宗教心理学理论知识的学习，对不同学科的大学生开展马克思主义宗教观教育，以使大学生正确认识宗教、理性对待宗教并自觉抵御不良思潮。

（二）立足"新文科"构建具有中国特色的个体宗教心理学学科体系

"哲学社会科学的特色、风格、气派，是发展到一定阶段的产物，是成熟的标志，是实力的象征，也是自信的体现"[①]。西方宗教心理学自新文化运动传播到中国以来，已经有百余年的中国化发展历程，在理论和实践上发展为体现出中国特色的宗教学理论体系。对个体宗教心理发展的研究在理论上主要来源于西方，在一些观点上滞留有西方"母体"的落后因素，比如承认宗教心理是先天的、宣扬有神论、片面夸大宗教心理的积极作用等。只有运用马克思主义辩证唯物主义和历史唯物主义的科学方法，树立正确的世界观、方法论，个体宗教心理发展研究才能更好地观察和解释自然界、人类社会、人类思维各种宗教现象，揭示蕴含在其中的心理规律。还要从中国传统哲学思想中吸取前人智慧，结合中国国情，对西方个体宗教心理发展研究进行"扬弃"，只有这样才能构建起推动中国哲学社会科学发展的科学体系。

个体宗教心理发展研究是跨越文科、理工科门类的交叉学科，多学科

---

① 习近平：《在哲学社会科学工作座谈会上的讲话》（2016 年 5 月 18 日），新华网，http://www.xinhuanet.com//politics/2016-05/18/c_1118891128_3.htm。

共振的研究方法是其固有的属性。"新文科"是以全球新科技革命、新经济发展、中国特色社会主义进入新时代为背景，基于现有传统文科的基础进行学科中各专业课程重组，形成文理交叉，为学生提供综合性的跨学科学习。个体宗教心理发展研究坚持以中国宗教问题为研究导向，推动个体宗教心理学中国化，注重数量实证研究，从心理学、脑科学、宗教学和社会学等多学科视角提出解决问题的进路，繁荣我国哲学社会科学事业和服务我国马克思主义宗教观教育。个体宗教心理发展研究在指导思想、学科体系、学术体系、话语体系等方面构建中国知识体系，一是形而上的理论在接"地气"的过程中，努力在一些基本概念的下面再形成一些亚型（子范畴），在了解本土经验的基础上，提升凝练包含中国本土宗教实际在内的理论范畴；二是日益增多的田野调查报告要加以梳理、比较、提炼和概括，从中抽象出一些命题、地方性知识或模式①；三是中国社科院世界宗教研究所 2013 年创办《宗教心理学》辑刊，在全国范围凝聚宗教心理学研究团队，目前已经出版到第 7 辑。中国个体宗教心理发展研究充分体现中国特色、中国风格、中国气派，呈现出"新文科"的鲜明特点，未来将继续打造中国宗教心理学学科体系、学术体系和话语体系。

（三）围绕国家重大战略需求强化个体宗教心理研究智库建设

党的十九大报告特别强调，我国哲学社会科学研究要围绕国家重大战略需求，"加强中国特色新型智库建设"。加强智库建设需要从资政服务出发，个体宗教心理发展研究需进一步发挥宗教学、心理学交叉的"新文科"的学科特色与研究优势，整合全国高校科研院所宗教学、心理学、社会学、政治学研究的队伍和资源，立足于学科的交叉与整合、研究团队的建设与发展，以中国宗教治理问题以及人民需求为中心，推动中国个体宗教心理学学科体系、学术体系、话语体系，并以学科整合贡献中国特色哲学社会科学体系。中国个体宗教心理学取得了一系列重要学术成果，但在坚持问题导向、目标导向、效果导向上的资政服务能力上较为薄弱，提高资政服

① 金泽："积跬步而致千里——中国特色宗教学理论体系建设再给力"，《世界宗教文化》，2019 年第 5 期。

务能力是个体宗教心理学未来发展的重要发展趋势和方向。

1.强化重大现实问题研究意识。宗教问题是我国社会总问题的一部分，作为时间的历史和空间的自然人文环境决定宗教问题的产生。坚持党的领导、服务人民需求的个体宗教心理发展研究智库机构，理当担负起相应的社会责任，必须跟上时代前进的步伐，围绕国家重大战略和社会现实问题开展资政研究，寻求宗教治理之进路。只有将个体宗教心理发展研究置于人类思想发展的整个历史和整个社会存在来考察，才能在多变化的、多样的现实社会中解决新情况新问题，并以唯物的、辩证的、发展的眼光，在现代化进程中提出新办法和新对策，推动智库健康发展。

2.树立"以人民为中心"的研究导向。认识世界最终是为了改造世界，真理是否正确，需要实践来检验。成熟的智库建设，既要向党政部门提供决策咨询，也要把服务转向社会发展的各个方面，特别是要满足人民广泛的智力需求，经得起人民的检验，摒弃"智库只为领导决策服务"的片面性观点。① 宗教心理发展研究智库建设在我国宗教治理、宗教事务管理和马克思主义宗教观教育服务方面，在服务决策和服务社会的过程中，既要做到真实反映群众真实愿望和诉求，又要通过对党和政府宗教政策精准把握，正确阐释研究党和国家重大战略部署，共同做好"导之有方、导之有力"的宗教工作，增强中华民族共同体意识，推进国家治理体系和治理能力现代化总目标的实现。

3.坚持更加开放的研究视野。对于智库研究来说，方法是具有根本性的问题。个体宗教心理发展研究是具有重要现实意义的新兴学科和交叉学科，仅靠一些专家学者搞"头脑风暴"，根本无法应对和解决宗教治理领域的各种复杂问题。就具体的研究方法来说，对个体宗教心理学现有的内容、特点和方法，要运用辩证思维方法加以分析、鉴别，适用中国国情的西方宗教心理学理论可以为我所用，不适用的就不要生搬硬套。真理性的认识源于现实生活，又对现实生活具有指导意义，并接受实践的检验。只有"深入实际、深入群众、深入基层，倾听群众呼声"，才能"不断拿出具有真知灼见的成果"。此外，建设个体宗教心理发展研究智库，既要弘扬中国

博大精深的优秀传统思想文化，又要借鉴国外有益的哲学思想研究成果，努力构建中国特色的个体宗教心理学学科。在共同打击宗教极端势力方面，我国宗教问题研究智库应当积极推动联合国在宗教治理机制中的重要作用，建立全球共建打击宗教恐怖主义和宗教极端主义的人类命运共同体；在宗教全球社会治理领域，期待我国的智库展现更加积极的作为，为全球构建良好的宗教生态贡献更多的中国智慧和中国方案。